한국
관광공사

통합기본서

시대에듀

시대에듀 한국관광공사 통합기본서

Always with you

사람의 인연은 길에서 우연하게 만나거나 함께 살아가는 것만을 의미하지는 않습니다.
책을 펴내는 출판사와 그 책을 읽는 독자의 만남도 소중한 인연입니다.
시대에듀는 항상 독자의 마음을 헤아리기 위해 노력하고 있습니다. 늘 독자와 함께하겠습니다.

머리말 PREFACE

관광으로 행복한 나라를 만들기 위해 노력하는 한국관광공사는 신입사원을 채용할 예정이다. 한국관광공사의 채용절차는 「입사지원서 접수 ➜ 서류전형 ➜ 필기전형 ➜ 1차 면접전형 ➜ 2차 면접전형 ➜ 최종 합격자 발표」 순서로 이루어진다. 필기전형은 직업기초능력평가와 직무능력평가로 진행한다. 그중 직업기초능력평가는 의사소통 능력, 수리능력, 문제해결능력, 자원관리능력 총 4개의 영역을 평가하며, 2024년에는 피듈형으로 진행되었다. 또한 직무능력평가는 일반 부문의 경우 경영, 경제, 회계, 법 중 1개의 과목을 선택해 평가하므로 반드시 확정된 채용공고를 확인해야 한다. 따라서 필기전형에서 고득점을 받기 위해 다양한 유형에 대한 폭넓은 학습과 문제풀이능력을 높이는 등 철저한 준비가 필요하다.

한국관광공사 합격을 위해 시대에듀에서는 한국관광공사 판매량 1위의 출간 경험을 토대로 다음과 같은 특징을 가진 도서를 출간하였다.

도서의 특징

❶ 기출복원문제를 통한 출제경향 파악!
- 2024년 하반기 주요 공기업 NCS 기출문제를 복원하여 공기업별 NCS 출제경향을 파악할 수 있도록 하였다.
- 2024~2023년 주요 공기업 전공 기출문제를 복원하여 공기업별 전공 출제경향까지 익힐 수 있도록 하였다.

❷ 한국관광공사 필기전형 출제 영역 맞춤 문제를 통한 실력 상승!
- 직업기초능력평가 대표기출유형&기출응용문제를 수록하여 유형별로 학습할 수 있도록 하였다.
- 직무능력평가 적중예상문제를 수록하여 전공까지 빈틈없이 학습할 수 있도록 하였다.

❸ 최종점검 모의고사를 통한 완벽한 실전 대비!
- 철저한 분석을 통해 실제 유형과 유사한 최종점검 모의고사를 수록하여 자신의 실력을 점검할 수 있도록 하였다.

❹ 다양한 콘텐츠로 최종 합격까지!
- 한국관광공사 채용 가이드와 면접 기출질문을 수록하여 채용을 준비하는 데 부족함이 없도록 하였다.
- 온라인 모의고사를 무료로 제공하여 필기전형에 대비할 수 있도록 하였다.

끝으로 본 도서를 통해 한국관광공사 채용을 준비하는 모든 수험생 여러분이 합격의 기쁨을 누리기를 진심으로 기원한다.

SDC(Sidae Data Center) 씀

◇ **설립 목적**

> 관광을 통해 국가경제 발전을 선도하고 국민복지 증진에 기여한다.

◇ **미래상**

> 여행으로 국민을 행복하게 하고, 관광으로 국부를 증진하는 공공기관

◇ **핵심가치**

관광객
설렘과 감동

관광산업
소통과 협력

정부
전문성과 혁신

◇ 전략방향 및 전략과제

| 한국관광 수요 창출 확대 | ▶ | • 해외시장별 타깃 마케팅 강화
• 글로벌 네트워크 기반 신규 수요 발굴 |

| 지역관광 미래 활력 제고 | ▶ | • 국내 관광 기회 확대
• 관광을 통한 지역 문제 해결 |

| 관광 콘텐츠 질적 성장 촉진 | ▶ | • 테마형 한국관광 콘텐츠 육성
• 융복합 관광 콘텐츠 확대 |

| 관광 협업 생태계 활성화 | ▶ | • 플랫폼 활용 관광산업 미래 역량 강화
• 수요자 맞춤형 관광 서비스 편의 제고 |

| 국민 체감형 기관 운영 혁신 | ▶ | • 관광 ESG 실천 및 윤리청렴 문화 조성
• 직무 중심 조직 및 효율적 기관 운영 |

◇ 인재상

열정적 크리에이터

참신한 아이디어와
열정으로 관광트렌드를
선도하는 인재

소통하는 코워커

열린 자세와 소통으로
관광산업의 시너지를
이끌어내는 인재

창의적인 전문가

관광에 대한 깊은 이해와
다양한 관점으로
관광 혁신을 주도하는 인재

신입 채용 안내 INFORMATION

◇ **지원자격(공통)**

❶ 한국관광공사 인사규정 제12조의 결격사유에 해당하지 않는 자
❷ 입사예정일 기준 정년(만 60세) 미만인 자
❸ 입사예정일부터 교육입소 및 근무가 가능한 자

◇ **필기전형**

구분	부문		내용
직업기초능력평가	일반, 장애인, 취업지원대상자		의사소통능력, 수리능력, 문제해결능력, 자원관리능력
	전문	IT	
		회계	
직무능력평가	일반, 장애인, 취업지원대상자		경영학, 경제학, 법학 중 택1
	전문	IT	전산학
		회계	회계학

◇ **면접전형**

구분	부문		내용
1차 면접전형	일반, 장애인, 취업지원대상자		직무능력면접
			외국어면접
	전문	IT	직무능력면접
		회계	기술면접
2차 면접전형	전 부문		역량면접

❖ 위 채용 안내는 2024년 채용공고를 기준으로 작성하였으므로 세부내용은 반드시 확정된 채용공고를 확인하기 바랍니다.

2024년 기출분석 ANALYSIS

총평

한국관광공사의 필기전형은 피듈형으로 출제되었으며, 난이도는 평이한 편이었으나 50분 이내에 50 문항을 풀어야 하기 때문에 시간이 촉박했다는 의견이 지배적이었다. 또한 의사소통능력의 경우 사전 학습이 필요한 모듈형 문제들도 출제되었으며 보도, 사업 설명회, 공문서 관련 자료 지문의 문제가 다수 출제되었다. 수리능력은 수열 규칙과 응용 수리 문제가 출제되었으나 표나 그래프를 해석하는 자료 이해의 비중이 더 높았다. 문제해결능력은 주어진 조건이나 명제를 토대로 추론하는 문제가 다수 출제되었고, 자원관리능력은 시차 문제, 관광지 입장료 관련 문제들이 출제되었다.

◇ **영역별 출제 비중**

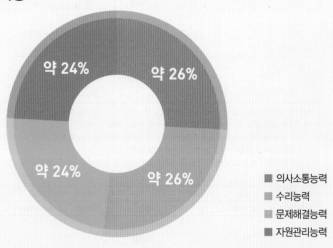

약 24%
약 26%
약 24%
약 26%

■ 의사소통능력
■ 수리능력
■ 문제해결능력
■ 자원관리능력

구분	출제 특징	출제 키워드
의사소통능력	• 모듈형 문제가 일부 출제됨 • 문서 내용 이해 문제가 출제됨 • 맞춤법 문제가 출제됨 • 속담 문제가 출제됨	• 정보 청구, 단말마, 넙죽, 해코지, 설렘 등
수리능력	• 수열 규칙 문제가 출제됨 • 응용 수리 문제가 출제됨 • 자료 이해 문제가 다수 출제됨	• 구슬, 일률, 확률, 정사면체 부피 구하기 등
문제해결능력	• 명제 추론 문제가 출제됨	• 참/거짓 등
자원관리능력	• 시간 계획 문제가 출제됨 • 비용 계산 문제가 출제됨	• 비행기, 시차, 관광지 입장료 등

NCS 문제 유형 소개 NCS TYPES

PSAT형

| 수리능력

04 다음은 신용등급에 따른 아파트 보증률에 대한 사항이다. 자료와 상황에 근거할 때, 갑(甲)과 을(乙)의 보증료의 차이는 얼마인가?(단, 두 명 모두 대지비 보증금액은 5억 원, 건축비 보증금액은 3억 원이며, 보증서 발급일로부터 입주자 모집공고 안에 기재된 입주 예정 월의 다음 달 말일까지의 해당 일수는 365일이다)

- (신용등급별 보증료)=(대지비 부분 보증료)+(건축비 부분 보증료)
- 신용평가 등급별 보증료율

구분	대지비 부분	건축비 부분				
		1등급	2등급	3등급	4등급	5등급
AAA, AA	0.138%	0.178%	0.185%	0.192%	0.203%	0.221%
A⁺		0.194%	0.208%	0.215%	0.226%	0.236%
A⁻, BBB⁺		0.216%	0.225%	0.231%	0.242%	0.261%
BBB⁻		0.232%	0.247%	0.255%	0.267%	0.301%
BB⁺ ~ CC		0.254%	0.276%	0.296%	0.314%	0.335%
C, D		0.404%	0.427%	0.461%	0.495%	0.531%

 ※ (대지비 부분 보증료)=(대지비 부분 보증금액)×(대지비 부분 보증료율)×(보증서 발급일로부터 입주자 모집공고 안에 기재된 입주 예정 월의 다음 달 말일까지의 해당 일수)÷365
 ※ (건축비 부분 보증료)=(건축비 부분 보증금액)×(건축비 부분 보증료율)×(보증서 발급일로부터 입주자 모집공고 안에 기재된 입주 예정 월의 다음 달 말일까지의 해당 일수)÷365
- 기여고객 할인율 : 보증료, 거래기간 등을 기준으로 기여도에 따라 6개 군으로 분류하며, 건축비 부분 요율에서 할인 가능

구분	1군	2군	3군	4군	5군	6군
차감률	0.058%	0.050%	0.042%	0.033%	0.025%	0.017%

⟨상황⟩

- 갑 : 신용등급은 A⁺이며, 3등급 아파트 보증금을 내야 한다. 기여고객 할인율에서는 2군으로 선정되었다.
- 을 : 신용등급은 C이며, 1등급 아파트 보증금을 내야 한다. 기여고객 할인율은 3군으로 선정되었다.

① 554,000원
② 566,000원
③ 582,000원
④ 591,000원
⑤ 623,000원

특징
▶ 대부분 의사소통능력, 수리능력, 문제해결능력을 중심으로 출제(일부 기업의 경우 자원관리능력, 조직이해능력을 출제)
▶ 자료에 대한 추론 및 해석 능력을 요구

대행사
▶ 엑스퍼트컨설팅, 커리어넷, 태드솔루션, 한국행동과학연구소(행과연), 휴노 등

모듈형

| 문제해결능력

41 문제해결절차의 문제 도출 단계는 (가)와 (나)의 절차를 거쳐 수행된다. 다음 중 (가)에 대한 설명으로 적절하지 않은 것은?

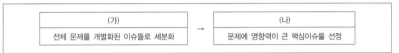

(가)	→	(나)
전체 문제를 개별화된 이슈들로 세분화		문제에 영향력이 큰 핵심이슈를 선정

① 문제의 내용 및 영향 등을 파악하여 문제의 구조를 도출한다.
② 본래 문제가 발생한 배경이나 문제를 일으키는 메커니즘을 분명히 해야 한다.
③ 현상에 얽매이지 말고 문제의 본질과 실제를 봐야 한다.
④ 눈앞의 결과를 중심으로 문제를 바라봐야 한다.
⑤ 문제 구조 파악을 위해서 Logic Tree 방법이 주로 사용된다.

특징
▶ 이론 및 개념을 활용하여 푸는 유형
▶ 채용 기업 및 직무에 따라 NCS 직업기초능력평가 10개 영역 중 선발하여 출제
▶ 기업의 특성을 고려한 직무 관련 문제를 출제
▶ 주어진 상황에 대한 판단 및 이론 적용을 요구

대행사
▶ 인트로맨, 휴스테이션, ORP연구소 등

피듈형(PSAT형 + 모듈형)

| 자원관리능력

07 다음 자료를 근거로 판단할 때, 연구모임 A ~ E 중 세 번째로 많은 지원금을 받는 모임은?

〈지원계획〉

• 지원을 받기 위해서는 한 모임당 5명 이상 9명 미만으로 구성되어야 한다.
• 기본지원금은 모임당 1,500천 원을 기본으로 지원한다. 단, 상품개발을 위한 모임의 경우는 2,000천 원을 지원한다.
• 추가지원금

등급	상	중	하
추가지원금(천 원/명)	120	100	70

※ 추가지원금은 연구 계획 사전평가결과에 따라 달라진다.
• 협업 장려를 위해 협업이 인정되는 모임에는 위의 두 지원금을 합한 금액의 30%를 별도로 지원한다.

〈연구모임 현황 및 평가결과〉

특징
▶ 기초 및 응용 모듈을 구분하여 푸는 유형
▶ 기초인지모듈과 응용업무모듈로 구분하여 출제
▶ PSAT형보다 난도가 낮은 편
▶ 유형이 정형화되어 있고, 유사한 유형의 문제를 세트로 출제

대행사
▶ 사람인, 스카우트, 인크루트, 커리어케어, 트리피, 한국사회능력개발원 등

주요 공기업 적중 문제 TEST CHECK

여행 ▶ 키워드

04 다음 글의 제목으로 가장 적절한 것은?

> 주어진 개념에 포섭시킬 수 없는 대상(의 표상)을 만난 경우, 상상력은 처음에는 기지의 보편에 포섭
> 시킬 수 있도록 직관의 다양을 종합할 것이다. 말하자면 뉴턴의 절대 공간, 역학의 법칙 등의 개념
> (보편)과 자신이 가지고 있는 특수(빛의 휘어짐)가 일치하는가, 조화로운가를 비교할 것이다. 하지
> 만 일치되는 것이 없으므로, 상상력은 또 다시 여행을 떠난다. 즉, 새로운 형태의 다양한 종합 활동
> 을 수행해 볼 것이다. 이것은 미지의 세계로 향하는 여행이다. 그리고 이 여행에는 주어진 목적지가
> 없기 때문에 자유롭다.
> 이런 자유로운 여행을 통해 예들 들어 상대 공간, 상대 시간, 공간의 만곡, 상대성 이론이라는 새로
> 운 개념들을 가능하게 하는 새로운 도식들을 산출한다면, 그 여행은 종결될 것이다. 여기서 우리는
> 왜 칸트가 상상력의 자유로운 유희라는 표현을 사용하는지 이해할 수 있게 된다. '상상력의 자유로
> 운 유희'란 이렇게 정해진 개념이나 목적이 없는 상황에서 상상력이 그 개념이나 목적을 찾는 과정
> 을 의미한다고 볼 수 있다. 이는 게임이다. 그리고 그 게임에 있어서 반드시 성취해야 할 그 어떤
> 것이 없다면, 순수한 놀이(유희)가 성립할 수 있을 것이다.
>
> — 칸트, 『판단력비판』

① 상상력의 재발견
② 인식능력으로서의 상상력
③ 목적 없는 상상력의 활동
④ 자유로운 유희로서의 상상력의 역할

확률 ▶ 유형

05 30명의 남학생 중에서 16명, 20명의 여학생 중에서 14명이 수학여행으로 국외를 선호하였다. 전
체 50명의 학생 중 임의로 선택한 한 명이 국내 여행을 선호하는 학생일 때, 이 학생이 남학생일
확률은?

① $\dfrac{3}{5}$ ② $\dfrac{7}{10}$

③ $\dfrac{4}{5}$ ④ $\dfrac{9}{10}$

강원랜드

집단의사결정 ▶ 키워드

04 다음 중 집단의사결정의 특징으로 적절하지 않은 것은?

① 구성원 각자의 시각으로 문제를 바라보기 때문에 다양한 견해를 가지고 접근할 수 있다.
② 의사를 결정하는 과정에서 구성원 간 갈등은 불가피하다.
③ 의견이 불일치하는 경우 오히려 특정 구성원에 의해 의사 결정이 독점될 가능성이 있다.
④ 한 사람이 가진 지식보다 집단의 지식과 정보가 더 많기 때문에 보다 효과적인 결정을 할 확률이 높다.
⑤ 여럿의 의견을 일련의 과정을 거쳐 모은 것이기 때문에 결과는 얻을 수 있는 것 중 최선이다.

근면의 종류 ▶ 유형

01 근면에는 외부로부터 강요당한 근면과 스스로 자진해서 하는 근면 두 가지가 있다. 다음 〈보기〉 중 스스로 자진해서 하는 근면을 모두 고르면?

보기
㉠ 생계를 유지하기 위해 기계적으로 작업장에서 하는 일
㉡ 승진을 위해 외국어를 열심히 공부하는 일
㉢ 상사의 명령에 의해 하는 야근
㉣ 영업사원이 실적향상을 위해 노력하는 일

① ㉠, ㉡ ② ㉠, ㉢
③ ㉡, ㉢ ④ ㉡, ㉣
⑤ ㉠, ㉡, ㉢

비슷한 어휘 ▶ 유형

02 다음 중 밑줄 친 단어와 바꿔 사용할 수 있는 것은?

국가대표팀을 이끌었던 감독이 경기를 마친 뒤 선수들을 향한 애정을 드러내 눈길을 끌었다. 감독은 결승 경기 이후 진행된 인터뷰에서 "선수들이 여기까지 올라온 건 충분히 자긍심을 가질 만한 결과이다."라고 이야기했다. 이어 감독은 동고동락한 선수들과의 일을 떠올리다 감정이 벅차 말을 잇지 못하기도 했다. 한편 경기에서 최선을 다한 선수들을 향한 뜨거운 응원은 계속 이어지고 있다.

① 회상하다 ② 연상하다
③ 상상하다 ④ 남고하다
⑤ 예상하다

주요 공기업 적중 문제 TEST CHECK

코레일 한국철도공사

교통사고 ▶ 키워드

2025년
적중

※ 다음은 K국의 교통사고 사상자 2,500명에 대해 조사한 자료이다. 이어지는 질문에 답하시오. [3~4]

〈교통사고 현황〉

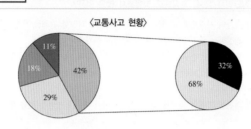

■ 사륜차와 사륜차   ■ 사륜차와 이륜차   ■ 사망자   ■ 부상자
■ 사륜차와 보행자   ■ 이륜차와 보행자

※ 사상자 수와 가해자 수는 같다.

〈교통사고 가해자 연령〉

구분	20대	30대	40대	50대	60대 이상
비율	38%	21%	11%	8%	( )

※ 교통사고 가해자 연령 비율의 합은 100%이다.

지하철 요금 ▶ 키워드

2025년
적중

※ 수원에 사는 H대리는 가족들과 가평으로 여행을 가기로 하였다. 다음은 가평을 가기 위한 대중교통 수단별 운행요금 및 소요시간과 자가용 이용 시 현황에 대한 자료이다. 이어지는 질문에 답하시오. [26~28]

〈대중교통수단별 운행요금 및 소요시간〉

구분	운행요금			소요시간		
	수원역 ~ 서울역	서울역 ~ 청량리역	청량리역 ~ 가평역	수원역 ~ 서울역	서울역 ~ 청량리역	청량리역 ~ 가평역
기차	2,700원	–	4,800원	32분	–	38분
버스	2,500원	1,200원	3,000원	1시간 16분	40분	2시간 44분
지하철	1,850원	1,250원	2,150원	1시간 03분	18분	1시간 17분

※ 운행요금은 어른 편도 요금이다.

〈자가용 이용 시 현황〉

구분	통행료	소요시간	거리
A길	4,500원	1시간 49분	98.28km
B길	4,400원	1시간 50분	97.08km
C길	6,600원	1시간 49분	102.35km

※ 거리에 따른 주유비는 124원/km이다.

> **조건**
> • H대리 가족은 어른 2명, 아이 2명이다.
> • 아이 2명은 각각 만 12세, 만 4세이다.
> • 어린이 기차 요금(만 13세 미만)은 어른 요금의 50%이고, 만 4세 미만은 무료이다.

국민건강보험공단

예금 ▶ 키워드

03 다음은 K손해보험 보험금 청구 절차 안내문이다. 이를 토대로 고객들의 질문에 답변하려고 할 때, 적절하지 않은 것은?

〈보험금 청구 절차 안내문〉

단계	구분	내용
Step 1	사고 접수 및 보험금 청구	피보험자, 가해자, 피해자가 사고발생 통보 및 보험금 청구를 합니다. 접수는 가까운 영업점에 관련 서류를 제출합니다.
Step 2	보상팀 및 보상담당자 지정	보상처리 담당자가 지정되어 고객님께 담당자의 성명, 연락처를 SMS로 전송해 드립니다. 자세한 보상 관련 문의사항은 보상처리 담당자에게 문의하시면 됩니다.
Step 3	손해사정법인 (현장확인자)	보험금 지급여부 결정을 위해 사고현장조사를 합니다. (병원 공인된 손해사정법인에게 조사업무를 위탁할 수 있음)
Step 4	보험금 심사 (심사자)	보험금 지급 여부를 심사합니다.
Step 5	보험금 심사팀	보험금 지급 여부가 결정되면 피보험자 예금통장에 보험금이 입금됩니다.

※ 3만 원 초과 10만 원 이하 소액통원의료비를 청구할 경우 보험금 청구서와 병원영수증, 질병분류기호(질병명)가 기재된 처방전만으로 접수가 가능합니다.
※ 의료기관에서는 환자가 요구할 경우 처방전 발급 시 질병분류기호(질병명)가 기재된 처방전 2부 발급이 가능합니다.
※ 온라인 접수 절차는 K손해보험 홈페이지에서 확인하실 수 있습니다.

① Q : 자전거를 타다가 팔을 다쳐서 병원비가 56,000원이 나왔습니다. 보험금을 청구하려고 하는데 제출할 서류는 어떻게 되나요?

건강보험심사평가원

의료 ▶ 키워드

32 다음 글을 읽고 시력 저하 예방 사업과 그 핵심 내용이 바르게 연결되지 않은 것은?

예전에 비해 안경이나 콘택트렌즈 등 일상생활을 영위하기 위해 시력 보조 도구를 사용해야 하는 사람들이 증가하고 있는 추세이다. 이는 모니터나 서류 같은 시각 자료들을 오랫동안 보아야 하는 현대인들의 생활 패턴과도 관계가 있다고 할 수 있다. 근시와 난시 같은 시력 저하의 문제도 심각하지만, 그와 별개로 안압 증가 등의 이유로 시력에 영구적인 손상을 입어 시각 장애 판정을 받거나 사고로 실명이 될 수도 있다. 옛말에 몸이 천 냥이라면 눈이 구백 냥이라는 말이 있듯이 시력은 우리 생활에서 중요한 부분을 차지하기 때문에 문제가 생겼을 때, 일상생활조차 힘들어질 수 있다. 그래서 한국실명예방재단에서는 다양한 이유로 생길 수 있는 시력 저하에 대해서 예방할 수 있는 여러 사업을 시행하고 있다.

먼저 '눈 건강 교육' 사업을 시행하고 있다. 눈 건강 교육 사업이란 흔히 노안이라고 하는 노인 저시력 현상 원인에 대한 교육과 전문가들의 상담을 제공함으로써, 노인 집단에서 저시력 위험군을 선별하여 미리 적절한 치료를 받을 수 있도록 하고 개안 수술, 재활 기구 및 재활 훈련을 지원하는 사업이다. 노인분들을 대상으로 하는 사업이기 때문에 어르신들의 영구적인 시각 장애나 실명 등을 예방할 수 있고, 특히 의료 서비스에서 소외되어 있는 취약 계층의 어르신들께 큰 도움이 될 수 있다.

또한, 비슷한 맥락에서 취약 계층의 눈 건강 보호를 위하여 '안과 취약지역 눈 검진' 사업 또한 시행하고 있다. 안과 관련 진료를 받기 힘든 의료 사각지대에 있는 취약계층에 해당하는 어르신과 어린이, 외국인 근로자를 대상으로 안과의사 등 전문 인력을 포함한 이동검진팀이 지역을 순회하면서 무료 안과검진을 실시하고 있다. 눈 관련 질병은 조기에 발견하여 치료를 받으면 치료의 효과가 극대화될 수 있기 때문에 정기적인 안과검진

도서 200% 활용하기 STRUCTURES

1 기출복원문제로 출제경향 파악

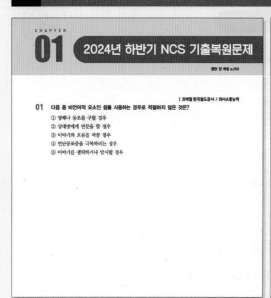

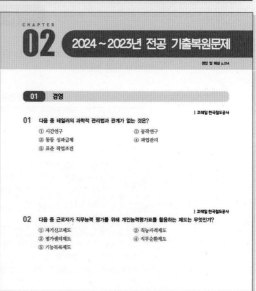

▶ 2024년 하반기 주요 공기업 NCS 및 2024~2023년 전공 기출복원문제를 수록하여 공기업별 출제경향을 파악할 수 있도록 하였다.

2 대표기출유형 + 기출응용문제로 NCS 완벽 대비

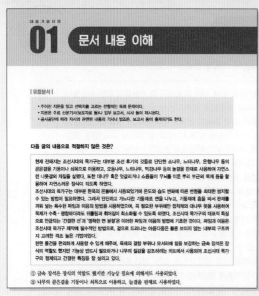

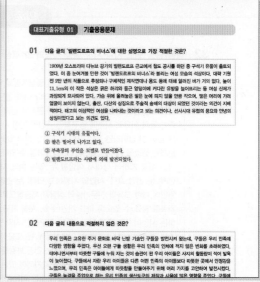

▶ NCS 출제 영역에 대한 대표기출유형&기출응용문제를 수록하여 유형별로 학습할 수 있도록 하였다.

3 적중예상문제로 전공까지 완벽 대비

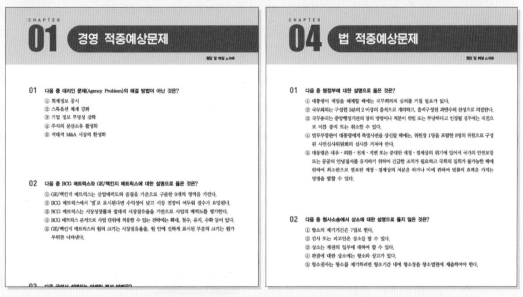

▶ 전공(경영 · 경제 · 회계 · 법) 적중예상문제를 수록하여 전공까지 효과적으로 학습할 수 있도록 하였다.

4 최종점검 모의고사 + OMR을 활용한 실전 연습

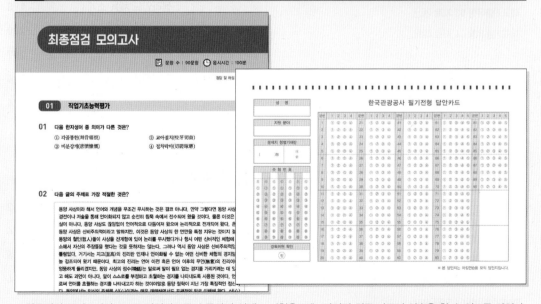

▶ 최종점검 모의고사와 OMR 답안카드를 수록하여 실제로 시험을 보는 것처럼 최종 마무리 연습을 할 수 있도록 하였다.
▶ 모바일 OMR 답안채점/성적분석 서비스를 통해 필기전형에 대비할 수 있도록 하였다.

이 책의 차례 CONTENTS

Add+

주요 공기업 기출복원문제

| 코레일 한국철도공사 / 의사소통능력

01 다음 중 비언어적 요소인 쉼을 사용하는 경우로 적절하지 않은 것은?

① 양해나 동조를 구할 경우

② 상대방에게 반문을 할 경우

③ 이야기의 흐름을 바꿀 경우

④ 연단공포증을 극복하려는 경우

⑤ 이야기를 생략하거나 암시할 경우

| 코레일 한국철도공사 / 의사소통능력

02 다음 밑줄 친 부분에 해당하는 키슬러의 대인관계 의사소통 유형은?

의사소통 시 이 유형의 사람은 따뜻하고 인정이 많고 자기희생적이나 타인의 요구를 거절하지 못하므로 타인과의 정서적인 거리를 유지하는 노력이 필요하다.

① 지배형   ② 사교형

③ 친화형   ④ 고립형

⑤ 순박형

03 다음 글을 통해 알 수 있는 철도사고 발생 시 행동요령으로 적절하지 않은 것은?

> 철도사고는 지하철, 고속철도 등 철도에서 발생하는 사고를 뜻한다. 많은 사람이 한꺼번에 이용하며 무거운 전동차가 고속으로 움직이는 특성상 철도사고가 발생할 경우 인명과 재산에 큰 피해가 발생한다.
> 철도사고는 다양한 원인에 의해 발생하며 사고 유형 또한 다양하게 나타나는데, 대표적으로는 충돌사고, 탈선사고, 열차화재사고가 있다. 이 사고들은 철도안전법에서 철도교통사고로 규정되어 있으며, 많은 인명피해를 야기하므로 철도사업자는 반드시 이를 예방하기 위한 조치를 취해야 한다. 또한 승객들은 위험으로부터 빠르게 벗어나기 위해 사고 시 대피요령을 파악하고 있어야 한다.
> 국토교통부는 철도사고 발생 시 인명과 재산을 보호하기 위한 국민행동요령을 제시하고 있다. 이 행동요령에 따르면 지하철에서 사고가 발생할 경우 가장 먼저 객실 양 끝에 있는 인터폰으로 승무원에게 사고를 알려야 한다. 만약 화재가 발생했다면 곧바로 119에 신고하고, 여유가 있다면 객실 양 끝에 비치된 소화기로 불을 꺼야 한다. 반면 화재의 진화가 어려울 경우 입과 코를 젖은 천으로 막고 화재가 발생하지 않은 다른 객실로 이동해야 한다. 전동차에서 대피할 때는 안내방송과 승무원의 안내에 따라 질서 있게 대피해야 하며 이때 부상자, 노약자, 임산부가 먼저 대피할 수 있도록 배려하고 도와주어야 한다. 만약 전동차의 문이 열리지 않으면 반드시 열차가 멈춘 후에 안내방송에 따라 비상핸들이나 비상콕크를 돌려 문을 열고 탈출해야 한다. 전동차가 플랫폼에 멈췄을 경우 스크린도어를 열고 탈출해야 하는데, 손잡이를 양쪽으로 밀거나 빨간색 비상바를 밀고 탈출해야 한다. 반대로 역이 아닌 곳에서 멈췄을 경우 감전의 위험이 있으므로 반드시 승무원의 안내에 따라 반대편 선로의 열차 진입에 유의하며 대피 유도등을 따라 침착하게 비상구로 대피해야 한다.
> 이와 같이 승객들은 철도사고 발생 시 신고, 질서 유지, 빠른 대피를 중점적으로 유념하여 행동해야 한다. 철도사고는 사고 자체가 일어나지 않도록 철저한 안전관리와 예방이 필요하지만, 다양한 원인으로 예상치 못하게 발생한다. 따라서 철도교통을 이용하는 승객 또한 평소에 안전 수칙을 준수하고 비상 상황에서 침착하게 대처하는 훈련이 필요하다.

① 침착함을 잃지 않고 승무원의 안내에 따라 대피해야 한다.
② 화재사고 발생 시 규모가 크지 않다면 빠르게 진화 작업을 해야 한다.
③ 선로에서 대피할 경우 승무원의 안내와 대피 유도등을 따라 대피해야 한다.
④ 열차에서 대피할 때는 탈출이 어려운 사람부터 대피할 수 있도록 도와야 한다.
⑤ 열차사고 발생 시 탈출을 위해 우선 비상핸들을 돌려 열차의 문을 개방해야 한다.

04 다음 글을 읽고 알 수 있는 하향식 읽기 모형의 사례로 적절하지 않은 것은?

> 글을 읽는 것은 단순히 책에 쓰인 문자를 해독하는 것이 아니라 그 안에 담긴 의미를 파악하는 과정
> 이다. 그렇다면 사람들은 어떤 방식으로 글의 의미를 파악할까? 세상의 모든 어휘를 알고 있는 사람
> 은 없을 것이다. 그러나 대부분의 사람들, 특히 고등교육을 받은 성인들은 자신이 잘 모르는 어휘가
> 있더라도 글의 전체적인 맥락과 의미를 파악할 수 있다. 이를 설명해 주는 것이 바로 하향식 읽기
> 모형이다.
> 하향식 읽기 모형은 독자가 이미 알고 있는 배경지식과 경험을 바탕으로 글의 전체적인 맥락을 먼저
> 파악하는 방식이다. 하향식 읽기 모형은 독자의 능동적인 참여를 활용하는 읽기로, 여기서 독자는
> 단순히 글을 받아들이는 수동적인 존재가 아니라 자신의 지식과 경험을 활용하여 글의 의미를 구성
> 해 나가는 주체적인 역할을 한다. 이때 독자는 글의 내용을 예측하고 추론하며, 심지어 자신의 생각
> 을 더하여 글에 대한 이해를 넓혀갈 수 있다.
> 하향식 읽기 모형의 장점은 빠르고 효율적인 독서가 가능하다는 것이다. 글의 전체적인 맥락을 먼저
> 파악하기 때문에 글의 핵심 내용을 빠르게 파악할 수 있고, 배경지식을 활용하여 더 깊이 있는 이해
> 를 얻을 수 있다. 또한 예측과 추론을 통한 능동적인 독서는 독서에 대한 흥미를 높여 주는 효과도
> 있다.
> 그러나 하향식 읽기 모형은 독자의 배경지식에 의존하여 읽는 방법이므로 배경지식이 부족한 경우
> 글의 의미를 정확하게 파악하기 어려울 수 있으며, 배경지식에 의존하여 오해를 할 가능성도 크다.
> 또한 글의 내용이 복잡하다면 많은 배경지식을 가지고 있더라도 글의 맥락을 적극적으로 가정하거
> 나 추측하기 어려운 것 또한 하향식 읽기 모형의 단점이 된다.
> 하향식 읽기 모형은 글의 내용을 빠르게 이해하고 독자 스스로 내면화할 수 있으므로 독서 능력 향
> 상에 유용한 방법이다. 그러나 모든 글에 동일하게 적용할 수 있는 읽기 모형은 아니므로 글의 종류
> 와 독자의 배경지식에 따라 적절한 읽기 전략을 사용해야 한다. 따라서 하향식 읽기 모형과 함께
> 상향식 읽기(문자의 정확한 해독), 주석 달기, 소리 내어 읽기 등 다양한 읽기 전략을 활용하여야
> 한다.

① 회의 자료를 읽기 전 회의 주제를 먼저 파악하여 회의 안건을 예상하였다.
② 기사의 헤드라인을 먼저 읽어 기사의 내용을 유추한 뒤 상세 내용을 읽었다.
③ 제품 설명서를 읽어 제품의 기능과 각 버튼의 용도를 파악하고 기계를 작동시켰다.
④ 요리법의 전체적인 조리 과정을 파악하고 단계별로 필요한 재료와 순서를 확인하였다.
⑤ 서문이나 목차를 통해 책의 전체적인 흐름을 파악하고 관심 있는 부분을 집중적으로 읽었다.

05 농도가 15%인 소금물 200g과 농도가 20%인 소금물 300g을 섞었을 때, 섞인 소금물의 농도는?

① 17%

② 17.5%

③ 18%

④ 18.5%

⑤ 19%

06 남직원 A ~ C, 여직원 D ~ F 6명이 일렬로 앉고자 한다. 동성끼리 인접하지 않고, 여직원 D와 남직원 B가 서로 인접하여 앉는 경우의 수는?

① 12가지

② 20가지

③ 40가지

④ 60가지

⑤ 120가지

07 다음과 같이 일정한 규칙으로 수를 나열할 때 빈칸에 들어갈 수로 옳은 것은?

−23	−15	−11	5	13	25	(	)	45	157	65

① 49

② 53

③ 57

④ 61

⑤ 65

08 다음은 K시의 유치원, 초·중·고등학교, 고등교육기관의 취학률 및 초·중·고등학교의 상급학교 진학률에 대한 자료이다. 이에 대한 설명으로 옳지 않은 것은?

〈유치원, 초·중·고등학교, 고등교육기관 취학률〉

(단위 : %)

구분	2014년	2015년	2016년	2017년	2018년	2019년	2020년	2021년	2022년	2023년
유치원	45.8	45.2	48.3	50.6	51.6	48.1	44.3	45.8	49.7	52.8
초등학교	98.7	99	98.6	98.9	99.3	99.6	98.1	98.1	99.5	99.9
중학교	98.5	98.6	98.1	98	98.9	98.5	97.1	97.6	97.5	98.2
고등학교	95.3	96.9	96.2	95.4	96.2	94.7	92.1	93.7	95.2	95.6
고등교육기관	65.6	68.9	64.9	66.2	67.5	69.2	70.8	71.7	74.3	73.5

〈초·중·고등학교 상급학교 진학률〉

(단위 : %)

구분	2014년	2015년	2016년	2017년	2018년	2019년	2020년	2021년	2022년	2023년
초등학교	100	100	100	100	100	100	100	100	100	100
중학교	99.7	99.7	99.7	99.7	99.7	99.7	99.7	99.7	99.7	99.6
고등학교	93.5	91.8	90.2	93.2	91.7	90.5	91.4	92.6	93.9	92.8

① 중학교의 취학률은 매년 97% 이상이다.
② 매년 취학률이 가장 높은 기관은 초등학교이다.
③ 고등교육기관의 취학률이 70%를 넘긴 해는 2020년부터이다.
④ 2023년에 중학교에서 고등학교로 진학하지 않은 학생의 비율은 전년 대비 감소하였다.
⑤ 고등교육기관의 취학률이 가장 낮은 해와 고등학교의 상급학교 진학률이 가장 낮은 해는 같다.

09 다음은 A기업과 B기업의 2024년 1 ~ 6월 매출액에 대한 자료이다. 이를 그래프로 옮겼을 때의 개형으로 옳은 것은?

〈2024년 1 ~ 6월 A, B기업 매출액〉

(단위 : 억 원)

구분	2024년 1월	2024년 2월	2024년 3월	2024년 4월	2024년 5월	2024년 6월
A기업	307.06	316.38	315.97	294.75	317.25	329.15
B기업	256.72	300.56	335.73	313.71	296.49	309.85

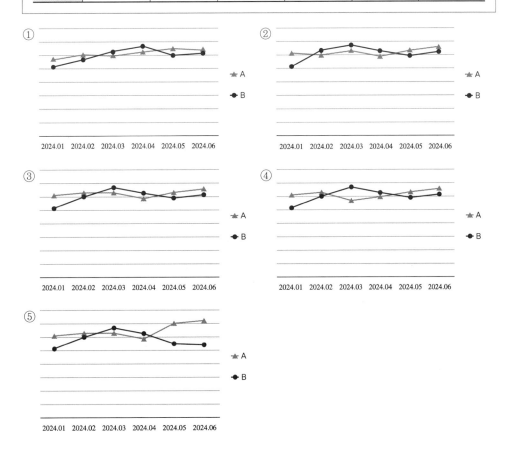

10 다음은 스마트 팜을 운영하는 K사에 대한 SWOT 분석 결과이다. 이에 따른 전략이 나머지와 다른 것은?

〈K사 스마트 팜 SWOT 분석 결과〉

구분		분석 결과
내부환경요인	강점 (Strength)	• 차별화된 기술력 : 기존 스마트 팜 솔루션과 차별화된 센서 기술, AI 기반 데이터 분석 기술 보유 • 젊고 유연한 조직 : 빠른 의사결정과 시장 변화에 대한 적응력 • 정부 사업 참여 경험 : 스마트 팜 관련 정부 사업 참여 가능성
	약점 (Weakness)	• 자금 부족 : 연구개발, 마케팅 등에 필요한 자금 확보 어려움 • 인력 부족 : 다양한 분야의 전문 인력 확보 필요 • 개발력 부족 : 신규 기술 개발 속도 느림
외부환경요인	기회 (Opportunity)	• 스마트 팜 시장 성장 : 스마트 팜에 대한 관심 증가와 이에 따른 정부의 적극적인 지원 • 해외 시장 진출 가능성 : 글로벌 스마트 팜 시장 진출 기회 확대 • 활발한 관련 연구 : 스마트 팜 관련 공동연구 및 포럼, 설명회 등 정보 교류가 활발하게 논의
	위협 (Threat)	• 경쟁 심화 : 후발 주자의 등장과 기존 대기업의 시장 장악 가능성 • 기술 변화 : 빠르게 변화하는 기술 트렌드에 대한 대응 어려움 • 자연재해 : 기후 변화 등 예측 불가능한 자연재해로 인한 피해 가능성

① 정부 지원을 바탕으로 연구개발에 필요한 자금을 확보

② 스마트 팜 관련 공동연구에 참가하여 빠르게 신규 기술을 확보

③ 스마트 팜에 대한 높은 관심을 바탕으로 온라인 펀딩을 통해 자금을 확보

④ 포럼 등 설명회에 적극적으로 참가하여 전문 인력 확충을 위한 인맥을 확보

⑤ 스마트 팜 관련 정부 사업 참여 경험을 바탕으로 정부의 적극적인 지원을 확보

11 다음 대화에서 공통적으로 나타나는 논리적 오류로 가장 적절한 것은?

> A : 반려견 출입 금지라고 쓰여 있는 카페에 갔는데 거절당했어. 반려견 출입 금지면 고양이는 괜찮은 거 아니야?
>
> B : 어제 직장동료가 "조심히 들어가세요."라고 했는데 집에 들어갈 때만 조심하라는 건가?
>
> C : 친구가 비가 와서 우울하다고 했는데, 비가 안 오면 행복해지겠지?
>
> D : 이웃을 사랑하라는 선생님의 가르침을 실천하기 위해 사기를 저지른 이웃을 숨겨 주었어.
>
> E : 의사가 건강을 위해 채소를 많이 먹으라고 하던데 앞으로는 채소만 먹으면 되겠어.
>
> F : 긍정적인 생각을 하면 좋은 일이 생기니까 아무리 나쁜 일이 있어도 긍정적으로만 생각하면 될 거야.

① 무지의 오류

② 연역법의 오류

③ 과대해석의 오류

④ 허수아비 공격의 오류

⑤ 권위나 인신공격에 의존한 논증

12 A ~ E열차를 운행거리가 가장 긴 순서대로 나열하려고 한다. 운행시간 및 평균 속력이 다음과 같을 때, C열차는 몇 번째로 운행거리가 긴 열차인가?(단, 열차 대기시간은 고려하지 않는다)

〈A ~ E열차 운행시간 및 평균 속력〉

구분	운행시간	평균 속력
A열차	900분	50m/s
B열차	10시간 30분	150km/h
C열차	8시간	55m/s
D열차	720분	2.5km/min
E열차	10시간	2.7km/min

① 첫 번째   ② 두 번째

③ 세 번째   ④ 네 번째

⑤ 다섯 번째

13 다음 글에서 나타난 문제해결 절차의 단계로 가장 적절한 것은?

> K대학교 기숙사는 최근 학생들의 불만이 끊이지 않고 있다. 특히, 식사의 질이 낮고, 시설이 노후화되었으며, 인터넷 연결 상태가 불안정하다는 의견이 많았다. 이에 K대학교 기숙사 운영위원회는 문제해결을 위해 긴급회의를 소집했다.
>
> 회의에서 학생 대표들은 식단의 다양성 부족, 식재료의 신선도 문제, 식당 내 위생 상태 불량 등을 지적했다. 또한, 시설 관리 담당자는 건물 외벽의 균열, 낡은 가구, 잦은 누수 현상 등 시설 노후화 문제를 강조했다. IT 담당자는 기숙사 내 와이파이 연결 불안정, 인터넷 속도 저하 등 통신환경 문제를 제기했다.
>
> 운영위원회는 이러한 다양한 의견을 종합하여 문제를 더욱 구체적으로 분석하기로 결정했다. 먼저, 식사 문제의 경우 학생들의 식습관 변화에 따른 메뉴 구성의 문제점, 식자재 조달 과정의 비효율성, 조리 시설의 부족 등의 문제점을 파악했다. 시설 문제는 건물의 노후화로 인한 안전 문제, 에너지 효율 저하, 학생들의 편의성 저하 등으로 세분화했다. 마지막으로, 통신환경 문제는 기존 네트워크 장비의 노후화, 학생 수 증가에 따른 네트워크 부하 증가 등의 세부 문제가 제시되었다.

① 문제 인식   ② 문제 도출
③ 원인 분석   ④ 해결안 개발
⑤ 실행 및 평가

14 다음 중 빈칸에 들어갈 단어로 가장 적절한 것은?

> 감사원의 조사 결과 J공사는 공공사업을 위해 투입된 세금을 본래의 목적에 사용하지 않고 무단으로 _____했음이 밝혀졌다.

① 전용(轉用)   ② 남용(濫用)
③ 적용(適用)   ④ 활용(活用)
⑤ 준용(遵用)

15 다음 중 비행을 하기 위한 시조새의 신체 조건으로 가장 적절한 것은?

> 시조새(Archaeopteryx)는 약 1억 5천만 년 전 중생대 쥐라기 시대에 살았던 고대 생물로, 조류와 공룡의 중간 단계에 위치한 생물이다. 1861년 독일 바이에른 지방에 있는 졸른호펜 채석장에서 화석이 발견된 이후, 시조새는 조류의 기원과 공룡에서 새로의 진화 과정을 밝히는 데 중요한 단서를 제공해 왔다. '시조(始祖)'라는 이름에서 알 수 있듯이 시조새는 현대 조류의 조상으로 여겨지며 고생물학계에서 매우 중요한 연구 대상으로 취급된다.
>
> 시조새는 오늘날의 새와는 여러 가지 차이점이 있다. 이빨이 있는 부리, 긴 척추뼈로 이루어진 꼬리, 그리고 날개에 있는 세 개의 갈고리 발톱은 공룡의 특징을 잘 보여준다. 비록 현대 조류처럼 가슴뼈가 비행에 최적화된 형태로 발달되지는 않았지만, 갈비뼈와 팔에 강한 근육이 붙어있어 짧은 거리를 활강하거나 나뭇가지 사이를 오르내리며 이동할 수 있었던 것으로 추정된다.
>
> 한편, 시조새는 비대칭형 깃털을 가진 최초의 동물 중 하나로, 이는 비행을 하기에 적합한 형태이다. 시조새의 깃털은 현대의 날 수 있는 조류처럼 바람을 맞는 곳의 깃털은 짧고, 뒤쪽은 긴 형태인데, 이러한 비대칭형 깃털은 양력을 제공해 짧은 거리의 활강을 가능하게 했으며, 새의 조상으로서 비행의 초기 형태를 보여준다. 이로 인해 시조새는 공룡에서 새로 이어지는 진화 과정을 이해하는 데 있어 중요한 생물학적 증거로 여겨지고 있다.
>
> 시조새의 화석 연구는 당시의 생태계에 대한 정보도 제공하고 있다. 시조새는 열대 우림이나 활엽수림 근처에서 생활하며 나뭇가지를 오르내렸을 가능성이 큰 것으로 추정된다. 시조새의 이동 방식에 대해서는 여러 가설이 존재하지만, 짧은 거리의 활강을 통해 먹이를 찾고 이동했을 것이라는 주장이 유력하다.
>
> 결론적으로 시조새는 공룡과 새의 특성을 모두 가진 중간 단계의 생물로, 진화의 과정을 이해하는 데 핵심적인 역할을 한다. 시조새의 다양한 신체적 특징들은 공룡에서 새로 이어지는 진화의 연결고리를 보여주며, 조류 비행의 기원을 이해하는 중요한 증거로 평가된다.

① 날개 사이에 근육질의 익막이 있다.
② 날개에는 세 개의 갈고리 발톱이 있다.
③ 날개의 깃털이 비대칭 구조로 형성되어 있다.
④ 척추뼈가 꼬리까지 이어지는 유선형 구조이다.
⑤ 현대 조류처럼 가슴뼈가 비행에 최적화된 구조이다.

16 다음 글의 주제로 가장 적절한 것은?

사람들에게 의학을 대표하는 인물을 물어본다면 대부분 히포크라테스(Hippocrates)를 떠올릴 것이다. 히포크라테스는 당시 신의 징벌이나 초자연적인 힘으로 생각되었던 질병을 관찰을 통해 자연적 현상으로 이해하였고, 당시 마술이나 철학으로 여겨졌던 의학을 분리하였다. 이에 따라 의사라는 직업이 과학적인 기반 위에 만들어지게 되었다. 현재에는 의학의 아버지로 불리며 히포크라테스 선서라고 불리는 의사의 윤리적 기준을 저술한 것으로 알려져 있다. 이처럼 히포크라테스는 서양의학의 상징으로 받아들여지지만, 서양의학에 절대적인 영향을 준 사람은 클라우디오스 갈레노스(Claudius Galenus)이다.

갈레노스는 로마 시대 검투사 담당의에서 황제 마르쿠스 아우렐리우스의 주치의로 활동한 의사로, 해부학, 생리학, 병리학에 걸친 방대한 의학체계를 집대성하여 이후 1,000년 이상 서양의학의 토대를 닦았다. 당시에는 인체의 해부가 금지되어 있었기 때문에 갈레노스는 원숭이, 돼지 등을 사용하여 해부학적 지식을 쌓았으며, 임상 실험을 병행하여 의학적 지식을 확립하였다. 이러한 해부 및 실험을 통해 갈레노스는 여러 장기의 기능을 밝히고, 근육과 뼈를 구분하였으며, 심장의 판막이나 정맥과 동맥의 차이점 등을 밝혀내거나, 혈액이 혈관을 통해 신체 말단까지 퍼져나가며 신진대사를 조절하는 물질을 운반한다고 밝혀냈다. 물론 갈레노스도 히포크라테스가 주장한 4원소에 따른 4체액설(혈액, 담즙, 황담즙, 흑담즙)을 믿거나 피를 뽑아 치료하는 사혈법을 주장하는 등 현대 의학과는 거리가 있지만, 당시에 의학 이론을 해부와 실험을 통해 증명하고 방대한 저술을 남겼다는 놀라운 업적을 가지고 있으며, 이것이 실제로 가장 오랫동안 서양의학을 실제로 지배하는 토대가 되었다.

① 갈레노스의 생애와 의학의 발전
② 고대에서 현대까지 해부학의 발전 과정
③ 히포크라테스 선서에 의한 전문직의 도덕적 기준
④ 히포크라테스와 갈레노스가 서양의학에 끼친 영향과 중요성
⑤ 히포크라테스와 갈레노스의 4체액설이 현대 의학에 끼친 영향

17 다음 중 제시된 단어와 가장 비슷한 단어는?

비상구

① 진입로   ② 출입구

③ 돌파구   ④ 여울목

⑤ 탈출구

18 A열차가 어떤 터널을 진입하고 5초 후 B열차가 같은 터널에 진입하였다. 이후 B열차가 먼저 터널을 빠져나왔고 5초 후 A열차가 터널을 빠져나왔다. A열차가 터널을 빠져나오는 데 걸린 시간이 14초일 때, B열차는 A열차보다 몇 배 빠른가?(단, A열차와 B열차 모두 속력의 변화는 없으며, 두 열차의 길이는 서로 같다)

① 2배   ② 2.5배

③ 3배   ④ 3.5배

⑤ 4배

19 A팀은 5일부터 5일마다 회의실을 사용하고, B팀은 4일부터 4일마다 회의실을 사용하기로 하였으며, 두 팀이 사용하고자 하는 날이 겹칠 경우에는 A, B팀이 번갈아가며 사용하기로 하였다. 어느 날 A팀과 B팀이 사용하고자 하는 날이 겹쳤을 때, 겹친 날을 기준으로 A팀이 9번, B팀이 8번 회의실을 사용했다면, 이때까지 A팀은 회의실을 최대 몇 번 이용하였는가?(단, 회의실 사용일이 첫 번째로 겹친 날에는 A팀이 먼저 사용하였으며, 회의실 사용일은 주말 및 공휴일도 포함한다)

① 61회   ② 62회

③ 63회   ④ 64회

⑤ 65회

20 다음 모스 굳기 10단계에 해당하는 광물 A ~ C가 〈조건〉을 만족할 때, 이에 대한 설명으로 옳은 것은?

〈모스 굳기 10단계〉

단계	1단계	2단계	3단계	4단계	5단계
광물	활석	석고	방해석	형석	인회석
단계	6단계	7단계	8단계	9단계	10단계
광물	정장석	석영	황옥	강옥	금강석

• 모스 굳기 단계의 단계가 낮을수록 더 무른 광물이고, 단계가 높을수록 단단한 광물이다.
• 단계가 더 낮은 광물로 단계가 더 높은 광물을 긁으면 긁힘 자국이 생기지 않는다.
• 단계가 더 높은 광물로 단계가 더 낮은 광물을 긁으면 긁힘 자국이 생긴다.

조건

• 광물 A로 광물 B를 긁으면 긁힘 자국이 생기지 않는다.
• 광물 A로 광물 C를 긁으면 긁힘 자국이 생긴다.
• 광물 B로 광물 C를 긁으면 긁힘 자국이 생긴다.
• 광물 B는 인회석이다.

① 광물 C는 석영이다.
② 광물 A는 방해석이다.
③ 광물 A가 가장 무르다.
④ 광물 B가 가장 단단하다.
⑤ 광물 B는 모스 굳기 단계가 7단계 이상이다.

21 J공사는 지방에 있는 지점 사무실을 공유 오피스로 이전하고자 한다. 다음 사무실 이전 조건을 참고할 때, 〈보기〉 중 이전할 오피스로 가장 적절한 곳은?

〈사무실 이전 조건〉

- 지점 근무 인원 : 71명
- 사무실 예상 이용 기간 : 5년
- 교통 조건 : 역이나 버스 정류장에서 도보 10분 이내
- 시설 조건 : 자사 홍보영상 제작을 위한 스튜디오 필요, 회의실 필요
- 비용 조건 : 다른 조건이 모두 가능한 공유 오피스 중 가장 저렴한 곳(1년 치 비용 선납 가능)

보기

구분	가용 인원수	보유시설	교통 조건	임대비용
A오피스	100인	라운지, 회의실, 스튜디오, 복사실, 탕비실	A역에서 도보 8분	1인당 연간 600만 원
B오피스	60인	회의실, 스튜디오, 복사실	B정류장에서 도보 5분	1인당 월 40만 원
C오피스	100인	라운지, 회의실, 스튜디오	C역에서 도보 7분	월 3,600만 원
D오피스	90인	회의실, 복사실, 탕비실	D정류장에서 도보 4분	월 3,500만 원 (1년 치 선납 시 8% 할인)
E오피스	80인	라운지, 회의실, 스튜디오	E역과 연결된 사무실	월 3,800만 원 (1년 치 선납 시 10% 할인)

① A오피스
② B오피스
③ C오피스
④ D오피스
⑤ E오피스

※ 다음은 에너지바우처 사업에 대한 자료이다. 이어지는 질문에 답하시오. [22~23]

〈에너지바우처〉

1. 에너지바우처란?

   국민 모두가 시원한 여름, 따뜻한 겨울을 보낼 수 있도록 에너지 취약계층을 위해 에너지바우처(이용권)를 지급하여 전기, 도시가스, 지역난방, 등유, LPG, 연탄을 구입할 수 있도록 지원하는 제도

2. 신청대상 : 소득기준과 세대원 특성기준을 모두 충족하는 세대

   • 소득기준 : 국민기초생활 보장법에 따른 생계급여 / 의료급여 / 주거급여 / 교육급여 수급자

   • 세대원 특성기준 : 주민등록표 등본상 기초생활수급자(본인) 또는 세대원이 다음 중 어느 하나에 해당하는 경우

     - 노인 : 65세 이상

     - 영유아 : 7세 이하의 취학 전 아동

     - 장애인 : 장애인복지법에 따라 등록한 장애인

     - 임산부 : 임신 중이거나 분만 후 6개월 미만인 여성

     - 중증질환자, 희귀질환자, 중증난치질환자 : 국민건강보험법 시행령에 따라 보건복지부장관이 정하여 고시하는 중증질환, 희귀질환, 중증난치질환을 가진 사람

     - 한부모가족 : 한부모가족지원법에 따른 '모' 또는 '부'로서 아동인 자녀를 양육하는 사람

     - 소년소녀가정 : 보건복지부에서 정한 아동분야 지원대상에 해당하는 사람(아동복지법에 의한 가정위탁보호 아동 포함)

   • 지원 제외 대상 : 세대원 모두가 보장시설 수급자

   • 다음의 경우 동절기 에너지바우처 중복 지원 불가

     - 긴급복지지원법에 따라 동절기 연료비를 지원받은 자(세대)

     - 한국에너지공단의 등유바우처를 발급받은 자(세대)

     - 한국광해광업공단의 연탄쿠폰을 발급받은 자(세대)

     ※ 하절기 에너지바우처를 사용한 수급자가 동절기에 위 사업들을 신청할 경우 동절기 에너지바우처를 중지 처리한 후 신청함(중지사유 : 타동절기 에너지이용권 수급)

     ※ 동절기 에너지바우처를 일부 사용한 경우 위 사업들은 신청 불가함

3. 바우처 지원금액

구분	1인 세대	2인 세대	3인 세대	4인 이상 세대
하절기	55,700원	73,800원	90,800원	117,000원
동절기	254,500원	348,700원	456,900원	599,300원
총액	310,200원	422,500원	547,700원	716,300원

4. 지원방법

   • 요금차감

     - 하절기 : 전기요금 고지서에서 요금을 자동으로 차감

     - 동절기 : 도시가스 / 지역난방 중 하나를 선택하여 고지서에서 요금을 자동으로 차감

   • 실물카드 : 동절기 도시가스, 등유, LPG, 연탄을 실물카드(국민행복카드)로 직접 결제

22 다음 중 에너지바우처에 대한 설명으로 옳지 않은 것은?

① 36개월의 아이가 있는 의료급여 수급자 A는 에너지바우처를 신청할 수 있다.

② 혼자서 아이를 3명 키우는 교육급여 수급자 B는 1년에 70만 원을 넘게 지원받을 수 있다.

③ 보장시설인 양로시설에 살면서 생계급여를 받는 70세 독거노인 C는 에너지바우처를 신청할 수 있다.

④ 에너지바우처 기준을 충족하는 D는 겨울에 연탄보일러를 사용하므로 실물카드를 받는 방법으로 지원을 받아야 한다.

⑤ 희귀질환을 앓고 있는 어머니와 함께 단둘이 사는 생계급여 수급자 E는 에너지바우처를 통해 여름에 전기비에서 73,800원이 차감될 것이다.

23 다음은 A, B가족의 에너지바우처 정보이다. A, B가족이 올해 에너지바우처를 통해 지원받는 금액의 총합은 얼마인가?

〈A, B가족의 에너지바우처 정보〉

구분	세대 인원	소득기준	세대원 특성기준	특이사항
A가족	5명	의료급여 수급자	영유아 2명	연탄쿠폰 발급받음
B가족	2명	생계급여 수급자	소년소녀가정	지역난방 이용

① 190,800원

② 539,500원

③ 948,000원

④ 1,021,800원

⑤ 1,138,800원

24 다음 C 프로그램을 실행하였을 때의 결과로 옳은 것은?

```
#include <stdio.h>
int main( ) {
    int result=0;
    while (result<2) {
        result=result+1;
        printf("%d\n",result);
        result=result-1;
    }
}
```

① 실행되지 않는다.

② 0
 1

③ 0
 −1

④ 1
 1

⑤ 1이 무한히 출력된다.

25 다음은 A국과 B국의 물가지수 동향에 대한 자료이다. [E2] 셀에 「=ROUND(D2,−1)」를 입력하였을 때, 출력되는 값은?

	A	B	C	D	E
				〈A, B국 물가지수 동향〉	
1		A국	B국	평균 판매지수	
2	2024년 1월	122.313	112.36	117.3365	
3	2024년 2월	119.741	110.311	115.026	
4	2024년 3월	117.556	115.379	116.4675	
5	2024년 4월	124.739	118.652	121.6955	
6	⋮	⋮	⋮	⋮	
7					

① 100

② 105

③ 110

④ 115

⑤ 120

26 다음 중 빈칸에 들어갈 내용으로 가장 적절한 것은?

> 주의력 결핍 과잉행동장애(ADHD)는 학령기 아동에게 흔히 나타나는 질환으로, 주의력 결핍, 과잉행동, 충동성의 증상을 보인다. 이는 아동의 학교 및 가정생활에 큰 영향을 미치며, 적절한 치료와 관리가 필요하다. ADHD의 원인은 신경화학적 요인과 유전적 요인이 복합적으로 작용하는 것으로 여겨진다. 도파민과 노르에피네프린 같은 신경전달물질의 불균형이 주요 원인으로 지목되며, 가족력이 있는 경우 ADHD 발병 확률이 높아진다. 연구에 따르면, ADHD는 상당한 유전적 연관성을 보이며, 부모나 형제 중에 ADHD를 가진 사람이 있을 경우 그 위험이 증가한다.
> 환경적 요인도 ADHD 발병에 영향을 미칠 수 있다. 임신 중 음주, 흡연, 약물 사용 등이 위험을 높일 수 있으며, 조산이나 저체중 출산도 연관성이 있다. 이러한 환경적 요인들은 태아의 뇌 발달에 영향을 미쳐 ADHD 발병 가능성을 증가시킬 수 있다. 그러나 이러한 요인들이 단독으로 ADHD를 유발하는 것은 아니며, 다양한 요인이 복합적으로 작용하여 증상이 나타난다.
> ADHD 치료는 약물요법과 비약물요법으로 나뉜다. 약물요법에서는 메틸페니데이트 같은 중추신경 자극제가 널리 사용된다. 이 약물은 도파민과 노르에피네프린의 재흡수를 억제해 증상을 완화한다. 이러한 약물은 주의력 향상과 충동성 감소에 효과적이며, 많은 연구에서 그 효능이 입증되었다. 비약물요법으로는 행동개입 요법과 심리사회적 프로그램이 있다. 이는 구조화된 환경에서 집중을 방해하는 요소를 최소화하고, 연령에 맞는 개입방법을 적용한다. 예를 들어, 학령기 아동에게는 그룹 부모훈련과 교실 내 행동개입 프로그램이 추천된다.
> 가정에서는 부모가 아이가 해야 할 일을 목록으로 작성하도록 돕고, 한 번에 한 가지씩 처리하도록 지도해야 한다. 특히 아이의 바람직한 행동에는 칭찬하고, 잘못된 행동에는 책임을 지도록 하는 것이 중요하다. 이러한 방법은 아이의 자존감을 높이고 긍정적인 행동을 강화하는 데 도움이 된다. 학교에서는 과제를 짧게 나누고, 수업이 지루하지 않도록 하며, 규칙과 보상을 일관되게 유지해야 한다. 교사는 ADHD 아동이 주의가 산만해질 수 있는 환경적 요소를 제거하고, 많은 격려와 칭찬을 통해 학습 동기를 유발해야 한다.
> ADHD는 완치가 어려운 만성 질환이지만 적절한 치료와 관리를 통해 증상을 개선할 수 있다. 약물 치료와 비약물 치료를 병행하고 가정과 학교에서 적절한 지원이 이루어지면 ADHD 아동도 건강하고 행복한 삶을 영위할 수 있다. 결론적으로, ADHD는 _____
> 따라서 다양한 원인에 부합하는 맞춤형 치료와 환경 조성을 통해 아동의 잠재력을 최대한 발휘할 수 있도록 지원해야 한다. 이는 아동이 자신의 능력을 충분히 발휘하고 성공적인 삶을 살아가는 데 중요한 역할을 한다.

① 완벽한 치료가 불가능한 불치병이다.

② 약물 치료를 통해 쉽게 치료가 가능하다.

③ 다양한 원인이 복합적으로 작용하는 질환이다.

④ 아동에게 적극적으로 개입해 충동성을 감소시켜야 하는 질환이다.

27 다음 중 밑줄 친 단어가 맞춤법상 옳지 않은 것은?

① 김주임은 지난 분기 매출을 조사하여 증가량을 <u>백분율</u>로 표기하였다.

② 젊은 세대를 중심으로 빠른 이직 트렌드가 형성되어 <u>이직률</u>이 높아지고 있다.

③ 이번 학기 <u>출석율</u>이 이전보다 크게 향상되어 학생들의 참여도가 높아지고 있다.

④ 이번 시험의 <u>합격률</u>이 역대 최고치를 기록하며 수험생들에게 희망을 안겨주었다.

28 S공사는 2024년 상반기에 신입사원을 채용하였다. 전체 지원자 중 채용에 불합격한 남성 수와 여성 수의 비율은 같으며, 합격한 남성 수와 여성 수의 비율은 2 : 3이라고 한다. 남성 전체 지원자와 여성 전체 지원자의 비율이 6 : 7일 때, 합격한 남성 수가 32명이면 전체 지원자는 몇 명인가?

① 192명   ② 200명

③ 208명   ④ 216명

29 다음은 직장가입자 보수월액보험료에 대한 자료이다. A씨가 〈조건〉에 따라 장기요양보험료를 납부할 때, A씨의 2023년 보수월액은?(단, 소수점 첫째 자리에서 반올림한다)

〈**직장가입자 보수월액보험료**〉

• 개요 : 보수월액보험료는 직장가입자의 보수월액에 보험료율을 곱하여 산정한 금액에 경감 등을 적용하여 부과한다.
• 보험료 산정 방법
 − 건강보험료는 다음과 같이 산정한다.
  (건강보험료)=(보수월액)×(건강보험료율)

  ※ 보수월액 : 동일사업장에서 당해 연도에 지급받은 보수총액을 근무월수로 나눈 금액
 − 장기요양보험료는 다음과 같이 산정한다.
  2022.12.31. 이전 : (장기요양보험료)=(건강보험료)×(장기요양보험료율)

  2023.01.01. 이후 : (장기요양보험료)=(건강보험료)×$\dfrac{(장기요양보험료율)}{(건강보험료율)}$

〈**2020 ~ 2024년 보험료율**〉

(단위 : %)

구분	2020년	2021년	2022년	2023년	2024년
건강보험료율	6.67	6.86	6.99	7.09	7.09
장기요양보험료율	10.25	11.52	12.27	0.9082	0.9182

조건

• A씨는 K공사에서 2011년 3월부터 2023년 9월까지 근무하였다.
• A씨는 3개월 후 2024년 1월부터 S공사에서 현재까지 근무하고 있다.
• A씨의 2023년 장기요양보험료는 35,120원이었다.

① 3,866,990원
② 3,974,560원
③ 4,024,820원
④ 4,135,970원

30 다음 중 개인정보보호법에서 사용하는 용어에 대한 정의로 옳지 않은 것은?

① '가명처리'란 추가 정보 없이도 특정 개인을 알아볼 수 있도록 처리하는 것을 말한다.

② '정보주체'란 처리되는 정보에 의하여 알아볼 수 있는 사람으로서 그 정보의 주체가 되는 사람을 말한다.

③ '개인정보'란 살아 있는 개인에 관한 정보로서 성명, 주민등록번호 및 영상 등을 통하여 개인을 알아볼 수 있는 정보를 말한다.

④ '처리'란 개인정보의 수집, 생성, 연계, 연동, 기록, 저장, 보유, 가공, 편집, 검색, 출력, 정정, 복구, 이용, 제공, 공개, 파기, 그 밖에 이와 유사한 행위를 말한다.

31 다음은 생활보조금 신청자의 소득 및 결과에 대한 자료이다. 월 소득이 100만 원 이하인 사람은 보조금 지급이 가능하고, 100만 원을 초과한 사람은 보조금 지급이 불가능할 때, 보조금 지급을 받는 사람의 수를 구하는 함수로 옳은 것은?

〈생활보조금 신청자 소득 및 결과〉

	A	B	C	D	E
1	지원번호	소득(만 원)	결과		
2	1001	150	불가능		
3	1002	80	가능		보조금 지급 인원 수
4	1003	120	불가능		
5	1004	95	가능		
6	⋮	⋮	⋮		
7					

① =COUNTIF(A:C, "<=100")

② =COUNTIF(A:C, <=100)

③ =COUNTIF(B:B, "<=100")

④ =COUNTIF(B:B, <=100)

32 다음은 초등학생의 주차별 용돈에 대한 자료이다. 빈칸에 들어갈 함수를 바르게 짝지은 것은?(단, 한 달은 4주로 한다)

<초등학생 주차별 용돈>

	A	B	C	D	E	F
1	학생번호	1주	2주	3주	4주	합계
2	1	7,000	8,000	12,000	11,000	(A)
3	2	50,000	60,000	45,000	55,000	
4	3	70,000	85,000	40,000	55,000	
5	4	10,000	6,000	18,000	14,000	
6	5	24,000	17,000	34,000	21,000	
7	6	27,000	56,000	43,000	28,000	
8	한 달 용돈이 150,000원 이상인 학생 수					(B)

	(A)	(B)
①	=SUM(B2:E2)	=COUNTIF(F2:F7, ">=150,000")
②	=SUM(B2:E2)	=COUNTIF(B2:E2, ">=150,000")
③	=SUM(B2:E2)	=COUNTIF(B2:E7, ">=150,000")
④	=SUM(B2:E7)	=COUNTIF(F2:F7, ">=150,000")

33 다음 중 빅데이터 분석 기획 절차를 순서대로 바르게 나열한 것은?

① 범위 설정 → 프로젝트 정의 → 위험 계획 수립 → 수행 계획 수립

② 범위 설정 → 프로젝트 정의 → 수행 계획 수립 → 위험 계획 수립

③ 프로젝트 정의 → 범위 정의 → 위험 계획 수립 → 수행 계획 수립

④ 프로젝트 정의 → 범위 설정 → 수행 계획 수립 → 위험 계획 수립

34 다음 중 밑줄 친 부분의 단어가 어법상 옳은 것은?

> K씨는 항상 ㉠ <u>짜깁기 / 짜집기</u>한 자료로 보고서를 작성했다. 처음에는 아무도 눈치채지 못했지만, 시간이 지나면서 K씨의 작업이 다른 사람들의 것과 비교해 질적으로 떨어지는 것이 분명해졌다. K씨는 결국 동료들 사이에서 ㉡ <u>뒤처지기 / 뒤쳐지기</u> 시작했고, 격차를 좁히기 위해 더 많은 시간을 투자해야 했다.

	㉠	㉡
①	짜깁기	뒤처지기
②	짜깁기	뒤쳐지기
③	짜집기	뒤처지기
④	짜집기	뒤쳐지기

35 다음 중 공문서 작성 시 유의해야 할 점으로 옳지 않은 것은?

① 한 장에 담아내는 것이 원칙이다.
② 부정문이나 의문문의 형식은 피한다.
③ 마지막엔 반드시 '끝'자로 마무리한다.
④ 날짜 다음에 괄호를 사용할 경우에는 반드시 마침표를 찍는다.

36 영서가 어머니와 함께 40분 동안 만두를 60개 빚었다고 한다. 어머니가 혼자서 1시간 동안 만두를 빚을 수 있는 개수가 영서가 혼자서 1시간 동안 만두를 빚을 수 있는 개수보다 10개 더 많을 때, 영서는 혼자서 1시간 동안 만두를 몇 개 빚을 수 있는가?

① 30개   ② 35개
③ 40개   ④ 45개

37 대칭수는 순서대로 읽은 수와 거꾸로 읽은 수가 같은 수를 가리키는 말이다. 예컨대, 121, 303, 1,441, 85,058 등은 대칭수이다. 1,000 이상 50,000 미만의 대칭수는 모두 몇 개인가?

① 180개　　　　　　　　　　② 325개
③ 405개　　　　　　　　　　④ 490개

38 어떤 자연수 '25□'가 3의 배수일 때, □에 들어갈 수 있는 모든 자연수의 합은?

① 12　　　　　　　　　　　② 13
③ 14　　　　　　　　　　　④ 15

39 바이올린, 호른, 오보에, 플루트 4가지의 악기를 다음 〈조건〉에 따라 좌우로 4칸인 선반에 각각 1대씩 보관하려 한다. 각 칸에는 1대의 악기만 배치할 수 있을 때, 왼쪽에서 두 번째 칸에 배치할 수 없는 악기는?

> **조건**
> • 호른은 바이올린 바로 왼쪽에 위치한다.
> • 오보에는 플루트 바로 왼쪽에 위치하지 않는다.

① 바이올린　　　　　　　　　② 호른
③ 오보에　　　　　　　　　　④ 플루트

40 다음 중 비영리 조직에 해당하지 않는 것은?

① 교육기관　　　　　　　　　② 자선단체
③ 사회적 기업　　　　　　　　④ 비정부기구

41 다음은 D기업의 분기별 재무제표에 대한 자료이다. 2022년 4분기의 영업이익률은 얼마인가?

〈D기업 분기별 재무제표〉

(단위 : 십억 원, %)

구분	2022년 1분기	2022년 2분기	2022년 3분기	2022년 4분기	2023년 1분기	2023년 2분기	2023년 3분기	2023년 4분기
매출액	40	50	80	60	60	100	150	160
매출원가	30	40	70	80	100	100	120	130
매출총이익	10	10	10	( )	−40	0	30	30
판관비	3	5	5	7	8	5	7.5	10
영업이익	7	5	5	( )	−8	−5	22.5	20
영업이익률	17.5	10	6.25	( )	−80	−5	15	12.5

※ (영업이익률)=(영업이익)÷(매출액)×100

※ (영업이익)=(매출총이익)−(판관비)

※ (매출총이익)=(매출액)−(매출원가)

① −30% ② −45%

③ −60% ④ −75%

42 5km/h의 속력으로 움직이는 무빙워크를 이용하여 이동하는 데 36초가 걸렸다. 무빙워크 위에서 무빙워크와 같은 방향으로 4km/h의 속력으로 걸어 이동할 때 걸리는 시간은?

① 10초 ② 15초

③ 20초 ④ 25초

43 다음 순서도에서 출력되는 result 값은?

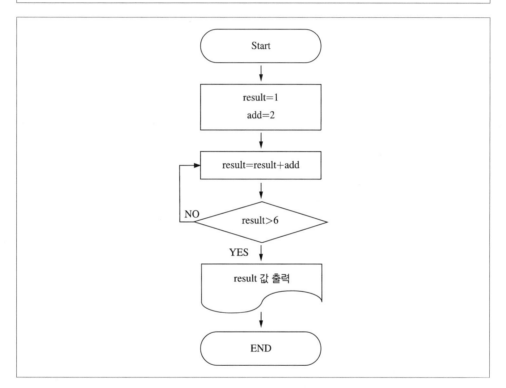

〈순서도 기호〉

기호	설명	기호	설명
	시작과 끝을 나타낸다.		어느 것을 택할 것인지 판단한다.
	데이터를 입력하거나 계산하는 등의 처리를 한다.		선택한 값을 출력한다.

Start

result=1
add=2

result=result+add

result>6

NO

YES

result 값 출력

END

① 11 ② 10
③ 9 ④ 8
⑤ 7

44 다음은 A컴퓨터 A/S센터의 하드디스크 수리 방문접수 과정에 대한 순서도이다. 하드디스크 데이터 복구를 문의할 때, 출력되는 도형은 무엇인가?

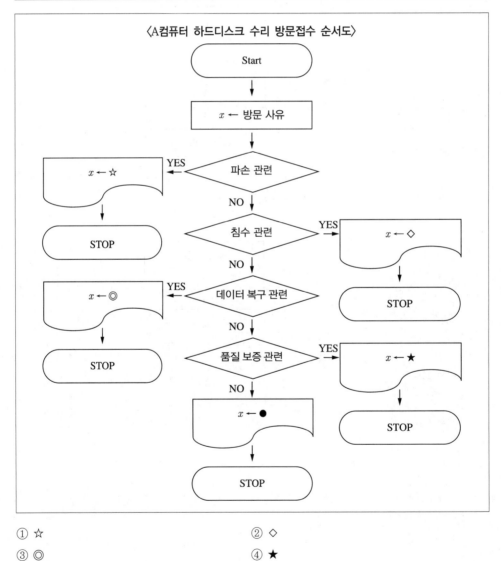

① ☆

② ◇

③ ◎

④ ★

⑤ ●

45 다음은 EAN-13 바코드 부여 규칙에 대한 자료이다. 상품코드의 맨 앞 자릿수가 9일 때, 2 ~ 7번째 자릿수가 '387655'라면 이를 이진코드로 바르게 변환한 것은?

〈EAN-13 바코드 부여 규칙〉

1. 13자리 상품코드의 맨 앞 자릿수에 따라 다음과 같이 변환한다.

상품코드 번호	2 ~ 7번째 자릿수	8 ~ 13번째 자릿수
0	A A A A A A	C C C C C C
1	A A B A B B	C C C C C C
2	A A B B A B	C C C C C C
3	A A B B B A	C C C C C C
4	A B A A B B	C C C C C C
5	A B B A A B	C C C C C C
6	A B B B A A	C C C C C C
7	A B A B A B	C C C C C C
8	A B A B B A	C C C C C C
9	A B B A B A	C C C C C C

2. A, B, C는 다음과 같이 상품코드 번호를 이진코드로 변환한 값이다.

상품코드 번호	A	B	C
0	0001101	0100111	1110010
1	0011001	0110011	1100110
2	0010011	0011011	1101100
3	0111101	0100001	1000010
4	0100011	0011101	1011100
5	0110001	0111001	1001110
6	0101111	0000101	1010000
7	0111011	0010001	1000100
8	0110111	0001001	1001000
9	0001011	0010111	1110100

	2번째 수	3번째 수	4번째 수	5번째 수	6번째 수	7번째 수
①	0111101	0001001	0010001	0101111	0111001	0110001
②	0100001	0001001	0010001	0000101	0111101	0111101
③	0111101	0110111	0111011	0101111	0111001	0111101
④	0100001	0101111	0010001	0010111	0100111	0001011
⑤	0111101	0011001	0010001	0101111	0011001	0111001

※ 다음은 청소 유형별 청소기 사용 방법 및 고장 유형별 확인 사항에 대한 자료이다. 이어지는 질문에 답하시오. [46~47]

〈청소 유형별 청소기 사용 방법〉

유형	사용 방법
일반 청소	1. 기본형 청소구를 장착해 주세요. 2. 작동 버튼을 눌러 주세요.
틈새 청소	1. 기본형 청소구의 입구 돌출부를 누르고 잡아당기면 좁은 흡입구를 꺼낼 수 있습니다. 　반대로 돌출부를 누르면서 밀어 넣으면 좁은 흡입구를 안쪽으로 정리할 수 있습니다. 2. 1.의 좁은 흡입구를 꺼낸 상태에서 돌출부를 시계 방향으로 돌리면 돌출부를 고정할 수 있습니다. 3. 좁은 흡입구를 고정한 후 작동 버튼을 눌러 주세요. (좁은 흡입구에는 솔이 함께 들어 있습니다)
카펫 청소	1. 별도의 돌기 청소구로 교체해 주세요. 　(기본형으로도 카펫 청소를 할 수 있으나, 청소 효율이 떨어집니다) 2. 작동 버튼을 눌러 주세요.
스팀 청소	1. 별도의 스팀 청소구로 교체해 주세요. 2. 스팀 청소구의 물통에 물을 충분히 채운 후 뚜껑을 잠가 주세요. 　※ 반드시 전원을 분리한 상태에서 진행해 주세요. 3. 걸레판에 걸레를 부착한 후 스팀 청소구의 노즐에 장착해 주세요. 　※ 반드시 전원을 분리한 상태에서 진행해 주세요. 4. 스팀 청소 버튼을 누르고 안전 스위치를 눌러 주세요. 　※ 안전을 위해 안전 스위치를 누르는 동안에만 스팀이 발생합니다. 　※ 스팀 청소 작업 도중 및 완료 직후에 청소기를 거꾸로 세우거나 스팀 청소구를 눕히면 뜨거운 물이 새어 나와 화상을 입을 수 있습니다. 5. 스팀 청소 완료 후 물이 충분히 식은 후 물통 및 스팀 청소구를 분리해 주세요. 　※ 충분히 식지 않은 상태에서 분리 시 뜨거운 물이 새어 나와 화상의 위험이 있습니다.

〈고장 유형별 확인 사항〉

유형	확인 사항
흡입력 약화	• 흡입구, 호스, 먼지통, 먼지분리기에 크기가 큰 이물질이 걸려 있는지 확인해 주세요. • 필터를 교체해 주세요. • 먼지통, 먼지분리기, 필터의 조립 상태를 확인해 주세요.
청소기 미작동	• 전원이 제대로 연결되어 있는지 확인해 주세요.
물 보충 램프 깜빡임	• 물통에 물이 충분한지 확인해 주세요. • 물이 충분히 채워졌어도 꺼질 때까지 시간이 다소 걸립니다. 잠시 기다려 주세요.
스팀 안 나옴	• 물통에 물이 충분한지 확인해 주세요. • 안전 스위치를 눌렀는지 확인해 주세요.
바닥에 물이 남음	• 스팀 청소구를 너무 자주 좌우로 기울이면 물이 소량 새어 나올 수 있습니다. • 걸레가 많이 젖었으므로 걸레를 교체해 주세요.
악취 발생	• 제품 기능상의 문제는 아니므로 고장이 아닙니다. • 먼지통 및 필터를 교체해 주세요. • 스팀 청소구의 물통 등 청결 상태를 확인해 주세요.
소음 발생	• 흡입구, 호스, 먼지통, 먼지분리기에 크기가 큰 이물질이 걸려 있는지 확인해 주세요. • 먼지통, 먼지분리기, 필터의 조립 상태를 확인해 주세요.

46 다음 중 청소 유형별 청소기 사용 방법에 대한 설명으로 옳지 않은 것은?

① 기본형 청소구로 카펫 청소가 가능하다.

② 스팀 청소 직후 통을 분리하면 화상의 위험이 있다.

③ 기본형 청소구를 이용하여 좁은 틈새를 청소할 수 있다.

④ 안전 스위치를 1회 누르면 별도의 외부 입력 없이 스팀을 지속하여 발생시킬 수 있다.

⑤ 스팀 청소 시 물 보충 및 걸레 부착 작업은 반드시 전원을 분리한 상태에서 진행해야 한다.

47 다음 중 고장 유형별 확인 사항이 바르게 연결되어 있지 않은 것은?

① 물 보충 램프 깜빡임 : 잠시 기다리기

② 악취 발생 : 스팀 청소구의 청결 상태 확인하기

③ 흡입력 약화 : 먼지통, 먼지분리기, 필터 교체하기

④ 바닥에 물이 남음 : 물통에 물이 너무 많이 있는지 확인하기

⑤ 소음 발생 : 흡입구, 호스, 먼지통, 먼지분리기의 이물질 걸림 확인하기

48 다음 중 동료의 피드백을 장려하기 위한 방안으로 적절하지 않은 것은?

① 행동과 수행을 관찰한다.

② 즉각적인 피드백을 제공한다.

③ 뛰어난 수행성과에 대해서는 인정한다.

④ 간단하고 분명한 목표와 우선순위를 설정한다.

⑤ 긍정적인 상황에서는 피드백을 자제하는 것도 나쁘지 않다.

49 다음 중 내적 동기를 유발하는 방법으로 적절하지 않은 것은?

① 변화를 두려워하지 않는다.

② 업무 관련 교육을 생략한다.

③ 주어진 일에 책임감을 갖는다.

④ 창의적인 문제해결법을 찾는다.

⑤ 새로운 도전의 기회를 부여한다.

50 다음은 갈등 정도와 조직 성과의 관계에 대한 그래프이다. 이에 대한 설명으로 옳지 않은 것은?

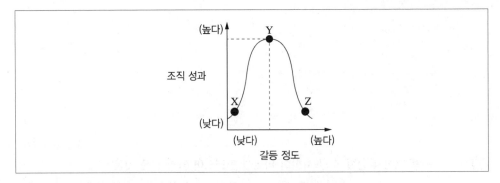

① 적절한 갈등이 있을 경우 가장 높은 조직 성과를 얻을 수 있다.

② 갈등이 없을수록 조직 내부가 결속되어 높은 조직 성과를 보인다.

③ Y점에서는 갈등의 순기능, Z점에서는 갈등의 역기능이 작용한다.

④ 갈등이 없을 경우 낮은 조직 성과를 얻을 수 있다.

⑤ 갈등이 잦을 경우 낮은 조직 성과를 얻을 수 있다.

01 경영

┃ 코레일 한국철도공사

01 다음 중 테일러의 과학적 관리법과 관계가 없는 것은?

① 시간연구
② 동작연구
③ 동등 성과급제
④ 과업관리
⑤ 표준 작업조건

┃ 코레일 한국철도공사

02 다음 중 근로자가 직무능력 평가를 위해 개인능력평가표를 활용하는 제도는 무엇인가?

① 자기신고제도
② 직능자격제도
③ 평가센터제도
④ 직무순환제도
⑤ 기능목록제도

┃ 코레일 한국철도공사

03 다음 중 데이터베이스 마케팅에 대한 설명으로 옳지 않은 것은?

① 기업 규모와 관계없이 모든 기업에서 활용이 가능하다.
② 기존 고객의 재구매를 유도하며, 장기적인 마케팅 전략 수립이 가능하다.
③ 인구통계, 심리적 특성, 지리적 특성 등을 파악하여 고객별 맞춤 서비스가 가능하다.
④ 단방향 의사소통으로 고객과 1 : 1 관계를 구축하여 즉각적으로 반응을 확인할 수 있다.
⑤ 고객자료를 바탕으로 고객 및 매출 증대에 대한 마케팅 전략을 실행하는 데 목적이 있다.

04 다음 중 공정성 이론에서 절차적 공정성에 해당하지 않는 것은?

① 접근성   ② 반응속도
③ 형평성   ④ 유연성
⑤ 적정성

05 다음 중 e-비즈니스 기업의 장점으로 옳지 않은 것은?

① 빠른 의사결정을 진행할 수 있다.
② 양질의 고객서비스를 제공할 수 있다.
③ 배송, 물류비 등 각종 비용을 절감할 수 있다.
④ 소비자에게 더 많은 선택권을 부여할 수 있다.
⑤ 기업이 더 높은 가격으로 제품을 판매할 수 있다.

06 다음 중 조직시민행동에 대한 설명으로 옳지 않은 것은?

① 조직 구성원이 수행하는 행동에 대해 의무나 보상이 존재하지 않는다.
② 조직 구성원의 자발적인 참여가 바탕이 되며, 대부분 강제적이지 않다.
③ 조직 내 바람직한 행동을 유도하고, 구성원의 조직 참여도를 제고한다.
④ 조직 구성원의 처우가 좋지 않을수록 조직시민행동은 자발적으로 일어난다.
⑤ 조직의 리더가 구성원으로부터 신뢰를 받을 때 구성원의 조직시민행동이 크게 증가한다.

07 다음 중 분배적 협상의 특징으로 옳지 않은 것은?

① 협상에 따른 이익을 정해진 비율로 분배한다.
② 정보를 숨겨 필요한 정보만 선택적으로 활용한다.
③ 협상을 통해 공동의 이익을 확대(Win – Win)한다.
④ 상호 목표 배치 시 자기의 입장을 명확히 주장한다.
⑤ 간부회의, 밀실회의 등을 통한 의사결정을 주로 진행한다.

08 다음 글에서 설명하는 직무분석방법은?

> • 여러 직무활동을 동시에 기록할 수 있다.
> • 직무활동 전체의 모습을 파악할 수 있다.
> • 직무성과가 외형적일 때 적용이 가능하다.

① 관찰법   ② 면접법
③ 워크 샘플링법   ④ 질문지법
⑤ 연구법

09 다음 중 전문품에 대한 설명으로 옳지 않은 것은?

① 가구, 가전제품 등이 해당된다.
② 제품의 가격이 상대적으로 비싼 편이다.
③ 특정 브랜드에 대한 높은 충성심이 나타난다.
④ 충분한 정보 제공 및 차별화가 중요한 요소로 작용한다.
⑤ 소비자가 해당 브랜드에 대한 충분한 지식이 없는 경우가 많다.

10 다음 중 연속생산에 대한 설명으로 옳은 것은?

① 단위당 생산원가가 낮다.
② 운반비용이 많이 소요된다.
③ 제품의 수명이 짧은 경우 적합한 방식이다.
④ 제품의 수요가 다양한 경우 적합한 방식이다.
⑤ 작업자의 숙련도가 떨어질 경우 작업에 참여시키지 않는다.

11 다음 중 주식 관련 상품에 대한 설명으로 옳지 않은 것은?

① ELF : ELS와 ELD의 중간 형태로, ELS를 기초 자산으로 하는 펀드를 말한다.

② ELB : 채권, 양도성 예금증서 등 안전자산에 주로 투자하며, 원리금이 보장된다.

③ ELD : 수익률이 코스피200지수에 연동되는 예금으로, 주로 정기예금 형태로 판매한다.

④ ELS : 주가지수 또는 종목의 주가 움직임에 따라 수익률이 결정되며, 만기가 없는 증권이다.

⑤ ELT : ELS를 특정금전신탁 계좌에 편입하는 신탁상품으로, 투자자의 의사에 따라 운영한다.

12 다음 중 인사와 관련된 이론에 대한 설명으로 옳지 않은 것은?

① 로크는 인간이 합리적으로 행동한다는 가정에서 개인이 의식적으로 얻으려고 설정한 목표가 동기와 행동에 영향을 미친다고 주장하였다.

② 브룸은 동기 부여에 대해 기대이론을 적용하여 기대감, 적합성, 신뢰성을 통해 구성원의 직무에 대한 동기 부여를 결정한다고 주장하였다.

③ 매슬로는 욕구의 위계를 생리적 욕구, 안전의 욕구, 애정과 공감의 욕구, 존경의 욕구, 자아실현의 욕구로 나누어 단계별로 욕구가 작용한다고 설명하였다.

④ 맥그리거는 인간의 본성에 대해 부정적인 관점인 X이론과 긍정적인 관점인 Y이론이 있으며, 경영자는 조직목표 달성을 위해 근로자의 본성(X, Y)을 파악해야 한다고 주장하였다.

⑤ 허즈버그는 욕구를 동기요인과 위생요인으로 나누었으며, 동기요인에는 인정감, 성취, 성장 가능성, 승진, 책임감, 직무 자체가 해당되고, 위생요인에는 보수, 대인관계, 감독, 직무안정성, 근무환경, 회사의 정책 및 관리가 해당된다.

13 다음 글에 해당하는 마케팅 STP 단계는 무엇인가?

- 서로 다른 욕구를 가지고 있는 다양한 고객들을 하나의 동질적인 고객집단으로 나눈다.
- 인구, 지역, 사회, 심리 등을 기준으로 활용한다.
- 전체시장을 동질적인 몇 개의 하위시장으로 구분하여 시장별로 차별화된 마케팅을 실행한다.

① 시장세분화 ② 시장매력도 평가

③ 표적시장 선정 ④ 포지셔닝

⑤ 재포지셔닝

14 다음 중 BCG 매트릭스에 대한 설명으로 옳지 않은 것은?

① X축은 상대적 시장 점유율, Y축은 성장률을 의미한다.
② 1970년대 미국 보스턴컨설팅그룹에 의해 개발된 경영전략 분석기법이다.
③ 수익이 많고 안정적이어서 현상을 유지하는 것이 필요한 사업은 스타(Star)이다.
④ 물음표(Question), 스타(Star), 현금젖소(Cash Cow), 개(Dog)의 4개 영역으로 구성된다.

15 다음 중 변혁적 리더십의 특성으로 옳지 않은 것은?

① 구성원들은 리더가 이상적이며 높은 수준의 기준과 능력을 지니고 있다고 생각한다.
② 리더는 구성원 모두가 공감할 수 있는 바람직한 목표를 설정하고, 그들이 이를 이해하도록 한다.
③ 리더는 구성원들의 생각, 가치, 신념 등을 발전시키고, 그들이 창의적으로 행동하도록 이끈다.
④ 구성원들을 리더로 얼마나 육성했는지보다 구성원의 성과 측정을 통해 객관성을 가질 수 있다는
   효과가 있다.

16 다음 중 변혁적 리더십의 구성요소에 해당하지 않는 것은?

① 감정적 치유   ② 카리스마
③ 영감적 동기화   ④ 지적 자극

17 다음 중 매트릭스 조직의 단점으로 옳지 않은 것은?

① 책임, 목표, 평가 등에 대한 갈등이 유발되어 혼란을 줄 수 있다.
② 관리자 및 구성원 모두에게 역할 등에 대한 스트레스를 유발할 수 있다.
③ 힘의 균형을 유지하기 어려워 경영자의 개입이 빈번하게 일어날 수 있다.
④ 구성원의 창의력을 저해하고, 문제해결에 필요한 전문지식이 부족할 수 있다.

18 다음 중 가치사슬 분석을 통해 얻을 수 있는 효과로 옳지 않은 것은?

① 프로세스 혁신   ② 원가 절감

③ 매출 확대   ④ 품질 향상

19 다음 K기업 재무회계 자료를 참고할 때, 기초부채를 계산하면 얼마인가?

- 기초자산 : 100억 원
- 기말자본 : 65억 원
- 총수익 : 35억 원
- 총비용 : 20억 원

① 30억 원   ② 40억 원

③ 50억 원   ④ 60억 원

20 다음 중 ERG 이론에 대한 설명으로 옳지 않은 것은?

① 매슬로의 욕구 5단계설을 발전시켜 주장한 이론이다.

② 인간의 욕구를 중요도 순으로 계층화하여 정의하였다.

③ 인간의 욕구를 존재욕구, 관계욕구, 성장욕구의 3단계로 나누었다.

④ 상위에 있는 욕구를 충족시키지 못하면 하위에 있는 욕구는 더욱 크게 감소한다.

21 다음 중 기업이 사업 다각화를 추진하는 목적으로 볼 수 없는 것은?

① 기업의 지속적인 성장 추구   ② 사업위험 분산

③ 유휴자원의 활용   ④ 기업의 수익성 강화

22 다음 중 종단분석과 횡단분석의 비교가 옳지 않은 것은?

구분	종단분석	횡단분석
방법	시간적	공간적
목표	특성이나 현상의 변화	집단의 특성 또는 차이
표본 규모	큼	작음
횟수	반복	1회

① 방법   ② 목표
③ 표본 규모   ④ 횟수

23 다음 중 향후 채권이자율이 시장이자율보다 높아질 것으로 예상될 때 나타날 수 있는 현상으로 옳은 것은?

① 1년 만기 은행채, 장기신용채 등의 발행이 늘어난다.
② 만기에 가까워질수록 채권가격 상승에 따른 이익을 얻을 수 있다.
③ 채권가격이 액면가보다 높은 가격에 거래되는 할증채 발행이 증가한다.
④ 별도의 이자 지급 없이 채권발행 시 이자금액을 공제하는 방식을 선호하게 된다.

24 다음 중 BCG 매트릭스에 대한 설명으로 옳은 것은?

① 스타(Star) 사업 : 높은 시장점유율로 현금창출은 양호하나, 성장 가능성은 낮은 사업이다.
② 현금젖소(Cash Cow) 사업 : 성장 가능성과 시장점유율이 모두 낮아 철수가 필요한 사업이다.
③ 개(Dog) 사업 : 성장 가능성과 시장점유율이 모두 높아서 계속 투자가 필요한 유망 사업이다.
④ 물음표(Question Mark) 사업 : 신규 사업 또는 현재 시장점유율은 낮으나, 향후 성장 가능성이 높은 사업이다.

25 다음 중 테일러의 과학적 관리법의 특징에 대한 설명으로 옳지 않은 것은?

① 작업량에 따라 임금을 차등하여 지급한다.
② 작업능률을 최대로 높이기 위하여 노동의 표준량을 정한다.
③ 관리에 대한 전문화를 통해 노동자의 태업을 사전에 방지한다.
④ 작업에 사용하는 도구 등을 개별 용도에 따라 다양하게 제작하여 성과를 높인다.

▮ 서울교통공사

01 다음 중 수요의 가격탄력성에 대한 설명으로 옳지 않은 것은?

① 수요의 가격탄력성은 가격의 변화에 따른 수요의 변화를 의미한다.
② 분모는 상품 가격의 변화량을 상품 가격으로 나눈 값이다.
③ 대체재가 많을수록 수요의 가격탄력성은 탄력적이다.
④ 가격이 1% 상승할 때 수요가 2% 감소하였으면 수요의 가격탄력성은 2이다.
⑤ 가격탄력성이 0보다 크면 탄력적이라고 할 수 있다.

▮ 서울교통공사

02 다음 중 대표적인 물가지수인 GDP 디플레이터를 구하는 계산식으로 옳은 것은?

① (실질 GDP)÷(명목 GDP)×100
② (명목 GDP)÷(실질 GDP)×100
③ (실질 GDP)+(명목 GDP)÷2
④ (명목 GDP)−(실질 GDP)÷2
⑤ (실질 GDP)÷(명목 GDP)×2

▮ 서울교통공사

03 다음 〈조건〉을 참고할 때, 한계소비성향(MPC) 변화에 따른 현재 소비자들의 소비 변화폭은?

> 조건
> • 기존 소비자들의 연간 소득은 3,000만 원이며, 한계소비성향은 0.6을 나타내었다.
> • 현재 소비자들의 연간 소득은 4,000만 원이며, 한계소비성향은 0.7을 나타내었다.

① 700
② 1,100
③ 1,800
④ 2,500
⑤ 3,700

04 다음 중 빈칸에 들어갈 단어가 바르게 짝지어진 것은?

> • 환율이 ___㉠___ 하면 순수출이 증가한다.
> • 국내이자율이 높아지면 환율은 ___㉡___ 한다.
> • 국내물가가 오르면 환율은 ___㉢___ 한다.

	㉠	㉡	㉢
①	하락	상승	하락
②	하락	상승	상승
③	하락	하락	하락
④	상승	하락	상승
⑤	상승	하락	하락

05 다음 중 독점적 경쟁시장에 대한 설명으로 옳지 않은 것은?

① 독점적 경쟁시장은 완전경쟁시장과 독점시장의 중간 형태이다.
② 대체성이 높은 제품의 공급자가 시장에 다수 존재한다.
③ 시장진입과 퇴출이 자유롭다.
④ 독점적 경쟁기업의 수요곡선은 우하향하는 형태를 나타낸다.
⑤ 가격경쟁이 비가격경쟁보다 활발히 진행된다.

06 다음 중 고전학파와 케인스학파에 대한 설명으로 옳지 않은 것은?

① 케인스학파는 경기가 침체할 경우, 정부의 적극적 개입이 바람직하지 않다고 주장하였다.
② 고전학파는 임금이 매우 신축적이어서 노동시장이 항상 균형상태에 이르게 된다고 주장하였다.
③ 케인스학파는 저축과 투자가 국민총생산의 변화를 통해 같아지게 된다고 주장하였다.
④ 고전학파는 실물경제와 화폐를 분리하여 설명한다.
⑤ 케인스학파는 단기적으로 화폐의 중립성이 성립하지 않는다고 주장하였다.

07 다음 사례에서 나타나는 현상으로 옳은 것은?

> • 물은 사용 가치가 크지만 교환 가치가 작은 반면, 다이아몬드는 사용 가치가 작지만 교환 가치는 크게 나타난다.
> • 한계효용이 작을수록 교환 가치가 작으며, 한계효용이 클수록 교환 가치가 크다.

① 매몰비용의 오류   ② 감각적 소비

③ 보이지 않는 손   ④ 가치의 역설

⑤ 희소성

08 다음 자료를 참고하여 실업률을 구하면 얼마인가?

> • 생산가능인구 : 50,000명
> • 취업자 : 20,000명
> • 실업자 : 5,000명

① 10%   ② 15%

③ 20%   ④ 25%

⑤ 30%

09 J기업이 다음 〈조건〉과 같이 생산량을 늘린다고 할 때, 한계비용은 얼마인가?

> **조건**
>
> • J기업의 제품 1단위당 노동가격은 4, 자본가격은 6이다.
> • J기업은 제품 생산량을 50개에서 100개로 늘리려고 한다.
> • 평균비용 $P = 2L + K + \dfrac{100}{Q}$ (L : 노동가격, K : 자본가격, Q : 생산량)

① 10   ② 12

③ 14   ④ 16

10 다음은 A국과 B국이 노트북 1대와 TV 1대를 생산하는 데 필요한 작업 시간을 나타낸 자료이다. A국과 B국의 비교우위에 대한 설명으로 옳은 것은?

구분	노트북	TV
A국	6시간	8시간
B국	10시간	8시간

① A국이 노트북, TV 생산 모두 비교우위에 있다.
② B국이 노트북, TV 생산 모두 비교우위에 있다.
③ A국은 노트북 생산, B국은 TV 생산에 비교우위가 있다.
④ A국은 TV 생산, B국은 노트북 생산에 비교우위가 있다.

11 다음 중 다이내믹 프라이싱에 대한 설명으로 옳지 않은 것은?

① 동일한 제품과 서비스에 대한 가격을 시장 상황에 따라 변화시켜 적용하는 전략이다.
② 호텔, 항공 등의 가격을 성수기 때 인상하고, 비수기 때 인하하는 것이 대표적인 예이다.
③ 기업은 소비자별 맞춤형 가격을 통해 수익을 극대화할 수 있다.
④ 소비자 후생이 증가해 소비자의 만족도가 높아진다.

12 다음 〈보기〉 중 빅맥 지수에 대한 설명으로 옳은 것을 모두 고르면?

> **보기**
> ㉠ 빅맥 지수를 최초로 고안한 나라는 미국이다.
> ㉡ 각 나라의 물가수준을 비교하기 위해 고안된 지수로, 구매력 평가설을 근거로 한다.
> ㉢ 맥도날드 빅맥 가격을 기준으로 한 이유는 전 세계에서 가장 동질적으로 판매되고 있는 상품이기 때문이다.
> ㉣ 빅맥 지수를 구할 때 빅맥 가격은 제품 가격과 서비스 가격의 합으로 계산한다.

① ㉠, ㉡   ② ㉠, ㉢
③ ㉡, ㉢   ④ ㉡, ㉣

13 다음 중 확장적 통화정책의 영향으로 옳은 것은?

① 건강보험료가 인상되어 정부의 세금 수입이 늘어난다.

② 이자율이 하락하고, 소비 및 투자가 감소한다.

③ 이자율이 상승하고, 환율이 하락한다.

④ 은행이 채무불이행 위험을 줄이기 위해 더 높은 이자율과 담보 비율을 요구한다.

14 다음 중 노동의 수요공급곡선에 대한 설명으로 옳지 않은 것은?

① 노동 수요는 파생수요라는 점에서 재화시장의 수요와 차이가 있다.

② 상품 가격이 상승하면 노동 수요곡선은 오른쪽으로 이동한다.

③ 토지, 설비 등이 부족하면 노동 수요곡선은 오른쪽으로 이동한다.

④ 노동에 대한 인식이 긍정적으로 변화하면 노동 공급곡선은 오른쪽으로 이동한다.

15 다음 〈조건〉에 따라 S씨가 할 수 있는 최선의 선택은?

> 조건
>
> • S씨는 퇴근 후 운동을 할 계획으로 헬스, 수영, 자전거, 달리기 중 하나를 고르려고 한다.
> • 각 운동이 주는 만족도(이득)는 헬스 5만 원, 수영 7만 원, 자전거 8만 원, 달리기 4만 원이다.
> • 각 운동에 소요되는 비용은 헬스 3만 원, 수영 2만 원, 자전거 5만 원, 달리기 3만 원이다.

① 헬스   ② 수영

③ 자전거   ④ 달리기

03 법

❙ 서울교통공사

01 다음 중 노동법의 성질이 다른 하나는?

① 산업안전보건법
② 남녀고용평등법
③ 산업재해보상보험법
④ 근로자참여 및 협력증진에 관한 법
⑤ 고용보험법

❙ 서울교통공사

02 다음 〈보기〉 중 용익물권에 해당하는 것을 모두 고르면?

> **보기**
>
> 가. 지상권   나. 점유권
> 다. 지역권   라. 유치권
> 마. 전세권   바. 저당권

① 가, 다, 마   ② 가, 라, 바
③ 나, 라, 바   ④ 다, 라, 마
⑤ 라, 마, 바

03 다음 중 선고유예와 집행유예의 내용에 대한 분류가 옳지 않은 것은?

구분	선고유예	집행유예
실효	유예한 형을 선고	유예선고의 효력 상실
요건	1년 이하 징역·금고, 자격정지, 벌금	3년 이하 징역·금고, 500만 원 이하의 벌금형
유예기간	1년 이상 5년 이하	2년
효과	면소	형의 선고 효력 상실

① 실효　　　　　　　　　　　② 요건
③ 유예기간　　　　　　　　　④ 효과
⑤ 없음

04 다음 〈보기〉 중 형법상 몰수가 되는 것은 모두 몇 개인가?

> 보기
> • 범죄행위에 제공한 물건
> • 범죄행위에 제공하려고 한 물건
> • 범죄행위로 인하여 생긴 물건
> • 범죄행위로 인하여 취득한 물건
> • 범죄행위의 대가로 취득한 물건

① 1개　　　　　　　　　　　② 2개
③ 3개　　　　　　　　　　　④ 4개
⑤ 5개

05 다음 중 상법상 법원이 아닌 것은?

① 판례　　　　　　　　　　　② 조례
③ 상관습법　　　　　　　　　④ 상사자치법
⑤ 보통거래약관

PART 1

직업기초능력평가

CHAPTER 01
의사소통능력

의사소통능력은 평가하지 않는 공사·공단이 없을 만큼 필기시험에서 중요도가 높은 영역으로, 세부 유형은 문서 이해, 문서 작성, 의사 표현, 경청, 기초 외국어로 나눌 수 있다. 문서 이해·문서 작성과 같은 지문에 대한 주제 찾기, 내용 일치 문제의 출제 비중이 높으며, 문서의 특성을 파악하는 문제도 출제되고 있다.

01 문제에서 요구하는 바를 먼저 파악하라!

의사소통능력에서 가장 중요한 것은 제한된 시간 안에 빠르고 정확하게 답을 찾아내는 것이다. 의사소통능력에서는 지문이 아니라 문제가 주인공이므로 지문을 보기 전에 문제를 먼저 파악해야 하며, 문제에 따라 전략적으로 빠르게 풀어내는 연습을 해야 한다.

02 잠재되어 있는 언어 능력을 발휘하라!

세상에 글은 많고 우리가 학습할 수 있는 시간은 한정적이다. 이를 극복할 수 있는 방법은 다양한 글을 접하는 것이다. 실제 시험장에서 어떤 내용의 지문이 나올지 아무도 예측할 수 없으므로 평소에 신문, 소설, 보고서 등 여러 글을 접하는 것이 필요하다.

03 상황을 가정하라!

업무 수행에 있어 상황에 따른 언어 표현은 중요하다. 같은 말이라도 상황에 따라 다르게 해석될 수 있기 때문이다. 그런 의미에서 자신의 의견을 효과적으로 전달할 수 있는 능력을 평가하는 것이다. 업무를 수행하면서 발생할 수 있는 여러 상황을 가정하고 그에 따른 올바른 언어표현을 정리하는 것이 필요하다.

04 말하는 이의 입장에서 생각하라!

잘 듣는 것 또한 하나의 능력이다. 상대방의 이야기에 귀 기울이고 공감하는 태도는 업무를 수행하는 관계 속에서 필요한 요소이다. 그런 의미에서 다양한 상황에서 듣는 능력을 평가하는 것이다. 말하는 이가 요구하는 듣는 이의 태도를 파악하고, 이에 따른 판단을 할 수 있도록 언제나 말하는 사람의 입장이 되는 연습이 필요하다.

문서 내용 이해

| 유형분석 |

- 주어진 지문을 읽고 선택지를 고르는 전형적인 독해 문제이다.
- 지문은 주로 신문기사(보도자료 등)나 업무 보고서, 시사 등이 제시된다.
- 공사공단에 따라 자사와 관련된 내용의 기사나 법조문, 보고서 등이 출제되기도 한다.

다음 글의 내용으로 적절하지 않은 것은?

현재 전해지는 조선시대의 목가구는 대부분 조선 후기의 것들로 단단한 소나무, 느티나무, 은행나무 등의 곧은결을 기둥이나 쇠목으로 이용하고, 오동나무, 느티나무, 먹감나무 등의 늘결을 판재로 사용하여 자연스런 나뭇결의 재질을 살렸다. 또한 대나무 혹은 엇갈리거나 소용돌이 무늬를 이룬 뿌리 부근의 목재 등을 활용하여 자연스러운 장식이 되도록 하였다.

조선시대의 목가구는 대부분 한옥의 온돌에서 사용되었기에 온도와 습도 변화에 따른 변형을 최대한 방지할 수 있는 방법이 필요하였다. 그래서 단단하고 가느다란 기둥재로 면을 나누고, 기둥재에 홈을 파서 판재를 끼워 넣는 특수한 짜임과 이음의 방법을 사용하였으며, 꼭 필요한 부위에만 접착제와 대나무 못을 사용하여 목재가 수축·팽창하더라도 뒤틀림과 휘어짐이 최소화될 수 있도록 하였다. 조선시대 목가구의 대표적 특징으로 언급되는 '간결한 선'과 '명확한 면 분할'은 이러한 짜임과 이음의 방법에 기초한 것이다. 짜임과 이음은 조선시대 목가구 제작에 필수적인 방법으로, 겉으로 드러나는 아름다움은 물론 보이지 않는 내부의 구조까지 고려한 격조 높은 기법이었다.

한편 물건을 편리하게 사용할 수 있게 해주며, 목재의 결합 부위나 모서리에 힘을 보강하는 금속 장석은 장식의 역할도 했지만 기능상 반드시 필요하거나 나무의 질감을 강조하려는 의도에서 사용되어 조선시대 목가구의 절제되고 간결한 특징을 잘 살리고 있다.

① 금속 장석은 장식의 역할도 했지만 기능상 필요에 의해서도 사용되었다.
② 나무의 곧은결을 기둥이나 쇠목으로 이용하고, 늘결을 판재로 사용하였다.
③ 접착제와 대나무 못을 사용하면 목재의 수축과 팽창이 발생하지 않게 된다.
④ 조선시대 목가구는 온도와 습도 변화에 따른 변형을 방지할 방법이 필요했다.

정답 ③

두 번째 문단의 '꼭 필요한 부위에만 접착제와 대나무 못을 사용하여 목재가 수축·팽창하더라도 뒤틀림과 휘어짐이 최소화될 수 있도록 하였다.'라는 내용을 볼 때, 접착제와 대나무 못을 사용하면 수축과 팽창이 발생하지 않게 된다는 내용의 ③은 적절하지 않다.

풀이 전략!

주어진 선택지에서 키워드를 체크한 후, 지문의 내용과 비교해 가면서 내용의 일치 유무를 빠르게 판단한다.

01　다음 글의 '빌렌도르프의 비너스'에 대한 설명으로 가장 적절한 것은?

> 1909년 오스트리아 다뉴브 강가의 빌렌도르프 근교에서 철도 공사를 하던 중 구석기 유물이 출토되었다. 이 중 눈여겨볼 만한 것이 '빌렌도르프의 비너스'라 불리는 여성 모습의 석상이다. 대략 기원전 2만 년의 작품으로 추정되나 구체적인 제작연대나 용도 등에 대해 알려진 바가 거의 없다. 높이 11.1cm의 이 작은 석상은 굵은 허리와 둥근 엉덩이에 커다란 유방을 늘어뜨리는 등 여성 신체가 과장되게 묘사되어 있다. 가슴 위에 올려놓은 팔은 눈에 띄지 않을 만큼 작으며, 땋은 머리에 가려 얼굴이 보이지 않는다. 출산, 다산의 상징으로 주술적 숭배의 대상이 되었던 것이라는 의견이 지배적이다. 태고의 이상적인 여성을 나타내는 것이라고 보는 의견이나, 선사시대 유럽의 풍요와 안녕의 상징이었다고 보는 의견도 있다.

① 구석기 시대의 유물이다.
② 팔은 떨어져 나가고 없다.
③ 부족장의 부인을 모델로 만들어졌다.
④ 빌렌도르프라는 사람에 의해 발견되었다.

02　다음 글의 내용으로 적절하지 않은 것은?

> 우리 민족은 고유한 주거 문화로 바닥 난방 기술인 구들을 발전시켜 왔는데, 구들은 우리 민족에 다양한 영향을 주었다. 우선 오랜 구들 생활은 우리 민족의 인체에 적지 않은 변화를 초래하였다. 태어나면서부터 따뜻한 구들에 누워 자는 것이 습관이 된 우리 아이들은 사지의 활동량이 적어 발육이 늦어졌다. 구들에서 자란 우리 아이들은 다른 어떤 민족의 아이들보다 따뜻한 곳에서 안정감을 느꼈으며, 우리 민족은 아이들에게 따뜻함을 만들어주기 위해 여러 가지를 고안하여 발전시켰다. 구들은 농경을 주업으로 하는 우리 민족의 생산도구의 제작과 사용에 많은 영향을 주었다. 구들에 앉아 오랫동안 활동하는 습관은 하반신보다 상반신의 작업량을 증가시켰고 상반신의 움직임이 상대적으로 정교하게 되었다. 구들 생활에 익숙해진 우리 민족은 방 안에서의 작업뿐만 아니라 농사를 비롯한 야외의 많은 작업에서도 앉아서 하는 습관을 갖게 되었는데, 이는 큰 농기구를 이용하여 서서 작업을 하는 서양과는 완전히 다른 방식이었다.

① 구들은 아이들의 체온을 높여 발육을 방해한다.
② 구들은 실내뿐 아니라 실외 활동에도 영향을 끼쳤다.
③ 구들의 영향으로 우리 민족은 앉아서 하는 작업 방식이 일반화되었다.
④ 우리 민족은 하반신 활동보다 상반신 활동이 많은 대신 상반신 작업이 정교한 특징이 있다.

03 다음 글의 내용으로 가장 적절한 것은?

상업 광고는 기업은 물론이고 소비자에게도 요긴하다. 기업은 마케팅 활동의 주요한 수단으로 광고를 적극적으로 이용하여 기업과 상품의 인지도를 높이려 한다. 소비자는 소비 생활에 필요한 상품의 성능, 가격, 판매 조건 등의 정보를 광고에서 얻으려 한다. 광고를 통해 기업과 소비자가 모두 이익을 얻는다면 이를 규제할 필요는 없을 것이다. 그러나 광고에서 기업과 소비자의 이익이 상충하는 경우도 있고, 광고가 사회 전체에 폐해를 낳는 경우도 있어 다양한 규제 방식이 모색되었다.

이때 문제가 된 것은 과연 광고로 인한 피해를 책임질 당사자로서 누구를 상정할 것인가였다. 초기에는 '소비자 책임 부담 원칙'에 따라 광고 정보를 활용한 소비자의 구매 행위에 대해 소비자가 책임을 져야 한다고 보았다. 여기에는 광고 정보가 정직한 것인지와는 관계없이 소비자는 이성적으로 이를 판단하여 구매할 수 있어야 한다는 전제가 있었다. 그래서 기업은 광고에 의존하여 물건을 구매한 소비자가 입은 피해에 대하여 책임을 지지 않았고, 광고의 기만성에 대한 입증 책임도 소비자에게 있었다.

책임 주체로 기업을 상정하여 '기업 책임 부담 원칙'이 부상하게 된 배경은 복합적이다. 시장의 독과점 상황이 광범위해지면서 소비자의 자유로운 선택이 어려워졌고, 상품에 응용된 과학 기술이 복잡해지고 첨단화되면서 상품 정보에 대한 소비자의 정확한 이해도 기대하기 어려워졌다. 또한 다른 상품 광고와의 차별화를 위해 통념에 어긋나는 표현이나 장면도 자주 활용되었다. 그리하여 경제적, 사회·문화적 측면에서 광고로부터 소비자를 보호해야 한다는 당위를 바탕으로 기업이 광고에 대해 책임을 져야 한다는 공감대가 확산되었다.

오늘날 행해지고 있는 여러 광고 규제는 크게 법적 규제와 자율 규제로 나눌 수 있다. 구체적인 법 조항을 통해 광고를 규제하는 법적 규제는 광고 또한 사회적 활동의 일환이라는 점에 근거한다. 특히 자본주의 사회에서는 기업이 시장 점유율을 높여 다른 기업과의 경쟁에서 승리하기 위하여 사실에 반하는 광고나 소비자를 현혹하는 광고를 할 가능성이 높다. 법적 규제는 허위 광고나 기만 광고 등을 불공정 경쟁의 수단으로 간주하여 정부 기관이 규제를 가하는 것이다.

자율 규제는 법적 규제에 대한 기업의 대응책으로 등장했다. 법적 규제가 광고의 역기능에 따른 피해를 막기 위한 강제적 조치라면, 자율 규제는 광고의 순기능을 극대화하기 위한 자율적 조치이다. 광고에 대한 기업의 책임감에서 비롯된 자율 규제는 법적 규제를 보완하는 효과가 있다.

① 광고 주체의 자율 규제가 잘 작동될수록 광고에 대한 법적 규제의 역할도 커진다.

② 기업의 이익과 소비자의 이익이 상충하는 정도가 클수록 법적 규제와 자율 규제의 필요성이 약화된다.

③ 시장 독과점 상황이 심각해지면서 기업 책임 부담 원칙이 약화되고 소비자 책임부담 원칙이 부각되었다.

④ 첨단 기술을 강조한 상품의 광고일수록 소비자가 광고 내용을 정확히 이해하지 못한 채 상품을 구매할 가능성이 커진다.

04 다음 글을 통해 알 수 있는 내용으로 적절하지 않은 것은?

> 인간의 사유는 특정한 기준을 바탕으로 다른 것과의 차이를 인식하는 것이라 할 수 있다. 이때의 기준을 이루는 근간(根幹)은 당연히 현실 세계의 경험과 인식이다. 하지만 인간은 현실적 경험으로 인식되지 않는 대상을 사유하기도 하는데, 그중 하나가 신화적 사유이고 이는 상상력의 산물이다. 상상력은 통념(通念)상 현실과 대립되는 위치에 속한다. 또한 현대 문명에서 상상력은 과학적·합리적 사고와 반대되는 사유 체계로 간주되기도 한다. 그러나 신화적 사유를 떠받치고 있는 상상력은 '현실적 – 비현실적', '논리적 – 비논리적', '합리적 – 비합리적' 등과 같은 단순한 양항 체계 속으로 환원될 수 없다.
>
> 초기 인류학에서는 근대 문명과 대비시켜 신화적 사유를 미개한 존재들의 미숙한 단계의 사고로 간주(看做)했었다. 이러한 입장을 대표하는 레비브륄에 따르면 미개인은 논리 이전의 사고방식과 비현실적 감각을 가진 존재이다. 그러나 신화 연구에 적지 않은 영향을 끼쳤고 오늘날에도 여전히 유효한 레비스트로스의 논의에 따르면 미개인과 문명인의 사고방식은 사물을 분류하는 방식과 주된 관심 영역 등이 다를 뿐, 어느 것이 더 합리적이거나 논리적이라고 할 수는 없다. 또한 그것은 세계를 이해하는 두 가지의 서로 다른 방식 혹은 태도일 뿐이다. 신화적 사유를 비롯한 이른바 미개인의 사고방식을 가리키는 레비스트로스가 말하는 '야생의 사고'는 이러한 사고방식이 근대인 혹은 문명인 못지않게 질서와 체계에 민감하고 그 나름의 현실적, 논리적, 합리적 기반을 갖추고 있음을 함축하고 있는 개념이다.
>
> 레비스트로스의 '야생의 사고'는 신화시대와 신화적 사유를 근대적 문명에 입각한 발전론적 시각이 아닌 상대주의적 시각으로 바라보았다는 점에서 의미가 크다. 그러나 그가 신화 자체의 사유 방식이나 특성을 특정 시대의 것으로 한정(限定)하는 오류를 범하고 있다는 점에 유의해야 한다. 과거 신화시대에 생겨난 신화적 사유는 신화가 재현되고 재생되는 한 여전히 시간과 공간을 뛰어넘어 현재화되고 있기 때문이다.
>
> 이상에서 보듯이 신화적 사유는 현실적·경험적 차원의 '진실'이나 '비진실'로 구분될 수 없다. 신화는 허구적이거나 진실한 것 모두를 '재료'로 사용할 수 있으며, 이러한 재료들은 신화적 사유 고유의 규칙과 체계에 따라 배열된다. 그러므로 신화 텍스트에서 이러한 재료들의 구성 원리를 밝히는 것은 그 신화에 반영된 신화적 사유 체계를 밝히는 것이라 할 수 있다. 또한 이는 신화를 공유하고 전승(傳承)해 왔던 집단의 원형적 사유 체계에 접근하는 작업이라고도 할 수 있다.

① 신화는 그 고유의 규칙과 체계를 갖고 있다.
② 신화적 사유는 상상력의 산물이라 할 수 있다.
③ 신화적 사유는 특정 시대의 사유 특성에 한정된다.
④ 신화적 상상력은 상상력에 대한 통념적 인식과 차이가 있다.

02 글의 주제 · 제목

| 유형분석 |

- 주어진 지문을 파악하여 전달하고자 하는 핵심 주제를 고르는 문제이다.
- 정보를 종합하고 중요한 내용을 구별하는 능력이 필요하다.
- 설명문부터 주장, 반박문까지 다양한 성격의 지문이 제시되므로 글의 성격별 특징을 알아두는 것이 좋다.

다음 글의 제목으로 가장 적절한 것은?

> 감시용으로만 사용되는 CCTV가 최근에 개발된 신기술과 융합되면서 그 용도가 점차 확대되고 있다. 대표적인 것이 인공지능(AI)과의 융합이다. CCTV가 지능을 가지게 되면 단순 행동 감지에서 벗어나 객체를 추적해 행위를 판단할 수 있게 된다. 단순히 사람의 눈을 대신하던 CCTV가 사람의 두뇌를 대신하는 형태로 진화하고 있는 셈이다.
>
> 인공지능을 장착한 CCTV는 범죄 현장에서 이상 행동을 하는 사람을 선별하고, 범인을 추적하거나 도주 방향을 예측해 통합관제센터로 통보할 수 있다. 또 수상한 사람의 행동 패턴에 따라 지속적인 추적이나 감시를 수행하고, 차량번호 및 사람 얼굴 등을 인식해 관련 정보를 분석해 제공할 수 있다.
>
> 한국전자통신연구원(ETRI)에서는 CCTV 등의 영상 데이터를 활용해 특정 인물이 어떤 행동을 할지를 사전에 예측하는 영상분석 기술을 연구 중인 것으로 알려져 있다. 인공지능 CCTV는 범인 추적뿐만 아니라 자연재해를 예측하는 데 사용할 수도 있다. 장마철이나 국지성 집중호우 때 홍수로 범람하는 하천의 수위를 감지하는 것은 물론 산이나 도로 등의 붕괴 예측 등 다양한 분야에 적용될 수 있기 때문이다.

① 범죄를 예측하는 CCTV
② 인공지능과 사람의 공존
③ AI와 융합한 CCTV의 진화
④ CCTV와 AI의 현재와 미래

정답 ③

제시문은 CCTV가 인공지능(AI)과 융합되면 기대할 수 있는 효과들(범인 추적, 자연재해 예측)에 대해 말하고 있다. 따라서 글의 제목으로 'AI와 융합한 CCTV의 진화'가 가장 적절하다.

풀이 전략!

'결국', '즉', '그런데', '그러나', '그러므로' 등의 접속어 뒤에 주제가 드러나는 경우가 많다는 것에 주의하면서 지문을 읽는다.

※ 다음 글의 주제로 가장 적절한 것을 고르시오. [1~2]

01

> 동영상 압축 기술인 MPEG는 일반적으로 허프만 코딩 방식을 사용한다. 허프만 코딩은 데이터 발생
> 빈도수에 따라 서로 다른 길이의 부호를 부여하여 데이터를 비트로 압축하는 방식이다. 예를 들어,
> 데이터 abccddddddd를 허프만 코딩 방식으로 압축하는 경우 먼저 데이터 abccddddddd를 발생빈도
> 와 발생확률에 따라 정리한다. 그리고 발생확률이 0.1로 가장 낮은 문자 a와 b를 합하여 0.2로 만들
> 고, 이것을 S1로 표시한다. 이 S1을 다음으로 발생확률이 낮은 c의 0.2와 합한다. 그리고 이를 S2
> 라고 표시한다. 다시 S2의 발생확률 0.4를 d의 발생확률 0.6과 더하고 그것을 S3이라고 한다.
> 이런 방식으로 만들면 발생확률의 합은 1이 된다. 이와 같은 과정을 이어가며 나타낸 것을 허프만
> 트리라고 한다. 허프만 트리는 맨 위 S3을 기준으로 왼쪽으로 뻗어나가는 줄기는 0으로 표시하고,
> 오른쪽으로 뻗어가는 줄기는 1로 표시한다. 이렇게 원래의 데이터를 0과 1의 숫자로 코드화하면
> a는 000, b는 001, c는 01, d는 1이 된다. 발생빈도에 따라 데이터의 부호 길이는 달리 표시된다.
> 이런 과정을 거치면 코딩 이전의 원래 데이터 abccddddddd는 00000101011111111로 표현된다.

① 데이터의 표현 방법　　　　　　② 허프만 트리의 양상
③ 허프만 코딩 방식의 정의　　　　④ 허프만 코딩 방식의 과정

02

> 우유니 사막은 세계 최대의 소금사막으로 남아메리카 중앙부 볼리비아의 포토시주(州)에 위치한 소
> 금 호수로, '우유니 소금사막' 혹은 '우유니 염지' 등으로 불린다. 지각변동으로 솟아오른 바다가 빙
> 하기를 거쳐 녹기 시작하면서 거대한 호수가 생겨났다. 그 면적은 1만 2,000km² 이며 해발고도
> 3,680m의 고지대에 위치한다. 물이 배수되지 않은 지형적 특성 때문에 물이 고여 얕은 호수가 되었
> 으며 소금으로 덮인 수면 위에 푸른 하늘과 흰 구름이 거울처럼 투명하게 반사되어 관광지로도 이름
> 이 높다.
> 소금층 두께는 30cm부터 깊은 곳은 100m 이상이며 호수의 소금 매장량은 약 100억 톤 이상이다.
> 우기인 12월에서 3월 사이에는 20 ~ 30cm의 물이 고여 얕은 염호를 형성하는 반면, 긴 건기 동안
> 에는 표면뿐만 아니라 사막의 아래까지 증발한다. 특이한 점은 지역에 따라 호수의 색이 흰색, 적색,
> 녹색 등의 다른 빛깔을 띤다는 점이다. 이는 호수마다 쌓인 침전물의 색깔과 조류의 색깔이 다르기
> 때문이다. 또한 소금 사막 곳곳에서는 커다란 바위부터 작은 모래까지 한꺼번에 섞인 빙하성 퇴적물
> 들과 같은 빙하의 흔적들을 볼 수 있다.

① 우유니 사막의 기후와 식생　　　② 우유니 사막의 주민 생활
③ 우유니 사막의 자연지리적 특징　④ 우유니 사막 이름의 유래

03

우리 고유의 발효식품이자 한식 제1의 반찬인 김치는 천년이 넘는 역사를 함께해온 우리 삶의 일부이다. 채소를 오래 보관하여 먹기 위한 절임 음식으로 시작된 김치는 양념을 버무리고 숙성시키는 우리만의 발효 과학 식품으로 변신하였고, 김장은 우리 민족의 가장 중요한 행사 중 하나가 되었다. 다른 나라에도 소금 등에 채소를 절인 절임 음식이 존재하지만, 절임 후 양념으로 2차 발효시키는 음식으로는 우리 김치가 유일하다. 김치는 발효과정을 통해 원재료보다 영양이 한층 더 풍부하게 변신하며, 암과 노화, 비만 등의 예방과 억제에 효과적인 기능성을 보유한 슈퍼 발효 음식으로 탄생한다.

김치는 지역마다, 철마다, 또 특별한 의미를 담아 다양하게 변신하여 300가지가 넘는 종류로 탄생하는데 기후와 지역 등에 따라서 다채로운 맛을 담은 김치들이 있으며, 주재료로 채소뿐만 아니라 수산물이나 육류를 이용한 독특한 김치도 있고, 같은 김치라도 사람에 따라 특별한 김치로 재탄생되기도 한다. 지역과 집안마다 저마다의 비법으로 담그기 때문에 유서 깊은 종가마다 비법으로 만든 특별한 김치가 전해오며 김치를 담그고 먹는 일도 수행의 연속이라 여기는 사찰에서는 오신채를 사용하지 않은 김치가 존재한다.

우리 문화의 정수이자 자존심인 김치는 현대에 들어서는 문화와 전통이 결합한 복합 산업으로 펼쳐지고 있다. 김치에 들어가는 수많은 재료에 관련된 산업의 생산액은 3.3조 원이 넘으며 주로 배추김치로 형성된 김치 생산은 약 2.3조 원의 시장을 형성하고 있고, 시판 김치의 경우 대기업의 시장 주도력이 증가하고 있다. 소비자 요구에 맞춘 다양한 포장 김치가 등장하고 김치냉장고는 1.1조 원의 시장을 형성하고 있으며, 정성과 기다림을 상징하는 김치는 문화산업의 소재로 활용되며 김치문화는 관광 관련 산업으로 활성화되고 있다. 김치의 영양 기능성과 김치 유산균을 활용한 여러 기능성 제품이 개발되고, 부식뿐 아니라 새로운 요리의 식재료로서 김치는 39조 원의 외식산업 시장을 뒷받침하고 있다.

① 김치의 탄생
② 김치 산업의 활성화 방안
③ 우리 민족의 축제, 김장
④ 우리 민족의 전통이자 자존심, 김치

04

중소기업은 기발한 아이디어와 차별화된 핵심기술이 없으면 치열한 경쟁에서 뒤처질 수밖에 없다. 그러나 중소기업의 핵심기술은 항상 탈취유출 위험에 노출되어 있다고 해도 과언이 아니다. 목숨과도 같은 기술을 뺏기면 중소기업은 문을 닫아야 할 위기에 봉착하고 만다. 그러니 철저한 기술 보호는 중소기업의 생명과 직결된다고 볼 수 있다.

기업들의 기술 탈취 근절 공감대는 폭넓게 확산되고 있지만, 여전히 갈 길이 멀다. 그렇다 보니 당사자인 중소기업에는 기술 보호를 위한 선제적 노력이 요구된다. 중소기업 기술 보호의 첫걸음은 특허등록이다. 특허등록 시에는 두 가지를 꼭 고려해야 한다. 먼저 '똑똑한 특허'를 출원해야 한다. 비용과 시간이 들더라도 청구 범위가 넓은 특허가 필요하다. 기술 개발과 제품 론칭에만 신경 쓰다 보면 출원을 소홀히 해 '부실 특허'를 낳을 수 있다. 출원 비용이 만만찮다 보니 특허출원 수나 기간을 간과하는 경우도 흔한 일이다.

다음은 기술 유출 방지에 최선을 다해야 한다. 기술 유출 방지는 기술개발 못지않게 중요하다. 많은 중소기업은 기술개발이 끝난 뒤 특허등록을 추진하고 있다. 그렇지만 특허출원 이전에 내부 기술이 유출된다면 그동안의 노력은 물거품이 되고 만다. 기술개발 단계부터 특허등록을 염두에 두고 기술 유출 방지에 최선을 다해야 하는 이유다.

특허등록과 더불어 필요한 것은 기술 보호 역량이다. 대부분의 중소기업은 기술력이 있어도 기술 보호 역량이 취약하다. 기술 보호에 대한 경각심도 높지 않은 편이다. 이러한 문제는 기술 및 지식재산권 분야 법률서비스를 제공하고, 관련 제도 정책을 교육하는 '중소기업 기술 보호 법무지원단'과 경쟁사의 기술 도용 등을 막는 강력한 제도인 '기술임치제' 등의 제도를 활용하면 기술 탈취, 불공정 거래 행위 예방과 기술을 보호받을 수 있다.

① 중소기업 기술 보호의 방안
② 핵심기술 특허등록의 중요성
③ 비교분석을 통한 기술 보호 전략
④ 기술분쟁 사례와 선제적 대응 방안

03 내용 추론

| 유형분석 |

- 주어진 지문을 바탕으로 도출할 수 있는 내용을 찾는 문제이다.
- 선택지의 내용을 정확하게 확인하고 지문의 정보와 비교하여 추론하는 능력이 필요하다.

다음 글을 통해 추론할 수 없는 것은?

제약 연구원이란 제약 회사에서 약을 만드는 과정에 참여하는 사람을 말한다. 제약 연구원은 이러한 모든 단계에 참여하지만, 특히 신약 개발 단계와 임상 시험 단계에서 가장 중점적인 역할을 한다. 일반적으로 약을 만드는 과정은 새로운 약품을 개발하는 신약 개발 단계, 임상 시험을 통해 개발된 신약의 약효를 확인하는 임상 시험 단계, 식약처에 신약이 판매될 수 있도록 허가를 요청하는 약품 허가 요청 단계, 마지막으로 의료진과 환자를 대상으로 신약에 대해 홍보하는 영업 및 마케팅의 단계로 나눈다.

제약 연구원이 되기 위해서는 일반적으로 약학을 전공해야 한다고 생각하기 쉽지만 약학 전공자 이외에도 생명 공학, 화학 공학, 유전 공학 전공자들이 제약 연구원으로 활발하게 참여하고 있다. 만일 신약 개발의 전문가가 되고 싶다면 해당 분야에서 오랫동안 연구한 경험이 필요하기 때문에 대학원에서 석사나 박사 학위를 취득하는 것이 유리하다.

제약 연구원이 되기 위해서는 전문적인 지식도 중요하지만 사람의 생명과 관련된 일인 만큼, 무엇보다도 꼼꼼함과 신중함, 책임 의식이 필요하다. 또한 제약 회사라는 공동체 안에서 일을 하는 것이므로 원만한 일의 진행을 위해서 의사소통능력도 필수적으로 요구된다. 오늘날 제약 분야가 빠르게 성장하고 있다는 점을 고려할 때, 일에 대한 도전 의식, 호기심과 탐구심 등도 제약 연구원에게 필요한 능력으로 꼽을 수 있다.

① 제약 연구원은 약품 허가 요청 단계에 참여한다.
② 오늘날 제약 연구원에게 요구되는 능력이 많아졌다.
③ 생명이나 유전 공학 전공자도 제약 연구원으로 일할 수 있다.
④ 신약 개발 전문가가 되려면 반드시 석사나 박사를 취득해야 한다.

정답 ④

제시문에 따르면 신약 개발의 전문가가 되기 위해서는 해당 분야에서 오랫동안 연구한 경험이 필요하므로 석사나 박사 학위를 취득하는 것이 유리하다고 하였다. 그러나 석사나 박사 학위가 신약 개발 전문가가 되는 데 도움을 준다는 것일 뿐이므로 반드시 필요한 필수 조건인지는 알 수 없다. 따라서 ④는 제시문을 통해 추론할 수 없다.

풀이 전략!

주어진 지문이 어떠한 내용을 다루고 있는지 파악한 후 선택지의 키워드를 확실하게 체크하고, 지문의 정보에서 도출할 수 있는 내용을 찾는다.

01   다음 글을 읽고 추론한 내용으로 적절하지 않은 것은?

> 수상학이란 오랜 세월에 걸쳐 성공한 사람, 실패한 사람 등을 지켜보다 손에서 어떤 유형을 찾아내 그것으로 사람의 성격이나 운명 따위를 설명하는 것이다. 수상학에 따르면 사람의 손에는 성공과 사랑, 결혼, 건강, 성격 등 갖가지 정보가 담겨있다고 한다. 수상학을 맹신하는 것은 문제가 있겠지만 플라톤이나 아리스토텔레스 같은 철학자들도 수상학에 능통했다고 하니, 수상학에서 말하는 손금에 대해 알아보도록 하자.
>
> 우선 손금의 기본선에는 생명선, 두뇌선, 감정선이 있다. 두뇌선이 가운데 뻗어 있고 그 위로는 감정선이, 그 아래로는 생명선이 있다. 건강과 수명을 나타내는 생명선은 선명하고 길어야 좋다고 하며, 생명선에 잔주름이 없으면 병치레도 안 한다고 한다. 두뇌선도 선명할수록 머리가 좋다고 알려져 있다. 두뇌선이 직선형이면 의사나 과학자 등 이공 계열과 맞으며, 곡선형이면 감성적인 경우가 많아 인문 계열과 통한다고 한다. 감정선도 마찬가지로 직선에 가까울수록 솔직하고 감정 표현에 직설적이며, 곡선에 가까울수록 성격이 부드럽고 여성스럽다고 한다.
>
> 수상학에서는 손금뿐만 아니라 손바닥의 굴곡도 중요하게 보는데 손바닥 안쪽 부분의 두툼하게 올라온 크고 작은 살집을 '구'라고 한다. 구 역시 많은 의미를 담고 있으며 생명선의 안쪽, 엄지 아래쪽에 살집이 두툼한 부분을 금성구라고 한다. 이곳이 발달한 사람은 운동을 잘하며 정이 많다고 해석하고 있다. 금성구 옆에 위치한 살집은 '월구'라고 하는데 이곳이 발달하면 예술가의 기질이 많다고 한다. 검지 아랫부분에 명예와 권력을 의미하는 목성구, 중지 아랫부분에 종교적 믿음의 정도를 나타내는 토성구가 있으며 약지 아랫부분에 위치한 태양구가 발달하면 사교성이 뛰어나고, 소지 아랫부분에 위치한 수성구가 발달하면 사업적 기질이 풍부하다고 한다.

① 미술을 좋아하는 철수는 월구가 발달해 있을 것 같아.

② 영희가 수학을 잘하는 것을 보니 두뇌선이 직선형이겠구나.

③ 길동이는 수성구가 발달했으니 사업을 시작해보는 게 어때?

④ 몽룡이의 감정선이 직선인 것을 보니 여성스러운 성격이 있겠는걸?

02 다음 글에서 도킨스의 논리에 대한 필자의 문제 제기로 가장 적절한 것은?

> 도킨스는 인간의 모든 행동이 유전자의 자기 보존 본능에 따라 일어난다고 주장했다. 사실 도킨스는 플라톤에서부터 쇼펜하우어에 이르기까지 통용되던 철학적 생각을 유전자라는 과학적 발견을 이용하여 반복하고 있을 뿐이다. 이에 따르면 인간 개체는 유전자라는 진정한 주체의 매체에 지나지 않게 된다. 그런데 이 같은 도킨스의 논리에 근거하면 우리 인간은 이제 자신의 몸과 관련된 모든 행동에 대해 면죄부를 받게 된다. 모든 것이 이미 유전자가 가진 이기적 욕망으로부터 나왔다고 볼 수 있기 때문이다. 그래서 도킨스의 생각에는 살아가고 있는 구체적 생명체를 경시하게 되는 논리가 잠재되어 있다.

① 고대의 철학은 현대의 과학과 양립할 수 있는가?
② 생명 경시 풍조의 근원이 되는 사상은 무엇인가?
③ 인간을 포함한 생명체는 진정한 주체가 아니란 말인가?
④ 유전자의 자기 보존 본능이 초래하게 되는 결과는 무엇인가?

03 다음 글의 '이반 일리치'의 분석으로부터 도출할 수 있는 결론으로 적절하지 않은 것은?

> 자동차나 비행기 덕분에 우리 삶에서 이동 시간이 얼마나 줄었는가 하는 문제에 대해 이반 일리치라는 학자는 흥미로운 분석을 한 바 있다. 그는 자신의 집에서 어디론가 이동하는 데 몇 시간이 걸리는지를 알고자 수십 개의 미개 사회를 분석하였다. 미개인들은 대략 시속 4.5km로 이동하며, 이동에 사용하는 시간은 하루 활동 시간의 5% 정도이다. 이에 비해 근대 산업 사회의 문명인들은 하루 활동 시간 중 약 22%를 이동하는 데 소비한다. 그리고 차까지 걸어가는 시간, 차 안에 앉아 있는 시간, 자동차 세금을 내러 가는 시간, 차를 수리하는 데 드는 시간, 차표나 비행기표를 사러 가는 시간, 교통사고로 소비하는 시간, 자동차를 움직이는 데 드는 비용을 버는 시간 등을 모두 포함하면 문명인들은 대략 시속 6km로 움직인다는 것이 그의 분석이다.

① 현대 문명은 미개 문명보다 이동하는 데 4배 이상의 시간을 소비한다.
② 현대 문명은 미개 문명보다 시간당 1.5km 더 빨리 움직인다.
③ 현대인의 삶은 미개인의 삶보다 더 많은 시간을 낭비한다.
④ 빠른 교통수단으로 문명인의 삶은 더 빨라졌다.

04 다음 글을 토대로 〈보기〉를 해석한 내용으로 적절하지 않은 것은?

친구 따라 강남 간다는 속담이 있듯이 다른 사람들의 행동을 따라 하는 것을 심리학에서는 '동조(同調)'라고 한다. OX 퀴즈에서 답을 잘 모를 때 더 많은 사람들이 선택하는 쪽을 따르는 것도 일종의 동조이다.

심리학에서는 동조가 일어나는 이유를 크게 두 가지로 설명한다. 첫째는, 사람들은 자기가 확실히 알지 못하는 일에 대해 남이 하는 대로 따라 하면 적어도 손해를 보지는 않는다고 생각한다는 것이다. 낯선 지역을 여행하던 중에 식사를 할 때 여행객들은 대개 손님들로 북적거리는 식당을 찾게 마련이다. 식당이 북적거린다는 것은 그만큼 그 식당의 음식이 맛있다는 것을 뜻한다고 여기기 때문이다. 둘째는, 어떤 집단이 그 구성원들을 이끌어 나가는 질서나 규범 같은 힘을 가지고 있을 때, 그러한 집단의 압력 때문에 동조 현상이 일어난다는 것이다. 만약 어떤 개인이 그 힘을 인정하지 않는다면 그는 집단에서 배척당하기 쉽다. 이런 사정 때문에 사람들은 집단으로부터 소외되지 않기 위해서 동조를 하게 된다. 여기서 주목할 것은 자신이 믿지 않거나 옳지 않다고 생각하는 문제에 대해서도 동조의 입장을 취하게 된다는 것이다.

상황에 따라서는 위의 두 가지 이유가 함께 작용하는 경우도 있다. 예컨대 선거에서 지지할 후보를 결정하고자 할 때 사람들은 대개 활발하게 거리 유세를 하며 좀 더 많은 지지자들의 호응을 이끌어 내는 후보를 선택하게 된다. 곧 지지자들의 열렬한 태도가 다른 사람들도 그 후보를 지지하도록 이끄는 정보로 작용한 것이다. 이때 지지자 집단의 규모가 클수록 지지를 이끌어내는 데 효과적으로 작용한다.

동조는 개인의 심리 작용에 영향을 미치는 요인이 무엇이냐에 따라 그 강도가 다르게 나타난다. 가지고 있는 정보가 부족하여 어떤 판단을 내리기 어려운 상황일수록, 자신의 판단에 대한 확신이 들지 않을수록 동조 현상은 강하게 나타난다. 또한 집단의 구성원 수가 많고 그 결속력이 강할 때, 특정 정보를 제공하는 사람의 권위와 그에 대한 신뢰도가 높을 때도 동조 현상은 강하게 나타난다. 그리고 어떤 문제에 대한 집단 구성원들의 만장일치 여부도 동조에 큰 영향을 미치게 되는데, 만약 이때 단 한 명이라도 이탈자가 생기면 동조의 정도는 급격히 약화된다.

> **보기**
>
> 18세 소년이 아버지를 살해했다는 혐의를 받고 있는 사건에 대해 최종 판단을 내리기 위해 12명의 배심원이 회의실에 모였다. 배심원들은 만장일치로 빠른 결정을 내리기 위해 손을 들어 투표하기로 했다. 7~8명이 얼른 손을 들자 머뭇거리던 1~2명의 사람도 슬그머니 손을 들었고, 1명을 제외한 11명이 유죄라고 판결을 내렸다. 그러자 반대를 한 유일한 배심원을 향해 비난과 질문이 쏟아졌다. 그러나 이 배심원은 "나까지 손을 들면 이 애는 그냥 죽게 될 거 아닙니까?"라고 말하며 의심스러운 증거를 반박하고 증인의 잘못을 꼬집었다. 마침내 처음에는 유죄라고 생각했던 배심원들도 의견을 바꾸어 나가기 시작했다.

① 뒤늦게 손을 든 배심원들은 소년이 살인범이라는 확신이 없었을 것이다.
② 뒤늦게 손을 든 배심원들은 배심원 집단으로부터 소외되지 않기 위해 손을 들었을 것이다.
③ 대다수의 배심원이 손을 들었기 때문에 나머지 배심원들도 뒤늦게 손을 들 수 있었을 것이다.
④ 결국 배심원들이 의견을 바꾸어 나간 것은 끝까지 손을 들지 않았던 배심원의 권위가 높았기 때문이다.

04 빈칸 삽입

| 유형분석 |

- 주어진 지문을 바탕으로 빈칸에 들어갈 내용을 찾는 문제이다.
- 선택지의 내용을 정확하게 확인하고 빈칸 앞뒤 문맥을 파악하는 능력이 필요하다.

다음 글의 빈칸에 들어갈 내용으로 가장 적절한 것은?

힐링(Healing)은 사회적 압박과 스트레스 등으로 손상된 몸과 마음을 치유하는 방법을 포괄적으로 일컫는 말이다. 우리보다 먼저 힐링이 정착된 서구에서는 질병 치유의 대체 요법 또는 영적·심리적 치료 요법 등을 지칭하고 있다. 국내에서도 최근 힐링과 관련된 갖가지 상품이 유행하고 있다. 간단한 인터넷 검색을 통해 수천 가지의 상품을 확인할 수 있을 정도이다. 종교적 명상, 자연 요법, 운동 요법 등 다양한 형태의 힐링 상품이 존재한다. 심지어 고가의 힐링 여행이나 힐링 주택 등의 상품도 나오고 있다. 그러나 _____
우선 명상이나 기도 등을 통해 내면에 눈뜨고, 필라테스나 요가를 통해 육체적 건강을 회복하여 자신감을 얻는 것부터 출발할 수 있다.

① 많은 돈을 들이지 않고서도 쉽게 할 수 있는 일부터 찾는 것이 좋을 것이다.
② 이러한 상품들의 값이 터무니없이 비싸다고 느껴지지는 않을 것이다.
③ 힐링이 먼저 정착된 서구의 힐링 상품들을 참고해야 할 것이다.
④ 자신을 진정으로 사랑하는 법을 알아야 할 것이다.

정답 ①

빈칸의 전후 문장을 통해 내용을 파악해야 한다. 우선 '그러나'를 통해 빈칸에는 앞의 내용에 상반되는 내용이 오는 것임을 알 수 있다. 따라서 수천 가지의 힐링 상품이나 고가의 상품들을 참고하는 것과는 상반된 내용을 찾으면 된다. 또한 빈칸 뒤의 내용이 주위에서 쉽게 할 수 있는 힐링 방법을 통해 자신감을 얻는 것부터 출발해야 한다는 내용이므로, 빈칸에는 많은 돈을 들이지 않고도 쉽게 할 수 있는 일부터 찾아야 한다는 내용이 담긴 문장이 오는 것이 적절하다.

풀이 전략!

빈칸 앞뒤의 문맥을 파악한 후 선택지에서 가장 어울리는 내용을 찾는다. 빈칸 앞에 접속사가 있다면 이를 활용한다.

01 다음 글의 빈칸에 들어갈 내용으로 가장 적절한 것은?

일반적으로 물체, 객체를 의미하는 프랑스어 오브제(Objet)는 라틴어에서 유래된 단어로, 어원적으로는 앞으로 던져진 것을 의미한다. 미술에서 대개 인간이라는 '주체'와 대조적인 '객체'로서의 대상을 지칭할 때 사용되는 오브제가 미술사 전면에 나타나게 된 것은 입체주의 이후이다.

20세기 초 입체파 화가들이 화면에 나타나는 공간을 자연의 모방이 아닌 독립된 공간으로 인식하기 시작하면서 회화는 재현미술로서의 단순한 성격을 벗어나기 시작한다. 즉, '미술은 그 자체가 실재이다. 또한 그것은 객관세계의 계시 혹은 창조이지 그것의 반영이 아니다.'라는 세잔의 사고에 의하여 공간의 개방화가 시작된 것이다. 이는 평면에 실제 사물이 부착되는 콜라주 양식의 탄생과 함께 일상의 평범한 재료들이 회화와 자연스레 연결되는 예술과 비예술의 결합으로 차츰 변화하게 된다.

이러한 오브제의 변화는 다다이즘과 쉬르리알리슴에서 '일용의 기성품과 자연물 등을 원래의 그 기능이나 있어야 할 장소에서 분리하고, 그대로 독립된 작품으로서 제시하여 일상적 의미와는 다른 상징적 · 환상적인 의미를 부여하는' 것으로 일반화된다. 그리고 동시에, 기존 입체주의에서 단순한 보조수단에 머물렀던 오브제를 캔버스와 대리석의 대체하는 확실한 표현 방법으로 완성시켰다.

이후 오브제는 그저 예술가가 지칭하는 것만으로도 우리의 일상생활과 환경 그 자체가 곧 예술작품이 될 수 있음을 주장한다. _____ 거기에서 더 나아가 오브제는 일상의 오브제를 다양하게 전환시켜 다양성과 대중성을 내포하고, 오브제의 진정성과 상징성을 제거하는 팝아트에서 다시 한 번 새롭게 변화하기에 이른다.

① 화려하게 채색된 소변기를 통해 일상성에 환상적인 의미를 부여한 것이다.

② 무너진 베를린 장벽의 조각을 시내 한복판에 장식함으로써 예술과 비예술이 결합한 것이다.

③ 폐타이어나 망가진 금관악기 등으로 제작된 자동차를 통해 일상의 비일상화를 나타낸 것이다.

④ 평범한 세면대일지라도 예술가에 의해 오브제로 정해진다면 일상성을 간직한 미술과 일치되는 것이다.

02 다음 글의 빈칸에 들어갈 접속사를 순서대로 바르게 나열한 것은?

> 각 시대에는 그 시대의 특징을 나타내는 문학이 있다고 한다. 우리나라도 무릇 사천 살이 넘는 생활의 역사를 가진 만큼 그 발전 시기마다 각각 특색을 가진 문학이 없을 수 없고, 문학이 있었다면 그 중추가 되는 것은 아무래도 시가문학이라고 볼 수밖에 없다. _____ 대개 어느 민족을 막론하고 인간 사회가 성립하는 동시에 벌써 각자의 감정과 의사를 표시하려는 욕망이 생겼을 것이며, 삼라만상의 대자연은 자연 그 자체가 율동적이고 음악적이라고 할 수 있기 때문이다. 다시 말하면 인간이 생활하는 곳에는 자연적으로 시가가 발생하였다고 할 수 있다. _____ 사람의 지혜가 트이고 비교적 언어의 사용이 능란해짐에 따라 종합 예술체의 한 부분으로 있었던 서정문학적 요소가 분화·독립되어 제요나 노동요 따위의 시가의 원형을 이루고 다시 이 집단적 가요는 개인적 서정시로 발전하여 갔으리라 추측된다. _____ 다른 나라도 마찬가지이겠지만, 우리 문학사상에서 시가의 지위는 상당히 중요한 몫을 지니고 있다.

① 왜냐하면 – 그리고 – 그러므로
② 그리고 – 왜냐하면 – 그러므로
③ 그러므로 – 그리고 – 왜냐하면
④ 왜냐하면 – 그러나 – 그럼에도 불구하고

03 다음 글의 빈칸에 들어갈 내용으로 적절하지 않은 것은?

> 유럽의 도시들을 여행하다 보면 여기저기서 벼룩시장이 열리는 것을 볼 수 있다. 벼룩시장에서 사람들은 낡고 오래된 물건들을 보면서 추억을 되살린다. 유럽 도시들의 독특한 분위기는 오래된 것을 쉽게 버리지 않는 이런 정신이 반영된 것이다.
> 영국의 옥스팜(Oxfam)이라는 시민단체는 헌옷을 수선해 파는 전문 상점을 운영해, 그 수익금으로 제3세계를 지원하고 있다.
> 땀과 기억이 배어있는 오래된 물건은 _____ 선물로 받아서 10년 이상 써온 손때 묻은 만년필을 잃어버렸을 때 느끼는 상실감은 새 만년필을 산다고 해서 사라지지 않는다. 그것은 그 만년필이 개인의 오랜 추억을 담고 있는 증거물이자 애착의 대상이 되었기 때문이다. 그러기에 실용성과 상관없이 오래된 것은 그 자체로 아름답다.

① 경제적 가치는 없지만 그것만이 갖는 정서적 가치를 지닌다.
② 자신만의 추억을 위해 간직하고 싶은 고유한 가치를 지닌다.
③ 실용적 가치만으로 따질 수 없는 보편적 가치를 지닌다.
④ 새로운 상품이 대체할 수 없는 심리적 가치를 지닌다.

04 다음은 도로명주소와 관련된 기사이다. 빈칸에 들어갈 내용으로 적절하지 않은 것은?

군포시는 최근 도로명주소 활성화를 위한 시민 설문 조사를 실시한 결과 시민들의 인지도와 사용 만족도가 모두 높은 것으로 나타났다고 밝혔다. 이번 설문 조사는 군포 시민 300명을 대상으로 인지도, 활용 분야, 만족도 등 9개 항목에 대한 1：1 대면조사 방법으로 진행됐다.

설문 조사 결과 자택 주소 인지도는 94.7%로 높게 나타났으며, 활용 분야는 _____ 등이 있고, 도로명주소를 알게 된 경로는 우편, 택배, 안내시설 등이 차지했다. 또 만족도에서는 '만족' 65.3%, '보통' 25.7%, '불만족' 9.0%로 다수가 만족하는 것으로 집계됐으며, 불만족 사유로는 '어느 위치인지 모르겠다.'는 응답이 가장 높은 40.3%를 차지했다. 그리고 도로명주소 활용도를 높이는 방법에 대해 '안내시설 확대'가 36.0%로 가장 많았으며, 발전 방향으로는 전체 응답자의 절반 가까운 49.4%가 지속적인 홍보 및 교육 강화의 필요성에 대해 의견을 제시했다.

군포시는 이번 결과를 바탕으로 연말까지 훼손 또는 망실된 도로명판을 정비하고 골목길·버스정류장 등에 안내시설을 추가로 설치할 예정이다. 또한 시민 서포터즈단의 내실 있는 운영과 대규모 행사를 중심으로 한 다양한 홍보 활동을 강화해 나갈 계획이다.

군포시 관계자는 '도로명주소 사용 생활화 및 위치 찾기 편의성 증대를 통해 시민들의 도로명주소 사용 만족도가 보다 향상될 수 있도록 최선을 다하겠다고 말했다. 한편, 도로명주소는 기존 지번을 대신해 도로명과 건물번호로 알기 쉽게 표기하는 주소체계로 지난 2014년 전면 시행됐으며, 군포시는 도로명판·건물번호판 등의 안내시설 10,375개를 설치·관리하고 있다.

① 우편·택배 등의 물류 유통 위치정보 확인
② 응급구조 상황에서의 위치정보 확인
③ 부동산 가격 및 위치정보 확인
④ 생활편의시설 위치정보 확인

05 문서 작성 · 수정

| 유형분석 |

- 기본적인 어휘력과 어법에 대한 지식을 필요로 하는 문제이다.
- 글의 내용을 파악하고 문맥을 읽을 줄 알아야 한다.

다음 중 밑줄 친 ㉠ ~ ㉣의 수정 방안으로 가장 적절한 것은?

- 빨리 도착하려면 저 산을 ㉠ <u>넘어야</u> 한다.
- 장터는 저 산 ㉡ <u>넘어</u>에 있소.
- 나는 대장간 일을 ㉢ <u>어깨너머로</u> 배웠다.
- 자동차는 수많은 작은 부품들로 ㉣ <u>나뉜다</u>.

① ㉠ : 목적지에 대해 설명하고 있으므로 '너머야'로 수정한다.

② ㉡ : 산으로 가로막힌 반대쪽 장소를 의미하기 때문에 '너머'로 수정한다.

③ ㉢ : 남몰래 보고 배운 것을 뜻하므로 '어깨넘어'로 수정한다.

④ ㉣ : 피동 표현을 사용해야 하므로 '나뉘어진다'로 수정한다.

정답 ②

오답분석

① 산을 '넘는다'는 행위의 의미이므로 '넘어야'가 맞다.

③ 어깨너머 : 타인이 하는 것을 옆에서 보거나 들음

④ '나뉘다(나누이다)'는 '나누다'의 피동형이므로 피동을 나타내는 접사 '-어지다'와 결합할 수 없다.

풀이 전략!

문장에서 주어와 서술어의 호응 관계가 적절한지 주어와 서술어를 찾아 확인해 보는 연습을 하며, 문서 작성의 원칙과 주의사항은 미리 알아 두는 것이 좋다.

01 K공사의 신입사원 교육담당자인 귀하는 상사로부터 다음과 같은 메일을 받았다. 신입사원의 업무 역량을 향상시킬 수 있도록 교육할 내용으로 적절하지 않은 것은?

수신 : ○○○
발신 : △△△

제목 : 신입사원 교육프로그램을 구성할 때 참고해 주세요.
내용 :
○○○ 씨, 오늘 조간신문을 보다가 공감이 가는 내용이 있어서 보내드립니다.
신입사원 교육 때, 문서작성 능력을 향상시킬 수 있는 프로그램을 추가하면 좋을 것 같습니다.

기업체 인사담당자들을 대상으로 한 조사에서 '신입사원의 국어 능력 만족도'는 '그저 그렇다'가 65.4%, '불만족'이 23.1%나 됐는데, 특히 '기획안과 보고서 작성능력'에서 '그렇다'의 응답 비율 (53.2%)이 가장 높았다. 기업들이 대학에 개설되기를 희망하는 교과과정을 조사한 결과에서도 가장 많은 41.3%가 '기획문서 작성'을 꼽았다. 특히 인터넷 세대들은 '짜깁기' 기술엔 능해도 논리를 구축해 효과적으로 커뮤니케이션을 하고 상대를 설득하는 능력에선 크게 떨어진다.

① 문서의 중요한 내용을 미괄식으로 작성하는 것은 문서 작성에 중요한 부분이다.
② 상대방이 이해하기 어려운 글은 좋은 글이 아니므로, 우회적인 표현이나 현혹적인 문구는 지양한다.
③ 중요하지 않은 경우 한자의 사용을 자제하며 만약 사용할 경우 상용한자의 범위 내에서 사용하도록 한다.
④ 문서 의미를 전달하는 데 문제가 없다면 끊을 수 있는 부분은 가능한 한 끊어서 문장을 짧게 만들고, 실질적인 내용을 담을 수 있도록 한다.

02 행정기관의 기안문 작성방법이 다음과 같을 때, 적절하지 않은 것은?

〈기안문 작성방법〉

1. 행정기관명 : 그 문서를 기안한 부서가 속한 행정기관명을 기재한다. 행정기관명이 다른 행정기관명과 같은 경우에는 바로 위 상급 행정기관명을 함께 표시할 수 있다.
2. 수신 : 수신자명을 표시하고 그다음에 이어서 괄호 안에 업무를 처리할 보조·보좌 기관의 직위를 표시하되, 그 직위가 분명하지 않으면 ○○업무담당과장 등으로 쓸 수 있다. 다만, 수신자가 많은 경우에는 두문의 수신란에 '수신자 참조'라고 표시하고 결문의 발신명의 다음 줄의 왼쪽 기본선에 맞추어 수신란을 따로 설치하여 수신자명을 표시한다.
3. (경유) : 경유문서인 경우에 '이 문서의 경유기관의 장은 ○○○(또는 제1차 경유기관의 장은 ○○○, 제2차 경유기관의 장은 ○○○)이고, 최종 수신기관의 장은 ○○○입니다.'라고 표시하고, 경유기관의 장은 제목란에 '경유문서의 이송'이라고 표시하여 순차적으로 이송하여야 한다.
4. 제목 : 그 문서의 내용을 쉽게 알 수 있도록 간단하고, 명확하게 기재한다.
5. 발신명의 : 합의제 또는 독임제 행정기관의 장의 명의를 기재하고, 보조기관 또는 보좌기관 상호 간에 발신하는 문서는 그 보조기관 또는 보좌기관의 명의를 기재한다. 시행할 필요가 없는 내부 결재문서는 발신명의를 표시하지 않는다.
6. 기안자·검토자·협조자·결재권자의 직위 / 직급 : 직위가 있는 경우에는 직위를, 직위가 없는 경우에는 직급(각급 행정기관이 6급 이하 공무원의 직급을 대신하여 사용할 수 있도록 정한 대외 직명을 포함한다. 이하 이 서식에서 같다)을 온전하게 쓴다. 다만, 기관장과 부기관장의 직위는 간략하게 쓴다.
7. 시행 처리과명 – 연도별 일련번호(시행일), 접수 처리과명 – 연도별 일련번호(접수일) : 처리과명(처리과가 없는 행정기관은 10자 이내의 행정기관명 약칭)을 기재하고, 시행일과 접수일란에는 연월일을 각각 마침표(.)를 찍어 숫자로 기재한다. 다만, 민원문서인 경우로서 필요한 경우에는 시행일과 접수일란에 시·분까지 기재한다.
8. 우 도로명주소 : 우편번호를 기재한 다음, 행정기관이 위치한 도로명 및 건물번호 등을 기재하고 괄호 안에 건물 명칭과 사무실이 위치한 층수와 호수를 기재한다.
9. 홈페이지 주소 : 행정기관의 홈페이지 주소를 기재한다.
10. 전화번호( ), 팩스번호( ) : 전화번호와 팩스번호를 각각 기재하되, ( ) 안에는 지역번호를 기재한다. 기관 내부문서의 경우는 구내 전화번호를 기재할 수 있다.
11. 공무원의 전자우편주소 : 행정기관에서 공무원에게 부여한 전자우편주소를 기재한다.
12. 공개구분 : 공개, 부분공개, 비공개로 구분하여 표시한다. 부분공개 또는 비공개인 경우에는 「공공기록물 관리에 관한 법률 시행규칙」 제18조에 따라 '부분공개( )' 또는 '비공개( )'로 표시하고, 「공공기관의 정보공개에 관한 법률」 제9조 제1항 각 호의 번호 중 해당 번호를 괄호 안에 표시한다.
13. 관인생략 등 표시 : 발신명의의 오른쪽에 관인생략 또는 서명생략을 표시한다.

---

① 연월일 날짜 뒤에는 각각 마침표(.)를 찍는다.
② 도로명주소를 먼저 기재한 후 우편번호를 기재한다.
③ 행정기관에서 부여한 전자우편주소를 기재해야 한다.
④ 기안자 또는 협조자의 직위가 없는 경우 직급을 기재한다.

03 다음 글의 밑줄 친 ⊙ ~ ⓔ의 수정 방안으로 적절하지 않은 것은?

> '오투오(O2O; Online to Off-line) 서비스'는 모바일 기기를 통해 소비자와 사업자를 유기적으로 이어주는 서비스를 말한다. 어디에서든 실시간으로 서비스가 가능하다는 편리함 때문에 최근 오투오 서비스의 이용자가 증가하고 있다. 스마트폰에 설치된 앱으로 택시를 부르거나 배달 음식을 주문하는 것 등이 대표적인 예이다.
>
> 오투오 서비스 운영 업체는 스마트폰에 설치된 앱을 매개로 소비자와 사업자에게 필요한 서비스를 ⊙ 제공받고 있다. 이를 통해 소비자는 시간이나 비용을 절약할 수 있게 되었고, 사업자는 홍보 및 유통 비용을 줄일 수 있게 되었다. 이처럼 소비자와 사업자 모두에게 경제적으로 유리한 환경이 조성되어 서비스 이용자가 ⓛ 증가함으로써 오투오 서비스 운영 업체도 많은 수익을 낼 수 있게 되었다. ⓒ 게다가 오투오 서비스 시장이 성장하면서 여러 문제들이 발생하고 있다. ⓔ 또한 오투오 서비스 운영 업체의 경우에는 오프라인으로 유사한 서비스를 제공하는 기존 업체와의 갈등이 발생하고 있다. 소비자의 경우 신뢰성이 떨어지는 정보나 기대에 부응하지 못하는 서비스를 제공받는 사례가 늘어나고 있고, 사업자의 경우 관련 법규가 미비하여 수수료 문제로 오투오 서비스 운영 업체와 마찰이 생기는 사례도 증가하고 있다.
>
> 이를 해결하기 위해 소비자는 오투오 서비스에서 제공한 정보가 믿을 만한 것인지를 꼼꼼히 따져 합리적으로 소비하는 태도가 필요하고, 사업자는 수수료와 관련된 오투오 서비스 운영 업체와의 마찰을 해결하기 위한 다양한 방법을 강구해야 한다. 오투오 서비스 운영 업체 역시 기존 업체들과의 갈등을 조정하기 위한 구체적인 노력들이 필요하다.
>
> 스마트폰 사용자가 늘어나고 있는 추세를 고려할 때, 오투오 서비스 산업의 성장을 저해하는 문제점들을 해결해 나가면 앞으로 오투오 서비스 시장 규모는 더 커질 것으로 예상된다.

① ⊙ : 문맥을 고려하여 '제공하고'로 수정한다.
② ⓛ : 격조사의 쓰임이 적절하지 않으므로 '증가함으로서'로 수정한다.
③ ⓒ : 앞 문단과의 내용을 고려하여 '하지만'으로 수정한다.
④ ⓔ : 글의 흐름을 고려하여 뒤의 문장과 위치를 바꾼다.

06 맞춤법 · 어휘

| 유형분석 |

- 주어진 문장이나 지문에서 잘못 쓰인 단어·표현을 바르게 고칠 수 있는지 평가한다.
- 띄어쓰기, 동의어·유의어·다의어 또는 관용적 표현 등을 찾는 문제가 출제될 가능성이 있다.

다음 중 밑줄 친 부분의 맞춤법이 옳은 것은?

① 나의 <u>바램</u>대로 내일은 흰 눈이 왔으면 좋겠다.

② 학생 신분에 <u>알맞는</u> 옷차림을 해야 한다.

③ 계곡물에 손을 <u>담구니</u> 시원하다.

④ 엿가락을 고무줄처럼 <u>늘였다</u>.

정답 ④

'본디보다 더 길어지게 하다.'라는 의미로 쓰였으므로 '늘이다'로 쓰는 것이 옳다.

오답분석

① 바램 → 바람

② 알맞는 → 알맞은

③ 담구니 → 담그니

풀이 전략!

문제에서 물어보는 단어를 정확히 확인해야 하고, 어휘문제의 경우 주어진 지문의 전체적인 흐름에 어울리는 단어를 생각해 본다.

01 다음 중 빈칸 ㉠ ~ ㉢에 들어갈 단어를 순서대로 바르게 나열한 것은?

> • A씨는 작년에 이어 올해에도 사장직을 _____㉠_____ 하였다.
> • 수입품에 대한 고율의 관세를 _____㉡_____ 할 방침이다.
> • 은행 돈을 빌려 사무실을 _____㉢_____ 하였다.

	㉠	㉡	㉢
①	역임	부여	임대
②	역임	부과	임차
③	연임	부과	임차
④	연임	부여	임대

02 다음 중 밑줄 친 부분의 맞춤법이 옳은 것은?

① 그는 손가락으로 북쪽을 <u>가르켰다</u>.
② 열심히 하는 것은 좋은데 <u>촛점</u>이 틀렸다.
③ 몸이 너무 약해서 보약을 <u>다려</u> 먹어야겠다.
④ <u>뚝배기</u>에 담겨 나와서 시간이 지나도 식지 않았다.

03 다음 중 띄어쓰기가 옳은 것은?

① 이 건물을 짓는데 몇 년이나 걸렸습니까?
② 김철수군은 지금 창구로 와 주시기 바랍니다.
③ 걱정하지 마. 그 일은 내가 알아서 해결할 게.
④ 물건을 교환하시려면 1주일 내에 방문하셔야 합니다.

07 한자성어 · 속담

| 유형분석 |

- 실생활에서 활용되는 한자성어나 속담을 이해할 수 있는지 평가한다.
- 제시된 상황과 일치하는 사자성어 또는 속담을 고르거나 한자의 훈음·독음을 맞히는 등 다양한 유형이 출제된다.

다음 상황에 어울리는 속담으로 가장 적절한 것은?

얼마 전 반장 민수는 실수로 칠판을 늦게 지운 주번 상우에게 벌점을 부과하였고, 이로 인해 벌점이 초과된 상우는 방과 후 학교에 남아 반성문을 쓰게 되었다. 이처럼 민수는 사소한 잘못을 저지른 학급 친구에게도 가차 없이 벌점을 부여하여 학급 친구들의 원망을 샀고, 결국에는 민수를 반장으로 추천했던 친구들 모두 민수에게 등을 돌렸다.

① 원님 덕에 나팔 분다.
② 집 태우고 바늘 줍는다.
③ 맑은 물에 고기 안 논다.
④ 듣기 좋은 꽃노래도 한두 번이지.

정답 ③

③은 사람이 지나치게 결백하면 남이 따르지 않음을 비유적으로 이르는 말로, 지나치게 원리·원칙을 지키다 친구들의 신뢰를 잃게 된 반장 민수의 상황에 적절하다.

오답분석

① 남의 덕으로 대접을 받고 우쭐댄다.
② 큰 것을 잃은 후에 작은 것을 아끼려고 한다.
④ 아무리 좋은 일이라도 여러 번 되풀이하여 대하게 되면 싫어진다.

풀이 전략!

- 한자성어나 속담 관련 문제의 경우 일정 수준 이상의 사전지식을 요구하므로, 지원 기업 관련 기사 및 이슈를 틈틈이 찾아보며 한자성어나 속담에 대입하는 연습을 하면 효과적으로 대처할 수 있다.
- 문제에 제시된 한자성어의 의미를 파악하기 어렵다면, 먼저 알고 있는 한자가 있는지 확인한 후 글의 문맥과 상황에 대입하며 선택지를 하나씩 소거해 나가는 것이 효율적이다.

01　다음 글과 가장 관련 깊은 한자성어는?

> 지난해 동남아, 인도, 중남미 등의 신흥국이 우리나라의 수출 시장에서 차지하는 비중은 57% 수준으로 미국, 일본, 유럽 등의 선진국 시장을 앞섰다. 특히 최근 들어 중국이 차지하는 비중이 주춤하면서 다른 신흥 시장의 비중이 늘어나고 있다.
>
> 중국의 사드 보복과 미·중 간 무역마찰의 영향 등 중국발 위험이 커짐에 따라 여타 신흥국으로의 수출 시장을 다변화할 필요성이 대두되고 있다. 이에 따라 정부에서도 기업의 새로운 수출 시장을 개척하기 위해 마케팅과 금융지원을 강화하고 있다.
>
> 그러나 이러한 단기적인 대책으로는 부족하다. 신흥국과 함께하는 파트너십을 강화하는 노력이 병행되어야 한다. 신흥국과의 협력은 단기간 내에 성과를 거두기는 어렵지만, 일관성과 진정성을 갖고 꾸준히 추진한다면 해외 시장에서 어려움을 겪고 있는 우리 기업들에게 큰 도움이 될 수 있다.

① 안빈낙도(安貧樂道)　　　　　　② 호가호위(狐假虎威)
③ 각주구검(刻舟求劍)　　　　　　④ 우공이산(愚公移山)

02　다음 글과 가장 관련 있는 속담은?

> 한국을 방문한 외국인들을 대상으로 한 설문조사에서 인상 깊은 한국의 '빨리빨리' 문화로 '자판기에 손 넣고 기다리기, 웹사이트가 3초 안에 안 나오면 창 닫기, 엘리베이터 닫힘 버튼 계속 누르기' 등이 뽑혔다. 외국인들에게 가장 큰 충격을 준 것은 바로 '가게 주인의 대리 서명'이었다. 외국인들은 가게 주인이 카드 모서리로 대충 사인을 하는 것을 보고 큰 충격을 받았다고 하였다. 외국에서는 서명을 대조하여 확인하기 때문에 대리 서명은 상상도 할 수 없다는 것이다.

① 가재는 게 편이다.
② 우물에 가 숭늉 찾는다.
③ 하나를 듣고 열을 안다.
④ 낙숫물이 댓돌을 뚫는다.

CHAPTER 02
수리능력

수리능력은 사칙 연산・통계・확률의 의미를 정확하게 이해하고 이를 업무에 적용하는 능력으로, 기초 연산과 기초 통계, 도표 분석 및 작성의 문제 유형으로 출제된다. 수리능력 역시 채택하지 않는 공사・공단이 거의 없을 만큼 필기시험에서 중요도가 높은 영역이다.

특히, 난이도가 높은 공사・공단의 시험에서는 도표 분석, 즉 자료 해석 유형의 문제가 많이 출제되고 있고, 응용 수리 역시 꾸준히 출제하는 공사・공단이 많기 때문에 기초 연산과 기초 통계에 대한 공식의 암기와 자료 해석 능력을 기를 수 있는 꾸준한 연습이 필요하다.

01 응용 수리의 공식은 반드시 암기하라!

응용 수리는 공사・공단마다 출제되는 문제는 다르지만, 사용되는 공식은 비슷한 경우가 많으므로 자주 출제되는 공식을 반드시 암기하여야 한다. 문제에서 묻는 것을 정확하게 파악하여 그에 맞는 공식을 적절하게 적용하는 꾸준한 노력과 공식을 암기하는 연습이 필요하다.

02 자료의 해석은 자료에서 즉시 확인할 수 있는 지문부터 확인하라!

수리능력 중 도표 분석, 즉 자료 해석 능력은 많은 시간을 필요로 하는 문제가 출제되므로, 증가·감소 추이와 같이 눈으로 확인이 가능한 지문을 먼저 확인한 후 복잡한 계산이 필요한 지문을 확인하는 방법으로 문제를 풀이한다면 시간을 조금이라도 아낄 수 있다. 또한, 여러 가지 보기가 주어진 문제 역시 지문을 잘 확인하고 문제를 풀이한다면 불필요한 계산을 생략할 수 있으므로 항상 지문부터 확인하는 습관을 들여야 한다.

03 도표 작성에서는 지문에 작성된 도표의 제목을 반드시 확인하라!

도표 작성은 하나의 자료 혹은 보고서와 같은 수치가 표현된 자료를 도표로 작성하는 형식으로 출제되는데, 대체로 표보다는 그래프를 작성하는 형태로 많이 출제된다. 지문을 살펴보면 각 지문에서 주어진 도표에도 소제목이 있는 경우가 대부분이다. 이때, 자료의 수치와 도표의 제목이 일치하지 않는 경우 함정이 존재하는 문제일 가능성이 높으므로 도표의 제목을 반드시 확인하는 것이 중요하다.

| 유형분석 |

- 문제에서 제공하는 정보를 파악한 뒤, 사칙연산을 활용하여 계산하는 전형적인 수리문제이다.
- 문제를 풀기 위한 정보가 산재되어 있는 경우가 많으므로 주어진 조건 등을 꼼꼼히 확인해야 한다.

K씨는 저가항공을 이용하여 비수기에 제주도 출장을 가려고 한다. 1인 기준으로 작년에 비해 비행기 왕복 요금은 20% 내렸고, 1박 숙박비는 15% 올라서 올해의 비행기 왕복 요금과 1박 숙박비 합계는 작년보다 10% 증가한 금액인 308,000원이라고 한다. 이때, 1인 기준으로 올해의 비행기 왕복 요금은?

① 31,000원

② 32,000원

③ 33,000원

④ 34,000원

정답 ②

작년 비행기 왕복 요금을 x원, 작년 1박 숙박비를 y원이라 하면

$-\dfrac{20}{100}x+\dfrac{15}{100}y=\dfrac{10}{100}(x+y)\ \cdots\ ㉠$

$\left(1-\dfrac{20}{100}\right)x+\left(1+\dfrac{15}{100}\right)y=308,000\ \cdots\ ㉡$

㉠, ㉡을 연립하면

$y=6x\ \cdots\ ㉢$

$16x+23y=6,160,000\ \cdots\ ㉣$

㉢, ㉣을 연립하면

$16x+138x=6,160,000$

$\therefore\ x=40,000,\ y=240,000$

따라서 올해 비행기 왕복 요금은 $40,000-40,000\times\dfrac{20}{100}=32,000$원이다.

풀이 전략!

문제에서 묻는 바를 정확하게 확인한 후, 필요한 조건 또는 정보를 구분하여 신속하게 풀어 나간다. 단, 계산에 착오가 생기지 않도록 유의한다.

01　작년 기획팀 팀원 20명의 평균 나이는 35세였다. 올해 65세 팀원 A와 55세 팀원 B가 퇴직하고 새로운 직원 C가 입사하자 기획팀의 평균나이가 작년보다 3세 줄었다. C의 나이는 몇 살인가?

① 28세　　　　　　　　　　　　② 30세

③ 32세　　　　　　　　　　　　④ 34세

02　서울에 사는 K씨는 여름휴가를 맞이하여 남해로 가족여행을 떠났다. 다음 〈조건〉을 고려할 때, 구간단속구간의 제한 속도는?

> **조건**
> • 서울에서 남해까지 거리는 390km이며, 30km 구간단속구간이 있다.
> • 일반구간에서 시속 80km를 유지하며 운전하였다.
> • 구간단속구간에서는 제한 속도를 유지하며 운전하였다.
> • 한 번도 쉬지 않았으며, 출발한 지 5시간 만에 남해에 도착하였다.

① 60km/h　　　　　　　　　　② 65km/h

③ 70km/h　　　　　　　　　　④ 75km/h

03　농도를 알 수 없는 설탕물 500g에 농도 3%의 설탕물 200g을 온전히 섞었더니 섞은 설탕물의 농도는 7%가 되었다. 처음 500g의 설탕물에 녹아있던 설탕은 몇 g인가?

① 40g　　　　　　　　　　　　② 41g

③ 42g　　　　　　　　　　　　④ 43g

04 상우는 사과와 감을 사려고 한다. 사과는 하나에 700원, 감은 400원일 때 10,000원을 가지고 과일을 총 20개 사려면 감은 최소 몇 개를 사야 하는가?

① 10개　　　　　　　　　　　② 12개

③ 14개　　　　　　　　　　　④ 16개

05 30명의 남학생 중에서 16명, 20명의 여학생 중에서 14명이 수학여행으로 국외를 선호하였다. 전체 50명의 학생 중 임의로 선택한 한 명이 국내 여행을 선호하는 학생이라면, 이 학생이 남학생일 확률은?

① $\dfrac{3}{5}$　　　　　　　　　② $\dfrac{7}{10}$

③ $\dfrac{4}{5}$　　　　　　　　　④ $\dfrac{9}{10}$

06 K공사에 근무 중인 S사원은 업무 계약 건으로 출장을 가야 한다. 시속 75km로 이동하던 중 점심시간이 되어 전체 거리의 40% 지점에 위치한 휴게소에서 30분 동안 점심을 먹었다. 시계를 확인하니 약속된 시간에 늦을 것 같아 시속 25km를 더 올려 이동하였더니, 출장지까지 총 3시간 20분이 걸려 도착하였다. K공사에서 출장지까지의 거리는?

① 100km　　　　　　　　　　② 150km

③ 200km　　　　　　　　　　④ 250km

07 K식품업체에서 일하고 있는 용선이가 속한 부서는 추석을 앞두고 약 1,200개 제품의 포장 작업을 해야 한다. 손으로 포장하면 하나에 3분이, 기계로 포장하면 2분이 걸리는데 기계를 이용하면 포장 100개마다 50분을 쉬어야 한다. 만약 휴식 없이 연속해서 작업을 한다고 할 때, 가장 빨리 작업을 마치는 데 시간이 얼마나 필요하겠는가?(단, 두 가지 작업은 병행할 수 있다)

① 24시간   ② 25시간

③ 26시간   ④ 27시간

08 K카페는 평균 고객이 하루에 100명이다. 모든 고객은 음료를 포장하거나 카페 내에서 음료를 마신다. 한 사람당 평균 6,400원을 소비하며 카페 내에서 음료를 마시는 고객은 한 사람당 서비스 비용이 평균적으로 1,500원이 들고 가게 유지 비용은 하루에 53만 5천 원이 든다. 이 경우 하루에 수익이 발생할 수 있는 포장 고객은 최소 몇 명인가?

① 28명   ② 29명

③ 30명   ④ 31명

09 경언이는 고향인 진주에서 서울로 올라오려고 한다. 오전 8시에 출발하여 우등버스를 타고 340km를 달려 서울 고속터미널에 도착하였는데, 원래 도착 예정시간보다 2시간이 늦어졌다. 도착 예정시간은 평균 100km/h로 달리고 휴게소에서 30분 쉬는 것으로 계산되었으나 실제로 휴게소에서 36분을 쉬었다고 한다. 이때, 진주에서 서울로 이동하는 동안 경언이가 탄 버스의 평균 속도는?

① 약 49km/h   ② 약 53km/h

③ 약 57km/h   ④ 약 64km/h

| 유형분석 |

- 나열된 수의 규칙을 찾아 해결하는 문제이다.
- 등차·등비수열 등 다양한 수열 규칙에 대한 사전 학습이 요구된다.

다음과 같이 일정한 규칙으로 수를 나열할 때, 빈칸에 들어갈 수는?

0	3	5	10	17	29	48	( )

① 55   ② 60

③ 71   ④ 79

정답 ④

n을 자연수라 하면 $(n+1)$항에서 n항을 더하고 $+2$를 한 값인 $(n+2)$항이 되는 수열이다.

따라서 ( )$=48+29+2=79$이다.

풀이 전략!

- 수열을 풀이할 때는 다음과 같은 규칙이 적용되는지를 순차적으로 판단한다.
  1) 각 항에 일정한 수를 사칙연산($+$, $-$, $\times$, $\div$)하는 규칙
  2) 홀수 항, 짝수 항 규칙
  3) 피보나치 수열과 같은 계차를 이용한 규칙
  4) 군수열을 활용한 규칙
  5) 항끼리 사칙연산을 하는 규칙

주요 수열 규칙

구분	내용
등차수열	앞의 항에 일정한 수를 더해 이루어지는 수열
등비수열	앞의 항에 일정한 수를 곱해 이루어지는 수열
피보나치 수열	앞의 두 항의 합이 그 다음 항의 수가 되는 수열
건너뛰기 수열	두 개 이상의 수열 또는 규칙이 일정한 간격을 두고 번갈아가며 적용되는 수열
계차수열	앞의 항과 차가 일정하게 증가하는 수열
군수열	일정한 규칙성으로 몇 항씩 묶어 나눈 수열

※ 다음과 같이 일정한 규칙으로 수를 나열할 때, 빈칸에 들어갈 수로 옳은 것을 고르시오. [1~3]

01

10	8	16	13	39	35	( )

① 90   ② 100
③ 120   ④ 140

02

1	4	13	40	121	( )	1,093

① 351   ② 363
③ 364   ④ 370

03

1	2	2	6	4	18	( )

① 8   ② 9
③ 10   ④ 12

자료 계산

| 유형분석 |

- 문제에 주어진 도표를 분석하여 각 선택지의 값을 계산해 정답 유무를 판단하는 문제이다.
- 주로 그래프와 표로 제시되며, 경영·경제·산업 등과 관련된 최신 이슈를 많이 다룬다.
- 자료 간의 증감률·비율·추세 등을 자주 묻는다.

다음은 2024년 A지역 고등학교 학년별 도서 선호 분야 비율에 대한 자료이다. 취업 관련 도서를 선호하는 3학년 학생 수 대비 철학·종교 도서를 선호하는 1학년 학생 수의 비율로 옳은 것은?(단, 소수점 첫째 자리에서 반올림한다)

〈A지역 고등학교 학년별 도서 선호 분야 비율〉

(단위 : 명, %)

학년	사례 수	장르소설	문학	자기계발	취업관련	예술·문화	역사·지리	과학·기술	정치·사회	철학·종교	경제·경영	기타
소계	1,160	28.9	18.2	7.7	6.8	5.4	6.1	7.9	5.7	4.2	4.5	4.5
1학년	375	29.1	18.1	7.0	6.4	8.7	5.3	7.8	4.1	3.0	6.5	4.0
2학년	417	28.4	18.7	8.9	7.5	3.8	6.3	8.3	8.1	5.0	3.1	1.9
3학년	368	29.3	17.8	7.1	6.6	3.7	6.8	7.6	4.8	4.5	4.1	7.7

① 42%

② 46%

③ 54%

④ 58%

정답 ②

취업 관련 도서를 선호하는 3학년 학생 수는 $368 \times 0.066 ≒ 24$명이고, 철학·종교 도서를 선호하는 1학년 학생 수는 $375 \times 0.03 ≒ 11$명이다.

따라서 취업 관련 도서를 선호하는 3학년 학생 수 대비 철학·종교 도서를 선호하는 1학년 학생 수의 비율은 $\frac{11}{24} \times 100 ≒ 46\%$이다.

풀이 전략!

선택지를 먼저 읽고 필요한 정보를 도표에서 확인하도록 하며, 계산이 필요한 경우에는 실제 수치를 사용하여 복잡한 계산을 하는 대신, 대소 관계의 비교나 선택지의 옳고 그름만을 판단할 수 있을 정도로 간소화하여 계산해 풀이시간을 단축할 수 있도록 한다.

01 김대리는 장거리 출장을 가기 전 주유와 세차를 할 예정이다. A주유소와 B주유소의 주유 가격 및 세차 가격이 다음과 같을 때, A주유소에서 얼마나 주유하는 것이 B주유소보다 저렴한가?(단, 주유는 리터 단위로만 한다)

구분	주유 가격	세차 가격
A주유소	1,550원/L	3천 원(5만 원 이상 주유 시 무료)
B주유소	1,500원/L	3천 원(7만 원 이상 주유 시 무료)

① 32L 이상 45L 이하
② 32L 이상 46L 이하
③ 33L 이상 45L 이하
④ 33L 이상 46L 이하

02 다음은 매년 해외·국내여행 평균 횟수에 대해 연령대별 50명씩 설문조사한 결과이다. 빈칸에 들어갈 수치로 옳은 것은?(단, 각 수치는 매년 일정한 규칙으로 변화한다)

〈연령대별 해외·국내여행 평균 횟수〉

(단위 : 회)

구분	2019년	2020년	2021년	2022년	2023년	2024년
20대	35.9	35.2	40.7	42.2	38.4	37.0
30대	22.3	21.6	24.8	22.6	20.9	24.1
40대	19.2	24.0	23.7	20.4	24.8	22.9
50대	27.6	28.8	30.0	31.2		33.6
60대 이상	30.4	30.8	28.2	27.3	24.3	29.4

① 32.4
② 33.1
③ 34.2
④ 34.5

03 귀하는 각 생산부서의 사업평가 자료를 취합하였는데 커피를 흘려 자료의 일부가 훼손되었다. 다음 중 빈칸 (가) ~ (라)에 들어갈 수치로 옳은 것은?(단, 인건비와 재료비 이외의 투입 요소는 없다)

〈사업평가 자료〉

구분	목표량	인건비	재료비	산출량	효과성 순위	효율성 순위
A부서	(가)	200	50	500	3	2
B부서	1,000	(나)	200	1,500	2	1
C부서	1,500	1,200	(다)	3,000	1	3
D부서	1,000	300	500	(라)	4	4

※ (효과성)=(산출량)÷(목표량)
※ (효율성)=(산출량)÷(투입량)

	(가)	(나)	(다)	(라)
①	300	500	800	800
②	500	800	300	800
③	800	500	300	300
④	500	300	800	800

04 다음은 2024년 우리나라의 LPCD(Liter Per Capita Day)에 대한 자료이다. 1인 1일 사용량에서 영업용 사용량이 차지하는 비중과 1인 1일 가정용 사용량의 하위 두 항목이 차지하는 비중을 순서 대로 나열한 것은?(단, 소수점 셋째 자리에서 반올림한다)

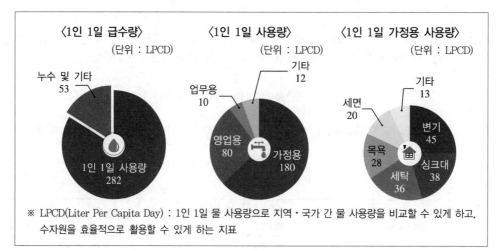

※ LPCD(Liter Per Capita Day) : 1인 1일 물 사용량으로 지역·국가 간 물 사용량을 비교할 수 있게 하고, 수자원을 효율적으로 활용할 수 있게 하는 지표

① 27.57% - 16.25% ② 27.57% - 19.24%
③ 28.37% - 18.33% ④ 28.37% - 19.24%

05 다음은 2024년 방송산업 종사자 수를 나타낸 자료이다. 2024년 추세에 언급되지 않은 분야의 인원은 고정되어 있었다고 할 때, 2023년 방송산업 종사자 수는 모두 몇 명인가?

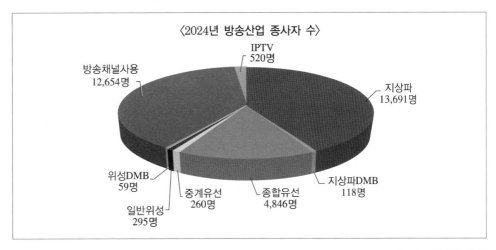

〈2024년 방송산업 종사자 수〉

- IPTV 520명
- 방송채널사용 12,654명
- 지상파 13,691명
- 위성DMB 59명
- 일반위성 295명
- 중계유선 260명
- 종합유선 4,846명
- 지상파DMB 118명

〈2024년 추세〉

지상파 방송사(지상파DMB 포함)는 전년보다 301명(2.2%p)이 증가한 것으로 나타났다. 직종별로 방송직에서는 PD(1.4%p 감소)와 아나운서(1.1%p 감소), 성우, 작가, 리포터, 제작지원 등의 기타 방송직(5%p 감소)이 감소했으나, 카메라, 음향, 조명, 미술, 편집 등의 제작관련직(4.8%p 증가)과 기자(0.5%p 증가)는 증가하였다. 그리고 영업홍보직(13.5%p 감소), 기술직(6.1%p 감소), 임원(0.7%p 감소)은 감소했으나, 연구직(11.7%p 증가)과 관리행정직(5.8%p 증가)은 증가했다.

① 20,081명
② 24,550명
③ 32,142명
④ 36,443명

| 유형분석 |

- 제시된 표를 분석하여 선택지의 정답 유무를 판단하는 문제이다.
- 표의 수치 등을 통해 변화량이나 증감률, 비중 등을 비교하여 판단하는 문제가 자주 출제된다.
- 지원하고자 하는 기업이나 산업과 관련된 자료 등이 문제의 자료로 많이 다뤄진다.

다음은 K국의 최종에너지 소비량에 대한 자료이다. 이에 대한 설명으로 옳은 것을 〈보기〉에서 모두 고르면?

〈2022 ~ 2024년 유형별 최종에너지 소비량 비중〉

(단위 : %)

구분	석탄		석유제품	도시가스	전력	기타
	무연탄	유연탄				
2022년	2.7	11.6	53.3	10.8	18.2	3.4
2023년	2.8	10.3	54.0	10.7	18.6	3.6
2024년	2.9	11.5	51.9	10.9	19.1	3.7

〈2024년 부문별 · 유형별 최종에너지 소비량〉

(단위 : 천 TOE)

구분	석탄		석유제품	도시가스	전력	기타	합계
	무연탄	유연탄					
산업	4,750	15,317	57,451	9,129	23,093	5,415	115,155
가정 · 상업	901	4,636	6,450	11,105	12,489	1,675	37,256
수송	0	0	35,438	188	1,312	0	36,938
기타	0	2,321	1,299	669	152	42	4,483
합계	5,651	22,274	100,638	21,091	37,046	7,132	193,832

보기

ㄱ. 2022 ~ 2024년 동안 전력 소비량은 매년 증가한다.

ㄴ. 2024년 산업부문의 최종에너지 소비량은 전체 최종에너지 소비량의 50% 이상을 차지한다.

ㄷ. 2022 ~ 2024년 동안 석유제품 소비량 대비 전력 소비량의 비율은 매년 증가한다.

ㄹ. 2024년에 산업부문과 가정·상업부문에서 유연탄 소비량 대비 무연탄 소비량의 비율은 각각 25% 미만 이다.

① ㄱ, ㄴ ② ㄱ, ㄹ

③ ㄴ, ㄷ ④ ㄴ, ㄹ

정답 ③

ㄴ. $115,155 \times 2 = 230,310 > 193,832$이므로 옳은 설명이다.

ㄷ. • 2022년 : $\dfrac{18.2}{53.3} \times 100 ≒ 34.1\%$

   • 2023년 : $\dfrac{18.6}{54.0} \times 100 ≒ 34.4\%$

   • 2024년 : $\dfrac{19.1}{51.9} \times 100 ≒ 36.8\%$

따라서 2022 ~ 2024년 동안 석유제품 소비량 대비 전력 소비량의 비율은 매년 증가한다.

오답분석

ㄱ. 비율은 매년 증가하지만, 전체 최종에너지 소비량 추이를 알 수 없으므로 절대적인 소비량까지 증가하는지는 알 수 없다.

ㄹ. • 산업부문 : $\dfrac{4,750}{15,317} \times 100 ≒ 31.01\%$

   • 가정·상업부문 : $\dfrac{901}{4,636} \times 100 ≒ 19.43\%$

따라서 산업부문의 유연탄 소비량 대비 무연탄 소비량의 비율은 25% 이상이다.

풀이 전략!

평소 변화량이나 증감률, 비중 등을 구하는 공식을 알아두고 있어야 하며, 지원하는 기업이나 산업에 관한 자료 등을 확인하여 비교하는 연습 등을 한다.

01 다음은 월별 소양강댐의 수질정보에 대한 자료이다. 이에 대한 설명으로 옳지 않은 것은?

〈월별 소양강댐의 수질정보〉

(단위 : ℃, mg/L)

구분	수온	DO	BOD	COD
1월	5	12.0	1.4	4.1
2월	5	11.5	1.1	4.5
3월	8	11.3	1.3	5.0
4월	13	12.1	1.5	4.6
5월	21	9.4	1.5	6.1
6월	23	7.9	1.3	4.1
7월	27	7.3	2.2	8.9
8월	29	7.1	1.9	6.3
9월	23	6.4	1.7	6.6
10월	20	9.4	1.7	6.9
11월	14	11.0	1.5	5.2
12월	9	11.6	1.4	6.9

※ DO : 용존산소량
※ BOD : 생화학적 산소요구량
※ COD : 화학적 산소요구량

① 조사기간 중 8월의 수온이 가장 높았다.
② 소양강댐의 COD는 항상 DO보다 적었다.
③ 7월 대비 12월의 소양강댐의 BOD 감소율은 30% 이상이다.
④ DO가 가장 많았을 때와 가장 적었을 때의 차는 5.7mg/L이다.

02 다음은 동일한 상품군을 판매하는 백화점과 TV홈쇼핑의 상품군별 2024년 판매수수료율에 대한 자료이다. 〈보기〉중 이에 대한 설명으로 옳은 것을 모두 고르면?

〈백화점 판매수수료율 순위〉

(단위 : %)

판매수수료율 상위 5개			판매수수료율 하위 5개		
순위	상품군	판매수수료율	순위	상품군	판매수수료율
1	셔츠	33.9	1	디지털기기	11.0
2	레저용품	32.0	2	대형가전	14.4
3	잡화	31.8	3	소형가전	18.6
4	여성정장	31.7	4	문구	18.7
5	모피	31.1	5	신선식품	20.8

〈TV홈쇼핑 판매수수료율 순위〉

(단위 : %)

판매수수료율 상위 5개			판매수수료율 하위 5개		
순위	상품군	판매수수료율	순위	상품군	판매수수료율
1	셔츠	42.0	1	여행패키지	8.4
2	여성캐주얼	39.7	2	디지털기기	21.9
3	진	37.8	3	유아용품	28.1
4	남성정장	37.4	4	건강용품	28.2
5	화장품	36.8	5	보석	28.7

보기

㉠ 백화점과 TV홈쇼핑 모두 셔츠 상품군의 판매수수료율이 전체 상품군 중 가장 높았다.
㉡ 여성정장 상품군과 모피 상품군의 판매수수료율은 TV홈쇼핑이 백화점보다 더 낮았다.
㉢ 디지털기기 상품군의 판매수수료율은 TV홈쇼핑이 백화점보다 더 높았다.
㉣ 여행패키지 상품군의 판매수수료율은 백화점이 TV홈쇼핑의 2배 이상이었다.

① ㉠, ㉡   ② ㉠, ㉢
③ ㉡, ㉣   ④ ㉠, ㉢, ㉣

03 다음은 민간 분야 사이버 침해사고 발생현황에 대한 자료이다. 〈보기〉 중 이에 대한 설명으로 옳지 않은 것을 모두 고르면?

〈민간 분야 사이버 침해사고 발생현황〉

(단위 : 건)

구분	2021년	2022년	2023년	2024년
홈페이지 변조	6,490	10,148	5,216	3,727
스팸릴레이	1,163	988	731	365
기타 해킹	3,175	2,743	4,126	2,961
단순침입시도	2,908	3,031	3,019	2,783
피싱 경유지	2,204	4,320	3,043	1,854
전체	15,940	21,230	16,135	11,690

보기

ㄱ. 단순침입시도 분야의 침해사고는 매년 스팸릴레이 분야의 침해사고 건수의 두 배 이상이다.
ㄴ. 2021년 대비 2024년 침해사고 건수가 50%p 이상 감소한 분야는 2개 분야이다.
ㄷ. 2023년 홈페이지 변조 분야의 침해사고 건수가 차지하는 비중은 35% 이하이다.
ㄹ. 2022년 대비 2024년은 모든 분야의 침해사고 건수가 감소하였다.

① ㄱ, ㄴ
② ㄱ, ㄹ
③ ㄴ, ㄹ
④ ㄷ, ㄹ

04 다음은 출생, 사망 추이를 나타낸 자료이다. 이에 대한 설명으로 옳지 않은 것은?

〈출생, 사망 추이〉

(단위 : 명, 년)

구분		2018년	2019년	2020년	2021년	2022년	2023년	2024년
출생아 수		490,543	472,761	435,031	448,153	493,189	465,892	444,849
사망자 수		244,506	244,217	243,883	242,266	244,874	246,113	246,942
기대수명		77.44	78.04	78.63	79.18	79.56	80.08	80.55
수명	남자	73.86	74.51	75.14	75.74	76.13	76.54	76.99
	여자	80.81	81.35	81.89	82.36	82.73	83.29	83.77

① 매년 기대수명은 증가하고 있다.
② 남자와 여자의 수명은 매년 5년 이상의 차이를 보이고 있다.
③ 출생아 수는 2018년 이후 감소하다가 2021년, 2022년에 증가 이후 다시 감소하고 있다.
④ 매년 출생아 수는 사망자 수보다 20만 명 이상 더 많으므로 매년 총 인구는 20만 명 이상씩 증가한다고 볼 수 있다.

05 다음은 연령별 선물환거래 금액 비율을 나타낸 자료이다. 이에 대한 설명으로 옳은 것은?

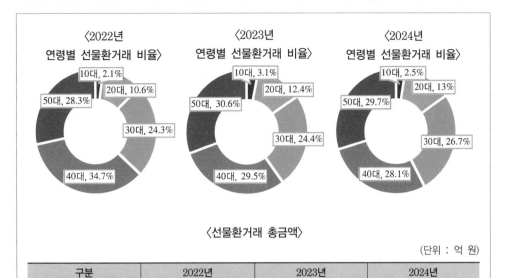

〈2022년 연령별 선물환거래 비율〉
10대, 2.1%
20대, 10.6%
30대, 24.3%
40대, 34.7%
50대, 28.3%

〈2023년 연령별 선물환거래 비율〉
10대, 3.1%
20대, 12.4%
30대, 24.4%
40대, 29.5%
50대, 30.6%

〈2024년 연령별 선물환거래 비율〉
10대, 2.5%
20대, 13%
30대, 26.7%
40대, 28.1%
50대, 29.7%

〈선물환거래 총금액〉

(단위 : 억 원)

구분	2022년	2023년	2024년
선물환거래 총금액	1,920	1,980	2,084

① 2023 ~ 2024년의 전년 대비 10대와 20대의 선물환거래 금액 비율 증감 추이는 같다.

② 2023년 대비 2024년의 50대의 선물환거래 금액 증가량은 13억 원 이상이다.

③ 2023 ~ 2024년 동안 전년 대비 매년 40대의 선물환거래 금액은 지속적으로 감소하고 있다.

④ 2024년 10 ~ 40대의 선물환거래 금액 총비율은 2023년 50대의 비율의 2.5배 이상이다.

CHAPTER 03

문제해결능력

합격 CHEAT KEY

문제해결능력은 업무를 수행하면서 여러 가지 문제 상황이 발생하였을 때, 창의적이고 논리적인 사고를 통하여 이를 올바르게 인식하고 적절히 해결하는 능력으로, 하위 능력에는 사고력과 문제처리능력이 있다.

문제해결능력은 NCS 기반 채용을 진행하는 대다수의 공사·공단에서 채택하고 있으며, 다양한 자료와 함께 출제되는 경우가 많아 어렵게 느껴질 수 있다. 특히, 난이도가 높은 문제로 자주 출제되기 때문에 다른 영역보다 더 많은 노력이 필요할 수는 있지만 그렇기에 차별화를 할 수 있는 득점 영역이므로 포기하지 말고 꾸준하게 노력해야 한다.

01 질문의 의도를 정확하게 파악하라!

문제해결능력은 문제에서 무엇을 묻고 있는지 정확하게 파악하여 먼저 풀이 방향을 설정하는 것이 가장 중요하다. 특히, 조건이 주어지고 답을 찾는 창의적·분석적인 문제가 주로 출제되고 있기 때문에 처음에 정확한 풀이 방향이 설정되지 않는다면 문제를 제대로 풀지 못하게 되므로 첫 번째로 출제 의도 파악에 집중해야 한다.

02 중요한 정보는 반드시 표시하라!

출제 의도를 정확히 파악하기 위해서는 문제의 중요한 정보를 반드시 표시하거나 메모하여 하나의 조건, 단서도 잊고 넘어가는 일이 없도록 해야 한다. 실제 시험에서는 시간의 압박과 긴장감으로 정보를 잘못 적용하거나 잊어버리는 실수가 많이 발생하므로 사전에 충분한 연습이 필요하다.

03 반복 풀이를 통해 취약 유형을 파악하라!

문제해결능력은 특히 시간관리가 중요한 영역이다. 따라서 정해진 시간 안에 고득점을 할 수 있는 효율적인 문제 풀이 방법을 찾아야 한다. 이때, 반복적인 문제 풀이를 통해 자신이 취약한 유형을 파악하는 것이 중요하다. 정확하게 풀 수 있는 문제부터 빠르게 풀고 취약한 유형은 나중에 푸는 효율적인 문제 풀이를 통해 최대한 고득점을 맞는 것이 중요하다.

01 명제 추론

| 유형분석 |

• 주어진 조건을 토대로 논리적으로 추론하여 참 또는 거짓을 구분하는 문제이다.
• 자료를 제시하고 새로운 결과나 자료에 주어지지 않은 내용을 추론해 가는 형식의 문제가 출제된다.

다음 〈조건〉은 김사원이 체결한 A부터 G까지 7개 계약들의 체결 순서에 대한 정보이다. 김사원이 다섯 번째로 체결한 계약은?

조건

• B와의 계약은 F와의 계약에 선행한다.
• G와의 계약은 D와의 계약보다 먼저 이루어졌는데 E, F와의 계약보다는 나중에 이루어졌다.
• B와의 계약은 가장 먼저 맺어진 계약이 아니다.
• D와의 계약은 A와의 계약보다 먼저 이루어졌다.
• C와의 계약은 G와의 계약보다 나중에 이루어졌다.
• A와 D의 계약 시간은 인접하지 않는다.

① A   ② B
③ C   ④ D

정답 ④

제시된 조건을 정리하면 E → B → F → G → D → C → A의 순서로 계약이 체결됐다. 따라서 다섯 번째로 체결한 계약은 D이다.

풀이 전략!

조건과 관련한 기본적인 논법에 대해서는 미리 학습해 두며, 이를 바탕으로 각 문장에 있는 핵심단어 또는 문구를 기호화하여 정리한 후, 선택지와 비교하여 참 또는 거짓을 판단한다. 또한, 이를 바탕으로 문제에서 구하고자 하는 내용을 추론 및 분석한다.

01 K기업의 A대리, B사원, C사원, D사원, E대리 4명 중 1명이 어제 출근하지 않았다. 이들 중 2명만 거짓말을 한다고 할 때, 다음 중 출근하지 않은 사람은 누구인가?(단, 출근을 하였어도, 결근 사유를 듣지 못할 수도 있다)

> • A대리 : 나는 출근했고, E대리도 출근했다. 누가 출근하지 않았는지는 알지 못한다.
> • B사원 : C사원은 출근하였다. A대리님의 말은 모두 사실이다.
> • C사원 : D사원은 출근하지 않았다.
> • D사원 : B사원의 말은 모두 사실이다.
> • E대리 : 출근하지 않은 사람은 D사원이다. D사원이 개인 사정으로 인해 출석하지 못한다고 A대리님에게 전했다.

① A대리   ② B사원
③ C사원   ④ D사원

02 중학생 50명을 대상으로 한 해외여행에 대한 설문조사 결과가 〈조건〉과 같을 때, 다음 중 항상 참인 것은?

> **조건**
> • 미국을 여행한 사람이 가장 많다.
> • 일본을 여행한 사람은 미국 또는 캐나다 여행을 했다.
> • 중국과 캐나다를 모두 여행한 사람은 없다.
> • 일본을 여행한 사람의 수가 캐나다를 여행한 사람의 수보다 많다.

① 일본을 여행했지만 미국을 여행하지 않은 사람은 중국을 여행하지 않았다.
② 미국을 여행한 사람의 수는 일본 또는 중국을 여행한 사람보다 많다.
③ 일본을 여행한 사람보다 중국을 여행한 사람이 더 많다.
④ 중국을 여행한 사람은 일본을 여행하지 않았다.

03 고용노동부와 K공사가 주관한 서울관광채용박람회의 해외채용관에는 8개의 부스가 마련되어 있다. A호텔, B호텔, C항공사, D항공사, E여행사, F여행사, G면세점, H면세점이 〈조건〉에 따라 8개의 부스에 각각 위치하고 있을 때, 다음 중 항상 참인 것은?

> **조건**
> • 같은 종류의 업체는 같은 라인에 위치할 수 없다.
> • A호텔과 B호텔은 복도를 사이에 두고 마주 보고 있다.
> • G면세점과 H면세점은 양 끝에 위치하고 있다.
> • E여행사 반대편에 위치한 H면세점은 F여행사와 나란히 위치하고 있다.
> • C항공사는 제일 앞번호의 부스에 위치하고 있다.

[부스 위치]

1	2	3	4
복도			
5	6	7	8

① A호텔은 면세점 옆에 위치하고 있다.
② B호텔은 여행사 옆에 위치하고 있다.
③ C항공사는 여행사 옆에 위치하고 있다.
④ D항공사는 E여행사와 나란히 위치하고 있다.

04 K공단은 직원 A ~ G 7명을 두 팀으로 나누어 사업 현장으로 출장을 가고자 한다. 다음 〈조건〉에 따라 직원들을 두 개의 팀으로 나눌 때, 한 팀을 구성하는 방법으로 옳지 않은 것을 모두 고르면?

> **조건**
> • 각 팀은 최소 3명 이상으로 구성한다.
> • C와 D는 서로 다른 팀이다.
> • F와 G는 같은 팀이 될 수 없다.
> • D가 속한 팀에는 A, B도 속한다.

① C, E, F ② C, E, G
③ A, B, D, F ④ A, B, E, G

05 이번 학기에 4개의 강좌 A∼D가 새로 개설되는데, 강사 갑∼무 중 4명이 한 강좌씩 맡으려 한다. 배정 결과를 궁금해 하는 5명은 다음과 같이 예측했다. 배정 결과를 보니 갑∼무의 진술 중 1명의 진술만이 거짓이고 나머지는 참임이 드러났을 때, 다음 중 바르게 추론한 것은?

- 갑 : 을이 A강좌를 담당하고 병은 강좌를 담당하지 않을 것이다.
- 을 : 병이 B강좌를 담당할 것이다.
- 병 : 정은 D강좌가 아닌 다른 강좌를 담당할 것이다.
- 정 : 무가 D강좌를 담당할 것이다.
- 무 : 을의 말은 거짓일 것이다.

① 갑은 A강좌를 담당한다.
② 을은 C강좌를 담당한다.
③ 병은 강좌를 담당하지 않는다.
④ 정은 D강좌를 담당한다.

06 다음 〈조건〉이 참일 때, 〈보기〉에서 반드시 참인 것을 모두 고르면?

조건
- A∼D 네 명 중 한 명의 근무지는 서울이다.
- A∼D는 각기 다른 한 도시에서 근무한다.
- 갑∼병 각각의 두 진술 중 하나는 참이고 다른 하나는 거짓이다.
- 갑은 "A의 근무지는 광주이다."와 "D의 근무지는 서울이다."라고 진술했다.
- 을은 "B의 근무지는 광주이다."와 "C의 근무지는 세종이다."라고 진술했다.
- 병은 "C의 근무지는 광주이다."와 "D의 근무지는 부산이다."라고 진술했다.

보기
ㄱ. A의 근무지는 광주이다.
ㄴ. B의 근무지는 서울이다.
ㄷ. C의 근무지는 세종이다.

① ㄱ, ㄴ
② ㄱ, ㄷ
③ ㄴ, ㄷ
④ ㄱ, ㄴ, ㄷ

02 SWOT 분석

| 유형분석 |

- 상황에 대한 환경 분석 결과를 통해 주요 과제를 도출하는 문제이다.
- 주로 3C 분석 또는 SWOT 분석을 활용한 문제들이 출제되고 있으므로 해당 분석도구에 대한 사전 학습이 요구된다.

다음 글을 참고하여 B자동차가 취할 수 있는 전략으로 옳은 것은?

'SWOT'는 Strength(강점), Weakness(약점), Opportunity(기회), Threat(위협)의 머리글자를 따서 만든 단어로, 경영 전략을 세우는 방법론이다. SWOT로 도출된 조직의 내·외부 환경을 분석하고, 이 결과를 통해 대응전략을 구상할 수 있다. 'SO전략'은 기회를 활용하기 위해 강점을 사용하는 전략이고, 'WO전략'은 약점을 보완 또는 극복하여 시장의 기회를 활용하는 전략이다. 'ST전략'은 위협을 피하기 위해 강점을 활용하는 방법이며, 'WT전략'은 위협요인을 피하기 위해 약점을 보완하는 전략이다.

- 새로운 정권의 탄생으로 자동차 업계 내 새로운 바람이 불 것으로 예상된다. A당선인이 이번 선거에서 친환경 차 보급 확대를 주요 공약으로 내세웠고, 공약에 따라 공공기관용 친환경차 비율을 70%로 상향시키기로 하고, 친환경차 보조금 확대 등을 통해 친환경차 보급률을 높이겠다는 계획을 세웠다. 또한 최근 환경을 생각하는 국민 의식의 향상과 친환경차의 연비 절감 부분이 친환경차 구매 욕구 상승에 기여하고 있다.
- B자동차는 기존에 전기자동차 모델들을 꾸준히 출시하여 성장세가 두드러지고 있는데다 고객들의 다양한 구매 욕구를 충족시킬 만한 전기자동차 상품의 다양성을 확보하였다. 또한, B자동차의 전기자동차 미국 수출이 증가하고 있는 만큼 앞으로의 전망도 밝을 것으로 예상된다.

① SO전략   ② WO전략
③ ST전략   ④ WT전략

정답 ①

- Strength(강점) : B자동차는 전기자동차 모델들을 꾸준히 출시하여 성장세가 두드러지고 있는데다 고객들의 다양한 구매 욕구를 충족시킬 만한 전기자동차 상품의 다양성을 확보하였다.
- Opportunity(기회) : 새로운 정권에서 친환경차 보급 확대에 적극 나설 것으로 보인다는 점과 환경을 생각하는 국민 의식의 향상과 친환경차의 연비 절감 부분이 친환경차 구매 욕구 상승에 기여하고 있으며 B자동차의 미국 수출이 증가하고 있다.
따라서 해당 기사를 분석하면 SO전략이 적절하다.

풀이 전략!

문제에 제시된 분석도구를 확인한 후, 분석 결과를 종합적으로 판단하여 각 선택지의 전략 과제와 일치 여부를 판단한다.

01 다음은 중국에 진출한 프랜차이즈 커피전문점에 대해 SWOT 분석을 한 것이다. 빈칸 (가) ~ (라)에 들어갈 전략을 바르게 나열한 것은?

〈중국 진출 프랜차이즈 커피전문점에 대한 SWOT 분석 결과〉

S(강점)	W(약점)
• 풍부한 원두커피의 맛 • 독특한 인테리어 • 브랜드 파워 • 높은 고객 충성도	• 낮은 중국 내 인지도 • 높은 시설비 • 비싼 임대료
O(기회)	T(위협)
• 중국 경제 급성장 • 서구문화에 대한 관심 • 외국인 집중 • 경쟁업체 진출 미비	• 중국의 차 문화 • 유명 상표 위조 • 커피 구매 인구의 감소

(가)	(나)
• 브랜드가 가진 미국 고유문화 고수 • 독특하고 차별화된 인테리어 유지 • 공격적 점포 확장	• 외국인 많은 곳에 점포 개설 • 본사 직영으로 인테리어
(다)	(라)
• 고품질 커피로 상위 소수고객에 집중	• 녹차 향 커피 • 개발 상표 도용 감시

	(가)	(나)	(다)	(라)
①	SO전략	ST전략	WO전략	WT전략
②	WT전략	ST전략	WO전략	SO전략
③	SO전략	WO전략	ST전략	WT전략
④	ST전략	WO전략	SO전략	WT전략

02 레저용 차량을 생산하는 K기업에 대한 다음의 SWOT 분석 결과를 참고할 때, 다음 〈보기〉 중 각 전략에 따른 대응으로 적절한 것을 모두 고르면?

SWOT 분석은 조직의 외부환경 분석을 통해 기회와 위협 요인을 파악하고, 조직의 내부 역량 분석을 통해서 조직의 강점과 약점을 파악하여, 이를 토대로 강점은 최대화하고 약점은 최소화하며, 기회는 최대한 활용하고 위협에는 최대한 대처하는 전략을 세우기 위한 분석 방법이다.

〈SWOT 분석 매트릭스〉

구분	강점(Strength)	약점(Weakness)
기회(Opportunity)	SO전략 : 공격적 전략 강점으로 기회를 살리는 전략	WO전략 : 방향전환 전략 약점을 보완하여 기회를 살리는 전략
위협(Threat)	ST전략 : 다양화 전략 강점으로 위협을 최소화하는 전략	WT전략 : 방어적 전략 약점을 보완하여 위협을 최소화하는 전략

〈K기업의 SWOT 분석 결과〉

강점(Strength)	약점(Weakness)
• 높은 브랜드 이미지 · 평판 • 훌륭한 서비스와 판매 후 보증수리 • 확실한 거래망, 딜러와의 우호적인 관계 • 막대한 R&D 역량 • 자동화된 공장 • 대부분의 차량 부품 자체 생산	• 한 가지 차종에만 집중 • 고도의 기술력에 대한 과도한 집중 • 생산설비에 막대한 투자 → 차량모델 변경의 어려움 • 한 곳의 생산 공장만 보유 • 전통적인 가족형 기업 운영
기회(Opportunity)	**위협(Threat)**
• 소형 레저용 차량에 대한 수요 증대 • 새로운 해외시장의 출현 • 저가형 레저용 차량에 대한 선호 급증	• 휘발유의 부족 및 가격의 급등 • 레저용 차량 전반에 대한 수요 침체 • 다른 회사들과의 경쟁 심화 • 차량 안전 기준의 강화

보기

ㄱ. ST전략 : 기술개발을 통하여 연비를 개선한다.

ㄴ. SO전략 : 대형 레저용 차량을 생산한다.

ㄷ. WO전략 : 규제강화에 대비하여 보다 안전한 레저용 차량을 생산한다.

ㄹ. WT전략 : 생산량 감축을 고려한다.

ㅁ. WO전략 : 국내 다른 지역이나 해외에 공장들을 분산 설립한다.

ㅂ. ST전략 : 경유용 레저 차량 생산을 고려한다.

ㅅ. SO전략 : 해외 시장 진출보다는 내수 확대에 집중한다.

① ㄱ, ㄴ, ㅁ, ㅂ

② ㄱ, ㄹ, ㅁ, ㅂ

③ ㄴ, ㄹ, ㅁ, ㅂ

④ ㄴ, ㄹ, ㅂ, ㅅ

03 다음은 국내 금융기관에 대해 SWOT 분석 자료이다. 이를 통해 SWOT 전략을 세운다고 할 때, 〈보기〉 중 분석 결과에 대응하는 전략과 그 내용이 바르게 연결된 것을 모두 고르면?

〈국내 금융기관에 대한 SWOT 분석〉

국내 대부분의 예금과 대출을 국내 은행이 차지하고 있을 정도로 국내 금융기관에 대한 우리나라 국민들의 충성도는 높은 편이다. 또한 국내 금융기관은 철저한 신용 리스크 관리로 해외 금융기관과 비교해 자산건전성 지표가 매우 우수한 편이다. 시장리스크 관리도 해외 선진 금융기관 수준에 도달한 것으로 평가받는다. 국내 금융기관은 외환위기와 글로벌 금융위기 등을 거치며 꾸준히 자산건전성을 강화해 왔기 때문이다.

그러나 은행과 이자 이익에 수익이 편중돼 있다는 점은 국내 금융기관의 가장 큰 약점이 된다. 대부분 예금과 대출 거래 중심의 영업 구조로 되어 있기 때문이다. 취약한 해외 비즈니스도 문제로 들 수 있다. 최근 동남아 시장을 중심으로 해외 진출에 박차를 가하고 있지만, 아직은 눈에 띄는 성과가 많지 않은 상황이다.

많은 어려움에도 불구하고 국내 금융기관의 발전 가능성은 아직 무궁무진하다. 우선 해외 시장으로 눈을 돌리면 다양한 기회가 열려있다. 전 세계 신용 · 단기 자금 확대, 글로벌 무역 회복세로 국내 금융기관의 해외 진출 여건은 양호한 편이다. 따라서 해외 시장 개척을 통해 어떻게 신규 수익원을 확보하느냐가 성장의 새로운 기회로 작용할 전망이다. IT 기술 발달에 따른 핀테크의 등장도 새로운 기회가 될 수 있다. 국내의 발달된 인터넷과 모바일뱅킹 서비스, IT 인프라를 활용한 새로운 수익 창출 가능성이 열려 있는 것이다.

그러나 역설적으로 핀테크의 등장은 오히려 국내 금융기관의 발목을 잡을 수 있다. 블록체인 기술에 기반한 암호화폐, 간편결제와 송금, 로보어드바이저, 인터넷 은행, P2P 대출 등 다양한 핀테크 분야의 새로운 서비스들이 기존 금융 서비스의 대체재로서 출현하고 있기 때문이다. 금융시장 개방에 따른 글로벌 금융기관과의 경쟁 심화도 넘어야 할 산이다. 특히 중국 은행을 비롯한 중국 금융이 급성장하고 있어 이에 대한 대비책 마련이 시급하다.

보기

㉠ SO전략 : 높은 국내 시장점유율을 기반으로 국내 핀테크 사업에 진출한다.
㉡ WO전략 : 위기관리 역량을 강화하여 해외 금융시장에 진출한다.
㉢ ST전략 : 해외 금융기관과 비교해 우수한 자산건전성을 강조하여 글로벌 금융기관과의 경쟁에서 우위를 차지한다.
㉣ WT전략 : 해외 비즈니스 역량을 강화하여 해외 금융시장에 진출한다.

① ㉠, ㉡   ② ㉠, ㉢
③ ㉡, ㉢   ④ ㉡, ㉣

03 자료 해석

| 유형분석 |

- 주어진 자료를 해석하고 활용하여 풀어가는 문제이다.
- 꼼꼼하고 분석적인 접근이 필요한 다양한 자료들이 출제된다.

K사 인사팀 직원인 A씨는 사내 설문조사를 통해 요즘 사람들이 연봉보다는 일과 삶의 균형을 더 중요시하고 직무의 전문성을 높이고 싶어 한다는 결과를 도출했다. 설문조사 결과와 K사 임직원의 근무 여건에 대한 다음 자료를 참고할 때 인사제도의 변경으로 가장 적절한 것은?

〈임직원 근무 여건〉

구분	주당 근무 일수(평균)	주당 근무시간(평균)	직무교육 여부	퇴사율
정규직	6일	52시간 이상	○	17%
비정규직 1	5일	40시간 이상	○	12%
비정규직 2	5일	20시간 이상	×	25%

① 정규직의 연봉을 7% 인상한다.
② 정규직을 비정규직으로 전환한다.
③ 비정규직 1의 직무교육을 비정규직 2와 같이 조정한다.
④ 정규직의 주당 근무시간을 비정규직 1과 같이 조정하고 비정규직 2의 직무교육을 시행한다.

정답 ④

정규직의 주당 근무시간을 비정규직 1과 같이 줄여 근무 여건을 개선하고, 퇴사율이 가장 높은 비정규직 2의 직무교육을 시행하여 퇴사율을 줄이는 것이 가장 적절하다.

오답분석

① 설문조사 결과에서 연봉보다는 일과 삶의 균형을 더 중요시한다고 하였으므로 연봉이 상승하는 것은 퇴사율에 영향을 미치지 않음을 알 수 있다.
② 정규직을 비정규직으로 전환하는 것은 고용의 안정성을 낮추어 퇴사율을 더욱 높일 수 있다.
③ 직무교육을 하지 않는 비정규직 2보다 직무교육을 하는 정규직과 비정규직 1의 퇴사율이 더 낮기 때문에 적절하지 않다.

풀이 전략!

문제 해결을 위해 필요한 정보가 무엇인지 먼저 파악한 후, 제시된 자료를 분석적으로 읽고 해석한다.

01 다음 〈조건〉과 상황을 근거로 판단할 때, 출장을 함께 갈 수 있는 직원들의 조합으로 가장 적절한 것은?

조건

H공사 A지사에서는 4월 11일 회계감사 관련 서류 제출을 위해 본사로 출장을 가야 한다. 오전 8시 정각 출발이 확정되어 있으며, 출발 후 B지사에 복귀하기까지 총 8시간이 소요된다. 단, 비가 오는 경우 1시간이 추가로 소요된다.

- 출장 인원 중 한 명이 직접 운전하여야 하며, '1종 보통' 소지자만 운전할 수 있다.
- 출장 시간에 사내 업무가 겹치는 경우에는 출장을 갈 수 없다.
- 출장 인원 중 부상자가 포함되어 있는 경우, 서류 박스 운반 지연으로 인해 30분이 추가로 소요된다.
- 차장은 책임자로서 출장 인원에 적어도 한 명은 포함되어야 한다.
- 주어진 조건 외에는 고려하지 않는다.

〈상황〉

- 4월 11일은 하루 종일 비가 온다.
- 4월 11일 당직 근무는 17시 10분에 시작한다.

직원	직위	운전면허	건강상태	출장 당일 사내 업무
갑	차장	1종 보통	부상	없음
을	차장	2종 보통	건강	17시 15분 계약업체 면담
병	과장	없음	건강	17시 35분 관리팀과 회의
정	과장	1종 보통	건강	당직 근무
무	대리	2종 보통	건강	없음

① 갑·을·병
② 갑·병·정
③ 을·병·무
④ 을·정·무

02 K회사는 창립 10주년을 맞이하여 전 직원 단합대회를 준비하고 있다. 이를 위해 사장인 B씨는 여행상품 중 한 가지를 선정하려 하는데, 직원 투표 결과를 통해 결정하려고 한다. 직원 투표 결과와 여행지별 1인당 경비가 다음과 같이 주어져 있으며, 추가로 행사를 위한 부서별 고려사항을 참고하여 선택할 경우 〈보기〉 중 옳은 것을 모두 고르면?

〈직원 투표 결과〉

(단위 : 원, 표)

상품내용		투표 결과					
여행상품	1인당 비용	총무팀	영업팀	개발팀	홍보팀	공장1	공장2
A	500,000	2	1	2	0	15	6
B	750,000	1	2	1	1	20	5
C	600,000	3	1	0	1	10	4
D	1,000,000	3	4	2	1	30	10
E	850,000	1	2	0	2	5	5

〈여행상품별 혜택 정리〉

상품명	날짜	장소	식사제공	차량지원	편의시설	체험시설
A	5/10 ~ 5/11	해변	○	○	×	×
B	5/10 ~ 5/11	해변	○	○	○	×
C	6/7 ~ 6/8	호수	○	○	○	×
D	6/15 ~ 6/17	도심	○	×	○	○
E	7/10 ~ 7/13	해변	○	○	○	×

〈부서별 고려사항〉

• 총무팀 : 행사 시 차량 지원이 가능함
• 영업팀 : 6월 초순에 해외 바이어와 가격 협상 회의 일정이 있음
• 공장1 : 3일 연속 공장 비가동 시 제품의 품질 저하가 예상됨
• 공장2 : 7월 중순 공장 이전 계획이 있음

보기

㉠ 필요한 여행상품 비용은 총 1억 500만 원이 필요하다.
㉡ 투표 결과, 가장 인기가 좋은 여행상품은 B이다.
㉢ 공장1의 A, B 투표 결과가 바뀐다면 여행상품 선택은 변경된다.

① ㉠

② ㉠, ㉡

③ ㉠, ㉢

④ ㉡, ㉢

03 A, B 두 여행팀이 다음 정보에 따라 자신의 효용을 극대화하는 방향으로 관광지 이동을 결정한다고 할 때, 각 여행팀은 어떤 결정을 할 것이며, 그때 두 여행팀의 총효용은 얼마인가?

〈여행팀의 효용 정보〉

• A여행팀과 B여행팀이 동시에 오면 각각 10, 15의 효용을 얻는다.
• A여행팀은 왔으나, B여행팀이 안 온다면 각각 15, 10의 효용을 얻는다.
• A여행팀은 안 오고, B여행팀만 왔을 땐 각각 25, 20의 효용을 얻는다.
• A, B여행팀이 모두 오지 않았을 때는 각각 35, 15의 효용을 얻는다.

〈결정 방법〉

A, B여행팀 모두 결정할 때 효용의 총합은 신경 쓰지 않는다. 상대방이 어떤 선택을 했는지는 알 수 없고 서로 상의하지 않는다. 각 팀은 자신의 선택에 따른 다른 팀의 효용이 얼마인지는 알 수 있다. 이때 다른 팀의 선택을 예상해서 자신의 효용을 극대화하는 선택을 한다.

	A여행팀	B여행팀	총효용
①	관광지에 간다	관광지에 간다	25
②	관광지에 가지 않는다	관광지에 간다	45
③	관광지에 간다	관광지에 가지 않는다	25
④	관광지에 가지 않는다	관광지에 가지 않는다	50

04 귀하는 점심식사 중 식당에 있는 TV에서 정부의 정책에 대한 뉴스가 나오는 것을 보았다. 함께 점심을 먹는 동료들과 뉴스를 보고 나눈 대화의 내용으로 적절하지 않은 것은?

〈뉴스〉

앵커 : 저소득층에게 법률서비스를 제공하는 정책을 구상 중입니다. 정부는 무료로 법률자문을 하겠다고 자원하는 변호사를 활용하는 자원봉사제도, 정부에서 법률 구조공단 등의 기관을 신설하고 변호사를 유급으로 고용하여 법률서비스를 제공하는 유급법률구조제도, 정부가 법률서비스의 비용을 대신 지불하는 법률보호제도 등의 세 가지 정책대안 중 하나를 선택할 계획입니다.

이 정책대안을 비교하는 데 고려해야 할 정책목표는 비용저렴성, 접근용이성, 정치적 실현가능성, 법률서비스의 전문성입니다. 정책대안과 정책목표의 상관관계는 화면으로 보여드립니다. 각 대안이 정책목표를 달성하는 데 유리한 경우는 (+)로, 불리한 경우는 (−)로 표시하였으며, 유·불리 정도는 같습니다. 정책목표에 대한 가중치의 경우, '0'은 해당 정책목표를 무시하는 것을, '1'은 해당 정책목표를 고려하는 것을 의미합니다.

〈정책대안과 정책목표의 상관관계〉

정책목표	가중치		정책대안		
	A안	B안	자원봉사제도	유급법률구조제도	법률보호제도
비용저렴성	0	0	+	−	−
접근용이성	1	0	−	+	−
정치적 실현가능성	0	0	+	−	+
전문성	1	1	−	+	−

① 비용저렴성을 달성하기에 가장 유리한 정책대안은 자원봉사제도로군.
② A안과 B안 중 어떤 것을 적용하더라도 정책대안 비교의 결과는 달라지지 않을 것으로 보여.
③ B안에 가중치를 적용할 경우 자원봉사제도가 가장 적절한 정책대안으로 평가받게 될 것 같아.
④ A안에 가중치를 적용할 경우 유급법률구조제도가 가장 적절한 정책대안으로 평가받게 되지 않을까?

※ 해외여행을 앞두고 있는 T주임은 현지에서 렌터카를 빌려서 관광할 계획이다. 다음은 현지의 유류비와 차량별 연료, 관광지 간 거리 등에 대한 자료이다. 이어지는 질문에 답하시오. [5~6]

〈현지 유류비〉

연료	가솔린	디젤	LPG
리터당 가격	1.4달러	1.2달러	2.2달러

〈차량별 연비 및 연료〉

차량	K	H	P
연비	14km/L	10km/L	15km/L
연료	디젤	가솔린	LPG

※ 연료는 최소 1리터 단위로 주유가 가능함

〈관광지 간 거리〉

구분	A광장	B계곡	C성당
A광장		25km	12km
B계곡	25km		18km
C성당	12km	18km	

05 T주임이 H차량을 렌트하여 A광장에서 출발하여 C성당으로 이동한 후, B계곡으로 이동하고자 한다. T주임이 유류비를 최소화하고자 할 때, A광장에서부터 B계곡으로 이동할 때 소요되는 유류비는?(단, 처음 자동차를 렌트했을 때 차에 연료는 없다)

① 4.2달러 ② 4.5달러
③ 5.2달러 ④ 5.6달러

06 T주임의 상황이 다음과 같을 때, T주임이 여행 일정을 완료하기까지 소요되는 총 이동시간은?

〈상황〉

• T주임은 P차량을 렌트하였다.
• T주임은 C성당에서 출발하여 B계곡으로 이동한 후, A광장을 거쳐 C성당으로 다시 돌아오는 여행 일정을 수립하였다.
• T주임은 C성당에서 A광장까지는 시속 60km로 이동하고, A광장에서 C성당으로 이동할 때에는 시속 40km로 이동하고자 한다.

① 48분 ② 52분
③ 58분 ④ 1시간 1분

04 규칙 적용

| 유형분석 |

- 주어진 상황과 규칙을 종합적으로 활용하여 풀어 가는 문제이다.
- 일정, 비용, 순서 등 다양한 내용을 다루고 있어 유형을 한 가지로 단일화하기 어렵다.

갑은 다음 규칙을 참고하여 알파벳 단어를 숫자로 변환하고자 한다. 규칙을 적용한 〈보기〉의 단어에서 알파벳 Z에 해당하는 자연수들을 모두 더한 값은?

〈규칙〉

① 알파벳 'A'부터 'Z'까지 순서대로 자연수를 부여한다.

　　예 A=2라고 하면 B=3, C=4, D=5이다.

② 단어의 음절에 같은 알파벳이 연속되는 경우 ①에서 부여한 숫자를 알파벳이 연속되는 횟수만큼 거듭제곱한다.

　　예 A=2이고 단어가 'AABB'이면 AA는 '2^2'이고, BB는 '3^2'이므로 '49'로 적는다.

보기

　㉠ AAABBCC는 100000010020110404로 변환된다.

　㉡ CDFE는 3465로 변환된다.

　㉢ PJJYZZ는 1712126729로 변환된다.

　㉣ QQTSR은 625282726으로 변환된다.

① 154　　　　　　　　　　　　② 176

③ 199　　　　　　　　　　　　④ 212

정답 ④

㉠ A=100, B=101, C=102이다. 따라서 Z=125이다.

㉡ C=3, D=4, E=5, F=6이다. 따라서 Z=26이다.

㉢ P가 17임을 볼 때, J=11, Y=26, Z=27이다.

㉣ Q=25, R=26, S=27, T=28이다. 따라서 Z=34이다.

따라서 해당하는 Z값을 모두 더하면 125+26+27+34=212이다.

풀이 전략!

문제에 제시된 조건이나 규칙을 정확히 파악한 후, 선택지나 상황에 적용하여 문제를 풀어 나간다.

01 A사원은 전세버스 대여를 전문으로 하는 여행업체인 G사에 근무하고 있다. 지난 20년간 당한 규모로 성장해 온 G사는 현재 보유하고 있는 버스의 현황을 실시간으로 파악할 수 있도록 식별 코드를 부여하였다. 식별 코드 부여 방식과 보유 전세버스 현황이 다음과 같을 때, 옳지 않은 것은?

〈식별 코드 부여 방식〉

[버스등급] – [승차인원] – [제조국가] – [모델번호] – [제조연월]

버스등급	코드	제조국가	코드
대형버스	BX	한국	KOR
중형버스	MF	독일	DEU
소형버스	RT	미국	USA

예 BX – 45 – DEU – 15 – 2502

　　2025년 2월 독일에서 생산된 45인승 대형버스 15번 모델

〈보유 전세버스 현황〉

BX – 28 – DEU – 24 – 1308	MF – 35 – DEU – 15 – 0910	RT – 23 – KOR – 07 – 0628
MF – 35 – KOR – 15 – 1206	BX – 45 – USA – 11 – 0712	BX – 45 – DEU – 06 – 1105
MF – 35 – DEU – 20 – 1110	BX – 41 – DEU – 05 – 1408	RT – 16 – USA – 09 – 0712
RT – 25 – KOR – 18 – 0803	RT – 25 – DEU – 12 – 0904	MF – 35 – KOR – 17 – 0901
BX – 28 – USA – 22 – 1404	BX – 45 – USA – 19 – 1108	BX – 28 – USA – 15 – 1012
RT – 16 – DEU – 23 – 1501	MF – 35 – KOR – 16 – 0804	BX – 45 – DEU – 19 – 1312
MF – 35 – DEU – 20 – 1005	BX – 45 – USA – 14 – 1007	–

① 보유 중인 대형버스는 전체의 40% 이상을 차지한다.

② 중형버스는 3대 이상이며, 모두 2013년 이전에 생산되었다.

③ 보유하고 있는 소형버스의 절반 이상은 독일에서 생산되었다.

④ 대형버스 중 28인승은 3대이며, 한국에서 생산된 차량은 없다.

02 K사는 신제품의 품번을 다음과 같은 규칙에 따라 정한다고 한다. 제품에 설정된 임의의 영단어가 'intellectual'이라면, 이 제품의 품번으로 옳은 것은?

〈규칙〉

- 1단계 : 알파벳 a ~ z를 숫자 1, 2, 3, …으로 변환하여 계산한다.
- 2단계 : 제품에 설정된 임의의 영단어를 숫자로 변환한 값의 합을 구한다.
- 3단계 : 임의의 영단어 속 자음의 합에서 모음의 합을 뺀 값의 절댓값을 구한다.
- 4단계 : 2단계와 3단계의 값을 더한 다음 4로 나누어 2단계의 값에 더한다.
- 5단계 : 4단계의 값이 정수가 아닐 경우, 소수점 첫째 자리에서 버림한다.

---

① 120   ② 140

③ 160   ④ 180

03 다음 글을 근거로 판단할 때, 방에 출입한 사람의 순서는?

방에는 1부터 6까지의 번호가 각각 적힌 6개의 전구가 다음과 같이 놓여 있다.

왼쪽 ←   → 오른쪽

전구 번호	1	2	3	4	5	6
상태	켜짐	켜짐	켜짐	꺼짐	꺼짐	꺼짐

총 3명(A ~ C)이 각각 한 번씩 홀로 방에 들어가 자신이 정한 규칙에 의해서만 전구를 켜거나 끄고 나왔다.

- A는 번호가 3의 배수인 전구가 켜진 상태라면 그 전구를 끄고, 꺼진 상태라면 그대로 둔다.
- B는 번호가 2의 배수인 전구가 켜진 상태라면 그 전구를 끄고, 꺼진 상태라면 그 전구를 켠다.
- C는 3번 전구는 그대로 두고, 3번 전구를 기준으로 왼쪽과 오른쪽 중 켜진 전구의 개수가 많은 쪽의 전구를 전부 끈다.
- 다만 켜진 전구의 개수가 같다면 양쪽에 켜진 전구를 모두 끈다.
- 마지막 사람이 방에서 나왔을 때, 방의 전구는 모두 꺼져 있었다.

---

① A – B – C   ② A – C – B

③ B – A – C   ④ B – C – A

04 다음은 도서코드(ISBN)에 대한 자료이다. 주문한 도서에 대한 설명으로 옳은 것은?

⟨[예시] 도서코드(ISBN)⟩

국제표준도서번호					부가기호		
접두부	국가번호	발행자번호	서명식별번호	체크기호	독자대상	발행형태	내용분류
123	12	1234567		1	1	1	123

※ 국제표준도서번호는 5개의 군으로 나누어지고 군마다 '–'로 구분함

⟨도서코드(ISBN) 세부사항⟩

접두부	국가번호	발행자번호	서명식별번호	체크기호
978 또는 979	89 한국 05 미국 72 중국 40 일본 22 프랑스	발행자번호 – 서명식별번호 7자리 숫자 예 8491 – 208 : 발행자번호가 8491번인 출판사에서 208번째 발행한 책		0 ~ 9

독자대상	발행형태	내용분류
0 교양 1 실용 2 여성 3 (예비) 4 청소년 5 중고등 학습참고서 6 초등 학습참고서 7 아동 8 (예비) 9 전문	0 문고본 1 사전 2 신서판 3 단행본 4 전집 5 (예비) 6 도감 7 그림책, 만화 8 혼합자료, 점자자료, 전자책, 마이크로자료 9 (예비)	030 백과사전 100 철학 170 심리학 200 종교 360 법학 470 생명과학 680 연극 710 한국어 770 스페인어 740 영미문학 720 유럽사

⟨주문도서⟩

978 – 05 – 441 – 1011 – 314710

① 한국에서 출판한 도서이다.
② 441번째 발행된 도서이다.
③ 발행자번호는 총 7자리이다.
④ 한 권으로만 출판되지는 않았다.

CHAPTER 04
자원관리능력

자원관리능력은 현재 NCS 기반 채용을 진행하는 많은 공사·공단에서 핵심영역으로 자리 잡아, 일부를 제외한 대부분의 시험에서 출제되고 있다.

세부 유형은 비용 계산, 해외파견 지원금 계산, 주문 제작 단가 계산, 일정 조율, 일정 선정, 행사 대여 장소 선정, 최단거리 구하기, 시차 계산, 소요시간 구하기, 해외파견 근무 기준에 부합하는 또는 부합하지 않는 직원 고르기 등으로 나눌 수 있다.

01 시차를 먼저 계산하라!

시간 자원 관리의 대표유형 중 시차를 계산하여 일정에 맞는 항공권을 구입하거나 회의시간을 구하는 문제에서는 각각의 나라 시간을 한국 시간으로 전부 바꾸어 계산하는 것이 편리하다. 조건에 맞는 나라들의 시간을 전부 한국 시간으로 바꾸고 한국 시간과의 시차만 더하거나 빼면 시간을 단축하여 풀 수 있다.

02 선택지를 잘 활용하라!

계산을 해서 값을 요구하는 문제 유형에서는 선택지를 먼저 본 후 자리 수가 몇 단위로 끝나는지 확인해야 한다. 예를 들어 412,300원, 426,700원, 434,100원인 선택지가 있다고 할 때, 제시된 조건에서 100원 단위로 나올 수 있는 항목을 찾아 그 항목만 계산하는 방법이 있다. 또한, 일일이 계산하는 문제가 많다. 예를 들어 640,000원, 720,000원, 810,000원 등의 수를 이용해 푸는 문제가 있다고 할 때, 만 원 단위를 절사하고 계산하여 64, 72, 81처럼 요약하는 방법이 있다.

03 최적의 값을 구하는 문제인지 파악하라!

물적 자원 관리의 대표유형에서는 제한된 자원 내에서 최대의 만족 또는 이익을 얻을 수 있는 방법을 강구하는 문제가 출제된다. 이때, 구하고자 하는 값을 x, y로 정하고 연립방정식을 이용해 x, y 값을 구한다. 최소 비용으로 목표생산량을 달성하기 위한 업무 및 인력 할당, 정해진 시간 내에 최대 이윤을 낼 수 있는 업체 선정, 정해진 인력으로 효율적 업무 배치 등을 구하는 문제에서 사용되는 방법이다.

04 각 평가항목을 비교하라!

인적 자원 관리의 대표유형에서는 각 평가항목을 비교하여 기준에 적합한 인물을 고르거나, 저렴한 업체를 선정하거나, 총점이 높은 업체를 선정하는 문제가 출제된다. 이런 유형은 평가항목에서 가격이나 점수 차이에 영향을 많이 미치는 항목을 찾아 1 ~ 2개의 선택지를 삭제하고, 남은 3 ~ 4개의 선택지만 계산하여 시간을 단축할 수 있다.

| 유형분석 |

- 시간 자원과 관련된 다양한 정보를 활용하여 풀어 가는 유형이다.
- 대체로 교통편 정보나 국가별 시차 정보가 제공되며, 이를 근거로 '현지 도착시간 또는 약속된 시간 내에 도착하기 위한 방안'을 고르는 문제가 출제된다.

다음 대화 내용을 읽고 A팀장과 B사원이 함께 시장조사를 하러 갈 수 있는 가장 적절한 시간은 언제인가? (단, 근무시간은 09:00 ~ 18:00, 점심시간은 12:00 ~ 13:00이다)

> A팀장 : B씨, 저번에 우리가 함께 진행했던 제품이 오늘 출시된다고 하네요. 시장에서 어떤 반응이 있는지 조사하러 가야 할 것 같아요.
>
> B사원 : 네, 팀장님. 그런데 오늘 갈 수 있을지 의문입니다. 우선 오후 4시에 사내 정기 강연이 예정되어 있고 초청강사가 와서 시간 관리 강의를 한다고 합니다. 아마 두 시간 정도 걸릴 것 같은데, 저는 강연 준비로 30분 정도 일찍 가야 할 것 같습니다. 그리고 부서장님께서 요청하셨던 기획안도 오늘 퇴근 전까지 제출해야 하는데, 팀장님 검토 시간까지 고려하면 두 시간 정도 소요될 것 같습니다.
>
> A팀장 : 오늘도 역시 할 일이 참 많네요. 지금이 11시니까 열심히 업무를 하면 한 시간 정도는 시장에 다녀 올 수 있겠네요. 먼저 기획안부터 마무리 짓도록 합시다.
>
> B사원 : 네, 알겠습니다. 팀장님, 오늘 점심은 된장찌개 괜찮으시죠? 바쁘니까 예약해 두겠습니다.

① 11:00 ~ 12:00
② 13:00 ~ 14:00
③ 14:00 ~ 15:00
④ 15:00 ~ 16:00

정답 ③

우선 B사원의 발언 내용을 살펴보면, 16:00부터 사내 정기 강연으로 2시간 정도 소요된다는 것을 알 수 있다. 또한 B사원은 강연 준비로 30분 정도 더 일찍 가야 하므로 15:30부터는 가용할 시간이 없다. 그리고 기획안 작성 업무는 두 시간 정도 걸릴 것으로 예상되는데, A팀장이 먼저 기획안부터 마무리 짓자고 하였으므로 11:00부터 업무를 시작하는 것으로 볼 수 있다. 그런데 중간에 점심시간이 있으므로 기획안 업무는 14:00에 완료될 것이다. 따라서 A팀장과 B사원 모두 여유가 되는 시간은 14:00 ~ 15:30이므로 가장 적절한 시간대는 ③이다.

풀이 전략!

문제에서 묻는 것을 정확히 파악한다. 특히 제한사항에 대해서는 빠짐없이 확인해 두어야 한다. 이후 제시된 정보(시차 등)에서 필요한 것을 선별하여 문제를 풀어 간다.

01 K물류회사에서 근무 중인 귀하에게 화물운송기사 두 명이 찾아와 운송 시간에 대한 질문을 하였다. 다음 주요 도시 간 이동시간을 참고했을 때, 두 기사에게 안내해야 할 시간이 바르게 연결된 것은? (단, 귀하와 두 기사는 A도시에 위치하고 있다)

> K기사 : 저는 여기서 화물을 싣고 E도시로 운송한 후에 C도시로 가서 다시 화물을 싣고 여기로 돌아와야 하는데 시간이 얼마나 걸릴까요? 최대한 빨리 마무리 지었으면 좋겠는데….
> P기사 : 저는 여기서 출발해서 모든 도시를 한 번씩 거친 뒤 다시 여기로 돌아와야 해요. 만약에 가장 짧은 이동시간으로 다녀오면 얼마나 걸릴까요?

〈주요 도시 간 이동시간〉

(단위 : 시간)

출발 도시 \ 도착 도시	A	B	C	D	E
A	–	1.0	0.5	–	–
B	–	–	–	1.0	0.5
C	0.5	2.0	–	–	–
D	1.5	–	–	–	0.5
E	–	–	2.5	0.5	–

※ 화물을 싣고 내리기 위해 각 도시에서 정차하는 시간은 고려하지 않음
※ '–' 표시가 있는 구간은 이동이 불가능함

	K기사	P기사
①	4시간	4시간
②	4.5시간	5시간
③	4.5시간	5.5시간
④	5시간	5.5시간

02 자동차 부품을 생산하는 K기업은 반자동과 자동생산라인을 하나씩 보유하고 있다. 최근 일본의 자동차 회사와 수출 계약을 체결하여 자동차 부품 34,500개를 납품하였다. 다음 K기업의 생산 조건을 고려할 때, 일본에 납품할 부품을 생산하는 데 소요된 시간은?

〈자동차 부품 생산 조건〉

• 반자동라인은 4시간에 300개의 부품을 생산하며, 그중 20%는 불량품이다.
• 자동라인은 3시간에 400개의 부품을 생산하며, 그중 10%는 불량품이다.
• 반자동라인은 8시간마다 2시간씩 생산을 중단한다.
• 자동라인은 9시간마다 3시간씩 생산을 중단한다.
• 불량 부품은 생산 후 폐기하고 정상인 부품만 납품한다.

---

① 230시간 ② 240시간
③ 250시간 ④ 260시간

03 다음은 K회사 신제품개발1팀의 하루 업무 스케줄이다. 신입사원 A씨는 스케줄을 바탕으로 금일 회의 시간을 정하려고 한다. 1시간 동안 진행될 팀 회의의 가장 적절한 시간대는?

〈K회사 신제품개발1팀 업무 스케줄〉

시간	직급별 스케줄				
	부장	차장	과장	대리	사원
09:00 ~ 10:00	업무회의				
10:00 ~ 11:00					비품요청
11:00 ~ 12:00			시장조사	시장조사	시장조사
12:00 ~ 13:00	점심식사				
13:00 ~ 14:00	개발전략수립		시장조사	시장조사	시장조사
14:00 ~ 15:00		샘플검수	제품구상	제품구상	제품구상
15:00 ~ 16:00			제품개발	제품개발	제품개발
16:00 ~ 17:00					
17:00 ~ 18:00			결과보고	결과보고	

① 09:00 ~ 10:00 ② 10:00 ~ 11:00
③ 14:00 ~ 15:00 ④ 16:00 ~ 17:00

04 K전력공사에서 근무하고 있는 김대리는 경기본부로 전기 점검을 나가고자 한다. 〈조건〉에 따라 점검일을 결정할 때, 다음 중 김대리가 경기본부 전기 점검을 진행할 수 있는 기간은?

〈10월 달력〉

일	월	화	수	목	금	토
			1	2	3	
4	5	6	7	8	9	10
11	12	13	14	15	16	17
18	19	20	21	22	23	24
25	26	27	28	29	30	31

조건
- 김대리는 10월 중에 경기본부로 전기 점검을 나간다.
- 전기 점검은 2일로, 이틀 동안 연이어 진행하여야 한다.
- 점검은 주중에만 진행된다.
- 김대리는 10월 1 ~ 7일까지 연수에 참석하므로 해당 기간에는 점검을 진행할 수 없다.
- 김대리는 10월 27일부터는 부서 이동을 하므로, 27일부터는 전기 점검을 포함한 모든 담당 업무를 후임자에게 인계하여야 한다.
- 김대리는 목요일마다 경인건설본부로 출장을 가며, 출장일에는 전기 점검 업무를 수행할 수 없다.

① 10월 6 ~ 7일 ② 10월 11 ~ 12일
③ 10월 14 ~ 15일 ④ 10월 20 ~ 21일

02 비용 계산

| 유형분석 |

- 예산 자원과 관련된 다양한 정보를 활용하여 문제를 풀어간다.
- 대체로 한정된 예산 내에서 수행할 수 있는 업무 및 예산 가격을 묻는 문제가 출제된다.

A사원은 이번 출장을 위해 KTX표를 미리 40% 할인된 가격에 구매하였으나, 출장 일정이 바뀌는 바람에 하루 전날 표를 취소하였다. 다음 환불 규정에 따라 16,800원을 돌려받았을 때, 할인되지 않은 KTX표의 가격은 얼마인가?

〈KTX 환불 규정〉

출발 2일 전	출발 1일 전 ~ 열차 출발 전	열차 출발 후
100%	70%	50%

① 40,000원

② 48,000원

③ 56,000원

④ 67,200원

정답 ①

할인되지 않은 KTX표의 가격을 x원이라 하면, 표를 40% 할인된 가격으로 구매하였으므로 구매 가격은 $(1-0.4)x=0.6x$원이다. 환불 규정에 따르면 하루 전에 표를 취소하는 경우 70%의 금액을 돌려받을 수 있으므로 다음과 같은 식이 성립한다.

$0.6x \times 0.7 = 16,800$

→ $0.42x = 16,800$

∴ $x = 40,000$

따라서 할인되지 않은 가격은 40,000원이다.

풀이 전략!

제한사항인 예산을 고려하여 문제에서 묻는 것을 정확히 파악한 후, 제시된 정보에서 필요한 것을 선별하여 문제를 풀어 간다.

01 다음 자료를 보고 A사원이 6월 출장여비로 받을 수 있는 총액으로 옳은 것은?

〈출장여비 계산 기준〉

• 출장여비는 출장수당과 교통비의 합으로 계산한다.
• 출장수당의 경우 업무추진비 사용 시 1만 원을 차감하며, 교통비의 경우 관용차량 사용 시 1만 원을 차감한다.

〈출장지별 출장여비〉

출장지	출장수당	교통비
I시	10,000원	20,000원
I시 이외	20,000원	30,000원

※ I시 이외 지역으로 출장을 갈 경우 13시 이후 출장 시작 또는 15시 이전 출장 종료 시 출장수당에서 1만 원 차감됨

〈A사원의 6월 출장내역〉

출장일	출장지	출장 시작 및 종료 시각	비고
6월 8일	I시	14 ~ 16시	관용차량 사용
6월 16일	S시	14 ~ 18시	–
6월 19일	B시	9 ~ 16시	업무추진비 사용

---

① 7만 원   ② 8만 원

③ 9만 원   ④ 10만 원

K공사는 직원들의 문화생활을 위해 매달 티켓을 준비하여 신청을 받는다. 인사부서에서 선정한 이 달의 문화생활은 다음과 같고, 마지막 주 수요일 오후 업무시간에 모든 직원들이 하나의 문화생활에 참여한다고 할 때, 이번 달 티켓 구매에 필요한 예산은 얼마인가?

〈부서별 문화생활 신청현황〉

(단위 : 명)

구분	연극 '지하철 1호선'	영화 '파과'	음악회 '차이코프스키'	미술관 '마네·모네'
A부서	5	6	4	0
B부서	1	8	4	0
C부서	0	3	0	1
D부서	4	2	3	1
E부서	3	2	0	1
F부서	1	5	2	1

〈문화생활 정보〉

(단위 : 명, 원)

구분	연극 '지하철 1호선'	영화 '파과'	음악회 '차이코프스키'	미술관 '마네·모네'
정원	20	30	10	30
1인당 금액	20,000	12,000	50,000	13,000
기타 사항	단체 10명 이상 총금액의 15% 할인	마지막 주 수요일은 1인당 50% 할인	–	단체 10명 이상 총금액의 20% 할인

※ 정원이 초과된 문화생활은 정원이 초과되지 않은 것으로 다시 신청함
※ 정원이 초과된 인원은 1인당 금액이 비싼 문화생활 순으로 남은 정원을 모두 채움

① 920,600원
② 958,600원
③ 997,000원
④ 1,000,000원

03 굴업도로 여행을 가는 A씨는 이른 아침 인천 여객터미널에 가서 배편으로 섬에 들어가려고 한다. 아침 7시 20분에 반드시 오전 중에 굴업도에 입섬해야 한다면 A씨가 취할 수 있는 가장 저렴한 여객선 비용은 얼마인가?(단, 집에서 인천여객터미널까지 1시간이 걸린다)

<인천 터미널 배편 알림표>

구분	출항시각	항로 1 여객선	항로 2 여객선
A회사	AM 7:00	20,000원	25,000원
	AM 9:00		
	AM 11:00		
	PM 1:00		
B회사	AM 8:00	30,000원	40,000원
	AM 9:30		
	AM 10:30		
	AM 11:30		

※ 항로 1 여객선 : 자월도 → 덕적도 → 승봉도 → 굴업도 방문(총 4시간)
※ 항로 2 여객선 : 굴업도 직항(총 2시간)

① 20,000원   ② 25,000원
② 30,000원   ④ 40,000원

04 서울에 사는 A씨는 결혼기념일을 맞이하여 가족과 함께 KTX를 타고 부산으로 여행을 다녀왔다. A씨의 가족이 이번 여행에서 지불한 총교통비는 얼마인가?

- A씨 부부에게는 만 6세인 아들, 만 3세인 딸이 있다.
- 갈 때는 딸을 무릎에 앉혀 갔고, 돌아올 때는 좌석을 구입했다.
- A씨의 가족은 일반석을 이용하였다.

<KTX 좌석별 요금>

구분	일반석	특실
가격	59,800원	87,500원

※ 만 4세 이상 13세 미만 어린이는 운임의 50%를 할인함
※ 만 4세 미만의 유아는 보호자 1명당 2명까지 운임의 75%를 할인함
  (단, 유아의 좌석을 지정하지 않을 시 보호자 1명당 유아 1명의 운임을 받지 않음)

① 299,000원   ② 301,050원
③ 307,000원   ④ 313,950원

03 품목 확정

| 유형분석 |

- 물적 자원과 관련된 다양한 정보를 활용하여 풀어 가는 문제이다.
- 주로 공정도·제품·시설 등에 대한 가격·특징·시간 정보가 제시되며, 이를 종합적으로 고려하는 문제가 출제된다.

K공사 인재개발원에 근무하고 있는 A대리는 〈조건〉에 따라 신입사원 교육을 위한 스크린을 구매하려고 한다. 다음 중 가장 적절한 제품은 무엇인가?

조건

- 조명도는 5,000lx 이상이어야 한다.
- 예산은 150만 원이다.
- 제품에 이상이 생겼을 때 A/S가 신속해야 한다.
- 위 조건을 모두 충족할 시, 가격이 저렴한 제품을 가장 우선으로 선정한다.

※ lux(럭스) : 조명이 밝은 정도를 말하는 조명도에 대한 실용단위로 기호는 lx임

	제품	가격(만 원)	조명도(lx)	특이사항
①	A	180	8,000	2년 무상 A/S 가능
②	B	120	6,000	해외직구(해외 A/S)
③	C	100	3,500	미사용 전시 제품
④	D	130	7,000	2년 무상 A/S 가능

정답 ④

모든 조건을 충족하는 것은 D제품이다.

오답분석

① 예산이 150만 원이라고 했으므로 예산을 초과하였다.
② A/S가 신속해야 하는데 해외 A/S만 가능하여 적절하지 않다.
③ 조명도가 5,000lx 미만이므로 적절하지 않다.

풀이 전략!

문제에서 묻고자 하는 바를 정확히 파악하는 것이 중요하다. 문제에서 제시한 물적 자원의 정보를 문제의 의도에 맞게 선별하면서 풀어 간다.

01 K공사에서 근무하는 A사원은 새로 도입되는 교통관련 정책홍보 자료를 만들어서 배포하려고 한다. 다음 중 가장 저렴한 비용으로 인쇄할 수 있는 업체로 옳은 것은?

〈인쇄업체별 비용 견적〉

(단위 : 원)

구분	페이지당 비용	표지 가격		권당 제본 비용	할인
		유광	무광		
A인쇄소	50	500	400	1,500	–
B인쇄소	70	300	250	1,300	–
C인쇄소	70	500	450	1,000	100부 초과 시 초과 부수만 총비용에서 5% 할인
D인쇄소	60	300	200	1,000	–

※ 홍보 자료는 관내 20개 지점에 배포하고, 지점마다 10부씩 배포함
※ 홍보 자료는 30페이지 분량으로 제본하며, 표지는 유광 표지로 함

① A인쇄소 ② B인쇄소
③ C인쇄소 ④ D인쇄소

02 K사진관은 올해 찍은 사진을 모두 모아서 한 개의 USB에 저장하려고 한다. 사진의 용량 및 찍은 사진 수가 자료와 같고 USB 한 개에 모든 사진을 저장하려 한다. 다음 중 최소 몇 GB의 USB가 필요한가?(단, 1MB＝1,000KB, 1GB＝1,000MB이며, USB 용량은 소수점 자리는 버림한다)

〈올해 사진 자료〉

(단위 : cm, KB, 개)

구분	크기	용량	개수
반명함	3×4	150	8,000
신분증	3.5×4.5	180	6,000
여권	5×5	200	7,500
단체사진	10×10	250	5,000

① 3.5GB ② 4GB
③ 4.5GB ④ 5GB

03 K공사 S지사장은 직원 50명에게 연말 선물을 하기 위해 물품을 구매하려고 한다. 다음은 업체별 품목 가격과 직원들의 품목 선호도를 나타낸 자료이다. 〈조건〉에 따라 S지사장이 구매하는 물품과 업체를 순서대로 바르게 나열한 것은?

〈업체별 품목 가격〉

(단위 : 원)

구분		한 벌당 가격
A업체	티셔츠	6,000
	카라 티셔츠	8,000
B업체	티셔츠	7,000
	후드 집업	10,000
	맨투맨	9,000

〈직원들 품목 선호도〉

순위	품목
1	카라 티셔츠
2	티셔츠
3	후드 집업
4	맨투맨

조건

- 직원의 선호도를 우선으로 품목을 선택한다.
- 총구매 금액이 30만 원 이상이면 총금액에서 5%를 할인해 준다.
- 차순위 품목이 1순위 품목보다 총금액이 20% 이상 저렴하면 차순위를 선택한다.

① 티셔츠 – A업체
② 카라 티셔츠 – A업체
③ 티셔츠 – B업체
④ 후드 집업 – B업체

04 K공사는 직원용 컴퓨터를 교체하려고 한다. 다음 중 〈조건〉을 만족하는 컴퓨터로 옳은 것은?

〈컴퓨터별 가격 현황〉

구분	A컴퓨터	B컴퓨터	C컴퓨터	D컴퓨터
모니터	20만 원	23만 원	20만 원	19만 원
본체	70만 원	64만 원	60만 원	54만 원
세트	80만 원	75만 원	70만 원	66만 원
성능평가	중	상	중	중
할인혜택	–	세트로 15대 이상 구매 시 총금액에서 100만 원 할인	모니터 10대 초과 구매 시 초과 대수 15% 할인	–

조건
- 예산은 1,000만 원이다.
- 교체할 직원용 컴퓨터는 모니터와 본체 각각 15대이다.
- 성능평가에서 '중' 이상을 받은 컴퓨터로 교체한다.
- 컴퓨터 구매는 세트 또는 모니터와 본체 따로 구매할 수 있다.

① A컴퓨터
③ C컴퓨터
② B컴퓨터
④ D컴퓨터

04 인원 선발

| 유형분석 |

- 인적 자원과 관련된 다양한 정보를 활용하여 풀어 가는 문제이다.
- 주로 근무명단, 휴무일, 업무할당 등의 주제로 다양한 정보를 활용하여 종합적으로 풀어 가는 문제가 출제된다.

다음 자료를 토대로 K공사가 하루 동안 고용할 수 있는 최대 인원은?

〈K공사의 예산과 고용비〉

(단위 : 원, %)

총예산	본예산	500,000
	예비비	100,000
고용비	1인당 수당	50,000
	산재보험료	(수당)×0.504
	고용보험료	(수당)×1.3

① 10명
② 11명
③ 12명
④ 13명

정답 ②

(하루 1인당 고용비)＝(1인당 수당)＋(산재보험료)＋(고용보험료)

＝50,000＋(50,000×0.504%)＋(50,000×1.3%)

＝50,000＋252＋650＝50,902원

(하루에 고용할 수 있는 인원 수)＝[(본예산)＋(예비비)]÷(하루 1인당 고용비)

＝600,000÷50,902≒11.8

따라서 하루 동안 고용할 수 있는 최대 인원은 11명이다.

풀이 전략!

문제에서 신입사원 채용이나 인력배치 등의 주제가 출제될 경우에는 주어진 규정 혹은 규칙을 꼼꼼히 확인하여야 한다. 이를 근거로 각 선택지가 어긋나지 않는지 검토하며 문제를 풀어 간다.

01 A사원은 인적자원의 효과적 활용에 대한 강연을 듣고, 인맥을 활용하였을 때의 장점에 대해 다음과 같이 정리하였다. 밑줄 친 ⊙ ~ ⓔ 중 A사원이 잘못 메모한 내용은 모두 몇 개인가?

〈인적자원의 효과적 활용〉

• 인적자원이란?

··· 중략 ···

• 인맥 활용 시 장점
 - ⊙ 각종 정보와 정보의 소스 획득
 - ⓛ '나' 자신의 인간관계나 생활에 대해서 알 수 있음
   ↳ ⓒ 자신의 인생에 탄력이 생김
 - ⓔ '나' 자신만의 사업을 시작할 수 있음 ← 참신한 아이디어 획득

---

① 없음
② 1개
③ 2개
④ 3개

02 다음은 K공사의 2025년 승진 후보자와 승진 규정이다. 이를 참고할 때 2025년에 직급이 대리인 사람은?

〈승진 규정〉

• 2024년까지 근속연수가 4년 이상인 자를 대상으로 한다.
• 출산휴가 및 병가 기간은 근속연수에서 제외한다.
• 평가연도 업무평가 점수가 80점 이상인 자를 대상으로 한다.
• 평가연도 업무평가 점수는 직전연도 업무평가 점수에서 벌점을 차감한 점수이다.
• 벌점은 결근 1회당 −10점, 지각 1회당 −5점이다.

〈승진 후보자 정보〉

구분	근무기간	2024년 업무평가	근태현황		기타
			지각	결근	
A사원	2년 4개월	79점	1회	−	−
B주임	4년 1개월	86점	−	1회	출산휴가 35일
C대리	8년 1개월	89점	1회	1회	병가 10일
D과장	11년 3개월	82점	−	−	−

---

① A
② B
③ C
④ D

03 1 ~ 3년 차 근무를 마친 K공사 직원들은 인사이동 시기를 맞아 근무지 이동을 해야 한다. 근무지 이동 규정과 각 직원이 근무지 이동을 신청한 내용이 다음과 같을 때, 이에 대한 설명으로 옳지 않은 것은?

〈근무지 이동 규정〉

- 수도권 지역은 여의도, 종로, 영등포이고, 지방의 지역은 광주, 제주, 대구이다.
- 2번 이상 같은 지역을 신청할 수 없다(예 여의도 → 여의도 ×).
- 3년 연속 같은 수도권 지역이나 지방 지역을 신청할 수 없다.
- 2, 3년 차보다 1년 차 신입 및 1년 차 근무를 마친 직원이 신청한 내용이 우선된다.
- 1년 차 신입은 전년도 평가 점수를 100점으로 한다.
- 직원 A ~ E는 서로 다른 곳에 배치된다.
- 같은 지역으로의 이동을 신청한 경우 전년도 평가 점수가 더 높은 사람이 우선하여 이동한다.
- 규정에 부합하지 않게 이동 신청을 한 경우, 신청한 곳에 배정받을 수 없다.

〈근무지 이동 신청〉

직원	1년 차 근무지	2년 차 근무지	3년 차 근무지	신청지	전년도 평가
A	대구	–	–	종로	–
B	여의도	광주	–	영등포	92점
C	종로	대구	여의도	미정	88점
D	영등포	종로	–	여의도	91점
E	광주	영등포	제주	영등포	89점

① A는 대구를 1년 차 근무지로 신청하였을 것이다.
② B는 영등포로 이동하게 될 것이다.
③ C는 지방 지역으로 이동하고, E는 여의도로 이동하게 될 것이다.
④ D는 자신의 신청지로 이동하게 될 것이다.

PART 2

직무능력평가

01 다음 중 대리인 문제(Agency Problem)의 해결 방법이 아닌 것은?

① 회계정보 공시
② 스톡옵션 체계 강화
③ 기업 정보 투명성 강화
④ 주식의 분산소유 활성화
⑤ 적대적 M&A 시장의 활성화

02 다음 중 BCG 매트릭스와 GE – 맥킨지 매트릭스에 대한 설명으로 옳은 것은?

① GE – 맥킨지 매트릭스는 산업매력도와 품질을 기준으로 구분한 9개의 영역을 가진다.
② BCG 매트릭스에서 '별'로 표시된다면 수익성이 낮고 시장 전망이 어두워 철수가 요망된다.
③ BCG 매트릭스는 시장성장률과 절대적 시장점유율을 기반으로 사업의 매력도를 평가한다.
④ BCG 매트릭스 분석으로 사업 단위에 적용할 수 있는 전략에는 확대, 철수, 유지, 수확 등이 있다.
⑤ GE – 맥킨지 매트릭스의 원의 크기는 시장점유율을, 원 안에 진하게 표시된 부분의 크기는 원가 우위를 나타낸다.

03 다음 글에서 설명하는 마케팅 분석 방법은?

소비자가 제품을 구매할 때 중요시하는 제품 속성과 속성 수준에 부여하는 가치를 산출해 냄으로써 최적 신제품의 개발을 지원해 주는 분석 방법이다.

① SWOT 분석
② 시계열 분석(Time Series Analysis)
③ 컨조인트 분석(Conjoint Analysis)
④ 상관관계 분석(Correlation Analysis)
⑤ 다차원척도 분석(Multidimensional Analysis)

04 다음 중 페이욜(Fayol)이 주장한 경영활동을 바르게 연결한 것은?

① 관리적 활동 : 재화 및 종업원 보호
② 기술적 활동 : 생산, 제조, 가공
③ 상업적 활동 : 계획, 조직, 명령, 조정, 통제
④ 재무적 활동 : 원가관리, 예산통계
⑤ 회계적 활동 : 구매, 판매, 교환

05 다음 중 빈칸 ㉠ ~ ㉤에 들어갈 단어로 옳지 않은 것은?

> • 기준금리를 인하하면 가계소비와 기업 투자를 촉진하고 자산 가격의 ___㉠___ 을 유도하여 경제를 활성화하는 효과가 있다.
> • 천연가스 가격이 오르면 대체재인 원유의 공급곡선은 ___㉡___ 으로 이동한다.
> • ___㉢___ 이란 시장가격이 균형가격보다 높아 공급이 수요를 초과하는 상태를 말한다.
> • 대출금리는 ___㉣___ 등 시장금리에 연동시켜 결정한다.
> • 한국은행 금융통화위원회는 물가동향, 국내외 경제상황 등을 종합적으로 고려하여 연 8회 ___㉤___ 를 결정한다.

① ㉠ : 하락
② ㉡ : 오른쪽
③ ㉢ : 초과공급
④ ㉣ : CD금리
⑤ ㉤ : 기준금리

06 다음은 핵크만과 올드햄(Hackman & Oldham)의 직무특성이론모형이다. 핵심직무차원에 해당하지 않은 것은?

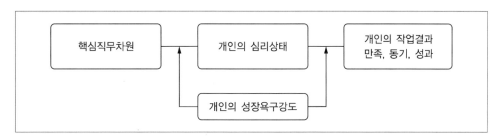

① 자율성
② 피드백
③ 효율성
④ 과업의 정체성
⑤ 과업의 중요성

07 다음 글에서 설명하는 것은?

> 기업의 자재, 회계, 구매, 생산, 판매, 인사 등 모든 업무의 흐름을 효율적으로 지원하기 위한 통합 정보시스템이다.

① CRM   ② DSS
③ ERP   ④ KMS
⑤ SCM

08 다음 중 중간관리층에 대한 설명으로 가장 옳은 것은?

① 중간관리자는 세부적 계획을 작성하여 실행되도록 지휘·통솔한다.
② 중간관리자는 컴퓨터시스템을 도입하게 되면 임무가 증가하게 된다.
③ 중간관리자는 전반관리자로서의 직능을 담당하며, 지도자로서 중책적인 역할을 다해야 한다.
④ 중간관리자는 방법·목표를 구체화하고 책임자로서 치밀하고도 전문적인 판단력이 필요하다.
⑤ 중간관리자는 최고관리자가 결정한 방침과 계획을 그대로 실시하기 위해 일반종업원을 관리·감독한다.

09 다음 중 부하를 조직 내부·외부의 변화에 대해 적응력을 높여주고 적응해 나가도록 지원하는 데 중점을 두고 있는 리더십은?

① 변형적 리더십   ② 셀프 리더십
③ 지시적 리더십   ④ 참여적 리더십
⑤ 후원적 리더십

10 다음 중 수단성(Instrumentality) 및 유의성(Valence)을 포함한 동기부여이론은?

① 기대이론(Expectancy Theory)
② 2요인이론(Two Factor Theory)
③ 강화이론(Reinforcement Theory)
④ 목표설정이론(Goal Setting Theory)
⑤ 인지평가이론(Cognitive Evaluation Theory)

11 다음 중 동종 또는 유사 업종의 기업들이 법적, 경제적 독립성을 유지하면서 협정을 통해 수평적으로 결합하는 형태는?

① 지주회사(Holding Company)
② 카르텔(Cartel)
③ 컨글로머리트(Conglomerate)
④ 콘체른(Concern)
⑤ 트러스트(Trust)

12 인사평가방법 중 피평가자의 능력, 태도, 작업, 성과 등에 관련된 표준 행동들을 제시하고 평가자가 해당 서술문을 대조하여 평가하는 방법은?

① 목표관리법   ② 서열법
③ 중요사건기술법   ④ 체크리스트법
⑤ 평정척도법

13 다음 중 소비자행동에 대한 설명으로 옳지 않은 것은?

① 관여도가 높은 제품일수록 사회적 가시성은 높다.
② 고관여 제품은 낮은 수준의 지각된 위험을 수반한다.
③ 고관여 제품이 제품 간 차이가 클 경우 소비자는 복잡한 구매 행동을 하게 된다.
④ 저관여 제품이 제품 간 차이가 작을 경우 소비자는 습관적인 구매 행동을 하게 된다.
⑤ 소비자행동은 획득, 소비, 처분이 일정한 기간에 걸쳐 순차적으로 발생되는 동태적 특징을 가지고 있다.

14 신제품 가격결정방법 중 초기고가전략(Skimming Pricing)을 채택하기 어려운 경우는?

① 제품의 혁신성이 큰 경우
② 독보적인 기술이 있는 경우
③ 수요의 가격탄력성이 큰 경우
④ 생산 및 마케팅 비용이 높은 경우
⑤ 경쟁자의 시장진입이 어려운 경우

15 맥그리거(D. McGregor)의 X – Y이론은 인간에 대한 기본 가정에 따라 동기부여방식이 달라진다는 것이다. 다음 중 Y이론에 해당하는 가정 또는 동기부여방식이 아닌 것은?

① 성취감과 자아실현 추구

② 직무수행에 대한 분명한 지시

③ 노동에 대한 자연스러운 수용

④ 조직목표 달성을 위한 자기 통제

⑤ 문제해결을 위한 창조적 능력 보유

16 A국가와 B국가의 재화 1단위 생산당 투하 노동량이 다음과 같다고 할 때, 컴퓨터 생산에 비교우위가 있는 나라와 컴퓨터 1대 생산에 따른 기회비용이 바르게 짝지어진 것은?

구분	컴퓨터 1대 생산에 소요되는 노동량	TV 1대 생산에 소요되는 노동량
A국가	20	8
B국가	10	2

① A국가 – 2.5

② A국가 – 0.6

③ A국가 – 0.4

④ B국가 – 5

⑤ B국가 – 0.5

17 기업의 경영자는 출자뿐만 아니라 기업을 경영하는 기능까지 수행하는 소유경영자와 기업의 대규모화 및 복잡화에 따라 전문적인 경영 지식을 갖춘 전문경영자로 구분할 수 있다. 다음 중 전문경영자에 대한 설명으로 옳지 않은 것은?

① 소유와 경영의 분리로 계속기업이 가능하다.

② 상대적으로 강력한 리더십을 발휘할 수 있다.

③ 통제의 규모와 범위에 대한 인식이 모호하다.

④ 재직기간 동안의 단기적 이익 창출만을 중시할 수 있다.

⑤ 자신의 이해관계를 주주의 이해관계보다 더 중시할 수 있다.

18 다음 중 M&A에 대한 설명으로 옳지 않은 것은?

① 적대적 M&A는 주로 주식 매수와 위임장대결을 통해 이루어진다.

② 실질적인 인수기업이 소멸하고 피인수기업이 존속하게 되는 것을 역합병이라고 한다.

③ 숙련된 전문 인력 및 기업의 대외적 신용 확보의 목적으로 M&A가 이루어지기도 한다.

④ 합병의 동기 중 재무시너지란 합병에 따른 현금흐름의 증가로 기업가치가 증대되는 효과를 얻는 것을 말한다.

⑤ 주식 매수만으로 기업 인수가 어려운 경우 불특정다수의 소액주주에게 의결권을 위임받아 M&A를 시도하는 방법을 위임장 대결이라고 한다.

19 다음 중 테일러시스템과 포드시스템을 비교한 내용으로 옳지 않은 것은?

① 테일러시스템은 과업 관리를, 포드시스템은 동시 관리를 한다.

② 테일러시스템은 일급제를, 포드시스템은 성과제로 임금을 지급한다.

③ 테일러시스템은 고임금 저노무비를, 포드시스템은 저가격 고임금을 추구한다.

④ 테일러시스템은 개별생산공장의 생산성을 향상시키고, 포드시스템은 생산의 표준화를 가져왔다.

⑤ 테일러시스템은 관리기술 향상에 초점을 맞추며, 포드시스템은 관리의 합리화에 초점을 맞춘다.

20 다음 중 경영이론에 대한 설명으로 옳지 않은 것은?

① 바너드(C. Barnard)는 조직 의사결정은 제약된 합리성에 기초하게 된다고 주장하였다.

② 시스템이론 관점에서 경영의 투입 요소에는 노동, 자본, 전략, 정보 등이 있으며, 산출 요소에는 제품과 서비스 등이 있다.

③ 상황이론은 여러 가지 환경 변화에 효율적으로 대응하기 위하여 조직이 어떠한 특성을 갖추어야 하는지를 규명하고자 하는 이론이다.

④ 허즈버그(F. Herzberg)의 2요인이론은 동기요인과 위생요인을 가지고 있으며, 이들은 각각 인간 행동에 다른 영향을 미친다고 하는 이론이다.

⑤ 페이욜(H. Fayol)은 경영의 본질적 기능으로 기술적 기능, 영업적 기능, 재무적 기능, 보전적 기능, 회계적 기능, 관리적 기능의 6가지를 제시하였다.

01 다음과 같은 상황에서 실질이자율을 계산하면 얼마인가?

- A는 2년 만기 복리 상품에 연이자율 5%로 은행에 100만 원을 예금하였다.
- A가 사려고 한 제품의 가격이 2년 동안 50만 원에서 53만 원으로 인상되었다.

① 4.25%
② 5.50%
③ 6.35%
④ 8.50%
⑤ 10.00%

02 민정이는 일요일마다 카페에서 두 시간씩 아르바이트를 한다. 그런데 친구들이 민정이에게 이번 주 일요일에 함께 영화를 보러 가자는 제안을 하였다. 아르바이트 시급은 7,000원이고, 영화표는 10,000원이라고 한다. 만약 민정이가 아르바이트를 하지 않고 친구들과 영화를 본다면, 그때의 기회비용은 얼마인가?

① 10,000원
② 14,000원
③ 17,000원
④ 20,000원
⑤ 24,000원

03 다음 중 국민경제 전체의 물가압력을 측정하는 지수로 사용되며, 통화량 목표설정에 있어서도 기준 물가상승률로 사용되는 것은?

① 소비자물가지수(CPI)
② 생산자물가지수(PPI)
③ 기업경기실사지수(BSI)
④ GDP 디플레이터(GDP Deflator)
⑤ 구매력평가지수(Purchasing Power Parity)

04 주어진 예산으로 효용 극대화를 추구하는 어떤 사람이 일정 기간에 두 재화 X와 Y만 소비한다고 하자. X의 가격은 200원이고, 그가 얻는 한계효용이 600이 되는 수량까지 X를 소비한다. 다음은 Y의 가격이 300원일 때, 그가 소비하는 Y의 수량과 한계효용 사이의 관계를 보여준다. 효용이 극대화되는 Y의 소비량은?

Y의 수량	1개	2개	3개	4개	5개
한계효용	2,600	1,900	1,300	900	800

① 1개　　　　　　　　　　　② 2개
③ 3개　　　　　　　　　　　④ 4개
⑤ 5개

05 X상품에 대한 수요함수가 $Q_d = 12 - 2P$로 동일한 소비자가 10,000명이 있다. 또 이 상품의 공급자는 1,000명이고, 각 공급자의 공급함수는 $Q_s = 20P$이다. X상품의 균형가격(P)과 균형수급량(Q)은?

	균형가격(P)	균형수급량(Q)
①	3	60,000
②	3.5	70,000
③	0.54	110,000
④	0.55	109,000
⑤	0.56	80,000

06 어떤 산업에서 임금이 상승할 경우, 노동공급은 증가하고 노동수요는 감소하는 상태에서 균형을 이루고 있다. 이 산업에서 생산물 가격이 하락할 때, 새로운 균형 달성을 위한 임금수준과 고용량의 변화에 대한 설명으로 옳은 것은?(단, 생산물시장과 생산요소시장은 완전경쟁이고, 기업들은 이윤 극대화를 추구한다)

① 임금 상승, 고용량 감소　　　　② 임금 상승, 고용량 증가
③ 임금 하락, 고용량 감소　　　　④ 임금 하락, 고용량 증가
⑤ 임금 및 고용량 변화 없음

07 다음 〈보기〉 중 정부실패(Government Failure)의 원인이 되는 것을 모두 고르면?

> **보기**
>
> 가. 이익집단의 개입　　　　　　나. 정책당국의 제한된 정보
> 다. 정책당국의 인지시차 존재　　라. 민간부문의 통제 불가능성
> 마. 정책 실행 시차의 부재

① 가, 나, 라　　　　　　　　　② 나, 다, 마
③ 가, 나, 다, 라　　　　　　　④ 가, 나, 라, 마
⑤ 가, 나, 다, 라, 마

08 다음과 같이 소득이 감소하여 A제품의 수요곡선이 왼쪽으로 이동할 경우, 균형가격과 균형거래량이 바르게 짝지어진 것은?

> • A제품의 수요함수 : $Q=600-P$
> • A제품의 공급함수 : $Q=4P$
> • 소득 감소에 따라 변동된 A제품의 수요함수 : $Q=400-P$

	균형가격	균형거래량
①	40	240
②	60	240
③	80	320
④	100	320
⑤	120	480

09 A근로자의 연봉이 올해 1,500만 원에서 1,650만 원으로 150만 원 인상되었다. 이 기간의 인플레이션율이 12%일 때, A근로자의 임금변동에 대한 설명으로 옳은 것은?

① 2% 명목임금 증가　　　　　　② 2% 명목임금 감소
③ 2% 실질임금 증가　　　　　　④ 2% 실질임금 감소
⑤ 15% 명목임금 증가

10 다음 〈보기〉 중 실업률을 하락시키는 변화로 옳은 것을 모두 고르면?(단, 취업자 수와 실업자 수는 0보다 크다)

> **보기**
> ㄱ. 취업자가 비경제활동인구로 전환
> ㄴ. 실업자가 비경제활동인구로 전환
> ㄷ. 비경제활동인구가 취업자로 전환
> ㄹ. 비경제활동인구가 실업자로 전환

① ㄱ, ㄴ   ② ㄱ, ㄷ
③ ㄴ, ㄷ   ④ ㄴ, ㄹ
⑤ ㄷ, ㄹ

11 다음 중 투자지출에 포함되지 않는 것은?

① 아파트 건설   ② 상품재고의 증가
③ 기업의 부동산 매입   ④ 새로운 공장의 건설
⑤ 기계, 공구 등의 설비 구입

12 다음 〈보기〉 중 여러 가지 비용곡선에 대한 설명으로 옳은 것을 모두 고르면?

> **보기**
> ㄱ. 평균비용곡선은 평균가변비용곡선의 위에 위치한다.
> ㄴ. 평균비용곡선이 상승할 때, 한계비용곡선은 평균비용곡선 아래에 있다.
> ㄷ. 평균고정비용곡선은 우하향한다.
> ㄹ. 총가변비용곡선의 기울기와 총비용곡선의 기울기는 다르다.
> ㅁ. 평균비용은 평균고정비용에 평균가변비용을 더한 값이다.

① ㄱ, ㄴ, ㄷ   ② ㄱ, ㄷ, ㅁ
③ ㄱ, ㄹ, ㅁ   ④ ㄴ, ㄷ, ㄹ
⑤ ㄴ, ㄹ, ㅁ

13 K전자의 A부품의 연간 수요량이 20개이고 1회 주문비용이 10원이며, 단가가 10원, 연간 단위당 재고유지비율이 0.4일 경우 경제적 주문량(EOQ)은 얼마인가?

① 10
② 12
③ 14
④ 16
⑤ 18

14 수요의 가격탄력성이 0이면서 공급곡선은 우상향하고 있는 재화에 대해 조세가 부과될 경우, 조세부담의 귀착에 대한 설명으로 옳은 것은?

① 조세부담은 모두 소비자에게 귀착된다.
② 조세부담은 모두 판매자에게 귀착된다.
③ 조세부담은 양측에 귀착되지만 소비자에게 더 귀착된다.
④ 조세부담은 양측에 귀착되지만 판매자에게 더 귀착된다.
⑤ 조세부담은 소비자와 판매자에게 똑같이 귀착된다.

15 다음 중 여러 형태의 시장 또는 기업에 대한 설명으로 옳지 않은 것은?

① 독점기업이 직면한 수요곡선은 시장수요곡선 그 자체이다.
② 독점시장의 균형에서 가격과 한계수입의 차이가 클수록 독점도는 커진다.
③ 독점적 경쟁시장에서 제품의 차별화가 클수록 수요의 가격탄력성이 커진다.
④ 모든 기업의 이윤 극대화 필요조건은 한계수입과 한계비용이 같아지는 것이다.
⑤ 독점기업은 수요의 가격탄력성이 서로 다른 두 소비자 집단이 있을 때 가격차별로 이윤 극대화를 꾀할 수 있다.

16 생산물시장과 생산요소시장이 완전경쟁일 때, 시장의 균형 임금률은 시간당 2만 원이다. 어떤 기업이 시간당 노동 1단위를 추가로 생산에 투입할 때 산출물은 추가로 5단위 증가한다고 하자. 이러한 상황에서 이윤을 극대화하는 이 기업의 한계비용은?

① 2,000원 ② 4,000원

③ 10,000원 ④ 20,000원

⑤ 100,000원

17 다음 중 불완전경쟁 시장구조에 대한 설명으로 옳지 않은 것은?

① 독점적 경쟁시장은 장기적으로 기업의 진입과 퇴출이 자유롭다.

② 시장수요곡선이 우하향하는 독점시장에서 독점가격은 한계수입보다 크다.

③ 쿠르노(Cournot) 모형에서 각 기업은 경쟁기업이 현 산출량을 그대로 유지할 것이라는 전제하에 행동한다.

④ 베르뜨랑(Bertrand) 모형에서 각 기업은 경쟁기업이 현 가격을 그대로 유지할 것이라는 전제하에 행동한다.

⑤ 슈타켈버그(Stackelberg) 모형에서 두 기업 중 하나 또는 둘 모두가 가격에 대해 추종자가 아닌 선도자의 역할을 한다.

18 완전경쟁시장에 100개의 개별기업이 존재하며, 모든 기업은 동일한 비용함수 $C = 5q^2 + 10$을 가진다(단, C는 생산비용, q는 산출량이다). 시장의 수요함수가 $Q = 350 - 60P$일 경우 완전경쟁시장의 단기균형가격은?(단, P는 시장가격, Q는 시장산출량이다)

① 5 ② 10

③ 15 ④ 20

⑤ 25

19 호준이는 현재 회사가 부도나면서 직장을 그만 둔 상태이며 가족은 총 5명이다. 아버지는 회사에 다니고 어머니는 퇴직한 뒤 새로운 직장을 알아보는 중이다. 여동생은 가정주부이며 남동생은 대학생이다. 이때 호준이 가족의 실업률은 얼마인가?(단, 실업률은 소수점 첫째 자리에서 반올림한다)

① 40%　　　　　　　　　　② 50%

③ 60%　　　　　　　　　　④ 67%

⑤ 87%

20 다음 그림이 X재에 대한 수요곡선일 때, 이에 대한 설명으로 옳은 것은?(단, X재는 정상재이다)

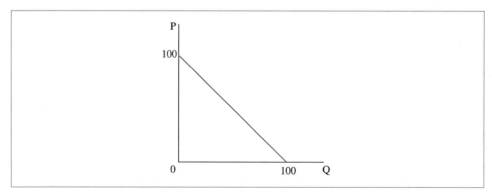

① 가격이 100원이면 X재의 수요량은 100이다.

② 가격에 상관없이 가격탄력성의 크기는 일정하다.

③ 소득이 증가하는 경우 수요곡선은 왼쪽으로 이동한다.

④ X재와 대체관계에 있는 Y재의 가격이 오르면 X재의 수요곡선은 왼쪽으로 이동한다.

⑤ X재 시장이 독점시장이라면 독점기업이 이윤 극대화를 할 때 설정하는 가격은 50원 이상이다.

01 다음 중 장단기 금리차 역전 현상에 대한 설명으로 옳지 않은 것은?

① 경기 상황을 반영하는 금리는 장기채 금리이다.

② 평상시에는 장기채의 금리가 단기채보다 높다고 할 수 있다.

③ 장기채는 낮은 환금성으로 그만큼 유동성 프리미엄이 붙는다.

④ 장기채 금리가 하락할 경우 경기가 상승 국면에 있다고 판단할 수 있다.

⑤ 장단기 금리차가 역전되면 향후 경기 침체의 전조현상으로 해석될 수 있다.

02 다음 중 재고자산에 대한 설명으로 옳지 않은 것은?

① 재고자산이란 정상적인 영업활동 과정에서 판매를 목적으로 소유하고 있거나 판매할 자산을 제조하는 과정에 있거나 제조과정에 사용될 자산을 말한다.

② 재고자산의 취득원가는 매입원가, 전환원가 및 재고자산을 현재의 장소에 현재의 상태로 이르게 하는 데 발생한 기타 원가 모두를 포함한다.

③ 표준원가법이나 소매재고법 등의 원가측정 방법은 그러한 방법으로 평가한 결과가 실제원가와 유사한 경우에 사용할 수 있다.

④ 재고자산의 매입원가는 매입가격에 수입관세와 매입운임, 하역료, 매입할인, 리베이트 등을 가산한 금액이다.

⑤ 후입선출법은 재고자산의 원가 결정 방법으로 허용되지 않는다.

03 A회사는 금년도 1/4분기에 신제품에 대한 R&D 자금조달목적으로 1,000주를 주당 800원에 유상증자하였다. 기존 시장에는 10,000주가 발행되었고 종가기준 주가는 1,000원이라고 하였을 때 신주인수권의 가치는 얼마인가?(단, 신주인수권에 비재무적 요소는 고려하지 않고 소수점 첫째 자리에서 반올림한다)

① 1,821원

② 1,121원

③ 982원

④ 950원

⑤ 781원

04 건물을 2년간 임대하고 임대보증금 30,000,000원을 현금으로 받았을 경우에 해당하는 분개를 바르게 연결한 것은?(단, 임대료는 아직 받지 않았다)

	차	대
①	자산의 증가	부채의 증가
②	자산의 증가	자산의 감소
③	자본의 감소	부채의 증가
④	부채의 감소	자산의 감소
⑤	부채의 감소	수익의 발생

05 기중거래에서 잔액이 발생되었을 경우, 다음 〈보기〉 중 기말 재무상태표에 표시되지 않는 계정을 모두 고르면?

> **보기**
>
> ㄱ. 부가가치세대급금　　　　　ㄴ. 가수금
> ㄷ. 당좌차월　　　　　　　　　ㄹ. 예수금
> ㅁ. 충당부채

① ㄱ, ㄴ　　　　　　　　　　② ㄱ, ㅁ
③ ㄴ, ㄷ　　　　　　　　　　④ ㄷ, ㄹ
⑤ ㄹ, ㅁ

06 (주)한국의 영업활동으로 인한 현금흐름이 500,000원일 때, 다음 자료를 토대로 당기순이익을 계산하면 얼마인가?

• 매출채권(순액) 증가	50,000원
• 재고자산 감소	40,000원
• 미수임대료의 증가	20,000원
• 매입채무의 감소	20,000원
• 유형자산처분손실	30,000원

① 420,000원　　　　　　　　② 450,000원
③ 520,000원　　　　　　　　④ 540,000원
⑤ 570,000원

07 다음 중 자본이 증가하는 거래는 무엇인가?(단, 각 거래는 상호독립적이고, 자기주식의 취득은 상법상 정당한 것으로 가정한다)

① 당기순손실 100,000원이 발생하였다.
② 중간배당(현금배당) 100,000원을 실시하였다.
③ 액면금액이 주당 5,000원인 주식 25주를 4,000원에 할인발행하였다.
④ 자기주식(액면금액 주당 5,000원) 25주를 주당 4,000원에 취득하였다.
⑤ 당기 중 2,100,000원에 취득한 매도가능금융자산의 보고기간 말 현재 공정가액은 2,000,000원이다.

08 다음 중 손익계산서 작성기준에 대한 설명으로 옳지 않은 것은?

① 구분계산의 원칙 : 손익계산서를 편리하게 읽을 수 있도록 비용과 수익의 발생을 구분하여 표시하여야 한다.
② 총액 표시의 원칙 : 자산과 부채 및 자본은 서로 상계하여 그 전부 또는 일부를 제외하고 표시해서는 안 된다.
③ 수익·비용 대응의 원칙 : 비용은 해당 비용으로 인한 수익이 기록되는 기간과 동일한 기간으로 기록하여야 한다.
④ 발생주의 원칙 : 실제 현금이 들어오거나 나가지 않았다면 거래가 발생했다 하더라도 비용과 수익을 인식해서는 안 된다.
⑤ 실현주의 원칙 : 수익을 계상할 경우 실제 수익이 실현될 것이라는 확정적이고 객관적인 증거를 확보한 시점에서 계상하여야 한다.

09 다음 중 유용한 재무정보의 질적 특성에 대한 설명으로 옳지 않은 것은?

① 명확하고 간결하게 분류되고 특징지어져 표시된 정보는 이해가능성이 높다.
② 어떤 정보의 누락이나 오기로 인해 정보이용자의 의사결정이 바뀔 수 있다면 그 정보는 중요한 정보이다.
③ 적시성은 정보이용자가 의사결정을 내릴 때 사용되어 그 결정에 영향을 줄 수 있도록 제때에 이용가능함을 의미한다.
④ 어떤 재무정보가 예측가치나 확인가치 또는 이 둘 모두를 갖는다면 그 재무정보는 이용자의 의사결정에 차이가 나게 할 수 있다.
⑤ 검증가능성은 정보가 나타내고자 하는 경제적 현상을 충실히 표현하는지를 정보이용자가 확인하는 데 도움을 주는 근본적 질적 특성이다.

10 다음 중 실제 회계처리를 할 경우가 아닌 것은?

① 미수수익이 발생한 경우

② 미지급비용을 처리하는 경우

③ 기업이 무상증자를 시행하는 경우

④ 현금 잔액과 실제 현금 잔액이 맞지 않는 경우

⑤ 법인 명의로 리스차량을 운용 시 차량을 감가상각하는 경우

11 다음 중 충당부채와 우발부채에 대한 설명으로 옳지 않은 것은?

① 충당부채는 재무상태표에 표시되는 부채이나, 우발부채는 재무상태표에 표시될 수 없고 주석으로만 기재될 수 있다.

② 충당부채로 인식하는 금액은 현재의무를 보고기간 말에 이행하기 위하여 필요한 지출에 대한 최선의 추정치이어야 한다.

③ 충당부채를 현재가치로 평가하기 위한 할인율은 부채의 특유한 위험과 화폐의 시간가치에 대한 현행 시장의 평가를 반영한 세후 이율이다.

④ 예상되는 자산 처분이 충당부채를 생기게 한 사건과 밀접하게 관련되었더라도 예상되는 자산 처분이익은 충당부채를 측정하는 데 고려하지 아니한다.

⑤ 우발부채는 처음에 예상하지 못한 상황에 따라 변할 수 있으므로, 경제적 효익이 있는 자원의 유출 가능성이 높아졌는지를 판단하기 위하여 우발부채를 지속적으로 평가한다.

12 다음 중 재무보고의 개념체계에 대한 설명으로 옳은 것은?

① 일부 부채의 경우는 상당한 정도의 추정을 해야만 측정이 가능할 수 있다.

② 일반목적재무보고서는 보고기업의 가치를 직접 보여주기 위해 고안되었다.

③ 자산 측정기준으로서의 역사적 원가는 현행원가와 비교하여 적시성이 더 높다.

④ 보고기업의 경제적 자원과 청구권의 변동은 그 기업의 재무성과에 의해서만 발생한다.

⑤ 경영활동의 청산이 임박하거나 중요하게 축소할 의도 또는 필요성이 발생하더라도 재무제표는 계속기업의 가정을 적용하여 작성한다.

13 다음 중 기업어음과 회사채의 차이로 옳은 것은?

① 기업어음은 발행을 위해서 이사회의 결의가 필요하나, 회사채는 이사회의 결의가 필요 없다.

② 기업어음은 수요예측을 필수적으로 해야 하나, 회사채는 수요예측이 필요 없다.

③ 기업어음은 자본시장법의 적용을 받고, 회사채는 어음법의 적용을 받는다.

④ 기업어음의 변제순위는 회사채 변제순위보다 높다.

⑤ 기업어음의 지급금리는 회사채 지급금리보다 높다.

14 다음 중 현금흐름표상 영업활동 현금흐름에 대한 설명으로 옳은 것은?

① 직접법은 당기순이익의 조정을 통해 영업활동 현금흐름을 계산한다.

② 일반적으로 법인세로 납부한 현금은 영업활동으로 인한 현금유출에 포함되지 않는다.

③ 단기매매목적으로 보유하는 유가증권의 판매에 따른 현금은 영업활동으로부터의 현금유입에 포함되지 않는다.

④ 간접법은 영업을 통해 획득한 현금에서 영업을 위해 지출한 현금을 차감하는 방식으로 영업활동 현금흐름을 계산한다.

⑤ 영업활동 현금흐름은 직접법 또는 간접법 중 하나의 방법으로 보고할 수 있으나, 한국채택국제회계기준에서는 직접법을 사용할 것을 권장하고 있다.

15 다음 중 무형자산 회계처리에 대한 설명으로 옳지 않은 것은?

① 내용연수가 비한정인 무형자산은 상각하지 아니한다.

② 내용연수가 유한한 경우 상각은 자산을 사용할 수 있는 때부터 시작한다.

③ 제조과정에서 사용된 무형자산의 상각액은 재고자산의 장부금액에 포함한다.

④ 내용연수가 유한한 무형자산의 상각기간과 상각방법은 적어도 매 회계연도 말에 검토한다.

⑤ 내용연수가 비한정인 무형자산의 내용연수를 유한 내용연수로 변경하는 것은 회계정책의 변경에 해당한다.

16 다음 중 활동기준원가계산에 대한 설명으로 옳지 않은 것은?

① 전통적인 원가계산에 비해 배부기준의 수가 많다.

② 직접재료원가 이외의 원가를 고정원가로 처리한다.

③ 활동이 자원을 소비하고 제품이 활동을 소비한다는 개념을 이용한다.

④ 제조원가뿐만 아니라 비제조원가도 원가동인에 의해 배부할 수 있다.

⑤ 활동을 분석하고 원가동인을 파악하는 데 시간과 비용이 많이 발생한다.

17 다음 중 재무제표에 대한 설명으로 옳은 것은?

① 재무상태표는 일정 기간의 재무성과에 대한 정보를 제공해 준다.

② 현금흐름표는 특정 시점에서의 현금의 변화를 보여주는 보고서이다.

③ 재무제표는 재무상태표, 손익계산서, 시산표, 자본변동표로 구성한다.

④ 포괄손익계산서는 일정 시점에 기업의 재무상태에 대한 정보를 제공해 준다.

⑤ 자본변동표는 일정 기간 동안의 자본구성요소의 변동에 대한 정보를 제공해 준다.

18 다음 중 자산을 증가시키는 거래에 해당되지 않는 것은?

① 비품을 외상으로 구입하다.　　　　② 차입금 상환을 면제받다.

③ 주주로부터 현금을 출자받다.　　　④ 은행으로부터 현금을 차입하다.

⑤ 이자를 현금으로 수령하다.

19 다음 자료로 계산한 당기총포괄이익은?

기초자산	5,500,000원	기초부채	3,000,000원
유상증자	500,000원	기말자산	7,500,000원
기말부채	3,000,000원		

① 500,000원　　　　　　　　　② 1,000,000원

③ 1,500,000원　　　　　　　　④ 2,000,000원

⑤ 2,500,000원

20 다음 중 재무제표 요소의 인식에 대한 설명으로 옳지 않은 것은?

① 수익은 자산의 증가나 부채의 감소와 관련하여 미래경제적 효익이 증가하고 이를 신뢰성 있게 측정할 수 있을 때 인식한다.

② 비용은 자산의 감소나 부채의 증가와 관련하여 미래경제적 효익이 감소하고 이를 신뢰성 있게 측정할 수 있을 때 인식한다.

③ 자산은 미래경제적 효익이 기업에 유입될 가능성이 높고 해당 항목의 원가 또는 가치를 신뢰성 있게 측정할 수 있을 때 인식한다.

④ 제품보증에 따라 부채가 발생하는 경우와 같이 자산의 인식을 수반하지 않는 부채가 발생하는 경우에는 비용을 인식하지 아니한다.

⑤ 부채는 현재 의무의 이행에 따라 경제적 효익을 갖는 자원의 유출 가능성이 높고 결제될 금액에 대해 신뢰성 있게 측정할 수 있을 때 인식한다.

01 다음 중 행정부에 대한 설명으로 옳은 것은?

① 대통령이 계엄을 해제할 때에는 국무회의의 심의를 거칠 필요가 없다.
② 국무회의는 구성원 3분의 2 이상의 출석으로 개의하고, 출석구성원 과반수의 찬성으로 의결한다.
③ 국무총리는 중앙행정기관의 장의 명령이나 처분이 위법 또는 부당하다고 인정될 경우에는 직권으로 이를 중지 또는 취소할 수 있다.
④ 법무부장관이 대통령에게 특별사면을 상신할 때에는, 위원장 1명을 포함한 9명의 위원으로 구성된 사면심사위원회의 심사를 거쳐야 한다.
⑤ 대통령은 내우·외환·천재·지변 또는 중대한 재정·경제상의 위기에 있어서 국가의 안전보장 또는 공공의 안녕질서를 유지하기 위하여 긴급한 조치가 필요하고 국회의 집회가 불가능한 때에 한하여 최소한으로 필요한 재정·경제상의 처분을 하거나 이에 관하여 법률의 효력을 가지는 명령을 발할 수 있다.

02 다음 중 형사소송에서 상소에 대한 설명으로 옳지 않은 것은?

① 항소의 제기기간은 7일로 한다.
② 검사 또는 피고인은 상소를 할 수 있다.
③ 상소는 재판의 일부에 대하여 할 수 있다.
④ 판결에 대한 상소에는 항소와 상고가 있다.
⑤ 항소권자는 항소를 제기하려면 항소기간 내에 항소장을 항소법원에 제출하여야 한다.

03 다음 중 공무원의 헌법상 지위에 대한 설명으로 옳은 것은?

① 공무원은 징계책임과 변상책임을 지지 않는다.
② 공무원은 특정 정당에 대한 봉사자가 될 수 있다.
③ 공무원은 국민대표기관인 국회에 대하여 책임을 진다.
④ 공무원에 대하여 근로자의 권리를 제한하는 것은 위헌이다.
⑤ 국민 전체에 대한 봉사자라는 뜻은 국민주권의 원리에 입각하여 국민에 대한 책임을 진다는 것을 말한다.

04 다음 중 법과 도덕에 대한 설명으로 옳지 않은 것은?

① 법은 타율성을, 도덕은 자율성을 갖는다.

② 법은 강제성을, 도덕은 비강제성을 갖는다.

③ 법은 행위의 외면성을, 도덕은 행위의 내면성을 다룬다.

④ 권리 및 의무의 측면에서 법은 일면적이나, 도덕은 양면적이다.

⑤ 법은 정의(定義)의 실현을, 도덕은 선(善)의 실현을 추구한다.

05 다음 중 민법에 대한 설명으로 옳지 않은 것은?

① 민법은 실체법이다.

② 민법은 특별사법이다.

③ 민법은 재산·신분에 대한 법이다.

④ 민법은 민간 상호 간에 대한 법이다.

⑤ 민법은 재산관계와 가족관계를 규율하는 법이다.

06 다음 중 법의 적용 및 해석에 대한 내용으로 옳은 것은?

① 문리해석은 유권해석의 한 유형이다.

② 추정이란 나중에 반증이 나타나도 이미 발생된 효과를 뒤집을 수 없는 것을 말한다.

③ 법률용어로 사용되는 선의·악의는 일정한 사항에 대해 아는 것과 모르는 것을 의미한다.

④ 간주란 법이 사실의 존재·부존재를 법 정책적으로 확정하되, 반대 사실의 입증이 있으면 번복되는 것이다.

⑤ 유사한 두 가지 사항 중 하나에 대해 규정이 있으면 명문 규정이 없는 다른 쪽에 대해서도 같은 취지의 규정이 있는 것으로 해석하는 것을 준용이라 한다.

07 다음 중 민법의 효력에 대한 설명으로 옳지 않은 것은?

① 민법은 대한민국 전 영토에 걸쳐서 효력이 미친다.

② 민법은 성별·종교 또는 사회적 신분에 관계없이 모든 국민에게 적용된다.

③ 민법에서는 법률불소급의 원칙이 형법에 있어서처럼 엄격하게 지켜지지 않는다.

④ 법률불소급의 원칙은 법학에 있어서의 일반적 원칙이지만, 민법은 소급효를 인정하고 있다.

⑤ 민사에 관하여는 속지주의가 지배하므로, 외국에 있는 대한민국 국민에 대해서는 우리 민법이 적용되지 않는다.

08 다음 중 추정과 간주에 대한 설명으로 옳은 것은?

① 사실의 확정에 있어서 추정보다는 간주의 효력이 훨씬 강하다.

② 우리 민법에서 '~한 것으로 본다.'라고 규정하고 있으면 이는 추정규정이다.

③ 우리 민법 제28조에서는 '실종선고를 받은 자는 전조의 규정이 만료된 때에 사망한 것으로 추정한다.'라고 규정하고 있다.

④ 간주는 편의상 잠정적으로 사실의 존부를 인정하는 것이므로, 간주된 사실과 다른 사실을 주장하는 자가 반증을 들면 간주의 효과는 발생하지 않는다.

⑤ 추정은 일종의 법의 의제로서 그 사실이 진실이냐 아니냐를 불문하고 권위적으로 그렇다고 단정해 버리고, 거기에 일정한 법적 효과를 부여하는 것을 의미한다.

09 다음 중 자연인의 권리능력에 대한 설명으로 옳지 않은 것은?

① 실종선고를 받으면 권리능력을 잃는다.

② 자연인은 출생과 동시에 권리능력을 가진다.

③ 자연인의 권리능력은 사망에 의해서만 소멸된다.

④ 우리 민법은 태아에 대해 개별적 보호주의를 취하고 있다.

⑤ 피성년후견인의 권리능력은 제한능력자에게도 차등이 없다.

10 다음 중 제한능력자의 법률행위에 대한 설명으로 옳지 않은 것은?

① 법정대리인이 대리한 피한정후견인의 재산상 법률행위는 유효하다.

② 피성년후견인이 법정대리인의 동의를 얻어서 한 재산상 법률행위는 유효하다.

③ 법정대리인이 범위를 정하여 처분을 허락한 재산은 미성년자가 임의로 처분할 수 있다.

④ 제한능력자가 속임수로써 자기를 능력자로 믿게 한 경우 그 법률행위를 취소할 수 없다.

⑤ 가정법원은 피한정후견인이 한정후견인의 동의를 받아야 하는 행위의 범위를 정할 수 있다.

11 다음 중 상업등기에 대한 설명으로 옳지 않은 것은?

① 영업에 대한 중요한 사항을 상법의 규정에 의하여 상업등기부에 등기하는 것을 말한다.

② 등기사항은 등기와 공고 후가 아니면 선의의 제3자에게 대항하지 못하고, 등기·공고가 있으면 제3자에게 대항할 수 있다.

③ 상업등기부에는 상호, 성년자, 법정대리인, 지배인, 합명회사, 합자회사, 무한회사, 주식회사, 외국회사 등에 대한 9종이 있다.

④ 상인과 제3자와의 이해관계 있는 일정사항을 공시함으로써 거래의 안전을 도모하는 동시에, 상인의 신용을 유지하기 위하여 마련한 제도이다.

⑤ 등기사항은 각종의 상업등기부에 의하여 따로 정해지고, 반드시 등기할 것을 요하느냐의 여부에 따라 절대적 사항과 상대적 사항으로 구분된다.

12 다음 중 상법상 주식회사에 대한 설명으로 옳지 않은 것은?

① 회사가 가진 자기주식에도 의결권이 있다.

② 창립총회에서는 이사와 감사를 선임하여야 한다.

③ 정관은 공증인의 인증을 받음으로써 효력이 생긴다.

④ 각 발기인은 서면에 의하여 주식을 인수하여야 한다.

⑤ 회사가 공고를 하는 방법은 정관의 절대적 기재사항이다.

13 다음 중 행정처분에 대한 설명으로 옳지 않은 것은?

① 행정처분에는 조건을 부가할 수 없다.

② 행정처분은 행정청이 행하는 공권력 작용이다.

③ 행정처분에 대해서만 항고소송을 제기할 수 있다.

④ 경미한 하자가 있는 행정처분에는 공정력이 인정된다.

⑤ 법규에 위반하면 위법처분으로서 행정심판·행정소송의 대상이 된다.

14 다음 중 행정행위의 특징으로 옳지 않은 것은?

① 행정처분에 대한 내용적인 구속력인 기판력이다.

② 법에 따라 적합하게 이루어져야 하는 법적합성이다.

③ 일정기간이 지나면 그 효력을 다투지 못하는 불가쟁성이다.

④ 당연무효를 제외하고는 일단 유효함을 인정받는 공정력이다.

⑤ 일정한 행정행위의 경우 그 성질상 행정청 스스로도 직권취소나 변경이 제한되는 불가변성이다.

15 다음 중 헌법상 헌법개정에 대한 설명으로 옳은 것은?

① 헌법개정이 확정되면 대통령은 즉시 이를 공포하여야 한다.

② 헌법개정은 국회 재적의원 과반수 또는 정부의 발의로 제안된다.

③ 대통령의 임기연장 또는 중임변경에 관해서는 이를 개정할 수 없다.

④ 국회는 헌법개정안이 공고된 날로부터 90일 이내에 의결하여야 한다.

⑤ 헌법개정안에 대한 국회의결은 출석의원 3분의 2 이상의 찬성을 얻어야 한다.

16 다음 중 사용자책임에 대한 설명으로 옳지 않은 것은?(단, 다툼이 있는 경우 판례에 따른다)

① 사용자책임의 경우에도 피해자에게 과실이 있으면 과실상계할 수 있다.

② 사용자책임이 성립하려면 사용자가 피용자를 실질적으로 지휘·감독하는 관계에 있어야 한다.

③ 도급인이 수급인에 대하여 특정한 행위를 지휘한 경우 도급인에게는 사용자로서의 배상책임이 없다.

④ 특별한 사정이 없다면 퇴직 이후 피용자의 행위에 대하여 종전의 사용자에게 사용자책임을 물을 수 없다.

⑤ 피용자의 불법행위가 외형상 객관적으로 사용자의 사무집행행위로 보일 경우 행위자의 주관적 사정을 고려함이 없이 이를 사무집행에 관하여 한 행위로 본다.

17 다음 중 헌법전문에 대한 설명으로 옳지 않은 것은?

① 전문에 선언된 헌법의 기본원리는 헌법해석의 기준이 된다.

② 헌법전문은 모든 법령에 대하여 우월한 효력을 가지고 있다.

③ 헌법전문은 전면 개정을 할 수 없으며 일정한 한계를 갖는다.

④ 헌법전의 일부를 구성하며 당연히 본문과 같은 법적 성질을 내포한다.

⑤ 우리 헌법전문은 헌법제정권력의 소재를 밝힌 전체적 결단으로서 헌법의 본질적 부분을 내포하고 있다.

18 다음 중 우리나라의 헌법에 대한 설명으로 옳지 않은 것은?

① 국가의사의 최종 결정권력이 국민에게 있다는 원리를 국민주권의 원리라 한다.

② 주권을 가진 국민이 스스로 나라를 다스려야 한다는 원리를 국민 자치의 원리라 한다.

③ 우리 헌법상 국민주권의 원리를 구현하기 위한 제도로는 대표민주제, 복수정당제, 국민투표제 등이 있다.

④ 자유민주적 기본질서의 내용으로는 기본적 인권의 존중, 권력분립주의, 법치주의, 사법권의 독립, 계엄선포 및 긴급명령권, 복수정당제 등이 있다.

⑤ 모든 폭력적인 지배와 자의적인 지배를 배제하고, 그때그때 다수의 의사와 자유 및 평등에 의거한 국민의 자기결정을 토대로 하는 법치국가적 통치질서를 자유민주적 기본질서라 한다.

19 다음 중 형법상 위법성조각사유에 대한 설명으로 옳지 않은 것은?

① 정당행위는 위법성이 조각된다.

② 자구행위는 사후적 긴급행위이다.

③ 정당방위에 대해 정당방위를 할 수 있다.

④ 긴급피난에 대해 긴급피난을 할 수 있다.

⑤ 피해자의 승낙에 의해 위법성이 조각된다.

20 다음 중 민법이 규정하는 재단법인과 사단법인의 차이로 옳지 않은 것은?

① 사단법인에는 사원총회가 있으나, 재단법인에는 없다.

② 양자는 모두 공익법인이다.

③ 재단법인의 기부행위는 반드시 서면으로 작성할 것을 요하지 않으나, 사단법인의 정관은 반드시 서면으로 작성하지 않으면 안 된다.

④ 양자는 모두 설립에 있어서 주무관청의 허가를 필요로 한다.

⑤ 사단법인은 2인 이상의 사원으로 구성되며, 재단법인은 일정한 목적에 바쳐진 재산에 의해 구성된다.

PART 3

최종점검 모의고사

최종점검 모의고사

※ 모바일 OMR 답안채점 / 성적분석 서비스

경영

경제

회계

법

■ 취약영역 분석

번호	O/×	영역
01		
02		
03		
04		
05		
06		
07		의사소통능력
08		
09		
10		
11		
12		
13		
14		
15		
16		
17		수리능력
18		
19		
20		

번호	O/×	영역
21		
22		
23		
24		수리능력
25		
26		
27		
28		
29		
30		
31		
32		
33		
34		문제해결능력
35		
36		
37		
38		
39		
40		자원관리능력

번호	O/×	영역
41		
42		
43		
44		
45		자원관리능력
46		
47		
48		
49		
50		

번호	51	52	53	54	55	56	57	58	59	60	61	62	63	64	65	66	67	68	69	70
O/×																				
영역	경영 / 경제 / 회계 / 법																			
번호	71	72	73	74	75	76	77	78	79	80	81	82	83	84	85	86	87	88	89	90
O/×																				
영역	경영 / 경제 / 회계 / 법																			

평가 문항	각 90문항	평가 시간	100분
시작시간	:	종료시간	:
취약영역			

정답 및 해설 p.064

01   **직업기초능력평가**

01   다음 한자성어 중 의미가 다른 것은?

① 각골통한(刻骨痛恨)   ② 교아절치(咬牙切齒)

③ 비분강개(悲憤慷慨)   ④ 절차탁마(切磋琢磨)

02   다음 글의 주제로 가장 적절한 것은?

> 동양 사상이라 해서 언어와 개념을 무조건 무시하는 것은 결코 아니다. 만약 그렇다면 동양 사상은 경전이나 저술을 통해 언어화되지 않고 순전히 침묵 속에서 전수되어 왔을 것이다. 물론 이것은 사실이 아니다. 동양 사상도 끊임없이 언어적으로 다듬어져 왔으며 논리적으로 전개되어 왔다. 흔히 동양 사상은 신비주의적이라고 말하지만, 이것은 동양 사상의 한 면만을 특정 지우는 것이지 결코 동양의 철인(哲人)들이 사상을 전개함에 있어 논리를 무시했다거나 항시 어떤 신비적인 체험에 호소해서 자신의 주장들을 폈다는 것을 뜻하지는 않는다. 그러나 역시 동양 사상은 신비주의적임에 틀림없다. 거기서는 지고(至高)의 진리란 언제나 언어화될 수 없는 어떤 신비한 체험의 경지임이 늘 강조되어 왔기 때문이다. 최고의 진리는 언어 이전 혹은 언어 이후의 무언(無言)의 진리이다. 엉뚱하게 들리겠지만, 동양 사상의 정수(精髓)는 말로써 말이 필요 없는 경지를 가리키려는 데 있다고 해도 과언이 아니다. 말이 스스로를 부정하고 초월하는 경지를 나타내도록 사용된 것이다. 언어로써 언어를 초월하는 경지를 나타내고자 하는 것이야말로 동양 철학이 지닌 가장 특징적인 정신이다. 동양에서는 인식의 주체를 심(心)이라는 매우 애매하면서도 포괄적인 말로 이해해 왔다. 심(心)은 물(物)과 항시 자연스러운 교류를 하고 있으며, 이성은 단지 심(心)의 일면일 뿐인 것이다. 동양은 이성의 오만이라는 것을 모른다. 지고의 진리, 인간을 살리고 자유롭게 하는 생동적 진리는 언어적 지성을 넘어선다는 의식이 있었기 때문일 것이다. 언어는 언제나 마음을 못 따르며 둘 사이에는 항시 괴리가 있다는 생각이 동양인들의 의식 저변에 깔린 것이다.

① 동양 사상은 신비주의적인 요소가 많다.

② 언어와 개념을 무시하면 동양 사상을 이해할 수 없다.

③ 동양 사상은 언어적 지식을 초월하는 진리를 추구한다.

④ 인식의 주체를 심(心)으로 표현하는 동양 사상은 이성적이라 할 수 없다.

03 다음 중 어법이 맞고 자연스러운 문장은?

① 신은 인간을 사랑하기도 하지만, 때로는 인간에게 시련의 고통을 주기도 한다.

② 문학은 다양한 삶의 체험을 보여주는 예술의 장르로서 문학을 즐길 예술적 본능을 지닌다.

③ 그는 부모님의 말씀을 거스른 적이 없고, 그는 친구들과 어울리다가도 정해진 시간에 반드시 들어
오곤 했다.

④ 피로연은 성대하게 치러졌다. 신랑과 신부는 결혼식을 마치고 신혼여행을 떠났다. 하례객들이
식당 안으로 옮겨 앉으면서 시작되었다.

04 다음 글의 밑줄 친 ㉠~㉣의 수정 방안으로 적절하지 않은 것은?

〈올해의 탐방 참가자 공모의 신청 동기와 사전 준비 정도〉

올해의 탐방 참가자 공모를 보며 저는 가슴이 뛰었습니다. ㉠ 저를 선발해 주신다면 탐방의 성과를
공유함으로써 해외 탐방의 취지를 살릴 수 있도록 최선을 다하겠습니다. 탐방 지역으로 발표된 페루
는 문화인류학에 관심 있는 제가 평소에도 가 보고 싶었던 지역이기 때문입니다. ㉡ 잉카 문명에
대한 제 관심은 세계사 수업을 통해 싹텄습니다.

세계사를 공부하는 과정에서 저는 여러 가지 문헌들과 사진 자료들을 살펴보고 ㉢ 잉카 문명의 매력
에 매료되었습니다. 또한 탐방 예정지인 페루의 옛 도시 쿠스코와 마추픽추를 포함한 잉카 문명 유
적지들은 유네스코 세계 문화유산으로 지정되어 있을 정도로 문화인류학적 가치가 큰 유적지임을
알게 되었습니다. 그래서 언젠가는 제가 직접 방문하여 당시 사람들이 남긴 유산을 살펴보고 싶다는
소망이 있습니다.

저는 탐방에 대한 사전 준비도 열심히 해왔다고 자부합니다. 저는 이미 잉카 문명의 역사와 지리에
대해 많은 자료와 문헌들을 ㉣ 조사했더니, 첨부한 계획서와 같이 이번 탐방을 통해 구체적으로 심
화 학습할 주제와 탐구 계획도 정해 놓았습니다.

① 글의 제목에 어울리지 않는 내용이므로 ㉠을 삭제한다.

② 첫 번째 문단보다 두 번째 문단에 어울리므로 ㉡을 두 번째 문단으로 옮긴다.

③ 의미의 중복을 피하기 위해 ㉢을 '잉카 문명에 매료되었습니다.'로 수정한다.

④ 뒤에 이어진 문장과의 관계를 고려해 ㉣을 '조사했으므로'로 수정한다.

※ 다음 글을 읽고 이어지는 질문에 답하시오. [5~6]

(가) 1772년 프랑스 기행작가인 피에르 장 그로슬리가 쓴 『런던여행』이라는 책에 샌드위치 백작의 관련 일화가 나온다. 이 책에는 샌드위치 백작이 도박을 하다가 빵 사이에 소금에 절인 고기를 끼워 먹는 것을 보고 옆에 있던 사람이 '샌드위치와 같은 음식을 달라.'고 주문한 것에서 샌드위치라는 이름이 생겼다고 적혀 있다. 하지만 샌드위치 백작의 일대기를 쓴 전기 작가 로저는 이와 다른 주장을 한다. 샌드위치 백작이 각료였을 때 업무에 바빠서 제대로 된 식사를 못 하고 책상에서 빵 사이에 고기를 끼워 먹었다는데서 샌드위치 이름이 유래되었다는 것이다.

(나) 샌드위치는 사람의 이름이 아니고, 영국 남동부 도버 해협에 있는 중세풍 도시로 지금도 많은 사람이 찾는 유명 관광지이다. 도시명이 음식 이름으로 널리 알려진 이유는 18세기 사람인, 이 도시의 영주였던 샌드위치 백작 4세, 존 몬태규 경 때문이다. 샌드위치 백작은 세계사에 큰 발자취를 남긴 인물로 세계 곳곳에서 그의 흔적을 찾을 수 있다.

(다) 샌드위치는 빵과 빵 사이에 햄과 치즈, 달걀 프라이와 채소 등을 끼워 먹는 것이 전부인 음식으로 도박꾼이 노름하다 만든 음식이라는 소문까지 생겼을 정도로 간단한 음식이다. 그러나 사실 샌드위치의 유래에는 복잡한 진실이 담겨 있으며, 샌드위치가 사람 이름이라고 생각하는 경우가 많지만 그렇지 않다.

(라) 샌드위치의 기원에 대해서는 이야기가 엇갈리는데, 그 이유는 _____
일부에서는 샌드위치 백작을 유능한 정치인이며 군인이었다고 말하지만 또 다른 한편에서는 무능하고 부패했던 도박꾼에 지나지 않았다고 평가한다.

05 다음 중 윗글의 문단을 논리적 순서대로 바르게 나열한 것은?

① (나) – (가) – (라) – (다)

② (나) – (다) – (가) – (라)

③ (다) – (나) – (가) – (라)

④ (다) – (나) – (라) – (가)

06 다음 중 윗글의 빈칸에 들어갈 내용으로 가장 적절한 것은?

① 샌드위치와 관련된 다양한 일화가 전해지고 있기 때문이다.

② 음식 이름의 주인공 직업과 관계가 있다.

③ 많은 대중들이 즐겨 먹었던 음식이기 때문이다.

④ 음식 이름의 주인공에 대한 상반된 평가와 관계가 있다.

07 다음 중 밑줄 친 부분과 같은 의미로 쓰인 것은?

> 이번 주말에는 치과에 가서 사랑니를 <u>뽑아야</u> 해.

① 뷔페에 가면 본전을 <u>뽑을</u> 만큼 먹을 테야.
② 은솔이의 머리에서 흰 머리카락을 <u>뽑았다</u>.
③ 영희는 지난주 피를 <u>뽑아</u> 검사를 의뢰했고, 현재 결과를 기다리는 중이다.
④ 학기 초 서먹서먹한 학급 분위기에서 반장을 <u>뽑는</u> 일은 생각보다 쉽지 않다.

08 다음 글의 밑줄 친 부분과 관련 있는 속담으로 옳지 않은 것은?

> 아이를 낳으면 엄마는 정신이 없어지고 지적 능력이 감퇴한다는 것이 일반 상식이었다. 그러나 이것에 반기를 드는 실험 결과가 발표되었다.
> 최근 보스턴 글로브지에 보도된 바에 의하면 킹슬리 박사팀은 몇 개의 실험을 통하여 흥미로운 결과를 발표하였다. 그들의 실험에 따르면 엄마 쥐는 처녀 쥐보다 후각능력과 시각능력이 급증하고 먹잇감을 처녀 쥐보다 3배나 빨리 찾았다. 엄마 쥐가 되면 엄마의 두뇌는 에스트로겐, 코티솔 등에 의해 마치 목욕을 한 것처럼 된다. 그런데 주목할 것은 엄마 쥐 혼자 내적으로 두뇌의 변화가 오는 것이 아니라 새끼와 상호작용하는 것이 두뇌 변화에 큰 영향을 준다는 것이다. 새끼를 젖먹이고 다루는 과정에서 감각적 민감화와 긍정적 변화가 일어나고 인지적 능력이 향상된다.
> 그러면 인간에게서는 어떨까? 대개 엄마가 되면 너무 힘들고 일에 부대껴서 결국은 지적 능력도 떨어진다고 생각한다. 그러나 이런 현상은 상당 부분 사회공동체적 자기암시로부터 온 것이라고 봐야 한다. 오하이오 신경심리학자 줄리에 수어는 임신한 여성들을 두 집단으로 나누어 A집단에게는 "임신이 기억과 과제 수행에 어떤 영향을 주는가를 알아보기 위해서 검사를 한다."라고 하고, B집단에게는 설명 없이 그 과제를 주었다. 그 결과 A집단의 여성들이 B집단보다 과제 수행점수가 현저히 낮았다. <u>A집단은 임신하면 머리가 나빠진다는 부정적인 고정관념의 영향을 받은 것이다.</u>
> 연구 결과들에 의하면 엄마가 된다는 것은 감각·인지 능력 및 용감성 등을 높여준다. 지금껏 연구는 주로 쥐를 중심으로 이루어졌지만, 인간에게도 같은 원리가 적용될 가능성은 크다.

① 암탉이 울면 집안이 망한다.
② 여자 팔자는 뒤웅박 팔자다.
③ 미꾸라지 한 마리가 온 물을 흐린다.
④ 여자는 제 고을 장날을 몰라야 팔자가 좋다.

방송의 발달은 가정에서 뉴스, 교양, 문화, 예술 등을 두루 즐길 수 있게 한다는 점에서 일상생활 양식에 큰 변화를 가져왔다. 영국 런던의 공연장에서 열창하는 파바로티의 모습이나, 미국의 야구장에서 경기하는 선수들의 멋진 모습을 한국의 안방에서 위성 중계 방송을 통해 실시간으로 볼 수 있게 되었다. 대중들은 언제라도 고급문화나 대중문화를 막론하고 모든 종류의 문화 예술이나 오락 프로그램을 저렴한 비용으로 편안하게 즐길 수 있게 된 것이다. 방송의 발달이 고급문화와 대중문화의 경계를 허물어버린 셈이다.

20세기 말에 들어와 위성 텔레비전 방송과 인터넷 방송이 발달하면서 고급문화와 대중문화의 융합 차원을 넘어 전 세계의 문화가 더욱 융합하고 혼재하는 현상을 보이기 시작했다. 위성 방송의 발전 및 방송 프로그램의 국제적 유통은 국가 간, 종족 간의 문화 차이를 좁히는 기능을 했다. 이렇게 방송이 세계의 지구촌화 현상을 더욱 가속화하면서 세계 각국의 다양한 민족이 즐기는 대중문화는 동질성을 갖게 되었다.

최근 들어 디지털 위성 방송, HDTV, VOD 등 방송 기술의 눈부신 발전은, 방송이 다룰 수 있는 내용의 범위와 수준을 이전과 비교할 수 없을 만큼 높이 끌어올렸고, 우리의 일상생활 패턴까지 바꾸어 놓았다. 또한 이러한 기술의 발전으로 인해 방송은 오늘날 매우 중요한 광고 매체의 하나로 자리 잡게 되었다. 방송이 지닌 이와 같은 성격은 문화에 큰 영향을 주는 요인으로 작용했다고 할 수 있다. 커뮤니케이션 학자 마샬 맥루한은 방송의 이러한 성격과 관련하여 "미디어는 곧 메시지이다."라고 말한 바 있다. 이 말은 방송의 기술적·산업적 기반이 방송의 내용에 매우 큰 영향을 끼친다는 의미로 해석할 수 있다. 요즘의 대중문화는 거의 매스 미디어에 의해 형성된다고 해도 과언이 아닐 정도로 방송의 기술적 측면이 방송의 내용적 측면, 즉 문화에 미치는 영향은 크다.

이러한 방송의 위상 변화는 방송에 의한 대중문화의 상업주의적, 이데올로기적 성격을 그대로 드러내 준다. 이를 단적으로 보여주는 한 가지 예가 '스타 현상'이다. 오늘날의 사회적 우상으로서 대중의 사랑을 한 몸에 받는 마이클 잭슨, 마이클 조던, 서태지 등은 방송이 만들어 낸 대중 스타들이다. 이러한 슈퍼스타들은 대중의 인기로 유지되는 문화 산업 시장을 독점하기 위해 만들어진 문화 상품이다. 현대 사회에서 문화 산업 발전의 첨병(尖兵)으로 방송이 만들어 낸 스타들은 로웬달이 말하는 '소비적 우상들'인 것이다. 이러한 대중문화 우상들의 상품화를 배경으로 하여 형성된 문화 산업 구조는 대중을 정치적 우중(愚衆)으로 만들기도 한다.

앞으로도 방송의 기술적·산업적 메커니즘은 대중문화에 절대적인 영향을 미칠 것으로 예상된다. 방송 메커니즘은 다양하면서도 차별화된 우리의 문화적 갈증을 풀어주기도 하겠지만 대중문화의 상업주의, 소비주의, 향락주의를 더욱 심화시킬 우려 또한 크다. 21세기의 대중문화가 보다 생산적이고 유익한 것이 되고 안 되고는 우리가 방송에 의한 폐해를 경계하는 한편, 방송 내용에 예술적 가치, 진실성, 지적 성찰 등을 얼마나 담아낼 수 있는가에 달려있다.

09 다음 중 윗글에 대한 설명으로 적절하지 않은 것은?

① 방송이 문화에 미치는 영향력을 고찰하고 있다.

② 전문가의 견해를 인용하여 논지를 강화하고 있다.

③ 구체적 사례를 들어 방송의 특성을 부각시키고 있다.

④ 방송의 속성을 친숙한 대상에 빗대어 유추하고 있다.

10 다음 중 윗글의 핵심과 가장 가까운 반응을 보인 사람은?

① A : 고급문화와 대중문화의 정체성을 확보하는 일이 중요하다는 말이군.

② B : 대중문화에 미치는 방송의 부정적 영향을 경계해야 한다는 말이군.

③ C : 문화 산업 시장을 독점하기 위한 전략을 만드는 일이 중요하다는 말이군.

④ D : 스타 시스템을 통해 문화 산업 발전의 첨병을 만들어 내야 한다는 말이군.

11 다음 글의 내용으로 가장 적절한 것은?

> OECD에 따르면 평균 수면시간이 프랑스는 8시간 50분, 미국은 8시간 38분, 영국은 8시간 13분이며, 우리나라는 7시간 49분으로 OECD 회원국 중 한국인의 수면시간이 가장 적다. 사회 특성상 다른 국가에 비해 근무 시간이 많아 수면시간이 짧은 것도 문제지만, 수면의 질 또한 낮아지고 있어 문제가 심각하다.
>
> 최근 수면장애 환자가 급격히 증가하는 추세다. 국민건강보험공단에 따르면 수면장애로 병원을 찾은 환자는 2010년 46만 1,000명에서 2015년 72만 1,000명으로 5년 새 56% 이상 급증했다. 당시 병원을 찾은 사람이 70만 명을 넘었다면, 현재 수면장애로 고통받는 사람은 더 많을 것으로 추산된다.
>
> 수면장애는 단순히 잠을 이루지 못하는 불면증뿐 아니라 충분한 수면을 취했음에도 낮 동안 각성을 유지하지 못하는 기면증(과다수면증), 잠들 무렵이면 다리가 쑤시거나 저리는 증상, 코골이와 동반되어 수면 중에 호흡이 멈춰 숙면을 취하지 못하는 수면무호흡증 등 수면의 양과 질 저하로 생긴 다양한 증상을 모두 포괄한다. 수면장애는 학습장애, 능률 저하는 물론이고 교통사고 등 안전사고, 정서장애, 사회 적응 장애의 원인이 될 수 있다. 방치하게 되면 지병이 악화되고 심근경색증, 뇌졸중 등 심각한 병을 초래하기도 한다.
>
> 수면장애 환자는 여성이 42만 7,000명으로 남성(29만 1,000명)보다 1.5배 정도 더 많다. 여성은 임신과 출산, 폐경과 함께 찾아오는 갱년기 등 생체주기에 따른 영향으로 전 연령에서 수면장애가 보다 빈번하게 나타나는 경향을 보이는 것으로 보고된다. 특히 폐경이 되면 여성호르몬인 에스트로겐이 줄어들면서 수면과 관련이 있는 아세틸콜린 신경전달 물질의 분비 역시 저하되어 체내 시계가 혼란스러움을 느끼게 돼 밤에 잘 잠들지 못하거나 자주 깨며 새벽에 일찍 일어나는 등 여러 형태의 불면증이 동반된다.
>
> 또 연령별로는 40 · 50대 중 · 장년층이 36.6%로 가장 큰 비중을 차지했고, 이에 비해 20 · 30대는 17.3%로 나타났다. 흔히 나이가 들면 생체시계에 변화가 생겨 깊은 잠은 비교적 줄어들고 꿈 수면이 나타나는 시간이 빨라지게 돼 상대적으로 얕은 수면과 꿈 수면이 많아지게 된다.

① 수면장애 환자는 여성보다 남성이 더 많다.
② 한국인의 수면시간은 근무 시간보다 짧다.
③ 수면장애 환자는 20 · 30대에 가장 많다.
④ 한국인의 수면의 질이 낮아지고 있다.

⊙ 4차 산업혁명이란 무엇일까? 전문가들은 주로 3D 프린터, 인공지능, 빅데이터, 사물인터넷 등을 예로 들어 4차 산업혁명의 개념과 향후 전망 등을 설명한다.

전문가들의 의견을 정리하면 4차 산업혁명이란 결국 제조업과 IT기술 등이 융합해 기존에 없던 산업을 탄생시키는 변화라고 말할 수 있다. (가)

우선 4차 산업혁명을 기존의 1 ~ 3차 산업혁명과 비교하여 알아둘 필요가 있다. 1차 산업혁명은 18세기 증기기관의 발달에서 시작됐다. 기계화로 인간의 수공업을 대신한 것이다. 2차 산업혁명은 전기의 혁명이라 할 수 있다. 19세기 전기의 보급과 대량생산으로 이어진 2차 산업혁명은 오늘날 대량생산 체제의 시발점이 되었다. 3차 산업혁명은 20세기 인터넷·모바일 등 IT기술의 발달로 인한 일련의 산업 변화를 말하는데, 빅데이터를 활용한 개인화 서비스나 로봇 기술의 발달 등을 들 수 있다. (나)

지금까지 산업혁명들은 주로 제조업과 서비스업에서의 혁신으로 경제 시스템을 변화시켜 왔다. 그러나 4차 산업혁명은 제조와 서비스의 혁신뿐만 아니라 경제, 사회, 문화, 고용, 노동 시스템 등 인류 삶의 전반에 걸친 변혁을 초래할 것이다. 2017년에 열린 다보스포럼에서도 4차 산업혁명이 속도와 범위, 영향력 측면에서 기존의 산업혁명과 크게 차별화될 것으로 전망했다. (다)

우선 '속도' 측면에서는 인류가 전혀 경험해보지 못한 속도로 빠르게 변화할 것이다. '범위' 측면에서는 제조 및 서비스업은 물론 전 산업 분야에 걸쳐 와해적 기술에 의해 대대적인 재편이 이뤄질 것으로 예상된다. '영향력' 측면에서는 생산, 관리, 노동, 지배구조 등을 포함한 전체 경제·사회 체제에 변화를 가져올 것으로 전망된다. (라)

12 다음 중 윗글의 밑줄 친 ⊙에 대한 답변으로 가장 적절한 것은?

① 증기기관의 발달
② 융합을 통한 산업의 변화
③ 전기의 보급과 대량생산 체제
④ 인간의 수공업을 대신하는 기계화

13 다음 (가) ~ (라) 중 〈보기〉가 들어갈 위치로 가장 적절한 곳은?

> **보기**
> 클라우스 슈밥이 4차 산업혁명을 '전 세계의 사회, 산업, 문화적 르네상스를 불러올 과학기술의 대전환기'로 표현한 것도 바로 이 같은 이유이다.

① (가)   ② (나)
③ (다)   ④ (라)

14 다음은 2024년 서울특별시의 직종별 구인·구직·취업 현황을 나타낸 자료이다. 이에 대한 설명으로 옳지 않은 것은?

〈2024년 서울특별시 직종별 구인·구직·취업 현황〉

(단위 : 명)

직업 중분류	구인	구직	취업
관리직	993	2,951	614
경영·회계·사무 관련 전문직	6,283	14,350	3,400
금융보험 관련직	637	607	131
교육 및 자연과학·사회과학 연구 관련직	177	1,425	127
법률·경찰·소방·교도 관련직	37	226	59
보건·의료 관련직	688	2,061	497
사회복지 및 종교 관련직	371	1,680	292
문화·예술·디자인·방송 관련직	1,033	3,348	741
운전 및 운송 관련직	793	2,369	634
영업원 및 판매 관련직	2,886	3,083	733
경비 및 청소 관련직	3,574	9,752	1,798
미용·숙박·여행·오락·스포츠 관련직	259	1,283	289
음식서비스 관련직	1,696	2,936	458
건설 관련직	3,659	4,825	656
기계 관련직	742	1,110	345

① 취업자 수가 구인자 수를 초과한 직종도 있다.
② 영업원 및 판매 관련직의 취업률은 25% 이상이다.
③ 구인자 수가 구직자 수를 초과한 직종은 한 곳이다.
④ 구직 대비 취업률이 가장 높은 직종은 기계 관련직이다.

15 다음은 제주특별자치도 외국인관광객 입도 통계에 대한 자료이다. 〈보기〉 중 이에 대한 설명으로 옳은 것을 모두 고르면?

〈제주특별자치도 외국인관광객 입도 통계〉

(단위 : 명, %)

구분		외국인관광객 입도 수		
		2024년 4월	2025년 4월	전년 대비 증감률
아시아	소계	74,829	79,163	5.8
	일본	4,119	5,984	45.3
	중국	28,988	44,257	52.7
	홍콩	6,066	4,146	−31.7
	대만	2,141	2,971	38.8
	싱가포르	6,786	1,401	−79.4
	말레이시아	10,113	6,023	−40.4
	인도네시아	3,439	2,439	−29.1
	베트남	2,925	3,683	25.9
	태국	3,135	5,140	64.0
	기타	7,117	3,119	−56.2
아시아 외	소계	21,268	7,519	−64.6
	미국	4,903	2,056	−58.1
	기타	16,365	5,463	−66.6
합계		96,097	86,682	−9.8

보기

ㄱ. 2024년 4월 베트남인 제주도 관광객이 같은 기간 대만인 제주도 관광객보다 30%p 이상 많다.

ㄴ. 일본인 제주도 관광객은 2025년 4월 전월 대비 40%p 이상 증가하였다.

ㄷ. 2025년 4월의 미국인 제주도 관광객 수는 2024년 4월의 홍콩인 제주도 관광객 수의 35% 미만이다.

ㄹ. 기타를 제외하고 2025년 4월에 제주도 관광객이 전년 동월 대비 25%p 이상 감소한 아시아 국가는 모두 5개국이다.

① ㄱ, ㄴ
② ㄱ, ㄷ
③ ㄴ, ㄷ
④ ㄷ, ㄹ

※ 다음은 2024년 각 국가에 방문한 관광객 수와 평균 여행 일수를 나타낸 그래프이다. 이어지는 질문에 답하시오. [16~17]

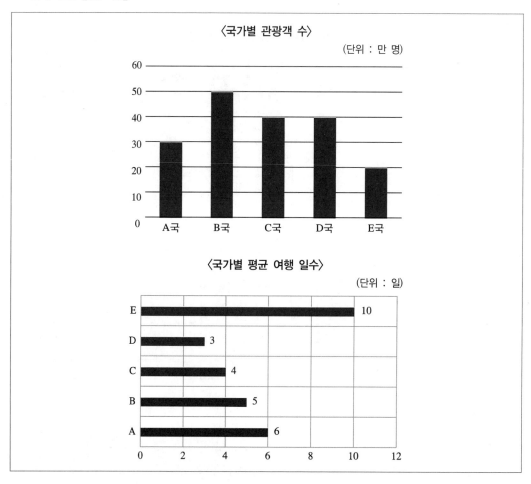

16 다섯 국가 중 2024년에 방문한 관광객 수가 가장 많은 국가와 가장 적은 국가의 관광객 수의 차이는 몇 명인가?

① 30만 명
② 25만 명
③ 20만 명
④ 15만 명

17 다섯 국가 중 2024년에 관광객 수가 같은 국가들의 평균 여행 일수의 합은 얼마인가?

① 13일
② 11일
③ 9일
④ 7일

※ 다음과 같이 일정한 규칙으로 수를 나열할 때, 빈칸에 들어갈 수로 옳은 것을 고르시오. **[18~19]**

18

| 266 | 250 | ( ) | 251 | 264 | 252 | 263 |

① 245   ② 255

③ 265   ④ 275

19

| 132 | 156 | 182 | 210 | 240 | ( ) | 306 | 342 |

① 270   ② 272

③ 280   ④ 282

20 나영이와 현지가 집에서 공원을 향해 분당 150m의 속력으로 걸어가고 있다. 30분 정도 걸었을 때, 나영이가 지갑을 집에 두고 온 것을 기억하여 분당 300m의 속력으로 집에 갔다가 같은 속력으로 다시 공원을 향해 걸어간다고 한다. 현지는 그 속력 그대로 20분 뒤에 공원에 도착했을 때, 나영이는 현지가 공원에 도착하고 몇 분 후에 공원에 도착할 수 있는가?(단, 집에서 공원까지의 거리는 직선이고, 이동시간 외 다른 소요 시간은 무시한다)

① 20분   ② 25분

③ 30분   ④ 35분

21 비가 온 다음 날 비가 올 확률은 $\frac{1}{3}$, 비가 안 온 다음 날 비가 올 확률은 $\frac{1}{8}$ 이다. 내일 비가 올

확률이 $\frac{1}{5}$ 일 때, 모레 비가 안 올 확률은?

① $\frac{1}{4}$

② $\frac{5}{6}$

③ $\frac{5}{7}$

④ $\frac{6}{11}$

22 다음 그림과 같은 직육면체 모양의 그릇을 기울여 액체를 담았을 때, 액체의 부피는?

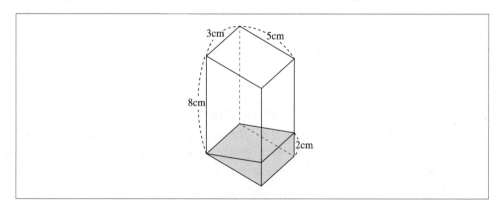

① 15cm³

② 20cm³

③ 24cm³

④ 32cm³

23 다음은 K국 여행자들이 자주 방문하는 공항 주변 S편의점의 월별 매출액을 나타낸 자료이다. 전체 해외 여행자 수와 K국 여행자 수의 2023 ~ 2024년의 추세를 다음 그래프와 같이 나타내었을 때, 이에 대한 설명으로 옳지 않은 것은?

〈S편의점 월별 매출액〉

(단위 : 만 원)

2023년	1월	2월	3월	4월	5월	6월
매출액	1,020	1,350	1,230	1,550	1,602	1,450
2023년	7월	8월	9월	10월	11월	12월
매출액	1,520	950	890	750	730	680
2024년	1월	2월	3월	4월	5월	6월
매출액	650	600	550	530	605	670
2024년	7월	8월	9월	10월	11월	12월
매출액	700	680	630	540	550	510

〈전체 여행자 수 및 K국 여행자 수〉

(단위 : 명)

① S편의점의 매출액은 해외 여행자 수에 영향을 받고 있다.

② 2023년 7월을 정점으로 K국 여행자들이 줄어드는 추세이다.

③ 전체 해외 여행자 수에서 K국의 영향력이 매우 높은 편이다.

④ S편의점의 매출액은 2023년 7월부터 2024년 12월까지 평균적으로 매달 30만 원씩 감소하였다.

※ 다음은 어린이보호구역 지정 현황에 대한 자료이다. 이어지는 질문에 답하시오. **[24~26]**

〈어린이보호구역 지정 현황〉

(단위 : 개소)

구분	2019년	2020년	2021년	2022년	2023년	2024년
초등학교	5,365	5,526	5,654	5,850	5,917	5,946
유치원	2,369	2,602	2,781	5,476	6,766	6,735
특수학교	76	93	107	126	131	131
보육시설	619	778	1,042	1,755	2,107	2,313
학원	5	7	8	10	11	11

24 2022년과 2024년의 전체 어린이보호구역 수의 차는 몇 개소인가?

① 1,748개소　　　　　　　　　② 1,819개소

③ 1,828개소　　　　　　　　　④ 1,919개소

25 2021년에 학원을 제외한 어린이보호구역 시설 중 전년 대비 증가율이 가장 큰 시설은 무엇인가?

① 초등학교　　　　　　　　　② 유치원

③ 특수학교　　　　　　　　　④ 보육시설

26 다음 중 자료에 대한 설명으로 옳지 않은 것은?

① 2019년 어린이보호구역 수의 합계는 8,434개소이다.

② 초등학교 어린이보호구역 수는 계속해서 증가하고 있다.

③ 2024년 어린이보호구역 수는 2019년보다 6,607개소 증가했다.

④ 2024년에 어린이보호구역으로 지정된 특수학교 수는 증가하지 않았다.

27 다음은 국내 화장품 제조 회사에 대한 SWOT 분석 결과이다. 〈보기〉 중 분석에 따른 대응 전략으로 적절한 것을 모두 고르면?

〈국내 화장품 제조 회사에 대한 SWOT 분석 결과〉

강점(Strength)	약점(Weakness)
• 신속한 제품 개발 시스템 • 차별화된 제조 기술 보유	• 신규 생산 설비 투자 미흡 • 낮은 브랜드 인지도
기회(Opportunity)	위협(Threat)
• 해외시장에서의 한국 제품 선호 증가 • 새로운 해외시장의 출현	• 해외 저가 제품의 공격적 마케팅 • 저임금의 개발도상국과 경쟁 심화

보기

ㄱ. 새로운 해외시장의 소비자 기호를 반영한 제품을 개발하여 출시한다.
ㄴ. 국내에 화장품 생산 공장을 추가로 건설하여 제품 생산량을 획기적으로 증가시킨다.
ㄷ. 차별화된 제조 기술을 통해 품질 향상과 고급화 전략을 추구한다.
ㄹ. 브랜드 인지도가 낮으므로 해외 현지 기업과의 인수·합병을 통해 해당 회사의 브랜드로 제품을 출시한다.

① ㄱ, ㄴ
② ㄱ, ㄷ
③ ㄴ, ㄷ
④ ㄴ, ㄹ

28 K공사 직원 A ~ D 4명은 각각 다른 팀에 근무하고 있으며, 각 팀은 2층, 3층, 4층, 5층에 위치하고 있다. 다음 〈조건〉을 참고할 때, 항상 참인 것은?

조건

• A ~ D 중 2명은 부장, 1명은 과장, 1명은 대리이다.
• 대리의 사무실은 B보다 높은 층에 있다.
• B는 과장이다.
• A는 대리가 아니다.
• A의 사무실이 가장 높다.

① 부장 중 1명은 반드시 2층에 근무한다.
② 대리는 4층에 근무한다.
③ B는 2층에 근무한다.
④ A는 부장이다.

29 A ~ H 8명은 함께 여행을 가기로 하였다. 다음 〈조건〉에 따라 호텔의 방을 배정받는다고 할 때, 옳지 않은 것은?

조건

- A ~ H 8명은 모두 하나씩 서로 다른 방을 배정받는다.
- 방이 상하로 이웃하고 있다는 것은 단면도상 방들이 위아래로 붙어있는 것을 의미한다.
- A, C, G는 호텔의 왼쪽 방을 배정받는다.
- B는 F의 위층 방을 배정받는다.
- A는 다리를 다쳐 가장 낮은 층을 배정받는다.
- F는 호텔의 오른쪽 방을 배정받는다.
- D는 G와 같은 층의 방을 배정받는다.
- 객실 번호가 적혀 있지 않은 곳은 이미 예약이 되어 방 배정이 불가능한 방이다.

〈호텔 단면도〉

	왼쪽	가운데	오른쪽
5층	501		503
4층	401		
3층			303
2층		202	203
1층	101	102	

---

① B와 F가 배정받은 방은 서로 상하로 이웃하고 있다.
② E는 호텔의 가운데 위치한 방을 배정받는다.
③ C는 4층에 위치한 방을 배정받는다.
④ E는 H보다 높은 층을 배정받는다.

30 다음은 국내 K항공사에 대한 SWOT 분석 자료이다. 〈보기〉 중 빈칸 ㉠, ㉡에 들어갈 내용이 바르게 연결된 것은?

<table>
<tr><td colspan="2" align="center">〈K항공사 SWOT 분석〉</td></tr>
<tr>
<td>강점(Strength)</td>
<td>• 국내 1위 LCC(저비용항공사)
• 차별화된 기내 특화 서비스</td>
</tr>
<tr>
<td>약점(Weakness)</td>
<td>• 기반 지역과의 갈등
• _____㉠_____</td>
</tr>
<tr>
<td>기회(Opportunity)</td>
<td>• 항공사의 호텔 사업 진출 허가
• _____㉡_____</td>
</tr>
<tr>
<td>위협(Threat)</td>
<td>• LCC 시장의 경쟁 심화
• 대형 항공사의 가격 인하 전략</td>
</tr>
</table>

보기

ㄱ. 소비자의 낮은 신뢰도
ㄴ. IOSA(안전 품질 기준) 인증 획득
ㄷ. 해외 여행객의 증가
ㄹ. 항공사에 대한 소비자의 기대치 상승

	㉠	㉡		㉠	㉡
①	ㄱ	ㄴ	②	ㄱ	ㄷ
③	ㄴ	ㄷ	④	ㄴ	ㄹ

31 정주, 경순, 민경이는 여름 휴가를 맞이하여 제주도, 일본, 대만 중 각각 한 곳으로 여행을 가는데, 게스트하우스 혹은 호텔에서 숙박할 수 있다. 다음 〈조건〉을 바탕으로 민경이의 여름 휴가 장소와 숙박 장소를 바르게 연결한 것은?(단, 세 사람 모두 이미 한 번 다녀온 곳으로는 휴가를 가지 않는다)

조건

• 제주도의 호텔은 예약이 불가하여, 게스트하우스에서만 숙박할 수 있다.
• 호텔이 아니면 잠을 못 자는 경순이는 호텔을 가장 먼저 예약했다.
• 여행을 갈 때마다 호텔에 숙박했던 정주는 이번 여행은 게스트하우스를 예약했다.
• 대만으로 여행을 가는 사람은 앱 할인으로 호텔에 숙박한다.
• 작년에 정주는 제주도와 대만을 다녀왔다.

① 제주도 – 게스트하우스
② 제주도 – 호텔
③ 일본 – 호텔
④ 대만 – 게스트하우스

32 여행업체 가이드 A ~ D 4명은 2022 ~ 2024년까지 네덜란드, 독일, 영국, 프랑스에서 활동하였다. 다음 〈조건〉을 바탕으로 항상 참인 것은?

> **조건**
> • 독일 가이드를 하면 항상 전년도에 네덜란드 가이드를 한다.
> • 2023년에 B는 독일에서 가이드를 했다.
> • 2022년에 C는 프랑스에서 가이드를 했다.
> • 2022년에 프랑스 가이드를 한 사람은 2024년에 독일 가이드를 하지 않는다.
> • 2022년에 D가 가이드를 한 곳에서 B가 2023년에 가이드를 하였다.
> • 한 사람당 1년에 한 국가에서 가이드를 했으며, 한 번 가이드를 한 곳은 다시 가지 않았다.

① 2023년에 A와 2022년에 B는 다른 곳에서 가이드를 하였다.
② 2024년에 B는 영국에서 가이드를 하였다.
③ 2022 ~ 2024년 A와 D가 가이드를 한 곳은 동일하다.
④ 2025년에 C는 독일 가이드를 할 것이다.

33 환경부의 인사실무 담당자는 환경정책과 관련된 특별위원회를 구성하면서 외부 환경 전문가를 위촉하려 한다. 현재 거론되고 있는 외부 환경 전문가는 A ~ F 6명이다. 이들의 외부 환경 전문가에 대해서 담당자는 다음의 〈조건〉을 충족하는 선택을 해야 한다. 만약 B가 위촉되지 않는다고 할 때, 몇 명이 위촉되는가?

> **조건**
> • 만약 A가 위촉되면, B와 C도 위촉되어야 한다.
> • 만약 A가 위촉되지 않는다면, D가 위촉되어야 한다.
> • 만약 B가 위촉되지 않는다면, C나 E가 위촉되어야 한다.
> • 만약 C와 E가 위촉되면, D는 위촉되지 않는다.
> • 만약 D나 E가 위촉되면, F도 위촉되어야 한다.

① 1명
② 2명
③ 3명
④ 4명

※ K사는 자사 홈페이지 리뉴얼 중 실수로 임직원 전체 비밀번호가 초기화되는 사고가 발생하였고, 이에 개인정보 보호를 위해 다음과 같은 방식으로 임시 비밀번호를 부여하였다. 이어지는 질문에 답하시오. [34~36]

〈임시 비밀번호 발급방식〉

임직원 개개인의 알파벳으로 구성된 아이디와 개인정보를 기준으로 다음의 방식을 적용한다.
1. 아이디의 알파벳 자음 대문자는 소문자로, 알파벳 자음 소문자는 대문자로 치환한다.
2. 아이디의 알파벳 중 모음 A, E, I, O, U, a, e, i, o, u를 각각 1, 2, 3, 4, 5, 6, 7, 8, 9, 0으로 치환한다.
3. 1과 2의 내용 뒤에 덧붙여 본인 성명 중 앞 두 자리를 입력한다. → 김손예진=김손
4. 3의 내용 뒤에 본인 생일 중 일자를 덧붙여 입력한다. → 8월 1일생=01

34 A씨의 임시 비밀번호가 ‘HW688강동20’이라면, A씨의 아이디로 옳은 것은?

① HWAII   ② hwaii

③ HWAoo   ④ hwaoo

35 직원의 아이디가 다음과 같을 때, 각 아이디의 임시 비밀번호로 옳지 않은 것은?(단, 이름은 김리안, 생일은 10월 1일로 통일한다)

	아이디	임시 비밀번호
①	JunkYY	j0NKyy김리01
②	HYTOre	hyt4R7김리01
③	rePLAY	R7pl1y김리01
④	JAsmIN	j6SM8n김리01

36 A씨가 다음의 문장에 임시 비밀번호 발급방식 1과 2를 적용하려고 한다. 이때 숫자 중 홀수는 모두 몇 개인가?

LIFE is too SHORT to be LITTLE

① 4개   ② 5개

③ 6개   ④ 7개

※ 다음은 K가 여행지로 고른 후보지에 대한 항목별 점수표이다. 이어지는 질문에 답하시오. [37~38]

- K는 연휴를 맞이하여 가족들과 함께 여행을 가고자 한다.
- K는 최종점수가 가장 높은 여행지로 여행을 간다.
- 최종점수는 접근점수, 입지점수, 숙소점수, 날씨점수를 단순합산하여 도출한다.
- 접근점수는 다음 표에 따라 부여한다.

편도 소요 시간	1시간 미만	1시간 이상 1시간 30분 미만	1시간 30분 이상 2시간 미만	2시간 이상
접근점수(점)	30	25	20	15

- 입지점수는 다음 표에 따라 부여한다.

위치	바다	산	도심
입지점수(점)	15	12	9

- 숙소점수는 다음 표에 따라 부여한다.

숙소만족도	1~3점	4~6점	7~8점	9~10점
숙소점수(점)	10	12	15	20

- 날씨점수는 다음 표에 따라 부여한다.

날씨	맑음	흐림	비
날씨점수(점)	20	15	5

- 각 여행지에 대한 정보는 다음과 같다.

구분	편도 소요시간	위치	숙소만족도	날씨
A여행지	2시간 15분	바다	8점	맑음
B여행지	1시간 30분	산	7점	흐림
C여행지	58분	산	9점	비
D여행지	3시간 20분	바다	8점	비

37 다음 중 위 점수표에 따라 K가 선택할 여행지는?

① A여행지   ② B여행지

③ C여행지   ④ D여행지

38 K는 가족들의 의견을 고려하여, 숙소점수와 접근점수의 산정방식을 다음과 같이 수정하였다. 변경된 방식을 따를 때, K가 선택할 여행지는?

〈변경된 산정방식〉

• 변경된 접근점수

편도 소요시간	1시간 30분 미만	1시간 30분 이상 2시간 30분 미만	2시간 30분 이상 3시간 미만	3시간 이상
접근점수(점)	30	27	24	21

• 변경된 숙소점수

숙소만족도	1~2점	3~5점	6~8점	9~10점
숙소점수(점)	12	15	18	20

① A   ② B

③ C   ④ D

PART 3

39 다음은 K제품의 생산계획을 나타낸 자료이다. 〈조건〉에 따라 공정이 진행될 때, 첫 번째 완제품이 생산되기 위해서는 최소 몇 시간이 소요되는가?

〈K제품 생산계획〉

공정	선행공정	소요 시간
A	없음	3
B	A	1
C	B, E	3
D	없음	2
E	D	1
F	C	2

조건
• 공정별로 1명의 작업 담당자가 공정을 수행한다.
• A공정과 D공정의 작업 시점은 같다.
• 공정 간 제품의 이동 시간은 무시한다.

① 6시간   ② 7시간

③ 8시간   ④ 9시간

40 K씨는 정원이 12명이고 개인 회비가 1인당 20,000원인 모임의 총무이다. 정기 모임을 카페에서 열기로 했는데 음료를 1잔씩 주문하고 음료와 곁들일 디저트도 2인에 한 개씩 시킬 예정이다. 다음 〈조건〉에 따라 가장 저렴하게 먹을 수 있는 방법으로 메뉴를 주문한 후 남는 돈은 얼마인가?(단, 2명은 커피를 마시지 못한다)

COFFEE		NON-COFFEE		DESSERT	
아메리카노	3,500원	그린티라테	4,500원	베이글	3,500원
카페라테	4,100원	밀크티라테	4,800원	치즈케이크	4,500원
카푸치노	4,300원	초코라테	5,300원	초코케이크	4,700원
카페모카	4,300원	곡물라테	5,500원	티라미수	5,500원

조건
- 10잔 이상의 음료 또는 디저트를 구매하면 4,500원 이하의 음료 2잔이 무료로 제공된다.
- 세트 메뉴로 음료와 디저트를 구매하면 해당 메뉴 금액의 10%가 할인된다.

① 178,500원   ② 180,500원
③ 187,500원   ④ 188,200원

41 다음 정보가 참일 때, K사의 신입사원으로 채용될 수 있는 지원자들의 최대 인원은 몇 명인가?

금년도 신입사원 채용에서 K사가 요구하는 자질은 이해능력, 의사소통능력, 대인관계능력, 실행능력이다. K사는 이 4가지 자질 중 적어도 3가지 자질을 지닌 사람을 채용하고자 한다. 지원자는 갑 ~ 정 4명이며, 이들이 지닌 자질을 평가한 결과 다음과 같은 정보가 주어졌다.
㉠ 갑이 지닌 자질과 정이 지닌 자질 중 적어도 2가지는 일치한다.
㉡ 대인관계능력은 병만 가진 자질이다.
㉢ 만약 지원자가 의사소통능력을 지녔다면 그는 대인관계능력의 자질도 지닌다.
㉣ 의사소통능력의 자질을 지닌 지원자는 1명뿐이다.
㉤ 갑, 병, 정은 이해능력이라는 자질을 지니고 있다.

① 1명   ② 2명
③ 3명   ④ 4명

42 독일인 A씨는 베를린에서 한국을 경유하여 일본으로 가는 비행기표를 구매하였다. A씨의 일정이 다음과 같을 때, A씨가 인천공항에 도착하는 한국 시각과 A씨가 참여했을 환승 투어가 바르게 짝지어진 것은?(단, 제시된 조건 외에 고려하지 않는다)

〈A씨의 일정〉

한국행 출발 시각 (독일 시각 기준)	비행시간	인천공항 도착 시각	일본행 출발 시각 (한국 시각 기준)
11월 2일 19:30	12시간 20분		11월 3일 19:30

※ 독일은 한국보다 8시간 느림
※ 비행 출발 1시간 전에는 공항에 도착해야 함

〈환승 투어 코스 안내〉

구분	코스	소요 시간
엔터테인먼트	• 인천공항 → 파라다이스시티 아트테인먼트 → 인천공항	2시간
인천시티	• 인천공항 → 송도한옥마을 → 센트럴파크 → 인천공항 • 인천공항 → 송도한옥마을 → 트리플 스트리트 → 인천공항	2시간
산업	• 인천공항 → 광명동굴 → 인천공항	4시간
전통	• 인천공항 → 경복궁 → 인사동 → 인천공항	5시간
해안관광	• 인천공항 → 을왕리해변 또는 마시안해변 → 인천공항	1시간

	도착 시각	환승 투어
①	11월 2일 23:50	산업
②	11월 2일 15:50	엔터테인먼트
③	11월 3일 23:50	전통
④	11월 3일 15:50	인천시티

43 다음은 K사 직원들의 주말 당직 일정표이다. 오전 9시부터 오후 4시까지 반드시 한 명 이상이 사무실에 당직을 서야 하며, 토요일과 일요일을 연속하여 당직을 설 수는 없다. 또한 월 2회 이상 월 최대 10시간 미만으로 당직을 서야 한다고 할 때, 당직 일정을 수정해야 하는 사람은 누구인가? (단, 점심시간 12 ~ 13시는 당직시간에서 제외한다)

〈주말 당직 일정표〉

당직일	당직자	당직일	당직자
첫째 주 토요일	유지선 9 – 14시 이윤미 12 – 16시	첫째 주 일요일	임유리 9 – 16시 서유진 13 – 16시 이준혁 10 – 14시
둘째 주 토요일	정지수 9 – 13시 이윤미 12 – 16시 길민성 12 – 15시	둘째 주 일요일	이선옥 9 – 12시 최기태 10 – 16시 김재욱 13 – 16시
셋째 주 토요일	최기태 9 – 12시 김재욱 13 – 16시	셋째 주 일요일	유지선 9 – 12시 이준혁 10 – 16시
넷째 주 토요일	이윤미 9 – 13시 임유리 10 – 16시 서유진 9 – 16시	넷째 주 일요일	이선옥 9 – 12시 길민성 9 – 14시 정지수 14 – 16시

① 유지선
② 이준혁
③ 임유리
④ 서유진

44 K기업의 경기도 지점 중 한 지점에 다니는 U대리는 중요한 서류를 전달하기 위해 서울에 위치한 K기업 본사에 방문하려고 한다. U대리는 오전 9시에 출발해서 오전 11시에 행사가 시작하기 전까지 본사에 도착해야 한다. 다음 중 시간 안에 가장 빨리 도착할 수 있는 방법은 무엇인가?(단, 환승 시간은 무시한다)

〈이동 시 이용 가능 교통편 현황〉

경기도 – 고속터미널			고속터미널 – N은행 본사		
교통편	운행 시간	소요 시간	교통편	운행 시간	소요 시간
버스	매시 5분 출발 후 10분 간격	1시간	지하철	매시 10분, 50분	15분
지하철	매시 10분 출발 후 20분 간격	45분	택시	제한 없음	30분
자가용	제한 없음	1시간 20분	버스	매시 20분, 40분	25분

① 버스 – 택시
② 지하철 – 버스
③ 자가용 – 지하철
④ 지하철 – 택시

45 K공사는 연말 시상식을 개최하여 한 해 동안 모범이 되거나 훌륭한 성과를 낸 직원을 독려하고자 한다. 시상 종류 및 인원, 상품에 대한 정보가 다음과 같을 때, 총상품구입비는 얼마인가?

〈시상내역〉		
구분	수상 인원	상품
사내선행상	5명	인당 금 도금 상패 1개, 식기 1세트
사회기여상	1명	인당 은 도금 상패 1개, 신형 노트북 1대
연구공로상	2명	인당 금 도금 상패 1개, 안마의자 1개, 태블릿 PC 1대
성과공로상	4명	인당 은 도금 상패 1개, 만년필 2개, 태블릿 PC 1대
청렴모범상	2명	인당 동 상패 1개, 안마의자 1개

- 상패 제작비용
  - 금 도금 상패 : 개당 55,000원(5개 이상 주문 시 개당 가격 10% 할인)
  - 은 도금 상패 : 개당 42,000원(주문수량 4개당 1개 무료 제공)
  - 동 상패 : 개당 35,000원
- 물품 구입비용(개당)
  - 식기 세트 : 450,000원
  - 신형 노트북 : 1,500,000원
  - 태블릿PC : 600,000원
  - 만년필 : 100,000원
  - 안마의자 : 1,700,000원

① 14,085,000원
② 15,050,000원
③ 15,534,500원
④ 16,805,000원

46 다음은 K학교의 성과급 기준표이다. 이를 적용해 K학교 교사들의 성과급 배점을 계산하고자 할 때, 〈보기〉 중 가장 높은 배점을 받을 교사는?

<성과급 기준표>

구분	평가사항	배점기준		배점
수업지도	주당 수업시간	24시간 이하	14점	20점
		25시간	16점	
		26시간	18점	
		27시간 이상	20점	
	수업 공개 유무	교사 수업 공개	10점	10점
		학부모 수업 공개	5점	
생활지도	담임 유무	담임교사	10점	10점
		비담임교사	5점	
담당 업무	업무 곤란도	보직교사	30점	30점
		비보직교사	20점	
경력	호봉	10호봉 이하	5점	30점
		11 ~ 15호봉	10점	
		16 ~ 20호봉	15점	
		21 ~ 25호봉	20점	
		26 ~ 30호봉	25점	
		31호봉 이상	30점	

※ 수업지도 항목에서 교사 수업 공개, 학부모 수업 공개를 모두 진행했을 경우 10점으로 배점하며, 수업 공개를 하지 않았을 경우 배점은 없음

보기

구분	주당 수업시간	수업 공개 유무	담임 유무	업무 곤란도	호봉
A교사	20시간	-	담임교사	비보직교사	32호봉
B교사	29시간	-	비담임교사	비보직교사	35호봉
C교사	26시간	학부모 수업 공개	비담임교사	보직교사	22호봉
D교사	22시간	교사 수업 공개	담임교사	보직교사	17호봉

① A교사

② B교사

③ C교사

④ D교사

47 K기업은 창고업체를 통해 아래 세 제품군을 보관하고 있다. 각 제품군에 대한 정보를 참고하여 다음 〈조건〉에 따라 K기업이 보관료로 지급해야 할 총금액은?

구분	매출액(억 원)	용량	
		용적(CUBIC)	무게(톤)
A제품군	300	3,000	200
B제품군	200	2,000	300
C제품군	100	5,000	500

조건

- A제품군은 매출액의 1%를 보관료로 지급한다.
- B제품군은 1CUBIC당 20,000원의 보관료를 지급한다.
- C제품군은 1톤당 80,000원의 보관료를 지급한다.

① 3억 2천만 원 ② 3억 4천만 원
③ 3억 6천만 원 ④ 3억 8천만 원

48 다음 자료를 근거로 판단할 때, 아동방과후교육 사업에서 허용되는 사업비 지출 품목을 모두 고르면?

K부서는 아동방과후교육 사업을 운영하고 있다. 원칙적으로 사업비는 사용목적이 '사업 운영'인 경우에만 지출할 수 있다. 다만 다음 중 어느 하나에 해당하면 예외적으로 허용된다. 첫째, 품목당 단가가 10만 원 이하로 사용목적이 '서비스 제공'인 경우에 지출할 수 있다. 둘째, 사용연한이 1년 이내인 경우에 지출할 수 있다.

〈필요 물품 목록〉

구분	단가(원)	사용목적	사용연한
인형탈	120,000	사업 운영	2년
프로그램 대여	300,000	보고서 작성	6개월
의자	110,000	서비스 제공	5년
컴퓨터	950,000	서비스 제공	3년
클리어파일	500	상담일지 보관	2년
블라인드	99,000	서비스 제공	5년

① 프로그램 대여, 의자 ② 컴퓨터, 클리어파일
③ 클리어파일, 블라인드 ④ 인형탈, 프로그램 대여, 블라인드

49 재무팀에서는 주말 사무보조 직원을 채용하기 위해 공고문을 게재하였으며, 지원자 명단은 다음과 같다. 최소비용으로 가능한 많은 인원을 채용하고자 한다면 총 몇 명의 지원자를 채용할 수 있겠는가?(단, 급여는 지원자가 희망하는 금액으로 지급한다)

〈사무보조 직원 채용 공고문〉

• 업무내용 : 문서수발, 전화응대 등
• 지원자격 : 경력, 성별, 나이, 학력 무관
• 근무조건 : 장기(6개월 이상, 협의 불가) / 주말 11:00 ~ 22:00(협의 가능)
• 급여 : 협의 후 결정
• 연락처 : 02-000-0000

〈지원자 명단〉

구분	희망근무기간	근무가능시간	최소근무시간 (하루 기준)	희망임금 (시간당 / 원)
박소다	10개월	11:00 ~ 18:00	3시간	7,500
서창원	12개월	12:00 ~ 20:00	2시간	8,500
한승희	8개월	18:00 ~ 22:00	2시간	7,500
김병우	4개월	11:00 ~ 18:00	4시간	7,000
우병지	6개월	15:00 ~ 20:00	3시간	7,000
김래원	10개월	16:00 ~ 22:00	2시간	8,000
최지홍	8개월	11:00 ~ 18:00	3시간	7,000

※ 지원자 모두 주말 이틀 중 하루만 출근하기를 원함
※ 하루에 2회 이상 출근은 불가함

① 2명   ② 3명
③ 4명   ④ 5명

50 다음은 K기업의 재고 관리 사례이다. 금요일까지 부품 재고 수량이 남지 않게 완성품을 만들 수 있도록 월요일에 주문할 A~C부품의 개수를 순서대로 바르게 연결한 것은?(단, 주어진 조건 이외에는 고려하지 않는다)

〈부품 재고 수량과 완성품 1개당 소요량〉

(단위 : 개)

부품명	부품 재고 수량	완성품 1개당 소요량
A	500	10
B	120	3
C	250	5

〈완성품 납품 수량〉

(단위 : 개)

구분	월	화	수	목	금
완성품 납품 개수	없음	30	20	30	20

※ 부품 주문은 월요일에 한 번 신청하며, 화요일 작업 시작 전에 입고됨
※ 완성품은 부품 A, B, C를 모두 조립해야 함

	A	B	C			A	B	C
①	100	100	100		②	100	180	200
③	500	100	100		④	500	180	250

| 01 | 경영

51 다음 중 옵션거래에서 콜옵션에 대한 설명으로 옳지 않은 것은?

① 콜옵션은 가격이 내릴 때 거래하는 것이다.

② 구입할 수 있는 자산의 종류에는 제한이 없다.

③ 콜옵션의 매도자는 매입자에게 기초자산을 인도해야 할 의무를 가진다.

④ 콜옵션의 매입자는 옵션의 만기 내에 약속된 가격으로 구매할 권리를 갖는다.

⑤ 콜옵션 매수자는 만기일에 기초가 되는 상품이나 증권의 시장가격이 미리 정한 행사가격보다 높을 경우 옵션을 행사해 그 차액만큼 이익을 볼 수 있다.

52 다음 중 판매촉진에 대한 설명으로 옳지 않은 것은?

① 현재 제품차별화 및 가격결정과 함께 대기업의 경쟁 활동의 3대 주요영역의 하나로 되어 있다.

② 판매촉진은 제품이나 서비스의 판매를 촉지하기 위해 단기적인 동기부여수단을 사용하는 방법이다.

③ 중간상 판매촉진(Trade Promotion)은 제조업자가 중간상(도소매업자)을 대상으로 인센티브를 제공하는 것이다.

④ 광고가 구매이유에 대한 정보를 제공하는 것에 비해 판매촉진은 구매시점에서의 즉각적인 소비자 반응을 촉진하는 경향이 크다.

⑤ 판촉물 제공, 협동광고 제공 등의 방법을 사용하는 소비자 판매촉진과 할인쿠폰, 샘플, 리베이트 등의 방법을 사용하는 중간상 판매촉진으로 분류된다.

53 다음 중 제품 – 시장 매트릭스에서 기존시장에 그대로 머물면서 신제품으로 매출을 늘려 시장점유율을 높여가는 성장전략은?

① 시장침투 전략   ② 신제품개발 전략

③ 시장개발 전략   ④ 다각화 전략

⑤ 신시장 전략

54 다음 중 공식적 커뮤니케이션의 장점으로 옳지 않은 것은?

① 의사나 정보가 정확하다.

② 의사결정에의 활용이 용이하다.

③ 권위 관계를 유지·향상시킬 수 있다.

④ 의사소통에 대한 책임소재가 명확하다.

⑤ 실질적인 의사소통으로 설득력이 강하다.

55 K기업은 완전경쟁시장에서 노동만을 이용하여 구두를 생산하여 판매한다. 이 시장에서 구두 한 켤레의 가격과 임금은 각각 1만 원과 65만 원으로 결정되었다. 노동자의 수와 생산량이 다음과 같을 때, 기업이 이윤을 극대화하기 위해서 고용하게 될 노동자 수는?

(단위 : 명, 켤레)

노동자 수	구두 생산량	노동자 수	구두 생산량
1	150	4	390
2	240	5	450
3	320	6	500

① 2명

② 3명

③ 4명

④ 5명

⑤ 6명

56 다음 중 목표관리(MBO)의 SMART 기법에 대한 설명으로 옳지 않은 것은?

① Specific : 목표는 커다란 범위에서 추상적이어야 한다.

② Measurable : 목표는 그 결괏값이 측정 가능해야 한다.

③ Achievable : 목표는 적당히 도전적이어야 한다.

④ Result-Oriented : 목표는 결과지향적이어야 한다.

⑤ Time-Bound : 목표는 통상 6개월에서 1년 내에 달성이 가능해야 한다.

57 다음 〈보기〉 중 애덤스의 공정성이론(Equity Theory)의 불공정성으로 인한 긴장을 해소할 수 있는 방법을 모두 고르면?

> **보기**
> ㄱ. 투입의 변경
> ㄴ. 산출의 변경
> ㄷ. 준거대상의 변경
> ㄹ. 현장 또는 조직으로부터 이탈

① ㄱ, ㄴ
② ㄷ, ㄹ
③ ㄱ, ㄴ, ㄷ
④ ㄱ, ㄷ, ㄹ
⑤ ㄱ, ㄴ, ㄷ, ㄹ

58 경영혁신 방법론 중 하나인 비즈니스 프로세스 리엔지니어링(BPR)의 특징으로 옳지 않은 것은?

① 부서 내 업무보다는 부서 간 업무의 합리화에 초점을 맞춘다.
② 현재의 업무 절차를 근본적으로 다시 생각하고 완전히 새롭게 설계한다.
③ 품질, 비용, 속도, 서비스와 같은 업무성과의 점진적인 개선을 목표로 한다.
④ 마이클 해머가 주창한 이론으로 작업공정을 검토 후 필요 없는 부분을 제거한다.
⑤ 반복적이고 불필요한 과정들을 제거하기 위해 업무상의 여러 단계들을 통합한다.

59 다음 중 시장지향적 마케팅에 대한 설명으로 옳지 않은 것은?

① 기존 사업시장에 집중하여 경쟁우위를 점하기 위한 마케팅이다.
② 다양한 시장 구성요소들이 원만하게 상호작용하며 마케팅 전략을 구축한다.
③ 고객지향적 사고의 장점을 포함하면서 그 한계점을 극복하기 위한 포괄적 마케팅이다.
④ 기업이 최종고객들과 원활한 교환을 통하여 최상의 가치를 제공하기 위함을 목표로 한다.
⑤ 외부사업 시장이나 이익 기회들을 확인하며, 때에 따라 기존사업 시장을 포기하기도 한다.

60 다음 중 복수 브랜드 전략(Multi Brand Strategy)에 대한 설명으로 옳지 않은 것은?

① 제품에 대한 충성도를 이끌 수 있다.

② 동일한 제품 범주에서 시장을 세분화하여 운영한다.

③ 동일한 제품 범주 내에서 서로 경쟁하는 다수의 브랜드이다.

④ 소비자들의 욕구와 동질성을 파악한 후 세분 시장마다 별도의 개별 브랜드를 도입한다.

⑤ 회사의 제품믹스를 공통점을 기준으로 제품 집단을 나누어 집단마다 공통 요소가 있는 개별 상표를 적용한다.

61 다음 중 연구조사방법론에서 사용하는 타당성(Validity)에 대한 설명으로 옳지 않은 것은?

① 내용 타당성(Content Validity)은 측정도구를 구성하는 측정지표 간 일관성이다.

② 수렴적 타당성(Convergent Validity)은 동일한 개념을 다른 측정 방법으로 측정했을 때 측정된 값 간 상관관계를 의미한다.

③ 구성 타당성(Construct Validity)은 연구에서 이용된 이론적 구성개념과 이를 측정하는 측정수단 간 일치하는 정도를 의미한다.

④ 기준 타당성(Criterion Related Validity)은 하나의 측정도구를 이용하여 측정한 결과와 다른 기준을 적용하여 측정한 결과를 비교했을 때 도출된 연관성의 정도이다.

⑤ 차별적 타당성(Discriminant Validity)은 서로 다른 이론적 구성개념을 나타내는 측정지표 간 관계를 의미하며, 서로 다른 구성개념을 측정하는 지표 간 상관관계가 낮을수록 차별적 타당성이 높다.

62 다음 사례에 해당하는 브랜드 개발 전략은?

바나나맛 우유는 1974년 출시된 이후 꾸준히 인기를 끌고 있는 장수 제품이다. 빙그레는 최근 기존의 바나나맛 우유에서 벗어나 멜론의 달콤한 향을 더한 메론맛 우유를 내놓았는데, 그로 인해 사람들은 기존 제품에서 벗어난 신선함에 관심을 가졌고, 바나나맛 우유라는 상표를 다시금 사람들의 머릿속에 기억시키는 전략적 성과를 거두었다.

① 카테고리 확장   ② 라인 확장

③ 시장침투 전략   ④ 생산라인 확대

⑤ 푸시(Push) 전략

63 다음 중 경제적 주문량(EOQ) 모형이 성립하기 위한 가정으로 옳지 않은 것은?

① 주문량은 한 번에 모두 도착한다.

② 구입단가는 주문량과 관계없이 일정하다.

③ 연간 재고 수요량을 정확히 파악하고 있다.

④ 재고부족 현상이 발생할 수 있으며, 주문 시 정확한 리드타임이 적용된다.

⑤ 단위당 재고유지비용과 1회당 재고주문비용은 주문량과 관계없이 일정하다.

64 다음 중 JIT(Just In Time) 시스템의 특징으로 옳지 않은 것은?

① 푸시(Push) 방식이다.

② 필요한 만큼의 자재만을 생산한다.

③ 공급자와 긴밀한 관계를 유지한다.

④ 가능한 소량 로트(Lot) 크기를 사용하여 재고를 관리한다.

⑤ 생산지시와 자재이동을 가시적으로 통제하기 위한 방법으로 칸반(Kanban)을 사용한다.

65 다음 〈보기〉 중 이자율 결정이론에 대한 설명으로 옳은 것을 모두 고르면?

> **보기**
> ㉠ 고전학파는 실질이자율이 저축과 투자를 일치시키는 가격으로서의 역할을 수행한다고 주장하였다.
> ㉡ 케인스는 통화량의 변동이 장기적으로 물가수준의 변동만을 가져온다고 주장하였다.
> ㉢ 케인스는 화폐적 요인이 이자율 결정에 중요한 영향을 미친다고 주장하였다.
> ㉣ 오린과 로버트슨은 대부자금설을 통해 대부자금의 공급을 결정하는 요인으로 실물부문 수요와 화폐공급의 증감분을 주장하였다.

① ㉠, ㉡

② ㉠, ㉢

③ ㉡, ㉢

④ ㉡, ㉣

⑤ ㉢, ㉣

66 K제약회사가 신약개발 R&D에 투자하려고 한다. 이에 담당 임원은 200만 달러를 특정 연구에 쏟아 부어야 하는지를 결정해야 한다. 상황이 다음과 같을 때, 귀하가 의사결정자라면 어떻게 할 것인 가?(단, 기대수익으로 가장 적절한 것을 결정한다)

이 연구개발프로젝트의 성공 여부는 확실하지 않으며, 의사결정자는 특허를 받는 기회를 70%로 보고 있다. 만일 특허를 받는다면 이 회사는 2,500만 달러의 기술료를 받아 다른 회사에 넘기거나, 1,000만 달러를 더 투자해 개발품을 직접 판매할 수 있다. 만일 직접 판매할 경우 수요가 몰릴 확률은 25%, 수요가 중간일 경우는 55%, 수요가 낮을 경우는 20%이다. 수요가 높으면 5,500만 달러를 판매 수입으로 벌 것으로 보이며, 수요가 중간인 경우는 3,300만 달러, 수요가 없는 경우에도 1,500만 달러를 벌 것으로 예상된다.

① 개발을 그만둔다.
② 개발한 다음 직접 판매한다.
③ 시장의 변화를 좀 더 지켜보고 결정한다.
④ 개발이 된다 하더라도 특허를 받지 않는다.
⑤ 개발한 다음 기술료를 받고, 특허를 외부에 판다.

67 다음 중 원가우위전략에 대한 설명으로 옳지 않은 것은?

① 원가우위에 영향을 미치는 여러 가지 요소를 활용하여 경쟁우위를 획득한다.
② 시장에 더 저렴한 제품이 출시되면 기존 고객의 충성도를 기대할 수 없다.
③ 경쟁사보다 더 낮은 가격으로 제품이나 서비스를 생산하는 전략이다.
④ 가격, 디자인, 브랜드 충성도, 성능 등으로 우위를 점하는 전략이다.
⑤ 시장점유율 확보에 유리하다.

68 다음 설명에 해당하는 이론은?

• 조직의 생존을 위해 이해관계자들로부터 정당성을 얻는 것이 중요하다.
• 동일 산업 내 조직 형태 및 경영 관행이 유사성을 보이는 것은 조직들이 서로 모방하기 때문이다.

① 대리인 이론　　　　　　　　　　② 제도화 이론
③ 자원의존 이론　　　　　　　　　④ 전략적 선택 이론
⑤ 조직군 생태학 이론

69 다음 〈보기〉 중 서비스의 특성에 해당되는 것을 모두 고르면?

보기

ㄱ. 무형성 : 서비스는 보거나 만질 수 없다.
ㄴ. 비분리성 : 서비스는 생산과 소비가 동시에 발생한다.
ㄷ. 소멸성 : 서비스는 재고로 보관될 수 없다.
ㄹ. 변동성 : 서비스의 품질은 표준화가 어렵다.

① ㄱ, ㄴ, ㄷ
② ㄱ, ㄴ, ㄹ
③ ㄱ, ㄷ, ㄹ
④ ㄴ, ㄷ, ㄹ
⑤ ㄱ, ㄴ, ㄷ, ㄹ

70 다음 중 조직설계 요소에서 통제범위에 대한 설명으로 옳지 않은 것은?

① 과업이 복잡할수록 통제범위는 좁아진다.
② 작업자가 잘 훈련되고 작업동기가 높을수록 통제범위는 넓어진다.
③ 관리자가 작업자에게 권한과 책임을 위임할수록 통제범위는 넓어진다.
④ 작업자와 관리자의 상호작용 및 피드백이 많이 필요할수록 통제범위는 좁아진다.
⑤ 관리자가 스텝으로부터 업무상 조언과 지원을 많이 받을수록 통제의 범위가 좁아진다.

71 다음 사례에서 리더가 보인 권력의 종류는?

평소 자신의 팀원들과 돈독한 친분을 유지하며 팀원들로부터 충성심과 존경을 한몸에 받는 A팀장이 얼마 전 진행하던 프로젝트의 최종 마무리 작업을 앞두고 뜻밖의 사고를 당해 병원에 입원하게 되었다. 해당 프로젝트의 마무리가 시급한 시점에 다급히 자신의 팀원들에게 업무를 인계하게 되었고, 팀원들은 모두가 한마음 한뜻이 되어 늦은 시간까지 자발적으로 근무하여 무사히 프로젝트를 마무리할 수 있었다.

① 합법적 권력
② 보상적 권력
③ 강압적 권력
④ 전문적 권력
⑤ 준거적 권력

72 다음 중 샤인(Schein)이 제시한 경력 닻의 내용으로 옳지 않은 것은?

① 관리역량 닻 : 특정 전문영역보다 관리직에 주된 관심이 있다.

② 안전지향 닻 : 직업 및 고용의 안정성에 관심이 있으며 보수를 중요하게 여긴다.

③ 전문역량 닻 : 일의 실제 내용에 주된 관심이 있으며, 전문분야에 종사하기를 원한다.

④ 사업가적 창의성 닻 : 타인의 삶을 향상시키고 사회를 위해 봉사하는 데 주된 관심이 있다.

⑤ 자율지향 닻 : 조직의 규칙과 제약조건에서 벗어나 스스로 결정할 수 있는 경력을 선호한다.

73 다음 설명에 해당하는 지각 오류는?

> 사람들은 자신의 성공에 대해서는 자신의 능력 때문이라고 생각하는 반면에, 실패에 대해서는 상황이나 운 때문이라고 생각한다.

① 자존적 편견   ② 후광 효과

③ 투사   ④ 통제의 환상

⑤ 대비 효과

74 다음 중 STP 전략의 목표시장선정(Targeting) 단계에서 집중화 전략에 대한 설명으로 옳지 않은 것은?

① 세분시장 내 소비자욕구의 변화에 민감하게 반응하여야 위험부담을 줄일 수 있다.

② 대량생산 및 대량유통, 대량광고 등을 통해 규모의 경제로 비용을 최소화할 수 있다.

③ 자원이 한정되어 있을 때 자원을 집중화하고 시장 안에서의 강력한 위치를 점유할 수 있다.

④ 대기업 경쟁사의 진입이 쉬우며 위험이 분산되지 않을 경우 시장의 불확실성으로 높은 위험을 감수해야 한다.

⑤ 단일제품으로 단일화된 세부시장을 공략하여 니치마켓에서 경쟁력을 가질 수 있는 창업 기업에 적합한 전략이다.

75 다음 중 마케팅믹스 4P와 로터본(Lauterborn)의 4C의 대응 관계가 옳지 않은 것은?

	4P	4C
①	기업 관점	소비자 관점
②	제품	소비자 문제해결
③	가격	소비자 비용
④	유통	유통의 편리성
⑤	판매 촉진	제품접근성

76 다음은 K사의 상반기 매출액 실적치이다. 지수평활 계수 a가 0.1일 때, 단순 지수평활법으로 6월 매출액 예측치를 바르게 구한 것은?(단, 1월의 예측치는 220만 원이며, 모든 예측치는 소수점 둘째 자리에서 반올림한다)

(단위 : 만 원)

1월	2월	3월	4월	5월
240	250	230	220	210

① 222.8만 원
② 223.3만 원
③ 224.6만 원
④ 224.8만 원
⑤ 225.3만 원

77 다음 중 침투가격전략을 사용하기에 옳지 않은 경우는?

① 수요탄력성이 작을 때
② 원가 경쟁력이 있을 때
③ 가격 민감도가 높을 때
④ 규모의 경제가 가능할 때
⑤ 낮은 가격으로 잠재경쟁자들의 진입을 막을 수 있을 때

78 다음 중 생산시스템 측면에서 신제품 개발 프로세스를 순서대로 바르게 나열한 것은?

> ㄱ. 아이디어 창출　　　　　　　　ㄴ. 제품원형 개발 및 시험마케팅
> ㄷ. 제품선정　　　　　　　　　　 ㄹ. 설계의 평가 및 개선
> ㅁ. 예비설계　　　　　　　　　　 ㅂ. 최종설계

① ㄱ → ㄴ → ㄷ → ㄹ → ㅁ → ㅂ
② ㄱ → ㄷ → ㅁ → ㄹ → ㄴ → ㅂ
③ ㄴ → ㄱ → ㄷ → ㅁ → ㄹ → ㅂ
④ ㄴ → ㅁ → ㄹ → ㄱ → ㄷ → ㅂ
⑤ ㄷ → ㄹ → ㄴ → ㅁ → ㄱ → ㅂ

79 다음 5가지 주문작업을 1대의 기계에서 처리하고자 한다. 납기일, 남은 시간, 잔여처리시간이 다음과 같을 때 최소납기일우선법(EDD; Earlist Due Date)을 기준으로 작업 순서를 결정하여 최우선으로 시작할 작업은?

주문작업	납기일	남은 시간	잔여처리시간
A	20일	19일	10일
B	31일	30일	5일
C	18일	17일	3일
D	15일	14일	6일
E	12일	11일	9일

① A　　　　　　　　　　　　　　② B
③ C　　　　　　　　　　　　　　④ D
⑤ E

80 다음 중 데이터 웨어하우스에 대한 설명으로 옳지 않은 것은?

① 대용량 데이터에 숨겨져 있는 데이터 간 관계와 패턴을 탐색하고 모형화한다.
② 데이터는 읽기 전용으로 보관되며, 더 이상 갱신되지 않는다.
③ 데이터는 의사결정 주제 영역별로 분류되어 저장된다.
④ 데이터는 통일된 형식으로 변환 및 저장된다.
⑤ 데이터는 시간정보와 함께 저장된다.

81 다음 중 GE – 맥킨지 매트릭스에서 시장 지위를 유지하며 집중 투자를 고려해야 하는 위치는?

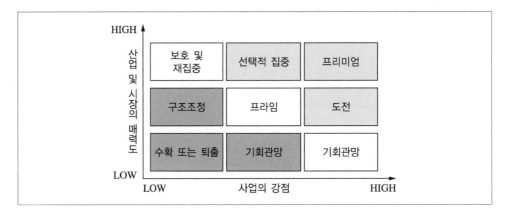

① 보호 및 재집중
② 구조조정
③ 선택적 집중
④ 수확 또는 퇴출
⑤ 프리미엄

82 다음은 마이클 포터(Michael Porter)의 산업구조 분석모델(Five Forces Model)이다. 빈칸 (가)에 들어갈 용어로 옳은 것은?

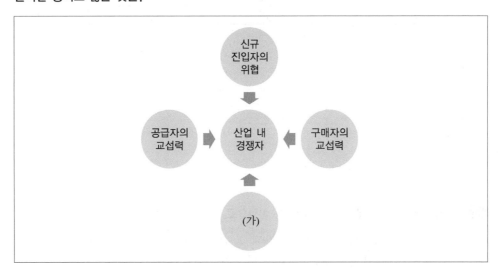

① 정부의 규제 완화
② 고객의 충성도
③ 공급업체의 규모
④ 가격의 탄력성
⑤ 대체재의 위협

83 다음 중 앤소프의 의사결정에 대한 내용으로 옳지 않은 것은?

① 단계별로 피드백이 이루어진다.

② 전략적, 운영적, 관리적 의사결정으로 분류된다.

③ 단계별 접근법을 따라 체계적인 분석이 가능하다.

④ 단계별 의사결정과정은 기업의 위상과 목표 간의 차이를 줄이는 과정이다.

⑤ 분석 결과에 따라 초기 기업 목적과 시작 단계에서의 평가 수정이 불가능하다.

84 다음 중 BCG 매트릭스와 GE 매트릭스의 차이점으로 옳지 않은 것은?

① BCG 매트릭스에서는 하나의 측정만 사용되는 반면, GE 매트릭스에서는 여러 측정이 사용된다.

② BCG 매트릭스는 GE 매트릭스에 비해 더 간단하며, BCG 매트릭스는 4개의 셀로 구성되는 반면 GE 매트릭스 9개의 셀로 구성된다.

③ BCG 매트릭스의 기반이 되는 요인은 시장 성장과 시장점유율이고, GE 매트릭스의 기반이 되는 요인은 산업계의 매력과 비즈니스 강점이다.

④ BCG 매트릭스는 기업이 여러 사업부에 자원을 배치하는 데 사용되며, GE 매트릭스는 다양한 비즈니스 단위 간의 투자 우선순위를 결정하는 데 사용한다.

⑤ BCG 매트릭스는 기업이 그리드에서의 위치에 따라 제품 라인이나 비즈니스 유닛을 전략적으로 선택하는 데 사용하고, GE 매트릭스는 시장의 성장과 회사가 소유한 시장점유율을 반영한 성장 – 공유 모델로 이해할 수 있다.

85 다음은 유통경로의 설계전략에 대한 내용이다. 빈칸 (ㄱ) ~ (ㄷ)에 들어갈 내용을 순서대로 바르게 나열한 것은?

> • ____(ㄱ)____ 유통은 가능한 많은 중간상들에게 자사의 제품을 취급하도록 하는 것으로 과자, 저가 소비재 등과 같이 소비자들이 구매의 편의성을 중시하는 품목에서 채택하는 방식이다.
> • ____(ㄴ)____ 유통은 제품의 이미지를 유지하고 중간상들의 협조를 얻기 위해 일정 지역 내에서의 독점 판매권을 중간상에게 부여하는 방식이다.
> • ____(ㄷ)____ 유통은 앞의 두 유통 대안의 중간 형태로 지역별로 복수의 중간상에게 자사의 제품을 취급할 수 있도록 하는 방식이다.

	(ㄱ)	(ㄴ)	(ㄷ)
①	전속적	집약적	선택적
②	집약적	전속적	선택적
③	선택적	집약적	전속적
④	전속적	선택적	집약적
⑤	집약적	선택적	전속적

86 다음 중 동기부여 이론에 대한 설명으로 옳지 않은 것은?

① 로크(Locke)의 목표설정 이론은 추후 목표에 의한 관리(MBO)의 이론적 기반이 되었다.

② 허즈버그(Herzberg)의 2요인 이론에 따르면 임금수준이 높아지면 직무에 대한 만족도 또한 높아진다.

③ 조직의 관점에서 동기부여는 목표달성을 위한 종업원의 지속적 노력을 효과적으로 발생시키는 것을 의미한다.

④ 애덤스(Adams)의 공정성 이론은 다른 사람과의 상대적인 관계에서 동기요인이 작용한다는 것을 강조한다.

⑤ 브룸(Vroom)의 기대이론에 따르면 유의성은 결과에 대한 개인의 선호도를 나타내는 것으로, 동기를 유발시키는 힘 또는 가치를 뜻한다.

87 다음 중 보너스 산정방식에서 스캔런 플랜(Scanlon Plan)에 대한 설명으로 옳은 것은?

① 보너스 산정 비율은 생산액에 있어서 재료 및 에너지 등을 포함하여 계산한다.

② 종업원의 참여는 거의 고려되지 않고 산업공학기법을 이용한 공식을 활용하여 계산한다.

③ 노동비용을 판매액에서 재료 및 에너지, 간접비용을 제외한 부가가치로 나누어 계산한다.

④ 생산단위당 표준노동시간을 기준으로 노동생산성 및 비용 등 산정 조직의 효율성을 보다 직접적으로 측정하여 계산한다.

⑤ 성과측정의 기준으로서 노동비용이나 생산비용, 생산 이외에도 품질 향상, 소비자 만족 등 각 기업이 중요성을 부여하는 부분에 초점을 둔 새로운 지표를 사용하여 계산한다.

88 다음 중 직무현장훈련(OJT)에 대한 설명으로 옳지 않은 것은?

① 실습장 훈련, 인턴사원, 경영 게임법 등이 이에 속한다.

② 지도자의 높은 자질이 요구되고, 교육훈련 내용의 체계화가 어렵다.

③ 실제 현장에서 실제로 직무를 수행하면서 이루어지는 현직훈련이다.

④ 훈련 내용의 전이 정도가 높고 실제 업무와 직결되어 경제적인 장점을 가진다.

⑤ 훈련 방식의 역사가 오래되며, 생산직에서 보편화된 교육방식이라 할 수 있다.

89 다음 중 사업부 조직(Divisional Structure)에 대한 설명으로 옳지 않은 것은?

① 사업부 간 연구개발, 회계, 판매, 구매 등의 활동이 조정되어 관리비가 줄어든다.

② 각 사업부는 제품의 생산과 판매에 대한 결정이 맡겨져 있으므로 이익센터가 된다.

③ 사업부 간의 중복으로 예산 낭비, 사업부 간 이기주의의 초래 등 문제점이 발생할 수 있다.

④ 제품별 사업부 조직은 사업부 내의 기능 간 조정이 용이하며, 시장특성에 따라 대응함으로써 소비자의 만족을 증대시킬 수 있다.

⑤ 사업부제는 기업의 조직을 제품별·지역별·시장별 등 포괄성 있는 사업별 기준에 따라 제1차적으로 편성하고, 각 부분조직을 사업부로 하여 대폭적인 자유재량권을 부여하는 분권적 조직이다.

90 다음 중 제품의 마케팅조사에 있어서 신뢰성에 대한 설명으로 옳지 않은 것은?

① 측정 방법으로는 재검사법, 동형 검사법이 있다.

② 마케팅 조사의 신뢰도를 측정하는 방법으로 크론바흐 알파계수를 이용하기도 한다.

③ 내적 일관성법은 가능한 모든 반분 신뢰도의 평균값으로 신뢰성을 추정하는 방법이다.

④ 동일한 조건·대상·개념에 대하여 반복 측정하였을 때 같은 값을 나타내는 정도이다.

⑤ 체계적 오차는 측정도구와 관계없이 측정상황에 따라 발생하는 오차이며, 오차가 적다는 것은 신뢰성이 높다고 볼 수 있다.

51 다음 〈보기〉 중 현금영수증 발급의무에 대한 설명으로 옳지 않은 것을 모두 고르면?

> **보기**
> ㉠ 최종 소비자에게는 현금(소득공제), 사업자에게는 현금(지출증빙)을 표기하여 발급한다.
> ㉡ 의무발행업종이 현금영수증을 발급하지 않은 경우 미발급금액의 5%의 가산세를 부과한다.
> ㉢ 의무발행업종 사업자는 현금영수증가맹점에 가입하지 않아도 현금영수증을 미발급할 경우 과태료 또는 가산세를 부과한다.
> ㉣ 현금영수증 자진발급 기한은 현금을 받은 날부터 7일 이내이다.

① ㉠, ㉡   ② ㉠, ㉢
③ ㉡, ㉢   ④ ㉡, ㉣
⑤ ㉢, ㉣

52 다음은 A국과 B국의 경제에 대한 자료이다. A국의 실질환율과 수출량의 변화로 옳은 것은?

구분	2023년	2024년
A국 통화로 표시한 B국 통화 1단위의 가치	1,000	1,150
A국의 물가지수	100	107
B국의 물가지수	100	103

	실질환율	수출량
①	불변	감소
②	11% 상승	증가
③	11% 하락	감소
④	19% 상승	증가
⑤	19% 하락	증가

53 다음 중 정보의 비대칭에서 발생하는 현상에 대한 설명으로 옳지 않은 것은?

① 기업이 우수한 인재를 채용하기 위해서 입사 시험을 치른다.

② 성과급 제도가 없는 회사의 경우 일부 직원들이 태만하게 근무한다.

③ 기업의 주주들이 CEO에게 스톡옵션을 보상으로 제공해 일할 의욕을 고취시킨다.

④ 은행이 대출이자율을 높이면 위험한 사업에 투자하는 기업들이 자금을 차입하려고 한다.

⑤ 정보를 많이 갖고 있는 사람은 정보를 덜 갖고 있는 사람에 비해 항상 피해의 규모가 작다.

54 다음 〈보기〉 중 독점기업의 가격차별 전략 중 하나인 이부가격제(Two-Part Pricing)에 대한 설명으로 옳은 것을 모두 고르면?

> **보기**
>
> ㄱ. 서비스 요금 설정에서 기본요금(가입비)과 초과사용량 요금(사용료)을 분리하여 부과하는 경우가 해당된다.
> ㄴ. 적은 수량을 소비하는 소비자의 평균지불가격이 낮아진다.
> ㄷ. 소비자잉여는 독점기업이 부과할 수 있는 가입비의 한도액이다.
> ㄹ. 자연독점하의 기업이 평균비용 가격설정으로 인한 손실을 보전하기 위해 선택한다.

① ㄱ, ㄴ   ② ㄱ, ㄷ

③ ㄴ, ㄷ   ④ ㄱ, ㄴ, ㄷ

⑤ ㄴ, ㄷ, ㄹ

55 A국 경제의 총수요곡선과 총공급곡선은 각각 $P = -Y_d + 4$, $P = P_e + (Y_s - 2)$이다. P_e가 3에서 5로 증가할 때, 균형소득수준(ㄱ)과 균형물가수준(ㄴ)의 변화는?(단, P는 물가수준, Y_d는 총수요, Y_s는 총공급, P_e는 기대물가수준이다)

	ㄱ	ㄴ
①	상승	상승
②	하락	상승
③	상승	하락
④	하락	하락
⑤	불변	불변

56 정부는 부동산 정책 3가지(A ~ C안) 중 하나를 선택해야 한다. 각 구성원의 만족도(효용)가 소득에 비례한다고 할 때, 사회후생차원에서 공리주의와 롤스의 견해로 옳은 것은?

구분	A안	B안	C안
구성원 1	10억 원	2억 원	3억 원
구성원 2	0원	5억 원	4억 원
구성원 3	3억 원	1억 원	5억 원

① 공리주의를 따르면 B안이 가장 바람직하다.

② 공리주의를 따르면 C안이 가장 바람직하다.

③ 롤스에 따르면 A안이 가장 바람직하다.

④ 롤스에 따르면 C안이 가장 바람직하다.

⑤ 롤스에 따르면 가장 바람직한 방안을 알 수 없다.

57 재산이 900만 원인 지혜는 500만 원의 손실을 볼 확률이 $\frac{3}{10}$ 이고, 손실을 보지 않을 확률이 $\frac{7}{10}$ 이다. 보험회사는 지혜가 일정 금액을 보험료로 지불하면 손실 발생 시 손실 전액을 보전해 주는 상품을 판매하고 있다. 지혜의 효용함수가 $U(X) = \sqrt{X}$ 이고 기대효용을 극대화한다고 할 때, 지혜가 보험료로 지불할 용의가 있는 최대금액은?

① 21만 원
② 27만 원
③ 171만 원
④ 729만 원
⑤ 750만 원

58 다음 글에서 설명하는 '이것'은 무엇인가?

'이것'은 한 나라에서 사용하고 있는 모든 은행권 및 주화의 액면을 가치의 변동 없이 동일한 비율로 낮추어 표현하거나 이와 함께 화폐의 호칭을 새로운 통화 단위로 변경시키는 것을 뜻한다. '이것'은 경제성장과 인플레이션이 장기간 지속됨에 따라 화폐로 표시하는 금액이 점차 증가함으로 인해 발생하는 계산, 지급, 장부기재상의 불편함을 해소하기 위해 실시된다. 베네수엘라의 경우 2018년 실질적으로 화폐 기능을 상실한 볼리바르화 문제를 해결하기 위해 '이것'을 단행하기도 했다.

① 디커플링
② 리니언시
③ 리디노미네이션
④ 스태그플레이션
⑤ 양적완화

59 A의 소득이 10,000원이고, X재와 Y재에 대한 총지출액도 10,000원이다. X재 가격이 1,000원이고 A의 효용이 극대화되는 소비량이 $X=6$이고 $Y=10$이라고 할 때, X재에 대한 Y재의 한계대체율(MRS_{XY})은?(단, 한계대체율은 체감한다)

① 0.5 ② 1
③ 1.5 ④ 2
⑤ 2.5

60 다음은 생산자 보조금 지급과 사회후생의 변화에 대한 그래프이다. 이에 대한 설명으로 옳지 않은 것은?(단, S_1 : 원래의 공급곡선, S_2 : 보조금 지급 이후의 공급곡선, D : 수요곡선, E_1 : 원래의 균형점, E_2 : 보조금 지급 이후의 균형점, P : 가격, Q : 수량을 나타낸다)

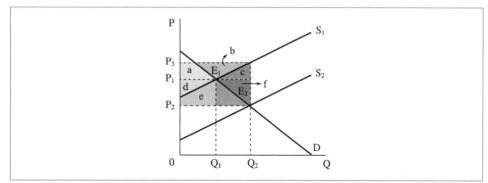

① 낭비된 보조금의 크기는 c+f이다.
② 보조금의 크기는 a+b+d+e이다.
③ 보조금 지급으로 인한 생산자잉여의 증가분은 a+b이다.
④ 보조금 지급으로 인한 소비자잉여의 증가분은 d+e이다.
⑤ 보조금 지급 후 생산자가 최종적으로 수취하는 가격은 P_3이다.

61 다음 〈보기〉 중 시장실패에 대한 설명으로 옳은 것을 모두 고르면?

> **보기**
>
> 가. 사회적 편익이 사적 편익을 초과하는 외부성이 발생하면 시장의 균형생산량은 사회적으로 바람직한 수준보다 작다.
> 나. 코즈의 정리에 따르면 시장실패는 시장에서 해결될 수 없다.
> 다. 공공재의 공급을 사기업이 수행하게 되면 과잉공급이 이루어진다.
> 라. 공공재는 비배제성과 비경합성으로 인하여 시장실패의 원인이 될 수 있다.
> 마. 시장실패는 외부효과가 존재하는 경우나 소유권이 명확하게 규정되지 않은 경우에 발생할 수 있다.

① 가, 다, 라　　　　　　　　　　② 가, 라, 마
③ 나, 다, 마　　　　　　　　　　④ 가, 나, 라, 마
⑤ 나, 다, 라, 마

62 다음 〈보기〉에서 A, B에 해당하는 사람을 바르게 구분한 것은?

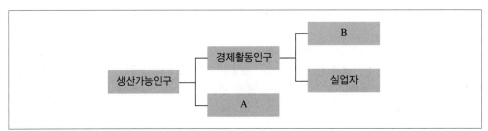

> **보기**
>
> 가. 실직한 뒤에 구직활동을 포기한 아버지
> 나. 교통사고를 당해 휴직 중인 어머니
> 다. 아버지가 운영하는 가게에서 무보수로 아르바이트를 하고 있는 누나
> 라. 일거리가 적어 일주일에 하루만 일하는 형
> 마. 내년도 대학입시를 준비하는 동생

```
        A            B
① 　 가　　　나, 다, 라, 마
② 가, 나　　　다, 라, 마
③ 가, 마　　　나, 다, 라
④ 나, 마　　　가, 다, 라
⑤ 라, 마　　　가, 나, 다
```

63 다음에서 설명하는 사람은?

> 미국의 경제학자로 1976년에 소비분석, 통화의 이론과 역사 그리고 안정화 정책의 복잡성에 관한 논증 등의 업적으로 노벨경제학상을 수상하였다. 케인스(J. M. Keynes)와 더불어 20세기에 가장 큰 영향을 준 경제학자로 여겨지며 정치·사회적 자유의 창조 수단으로 자유시장 내 정부가 맡는 역할이 축소되어야 한다고 주장하였다.

① 로버트 솔로(Robert Solow)
② 밀턴 프리드먼(Milton Friedman)
③ 소스타인 베블런(Thorstein Veblen)
④ 앵거스 디턴(Angus Deaton)
⑤ 폴 A. 새뮤얼슨(Paul Anthony Samuelson)

64 다음 중 두 나라 사이에 교역이 이루어지는 기본원리에 대한 설명으로 옳은 것은?

① 각국은 기회비용이 상대적으로 적은 재화를 생산한다.
② 한 국가에서 모든 산업이 비교열위에 있는 경우도 있다.
③ 한 나라가 이득을 보면 반드시 다른 나라는 손해를 본다.
④ 비교우위는 더 적은 양의 생산요소를 투입해 생산할 수 있는 능력을 말한다.
⑤ 한 나라가 모든 재화에 절대적 우위가 있는 경우 교역은 이루어지지 않는다.

65 다음 중 금리의 주요 기능에 대한 설명으로 옳지 않은 것은?

① 현재 및 장래 소비의 배분 역할을 한다.
② 경기 동향에 따른 자금 수급을 조정한다.
③ 실물경제에 대한 파급효과를 통해 경기를 부양하거나 진정시킨다.
④ 금리가 상승하면 자금배분이 비효율적으로 되는 부작용이 발생할 수 있다.
⑤ 금리상승을 통해 저축 증가, 소비 감소, 투자 감소 효과를 이끌어 낼 수 있다.

66 다음 중 고전학파 모형에 대한 설명으로 옳지 않은 것은?

① 물가가 상승하면 즉각적으로 명목임금도 상승한다.
② 정부지출의 변화는 실질변수에 아무런 영향을 미칠 수 없다.
③ 이자율의 신축적인 조정을 통해 생산물시장의 불균형이 조정된다.
④ 고전학파 모형은 단기보다는 장기를 분석하는 데 더욱 적합한 모형이다.
⑤ 대부자금을 통해 주입과 누출이 항상 일치하므로 총생산과 총지출도 항상 일치한다.

67 종현이는 소득이나 통신요금에 관계없이 소득의 5분의 1을 통신비로 지출한다. 다음 〈보기〉 중 종현이의 통신 수요에 대한 설명으로 옳은 것을 모두 고르면?

> **보기**
>
> 가. 종현이의 소득이 증가하더라도 통신비의 지출은 변하지 않는다.
> 나. 종현이의 통신에 대한 수요곡선은 우하향하는 직선 형태를 가진다.
> 다. 통신요금이 10% 상승하면 종현이의 통신 수요량은 10% 하락한다.
> 라. 종현이의 통신은 가격변화에 따른 소득효과가 대체효과보다 큰 기펜재이다.

① 가   ② 다
③ 가, 나   ④ 나, 라
⑤ 다, 라

68 다음 중 독점기업에 대한 설명으로 옳은 것은?

① 독점기업은 장기와 단기에 항상 초과이윤을 얻는다.
② 독점의 폐해를 시정하기 위하여 물품세를 부과하면 생산자잉여는 감소하지만 소비자잉여와 경제적 총잉여는 증가한다.
③ 독점기업이 직면하는 시장수요함수가 $Q = 1 - 2P$라면, 한계수입은 $MR = \frac{1}{2} - Q$이다(단, Q와 P는 각각 수요량과 가격이다).
④ 독점기업은 가격차별을 통해 항상 사회적 후생의 증가를 가져올 수 있으므로 무조건적으로 제재를 가하고 경쟁을 활성화시키려는 것은 좋지 않다.
⑤ 독점기업의 경우는 자유롭게 놔두는 것이 효율적인 결과를 스스로 도출할 수 있으므로 독점기업에 정부가 개입하는 것은 시장의 비효율성을 초래할 뿐이다.

69 다음 중 인플레이션 효과에 대한 설명으로 옳은 것은?

① 인플레이션은 명목이자율을 낮춘다.
② 인플레이션은 실질조세에 영향을 미치지 않는다.
③ 인플레이션은 잦은 가격조정에 수반되는 비용을 초래한다.
④ 인플레이션이 발생하면 명목소득이 불변일 때 실질소득은 증가한다.
⑤ 인플레이션이 발생하면 실질임금이 불변일 때 명목임금은 감소한다.

70 다음 중 새고전학파와 새케인스학파의 경기변동이론에 대한 설명으로 옳은 것은?

① 새고전학파나 새케인스학파 모두 정부의 재량적인 개입은 불필요하다고 주장한다.

② 새고전학파는 물가, 임금, 이자율 등 가격변수가 단기에는 경직적이라고 보는 반면, 새케인스학파는 가격변수가 신축적이라고 본다.

③ 새고전학파는 합리적 기대를 전제로 경기변동이론을 전개하는 반면, 새케인스학파는 적응적 기대를 전제로 경기변동이론을 전개한다.

④ 새고전학파는 항상 시장청산이 이루어진다고 보는 반면, 새케인스학파는 임금과 재화가격이 경직적이므로 시장청산이 이루어지지 않는다고 본다.

⑤ 새고전학파는 경기변동을 완전고용의 국민소득수준에서 이탈하면서 발생하는 현상으로 보는 반면, 새케인스학파는 완전고용의 국민소득수준 자체가 변하면서 발생하는 현상으로 본다.

71 다음 중 공공재의 특성에 대한 설명으로 옳은 것은?

① 공공재는 민간이 생산, 공급할 수 없다.

② 무임승차 문제로 과소 생산의 가능성이 있다.

③ 한 사람의 소비가 다른 사람의 소비를 감소시킨다.

④ 소비에 있어서 경합성 및 배제성의 원리가 작용한다.

⑤ 시장에 맡기면 사회적으로 적절한 수준보다 과대공급될 우려가 있다.

72 폐쇄경제에서 국내총생산이 소비, 투자, 그리고 정부지출의 합으로 정의된 항등식이 성립할 때, 다음 중 국내총생산과 대부자금시장에 대한 설명으로 옳지 않은 것은?

① 총저축은 투자와 같다.

② 민간저축이 증가하면 투자가 증가한다.

③ 총저축은 민간저축과 정부저축의 합이다.

④ 정부저축이 감소하면 대부시장에서 이자율은 상승한다.

⑤ 민간저축이 증가하면 이자율이 하락하여 정부저축이 증가한다.

73 현재 K기업에서 자본의 한계생산은 노동의 한계생산보다 2배 크고, 노동가격이 8, 자본가격이 4이다. 이 기업이 동일한 양의 최종생산물을 산출하면서도 비용을 줄이는 방법은?(단, K기업은 노동과 자본만을 사용하고, 한계생산은 체감한다)

① 비용을 더 이상 줄일 수 없다.
② 자본투입과 노동투입을 모두 늘린다.
③ 자본투입과 노동투입을 모두 줄인다.
④ 자본투입을 늘리고 노동투입을 줄인다.
⑤ 노동투입을 늘리고 자본투입을 줄인다.

74 다음 중 경기변동에 대한 설명으로 옳지 않은 것은?

① 투자는 소비에 비해 GDP 대비 변동성이 크므로 경기변동의 주요 원인이 된다.
② 실물적 경기변동은 경기변동을 자연실업률 자체가 변화하여 일어난다고 생각한다.
③ 기간 간 고른 소비가 어려운 저소득계층이 늘어나면, 이전에 비해 경기변동이 심해진다.
④ 실질임금과 고용량은 단기적으로 양의 상관관계를 가지나, 장기적으로는 서로 관계가 없다.
⑤ 총공급 – 총수요 모형에서 총수요의 변동이 경기변동의 요인이라고 본다면 물가는 경기와 반대로 움직인다.

75 휴대폰의 수요곡선은 $Q = -2P + 100$이고, 공급곡선은 $Q = 3P - 20$이다. 정부가 휴대폰 1대당 10의 종량세 형태의 물품세를 공급자에게 부과하였다면, 휴대폰 공급자가 부담하는 총조세부담액은?(단, P는 가격, Q는 수량, $P > 0$, $Q > 0$이다)

① 120   ② 160
③ 180   ④ 200
⑤ 220

76 다음은 A사와 B사의 시간당 최대 생산량을 나타낸 자료이다. 이에 대한 설명으로 옳은 것은?

구분	A사	B사
모터(개)	4	2
펌프(개)	4	3

① 펌프 생산은 A사가 담당하는 것이 합리적이다.
② A사는 모터 생산에만 절대우위가 있다.
③ A사는 펌프 생산에만 절대우위가 있다.
④ B사는 펌프 생산에 비교우위가 있다.
⑤ B사는 모터 생산에 비교우위가 있다.

77 1950년대 이후 선진국 간의 무역이 크게 증가하였다. 다음 중 이러한 선진국 간의 무역 증가의 원인으로 옳은 것은?

① 규모의 경제
② 헥셔 – 올린 정리
③ 요소가격균등화 정리
④ 레온티에프의 역설
⑤ 리카도의 비교우위론

78 담배 가격은 4,500원이고, 담배 수요의 가격탄력성은 단위탄력적이다. 정부가 담배소비량을 10% 줄이고자 할 때, 담배가격의 인상분은 얼마인가?

① 45원
② 150원
③ 225원
④ 450원
⑤ 900원

79 엥겔곡선(EC; Engel Curve)이 다음과 같다면 X재는 무엇인가?

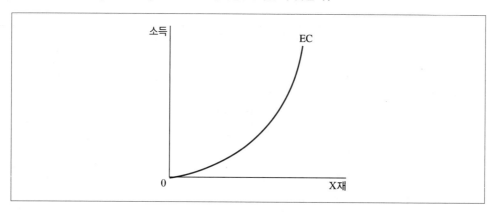

① 열등재   ② 필수재
③ 보완재   ④ 대체재
⑤ 사치재

80 다음은 가격상한제가 실행되고 있는 밀가루시장에 대한 그림이다. 밀의 가격이 하락하기 전의 공급곡선(S_0), 밀의 가격이 하락한 후의 공급곡선(S_1), 밀가루 수요곡선(D)이 다음과 같을 때, 이에 대한 분석으로 옳은 것은?

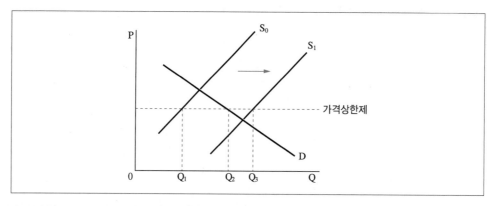

① 가격상한제의 예로 최저임금제가 있다.
② 밀 가격이 하락한 후에 밀가루의 암시장 거래량은 증가한다.
③ 밀 가격이 하락한 후에 밀가루 시장의 균형거래량은 Q_3이다.
④ 밀 가격의 변화와 상관없이 밀가루는 가격상한제 가격에서 거래된다.
⑤ 밀 가격이 하락하기 전에 밀가루의 초과수요가 $(Q_1 \sim Q_2)$만큼 존재한다.

81 어느 경제의 로렌츠곡선이 다음과 같을 때, 이에 대한 설명으로 옳은 것은?

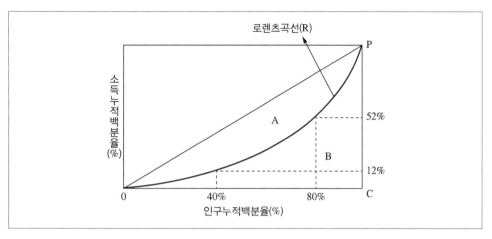

① 10분위분배율의 값은 4이다.

② 지니계수는 삼각형 OCP 면적을 면적 A로 나눈 값으로 산출한다.

③ 중산층 붕괴현상이 발생하면 A의 면적은 감소하고, B의 면적은 증가한다.

④ 미국의 서브프라임모기지 사태는 로렌츠곡선을 대각선에 가깝도록 이동시킨다.

⑤ 불경기로 인해 저소득층의 소득이 상대적으로 크게 감소하면 A의 면적이 커진다.

82 GDP는 특정 기간 동안 국가 내에서 생산된 최종재의 총합을 의미한다. 다음 〈보기〉 중 GDP 측정 시 포함되지 않는 것을 모두 고르면?

> **보기**
>
> ㄱ. 예금 지급에 따른 이자
> ㄴ. 법률자문 서비스를 받으면서 지불한 금액
> ㄷ. 요리를 위해 분식점에 판매된 고추장
> ㄹ. 콘서트 티켓을 구입하기 위해 지불한 금액
> ㅁ. 도로 신설에 따라 주변 토지의 가격이 상승하여 나타나는 자본이득

① ㄱ, ㄷ   ② ㄴ, ㄹ

③ ㄴ, ㅁ   ④ ㄷ, ㄹ

⑤ ㄷ, ㅁ

83 다음 중 소비자잉여와 생산자잉여에 대한 설명으로 옳지 않은 것은?

① 소비자잉여는 소비자의 선호 체계에 의존한다.

② 완전경쟁일 때보다 기업이 가격차별을 실시할 경우 소비자잉여가 줄어든다.

③ 완전경쟁시장에서는 소비자잉여와 생산자잉여의 합인 사회적 잉여가 극대화된다.

④ 독점시장의 시장가격은 완전경쟁시장의 가격보다 높게 형성되지만 소비자잉여는 줄어들지 않는다.

⑤ 소비자잉여는 어떤 상품에 소비자가 최대한으로 지급할 용의가 있는 가격에서 실제 지급한 가격을 차감한 차액이다.

84 다음과 같은 폐쇄경제의 IS-LM 모형을 전제할 경우, 빈칸에 들어갈 용어가 바르게 연결된 것은?

- IS곡선 : $r = 5 - 0.1Y$(단, r은 이자율, Y는 국민소득이다)
- LM곡선 : $r = 0.1Y$
- 현재 경제상태가 국민소득은 30이고 이자율이 2.5라면, 상품시장은 ___ㄱ___이고 화폐시장은 ___ㄴ___이다.

	ㄱ	ㄴ
①	균형	균형
②	초과수요	초과수요
③	초과공급	초과공급
④	초과수요	초과공급
⑤	초과공급	초과수요

85 다음 중 파레토 최적에 대한 설명으로 옳지 않은 것은?

① 파레토 효율성이란 일반적으로 한정된 자원의 효율적인 사용과 관련된 의미이다.

② 외부성이 존재해도 완전경쟁만 이루어진다면 파레토 최적의 자원배분은 가능하다.

③ 재화 간 소비자의 주관적 교환비율인 한계대체율이 생산자의 한계변환율과 서로 같아야 한다.

④ 후생경제학 제1정리에 의하여 시장실패요인이 없다면 일반경쟁균형에서의 자원배분은 파레토 최적이다.

⑤ 파레토 효율성과 관련된 후생경제학의 제1정리와 제2정리에 있어서 소비자의 선호체계에 대한 기본 가정은 동일하지 않다.

86 다음 중 임금 결정이론에 대한 설명으로 옳지 않은 것은?

① 중첩임금계약(Staggered Wage Contracts) 모형은 실질임금이 경직적인 이유를 설명한다.

② 효율임금(Efficiency Wage) 이론에 따르면 실질임금이 근로자의 생산성 또는 근로의욕에 영향을 미친다.

③ 효율임금이론에 따르면 높은 임금이 근로자의 도덕적 해이(Moral Hazard)를 억제하는 데 기여한다.

④ 내부자 – 외부자 모형에 따르면 내부자의 실질임금이 시장균형보다 높아져서 비자발적 실업이 발생한다.

⑤ 내부자 – 외부자 모형에서 외부자는 실업상태에 있는 노동자로서 기업과 임금협상을 할 자격이 없는 사람을 말한다.

87 다음 중 과점시장의 굴절수요곡선 이론에 대한 설명으로 옳지 않은 것은?

① 한계수입곡선에는 불연속한 부분이 있다.

② 굴절수요곡선은 원점에 대해 볼록한 모양을 갖는다.

③ 한 기업이 가격을 내리면 나머지 기업들도 같이 내리려 한다.

④ 한 기업이 가격을 올리더라도 나머지 기업들은 따라서 올리려 하지 않는다.

⑤ 기업은 한계비용이 일정 범위 내에서 변해도 가격과 수량을 쉽게 바꾸려 하지 않는다.

88 다음 중 기대가 부가된 필립스곡선(Expectation-Augmented Phillips Curve)에 대한 설명으로 옳지 않은 것은?

① 중동전쟁으로 원유가격이 급등하면 필립스곡선이 이동한다.

② 1970년대 스태그플레이션(Stagflation)을 설명하는 데 유용하다.

③ 오쿤의 법칙(Okun's Law)과 결합하여 총공급곡선을 도출할 수 있다.

④ 다른 조건이 일정하다면 필립스곡선의 기울기가 클수록 희생비율(Sacrifice Ratio)이 크다.

⑤ 기대 물가상승률이 합리적 기대에 따라 결정되면 예상된 통화정책은 실업률에 영향을 미치지 않는다.

89 다음 빈칸 ㄱ ~ ㄹ에 들어갈 용어를 순서대로 바르게 나열한 것은?

> • _____ㄱ_____ : 구직활동 과정에서 일시적으로 실업 상태에 놓이는 것을 의미한다.
> • _____ㄴ_____ : 실업률과 GDP 갭(국민생산손실)은 정(+)의 관계이다.
> • _____ㄷ_____ : 실업이 높은 수준으로 올라가고 나면 경기 확장정책을 실시하더라도 다시 실업
>   률이 감소하지 않는 경향을 의미한다.
> • _____ㄹ_____ : 경기 침체로 인한 총수요의 부족으로 발생하는 실업이다.

	ㄱ	ㄴ	ㄷ	ㄹ
①	마찰적 실업	오쿤의 법칙	이력 현상	경기적 실업
②	마찰적 실업	경기적 실업	오쿤의 법칙	구조적 실업
③	구조적 실업	이력 현상	경기적 실업	마찰적 실업
④	구조적 실업	이력 현상	오쿤의 법칙	경기적 실업
⑤	경기적 실업	오쿤의 법칙	이력 현상	구조적 실업

90 자본이동 및 무역거래가 완전히 자유롭고 변동환율제도를 채택하고 있는 소규모 개방경제인 K국에서 확대재정정책이 실시되는 경우, IS-LM 모형에 의하면 최종 균형에서 국민소득과 환율은 정책 실시 이전의 최초 균형에 비해 어떻게 변하는가?(단, 물가는 고정되어 있다고 가정한다)

	국민소득	국민소득
①	불변	K국 통화 강세
②	증가	K국 통화 강세
③	감소	K국 통화 강세
④	증가	K국 통화 약세
⑤	감소	K국 통화 약세

51 (주)대한은 2021년 1월 1일 유형자산(취득원가 10,000원, 내용연수 4년, 잔존가치 0원)을 취득하고 이를 연수합계법으로 상각해왔다. 그 후 2022년 12월 31일 동 자산을 4,000원에 처분하였다. 동 유형자산의 감가상각비와 처분손익이 2022년 당기순이익에 미치는 영향의 합계는?

① 4,000원 감소 ② 3,000원 감소

③ 2,000원 감소 ④ 1,000원 감소

⑤ 1,000원 증가

52 다음 중 예대금리 차이에 대한 설명으로 옳지 않은 것은?

① 예금금리와 대출금리의 차이를 말한다.

② 은행은 예대금리 차이가 크면 클수록 이익이다.

③ 예대금리차는 각 은행에서 개별적으로 공시한다.

④ 잔액기준 예대금리차는 한국은행의 금융기관 가중평균금리와 동일하게 산정된다.

⑤ 시중에 유동성이 풍부하면 은행이 예금금리를 낮춰 예대금리 차이를 높일 수 있다.

53 다음 중 금융자산과 관련한 회계처리로 옳지 않은 것은?

① 지분상품은 만기보유금융자산으로 분류할 수 없다.

② 매 회계연도말 지분상품은 공정가치로 측정하는 것이 원칙이다.

③ 매도가능금융자산에서 발행하는 배당금 수령액은 기타포괄이익으로 계상한다.

④ 최초 인식 이후 만기보유금융자산은 유효이자율법을 사용하여 상각후원가로 측정한다.

⑤ 최초 인식시점에 매도가능금융자산으로 분류하였다면 이후 회계연도에는 당기손익인식금융자산으로 재분류할 수 없다.

54 다음 중 현금흐름표상 투자활동현금흐름에 해당하는 것은?

① 설비 매각과 관련한 현금유입
② 자기주식의 취득에 따른 현금유출
③ 담보부사채 발행에 따른 현금유입
④ 종업원급여 지급에 따른 현금유출
⑤ 단기매매목적 유가증권의 매각에 따른 현금유입

55 다음 중 표준원가계산의 고정제조간접원가 차이분석에 대한 설명으로 옳지 않은 것은?

① 원가차이 중에서 불리한 차이는 표준원가보다 실제원가가 크다는 의미이므로 차이계정의 차변에 기입된다.
② 예산(소비)차이는 실제 발생한 고정제조간접원가와 기초에 설정한 고정제조간접원가 예산의 차이를 말한다.
③ 조업도차이는 고정제조간접원가 자체의 통제가 잘못되어 발생한 것으로 원가통제 목적상 중요한 의미를 갖는다.
④ 고정제조간접원가는 조업도의 변화에 따라 능률적으로 통제할 수 있는 원가가 아니므로 능률차이를 계산하는 것은 무의미하다.
⑤ 조업도차이는 기준조업도와 실제생산량이 달라서 발생하는 것으로, 기준조업도 미만으로 실제조업을 한 경우에는 불리한 조업도차이가 발생한다.

56 다음은 (주)한국의 거래내용이다. 2024년 10월 1일 거래에 대한 회계처리과정에서 나타나는 계정과 금액은 얼마인가?(단, 자기주식의 회계처리는 원가법을 적용한다)

- 2024년 1월 1일 보통주자본금은 10,000원이고 주식발행초과금은 2,000원이며 이익잉여금은 1,000원이다.
- 2024년 5월 1일 자기주식 10주를 주당 700원에 취득하였고 취득한 자기주식은 주당 600원(주당 액면금액 500원)에 발행한 보통주였다.
- 2024년 10월 1일 당해연도 5월 1일에 취득한 자기주식 5주를 소각하였다.

① 자기주식처분손실 1,000원
② 감자차익 600원
③ 감자차손 500원
④ 자기주식처분이익 1,000원
⑤ 자기주식처분손실 1,500원

57 (주)한국은 2024년 12월 말 화재로 인하여 재고자산 중 110,000원을 제외한 나머지가 소실되었다. 기초재고는 100,000원이고, 12월 말까지의 매입액과 매출액은 각각 600,000원, 400,000원이다. 과거 3년 동안의 평균 매출총이익률이 20%일 경우, 화재로 인하여 소실된 재고자산의 추정 금액은?

① 270,000원　　　　　　　　　② 320,000원

③ 380,000원　　　　　　　　　④ 600,000원

⑤ 700,000원

58 다음 중 무형자산의 회계처리에 대한 설명으로 옳은 것은?

① 무형자산에 대한 손상차손은 인식하지 않는다.

② 내용연수가 한정인 무형자산은 상각하지 않는다.

③ 무형자산의 잔존가치는 영(0)이 아닌 경우가 있다.

④ 내용연수가 비한정인 무형자산은 정액법에 따라 상각한다.

⑤ 무형자산은 유형자산과 달리 재평가모형을 선택할 수 없으며 원가모형을 적용한다.

59 다음은 (주)한국의 요약 재무제표이다. 2024년 매출액은 600,000원이고 당기순이익은 240,000원이라고 할 때, 2024년 자기자본이익률을 계산하면 얼마인가?(단, 소수점은 절사다)

(단위 : 원)

구분	2022년	2024년
자산총계	2,000,000	3,300,000
유동부채	300,000	900,000
단기차입금	400,000	700,000
자본금	1,200,000	1,300,000
이익잉여금	100,000	400,000
부채와 자본총계	2,000,000	3,300,000

① 8%　　　　　　　　　　　② 12%

③ 14%　　　　　　　　　　　④ 20%

⑤ 24%

60 다음 자료를 이용할 경우 재무상태표에 계상할 현금 및 현금성자산은?

• 지폐	30,000원
• 우표	10,000원
• 우편환증서	1,000원
• 임차보증금	50,000원
• 타인발행당좌수표	2,000원

① 33,000원   ② 42,000원

③ 83,000원   ④ 92,000원

⑤ 93,000원

61 다음 중 차기로 이월되는 계정(영구계정)에 해당하지 않는 것은?

① 단기대여금   ② 장기차입금

③ 산업재산권   ④ 자본금

⑤ 이자비용

62 K회사는 제품매출액의 3%에 해당하는 금액을 제품보증비용(보증기간 2년)으로 추정하고 있다. 2023년의 매출액과 실제 보증청구로 인한 보증비용 지출액은 다음과 같다. 2024년 포괄손익계산서의 보증활동으로 인한 비용과 2024년 말 재무상태표의 충당부채 잔액은?(단, K회사는 2023년 초에 설립되었으며, 2024년의 매출은 없다고 가정한다)

제품매출액(2023년)	실제 보증비용 지출액	
	2023년	2024년
600,000원	14,000원	6,000원

      제품보증비   충당부채

①   2,000원   0원

②   3,000원   0원

③   4,000원   0원

④   5,000원   4,000원

⑤   6,000원   4,000원

63 K회사의 기말재고자산금액에 다음의 사항이 포함되어 있는 경우 이를 고려하여 감액할 재고자산 금액은 얼마인가?

> (1) 반품권이 부여된(반품가능성 예측 불가능) 재고자산 10,000원(원가 8,500원)
> (2) 판매하여 운송 중인 상품 5,000원(도착지 인도조건)
> (3) 수탁상품 6,500원
> (4) 시송품 4,000원(원가 3,500원)

① 7,500원　　　　　　　　② 8,000원
③ 8,500원　　　　　　　　④ 9,000원
⑤ 9,500원

64 K회사의 2024년 자료는 다음과 같다. 매출채권이 1회전하는 데 소요되는 기간은?(단, 회계기간은 1월 1일부터 12월 31일까지이다)

> • 매출액　　　　　　　　　　2,000,000원
> • 기초매출채권　　　　　　　　120,000원
> • 기말매출채권　　　　　　　　280,000원

① 14.6일　　　　　　　　② 29.2일
③ 36.5일　　　　　　　　④ 42.5일
⑤ 45.2일

65 다음 중 일반기업 회계기준상 유가증권을 분류할 때, 평가방법이 다른 것은?

① 단기매매 지분증권　　　　② 매도가능 지분증권
③ 만기보유 채무증권　　　　④ 단기매매 채무증권
⑤ 매도가능 채무증권

66 최근 2년간 총고정제조원가와 단위당 변동제조원가는 변화가 없으며, 생산량과 총제조원가는 다음과 같다. 2025년에 총고정제조원가가 10% 증가할 경우, 생산량이 400단위일 때 총제조원가는?

구분	생산량	총제조원가(원)
2023년	200단위	600,000
2024년	300단위	800,000

① 1,000,000원   ② 1,020,000원

③ 1,040,000원   ④ 1,060,000원

⑤ 1,080,000원

67 다음 중 자산, 부채 및 자본에 대한 설명으로 옳지 않은 것은?

① 자본은 납입자본, 기타자본, 기타포괄손익누계액, 이익잉여금으로 분류할 수 있다.

② 자산은 과거 사건의 결과로 기업이 통제하고 있고 미래경제적 효익이 기업에 유입될 것으로 기대되는 자원이다.

③ 부채는 과거 사건에 의하여 발생하였으며, 경제적 효익을 갖는 자원이 기업으로부터 유출됨으로써 이행될 것으로 기대되는 과거의무이다.

④ 자본은 기업의 자산에서 부채를 차감한 후의 잔여지분이다.

⑤ 자본은 주식회사의 경우 소유주가 출연한 자본, 이익잉여금, 이익잉여금 처분에 의한 적립금, 자본유지조정을 나타내는 적립금 등으로 구분하여 표시할 수 있다.

68 다음 빈칸 ㉠, ㉡에 들어갈 용어를 바르게 나열한 것은?

> • ____㉠____은 상품을 구입할 때마다 상품계정에 기록하며 상품을 판매하는 경우에 판매시점마다 매출액만큼을 수익으로 기록하고 동시에 상품원가를 매출원가로 기록하는 방법이다.
>
> • ____㉡____은 기말실사를 통해 기말재고수량을 파악하고 판매가능수량[(기초재고수량)+(당기매입수량)]에서 실사를 통해 파악된 기말재고수량을 차감하여 매출수량을 결정하는 방법이다.

	㉠	㉡
①	기초재고조사법	기말재고조사법
②	계속기록법	기말재고조사법
③	계속기록법	실지재고조사법
④	기초재고조사법	실지재고조사법
⑤	기말재고조사법	실지재고조사법

69 다음 중 채권에 들어갈 계정과목으로 옳지 않은 것은?

구분	채권	채무
영업관련	A. 외상매출금	외상매입금
	B. 받을어음	지급어음
영업외	C. 미수금	미지급금
	D. 차입금	대여금
계약	E. 선급금	선수금

① A
② B
③ C
④ D
⑤ E

70 12월 한 달간 상품판매에 대한 자료가 다음과 같을 때, 매출액은 얼마인가?(단, 상품판매 가격은 단위당 100원으로 동일하다고 가정한다)

- 12월 1일에 상품 200개를 5개월 할부로 판매하고, 대금은 매월 말에 20%씩 받기로 하였다.
- 12월 17일에 상품 100개를 판매하였다.
- 12월 28일에 위탁상품 50개를 수탁자에게 발송하였고, 12월 31일에는 수탁자가 판매하지 않고 전량 보유 중이다.
- 12월 30일에 상품 50개를 도착지 인도 조건으로 판매하여 다음 달에 도착할 예정이다.

① 10,000원
② 15,000원
③ 20,000원
④ 25,000원
⑤ 30,000원

71 무위험이자율이 5%이고 시장포트폴리오의 기대수익률이 12%라고 가정할 때, 현재 균형주가를 유지하고 있는 주식 A ~ E에 대한 설명으로 옳지 않은 것은?

① 주식 A의 베타가 2라면 주식 A의 기대수익률은 19%이다.
② 주식 B의 베타가 −1일 수 있다.
③ 주식 C가 효율적 자산이라면 자본시장선상에 위치한다.
④ 주식 D가 비효율적 자산이라면 자본시장선 아래에 위치한다.
⑤ 주식 E가 비효율적 자산이라면 증권시장선 아래에 위치한다.

72 다음 〈보기〉 중 비금융부채에 속하는 것을 모두 고르면?

> **보기**
> ㄱ. 차입금　　　　　　　　　　　ㄴ. 선수금
> ㄷ. 미지급법인세　　　　　　　　ㄹ. 소득세예수금
> ㅁ. 미지급비용

① ㄱ, ㄴ　　　　　　　　　　　② ㄱ, ㄷ
③ ㄱ, ㄹ, ㅁ　　　　　　　　　④ ㄴ, ㄷ, ㄹ
⑤ ㄴ, ㄷ, ㅁ

73 다음 중 유동자산으로 분류되지 않는 것은?

① 주로 단기매매 목적으로 보유하고 있는 자산
② 기업의 정상영업주기 내에 실현될 것으로 예상하는 자산
③ 보고기간 후 12개월 이내에 실현될 것으로 예상하는 자산
④ 정상영업주기 및 보고기간 후 12개월 이내에 소비할 의도가 없는 자산
⑤ 현금이나 현금성자산으로써 교환이나 부채 상환 목적으로의 사용에 대한 제한 기간이 보고기간 후 12개월 미만인 자산

74 다음 〈보기〉 중 재무제표의 표시와 작성에 대한 설명으로 옳은 것을 모두 고르면?

> **보기**
> 가. 재무상태에 표시되는 자산과 부채는 반드시 유동자산과 비유동자산, 유동부채와 비유동부채로 구분하여 표시한다.
> 나. 영업활동을 위한 자산의 취득시점부터 그 자산이 현금이나 현금성자산으로 실현되는 시점까지 소요되는 기간이 영업주기이다.
> 다. 비용의 기능에 대한 정보가 미래현금흐름을 예측하는 데 유용하기 때문에 비용을 성격별로 분류하는 경우에는 비용의 기능에 대한 추가 정보를 공시하는 것이 필요하다.
> 라. 자본의 구성요소인 기타포괄손익누계액과 자본잉여금은 포괄손익계산서와 재무상태표를 연결시키는 역할을 한다.
> 마. 현금흐름표는 기업의 활동을 영업활동, 투자활동, 재무활동으로 구분한다.

① 가, 나　　　　　　　　　　　② 가, 다
③ 나, 다　　　　　　　　　　　④ 나, 마
⑤ 다, 라

75 어느 제품의 변동비용은 2,000원이고, 가격은 5,000원이다. 또한 이 제품을 만드는 기업의 총 고정비용이 500만 원일 때, 이 제품의 공헌이익률은 얼마인가?

① 0.2

② 0.6

③ 0.8

④ 1.2

⑤ 1.5

76 다음은 K사의 재무제표 중 일부이다. 해당 재무제표를 보고 자기자본이익률(ROE)을 바르게 구한 것은?

(단위 : 억 원)

매출액	4,000
자기자본	300
당기순이익	150
영업이익	820

① 50%

② 48%

③ 35%

④ 20%

⑤ 15%

77 다음 중 순현재가치법(NPV법)과 내부수익률법(IRR법)에 대한 설명으로 옳지 않은 것은?

① NPV법은 가치가산의 원리가 성립한다.

② IRR법은 계속하여 내부수익률로 재투자가 가능함을 가정한다.

③ 상호배타적인 두 투자안의 경우, NPV법과 IRR법의 의사결정이 일치할 수 있다.

④ IRR법은 분석의 결과가 금액의 크기가 아닌 수익률로 나타나므로 투자자들의 이해가능성이 높다.

⑤ 상호배타적인 두 투자안의 경우, NPV곡선의 교차점 우측에서 NPV법과 IRR법의 의사결정이 불일치한다.

78 다음 자료를 통해 매출총이익을 구하면?

총매출액	500,000원	매입할인	5,000원
매출할인	20,000원	기초상품 재고액	100,000원
매입환출	5,000원	매출에누리	5,000원
기말상품 재고액	110,000원	총매입액	200,000원

① 300,000원   ② 295,000원

③ 290,000원   ④ 275,000원

⑤ 270,000원

79 A는 2023년 1월 1일에 기계 1대를 구입하였다. 해당 기계의 취득원가는 100,000원이고 잔존가치는 16,810원일 때, 내용연수 5년 기준으로 2024년의 정률법을 적용한 감가상각비는?(단, 정률은 30%, 결산일은 12월 31일이다)

① 21,000원   ② 25,700원

③ 30,000원   ④ 32,870원

⑤ 35,000원

80 주식회사 K는 재고자산에 대해 가중평균법을 적용하고 있다. 실지재고조사법을 적용하였을 때, 다음 자료를 통해 11월의 매출원가를 구하면?

날짜	적요	수량	단가	금액
11월 1일	기초재고	1,000개	10원	10,000원
11월 15일	매입	2,000개	11원	22,000원
11월 18일	매출	(1,500개)	—	—
11월 25일	매입	1,000개	12원	12,000원
11월 30일	기말재고	2,000개	—	—

① 16,500원   ② 21,000원

③ 22,000원   ④ 22,500원

⑤ 23,000원

81 K회사의 유동비율은 150%, 당좌비율은 70%이다. K회사가 은행으로부터 자금대출을 받기 위해서는 유동비율이 120% 이상이고 당좌비율이 100% 이상이어야 한다. 다음 중 K회사가 자금대출을 받기 위해 취해야 할 전략으로 옳은 것은?

① 기계장치를 현금으로 매입한다.

② 장기차입금을 단기차입금으로 전환한다.

③ 단기매매금융자산(주식)을 추가 취득하여 현금비중을 줄인다.

④ 외상거래처의 협조를 구해 매출채권을 적극적으로 현금화한다.

⑤ 재고자산 판매를 통해 현금을 조기 확보하고 재고자산을 줄인다.

82 다음 중 투자부동산에 대한 설명으로 옳지 않은 것은?

① 원가모형을 적용하는 투자부동산은 손상회계를 적용한다.

② 본사 사옥으로 사용하고 있는 건물은 투자부동산이 아니다.

③ 투자부동산은 임대수익이나 시세차익을 얻기 위하여 보유하는 부동산을 말한다.

④ 최초 인식 후 예외적인 경우를 제외하고 원가모형과 공정가치모형 중 하나를 선택하여 모든 투자부동산에 적용한다.

⑤ 투자부동산에 대해 공정가치모형을 적용할 경우 공정가치 변동으로 발생하는 손익은 발생한 기간의 기타 포괄손익에 반영한다.

83 다음 중 대리비용이론에 대한 설명으로 옳지 않은 것은?

① 부채 대리비용은 부채비율이 낮을수록 커진다.

② 위임자와 대리인 간의 정보비대칭 상황을 전제한다.

③ 대리비용이 최소화되는 지점에서 최적 자본구조가 결정된다.

④ 자기자본 대리비용은 외부주주의 지분율이 높을수록 커진다.

⑤ 대리비용의 발생원천에 따라 자기자본 대리비용과 부채 대리비용으로 구분된다.

84 다음 중 원가에 대한 설명으로 옳은 것은?

① 관련 범위 내에서 혼합원가는 조업도가 0이라도 원가는 발생한다.

② 관련 범위 내에서 생산량이 감소하면 단위당 고정원가도 감소한다.

③ 관련 범위 내에서 생산량이 증가하면 단위당 변동원가도 증가한다.

④ 기회원가는 미래에 발생할 원가로써 의사결정 시 고려하지 않는다.

⑤ 통제가능원가란 특정 관리자가 원가발생을 통제할 수는 있으나 책임질 수 없는 원가를 말한다.

85 다음 중 회계정보의 기능 및 역할, 적용환경에 대한 설명으로 옳지 않은 것은?

① 외부 회계감사를 통해 회계정보의 신뢰성이 제고된다.

② 모든 기업은 한국채택국제회계기준을 적용하여야 한다.

③ 회계정보의 수요자는 기업의 외부이용자뿐만 아니라 기업의 내부이용자도 포함된다.

④ 회계정보는 한정된 경제적 자원이 효율적으로 배분되도록 도와주는 기능을 담당한다.

⑤ 회계감사는 재무제표가 일반적으로 인정된 회계기준에 따라 적정하게 작성되었는지에 대한 의견 표명을 목적으로 한다.

86 다음 중 유동부채에 대한 설명으로 옳지 않은 것은?

① 매입채무는 일반적 상거래에서 발생하는 부채로 유동부채에 속한다.

② 미지급비용, 선수금, 수선충당부채, 퇴직급여부채 등은 유동부채에 포함된다.

③ 일반적으로 정상영업주기 내 또는 보고기간 후 12개월 이내에 결제하기로 되어 있는 부채이다.

④ 유동부채는 보고기간 후 12개월 이상 부채의 결제를 연기할 수 있는 무조건의 권리를 가지고 있지 않다.

⑤ 종업원 및 영업원가에 대한 미지급비용 항목은 보고기간 후 12개월 후에 결제일이 도래한다 하더라도 유동부채로 분류한다.

87 다음 중 수정전시산표에 대한 설명으로 옳지 않은 것은?

① 통상 재무제표를 작성하기 이전에 거래가 오류없이 작성되었는지 자기검증하기 위하여 작성한다.

② 차변합계와 대변합계가 일치하더라도 계정분류, 거래인식의 누락 등에서 오류가 발생했을 수 있다.

③ 결산 이전의 오류를 검증하는 절차로 원장 및 분개장과 더불어 필수적으로 작성해야 한다.

④ 총계정원장의 총액 혹은 잔액을 한 곳에 모아놓은 표이다.

⑤ 복식부기의 원리를 전제로 한다.

88 다음 자료를 이용하여 매출총이익법으로 추정한 기말재고액은?

기초재고액	2,200원
당기매입액	4,300원
당기매출액	6,000원
원가에 대한 이익률	20%

① 500원
③ 1,500원
⑤ 2,200원

② 1,200원
④ 1,700원

89 다음 중 유형자산의 재평가에 대한 설명으로 옳은 것은?

① 특정 유형자산을 재평가할 때, 해당 자산이 포함되는 유형자산 분류 전체를 재평가한다.

② 감가상각대상 유형자산을 재평가할 때, 그 자산의 최초원가를 재평가금액으로 조정하여야 한다.

③ 유형자산 항목과 관련하여 자본에 계상된 재평가잉여금은 그 자산이 제거될 때 이익잉여금으로 직접 대체할 수 없다.

④ 재평가가 단기간에 수행되며 계속적으로 갱신된다면, 동일한 분류에 속하는 자산이라 하더라도 순차적으로 재평가할 수 없다.

⑤ 자산의 장부금액이 재평가로 인하여 감소된 경우에 그 자산에 대한 재평가잉여금의 잔액이 있더라도 재평가감소액 전부를 당기손익으로 인식한다.

90 다음 중 단기매매금융자산에 대한 설명으로 옳지 않은 것은?

① 단기매매금융자산은 재무상태표에 공정가치로 표시한다.

② 단기매매금융자산의 장부금액이 처분금액보다 작으면 처분이익이 발생한다.

③ 단기매매금융자산의 평가에 따른 손익은 포괄손익계산서에 당기손익으로 인식한다.

④ 단기매매금융자산의 처분에 따른 손익은 포괄손익계산서에 당기손익으로 인식한다.

⑤ 단기매매금융자산의 취득과 직접 관련되는 거래원가는 최초 인식하는 공정가치에 가산한다.

51 다음 중 선거에 대한 설명으로 옳지 않은 것은?

① 평등선거는 일정한 연령에 달한 모든 사람에게 선거권을 인정하는 것이다.

② 직접선거는 선거인단이 아닌 선거권자가 직접 후보자를 선택하는 것이다.

③ 우리나라 국회의원의 선거제도로는 소선거구제와 비례대표제를 채택하고 있다.

④ 무소속 입후보자에게 일정수 이상의 추천인을 요구하는 것은 평등선거에 위배되지 않는다.

⑤ 선거구 간의 인구편차가 너무 벌어지도록 선거구를 분할하는 것은 평등선거에 위배될 소지가 있다.

52 다음 중 헌법재판에 대한 설명으로 옳은 것은?

① 헌법재판소 재판관은 연임할 수 없다.

② 헌법은 헌법재판소장의 임기를 5년으로 규정한다.

③ 헌법재판의 전심절차로서 행정심판을 거쳐야 한다.

④ 헌법재판소는 지방자치단체 상호간의 권한쟁의심판을 관장한다.

⑤ 탄핵 인용결정을 할 때에는 재판관 5인 이상의 찬성이 있어야 한다.

53 다음 중 타인이 일정한 행위를 하는 것을 참고 받아들여야 할 의무는?

① 작위의무   ② 수인의무
③ 간접의무   ④ 권리반사
⑤ 평화의무

54 다음 중 법의 체계에 대한 설명으로 옳은 것은?

① 고유법과 계수법은 적용대상에 따른 구분이다.

② 강행법과 임의법은 실정성 여부에 따른 구분이다.

③ 실체법과 절차법은 법의 제정주체에 따른 구분이다.

④ 공법과 사법으로 분류하는 것은 영미법계의 특징이다.

⑤ 일반법과 특별법은 적용되는 효력 범위에 따른 구분이다.

55 다음 중 자유권적 기본권과 생존권적 기본권을 비교한 내용이 옳지 않은 것은?

	자유권	생존권
①	자유주의 · 개인주의	단체주의 · 사회적 기본권
②	추상적 권리	주권적 공권
③	소극적 · 방어적 권리	적극적 권리
④	법률 이전에 존재하는 권리	헌법정책적 · 실정법적 권리
⑤	국가권력의 개입이나 간섭 배제	국가적 급부나 배려 요구

56 다음 중 법의 분류에 대한 설명으로 옳지 않은 것은?

① 부동산등기법은 사법이며, 실체법이다.
② 민사소송법, 형사소송법, 행정소송법은 절차법에 해당된다.
③ 자연법은 시 · 공간을 초월하여 보편적으로 타당한 법을 의미한다.
④ 오늘날 국가의 개입이 증대되면서 '사법의 공법화' 경향이 생겼다.
⑤ 임의법은 당사자의 의사에 의하여 그 적용이 배제될 수 있는 법을 말한다.

57 관할행정청 甲이 乙의 경비업 허가신청에 대해 거부처분을 한 경우, 이에 불복하는 乙이 제기할 수 있는 행정심판은 무엇인가?

① 당사자심판
② 부작위위법확인심판
③ 거부처분부당확인심판
④ 의무이행심판
⑤ 특허심판

58 다음 중 공법과 사법의 구별 기준에 대한 학설의 내용으로 옳지 않은 것은?

① 법이 통치권 발동에 대한 것인지 아닌지에 따라 구별한다.
② 공익을 위한 것인가 사익을 위한 것인가에 따라 구별한다.
③ 권력적인 것인가의 여부에 따라 구별한다.
④ 권력의무의 주체에 따라 구별한다.
⑤ 법규의 명칭에 따라 구별한다.

PART 3

59 다음 중 법의 해석에 대한 설명으로 옳지 않은 것은?

① 법의 해석에 있어 법률의 입법취지도 고려의 대상이 된다.
② 민법, 형법, 행정법에서는 유추해석이 원칙적으로 허용된다.
③ 법해석의 방법은 해석의 구속력 여부에 따라 유권해석과 학리해석으로 나눌 수 있다.
④ 법해석의 목표는 법적 안정성을 저해하지 않는 범위 내에서 구체적 타당성을 찾는 데 두어야 한다.
⑤ 법에 내재해 있는 법의 이념과 목적, 그리고 사회적인 가치합리성에 기초한 입법의 정신 등을 객관화해야 한다.

60 다음 중 사회법에 대한 설명으로 옳지 않은 것은?

① 노동법, 경제법, 사회보장법은 사회법에 속한다.
② 자본주의의 부분적 모순을 수정하기 위한 법이다.
③ 사회적·경제적 약자의 이익 보호를 목적으로 한다.
④ 공법 영역에 사법적 요소를 가미하는 제3의 법영역이다.
⑤ 사회주의, 단체주의, 적극국가, 실질적 평등을 원리로 한다.

61 다음 중 법인에 대한 설명으로 옳지 않은 것은?

① 사단법인의 정관의 필요적 기재사항으로는 목적, 명칭, 사무소 소재지, 자산에 대한 규정, 이사의 임면, 사원의 자격, 존립시기나 해산사유를 정할 때의 그 시기 또는 사유 등이 있다.
② 법인의 해산이유로는 존립기간의 만료, 정관에 정한 해산사유의 발생, 목적인 사업의 성취나 불능 등을 볼 수 있다.
③ 재단법인은 법률, 정관, 목적, 성질, 그 외에 주무관청의 감독, 허가조건 등에 의하여 권리능력이 제한된다.
④ 법인의 이사가 수인인 경우에 사무집행은 정관의 규정에 따른다.
⑤ 사원총회는 법인사무 전반에 관하여 결의권을 가진다.

62 다음 중 민법상 법인에 대한 설명으로 옳지 않은 것은?

① 법인은 정관 또는 총회의 결의로 감사를 둘 수 있다.

② 이사는 선량한 관리자의 주의로 그 직무를 행하여야 한다.

③ 해산한 법인은 청산의 목적범위 내에서만 권리가 있고 의무를 부담한다.

④ 이사는 정관 또는 총회의 결의로 금지하지 아니한 사항에 한하여 타인으로 하여금 특정한 행위를 대리하게 할 수 있다.

⑤ 이사가 없거나 결원이 있는 경우에 이로 인하여 손해가 생길 염려 있는 때에는 법원은 이해관계인 이나 검사의 청구에 의하여 특별대리인을 선임하여야 한다.

63 다음 중 미성년자가 법정대리인의 동의 없이 유효한 법률행위를 할 수 있는 경우가 아닌 것은?

① 혼인과 같은 신분행위

② 취직을 했을 때 임금을 청구하는 행위

③ 권리만을 얻거나 의무만을 면하는 행위

④ 범위를 정하여 처분을 허락한 재산의 처분

⑤ 영업이 허락된 미성년자가 그 영업에 관하여 하는 행위

64 다음 중 민법상 과실(果實)에 해당하지 않는 것은?

① 지상권의 지료   ② 임대차에서의 차임

③ 특허권의 사용료   ④ 젖소로부터 짜낸 우유

⑤ 과수원에서 재배한 사과

65 다음 중 법률행위의 조건에 대한 설명으로 옳지 않은 것은?

① 조건의 성취가 아직 정하여지지 아니한 권리도 상속될 수 있다.

② 조건이 사회질서에 반하는 것인 때에는 그 법률행위는 무효로 한다.

③ 해제조건부 법률행위는 그 조건이 성취한 때로부터 그 효력이 생긴다.

④ "내일 비가 오면 이 반지를 주겠다."는 약속은 정지조건부 법률행위이다.

⑤ 조건이 법률행위의 당시 이미 성취한 것인 경우, 그 조건이 정지조건이면 조건없는 법률행위로
한다.

66 다음 중 우리 민법이 의사표시의 효력발생시기에 대하여 채택하고 있는 원칙적인 입장은?

① 발신주의(發信主義) 　　　　　　② 도달주의(到達主義)

③ 요지주의(了知主義) 　　　　　　④ 공시주의(公示主義)

⑤ 속지주의(屬地主義)

67 다음 중 의사표시의 효력발생에 대한 설명으로 옳지 않은 것은?

① 상대방과 통정한 허위의 의사표시는 무효로 한다.

② 격지자 간의 계약은 승낙의 통지를 발한 때에 성립한다.

③ 의사표시의 부도착(不到着)의 불이익은 표의자가 입는다.

④ 우리 민법은 도달주의를 원칙으로 하고 예외적으로 발신주의를 택하고 있다.

⑤ 표의자가 그 통지를 발한 후 도달하기 전에 사망하면 그 의사표시는 무효이다.

68 다음 중 법의 성격에 대한 설명으로 옳지 않은 것은?

① 법은 국가권력에 의하여 보장되는 사회규범의 하나이다.

② 법은 타율성에, 도덕은 자율성에 그 실효성의 연원을 둔다.

③ 법은 인간행위에 대한 당위의 법칙이 아니라 필연의 법칙이다.

④ 자연법론자들은 법과 도덕은 그 고유한 영역을 가지고 있지만 도덕을 법의 상위개념으로 본다.

⑤ 법은 그 위반의 경우에 타율적·물리적 강제를 통하여 원하는 상태와 결과를 실현하는 강제규범
이다.

69 다음 중 권리의 주체에 대한 설명으로 옳지 않은 것은?

① 행위능력은 모든 자연인에게 인정되고 있다.

② 자연인은 생존한 동안 권리와 의무의 주체가 된다.

③ 실종선고를 받은 자는 실종기간이 만료하면 사망한 것으로 본다.

④ 민법은 원칙적으로 권리능력자로서 자연인과 법인만을 인정하고 있다.

⑤ 권리의 주체가 될 수 있는 지위 또는 자격을 가리켜 권리능력 또는 인격이라 한다.

70 다음 중 법률효과가 처음부터 발생하지 않는 것은?

① 착오

② 취소

③ 무효

④ 사기

⑤ 강박

71 다음 중 주식회사에 대한 설명으로 옳지 않은 것은?

① 자본금은 특정 시점에서 회사가 보유하고 있는 재산의 현재가치로서 주식으로 균등하게 분할되어 있다.

② 무액면주식의 발행도 허용되며, 액면주식이 발행되는 경우 1주의 금액은 100원 이상으로 하여야 한다.

③ 주주는 주식의 인수가액을 한도로 출자의무를 부담할 뿐, 회사의 채무에 대하여 책임을 지지 않는다.

④ 주권 발행 이후 6월이 경과한 때에는 주주는 자신의 주식을 자유롭게 양도 및 처분을 할 수 있다.

⑤ 주식이 수인의 공유에 속하는 때에 공유자는 주주의 권리를 행사할 자 1인을 정하여야 한다.

72 다음 중 회사의 해산사유로 옳지 않은 것은?

① 사장단의 동의·결의

② 존립기간의 만료 기타 정관으로 정한 사유의 발생

③ 사원이 1인으로 된 경우

④ 법원의 명령 또는 판결

⑤ 회사의 합병 또는 파산

73 다음 중 회사의 종류에 따른 지배인의 선임방법으로 옳지 않은 것은?

① 합명회사 : 총사원 과반수의 결의
② 합자회사 : 무한책임사원 과반수의 결의
③ 주식회사 : 사원총회의 결의
④ 유한회사 : 이사 과반수 결의 또는 사원총회의 보통결의
⑤ 유한책임회사 : 정관 또는 총사원의 동의

74 다음 중 지방자치단체의 조직에 대한 설명으로 옳지 않은 것은?

① 지방자치단체의 종류는 법률로 정한다.
② 지방자치단체의 장의 임기는 4년으로 한다.
③ 지방자치단체에 주민의 대의기관인 의회를 둔다.
④ 지방자치단체의 장은 주민이 보통·평등·직접·비밀선거에 따라 선출한다.
⑤ 지방자치단체의 장은 법령의 범위 안에서 자치에 대한 조례를 제정할 수 있다.

75 법무부장관이 외국인 A에게 귀화를 허가한 경우, 선거관리위원장은 귀화 허가가 무효가 아닌 한 귀화 허가에 하자가 있더라도 A가 한국인이 아니라는 이유로 선거권을 거부할 수 없다. 이처럼 법무부장관의 귀화 허가에 구속되는 행정행위의 효력은 무엇인가?

① 공정력   ② 구속력
③ 형식적 존속력   ④ 구성요건적 효력
⑤ 실질적 존속력

76 다음 중 행정기관에 대한 설명으로 옳은 것은?

① 다수 구성원으로 이루어진 합의제 행정청이 대표적인 행정청의 형태이며, 지방자치단체의 경우 지방의회가 행정청이다.

② 의결기관은 행정청의 의사결정에 참여하는 권한을 가진 기관이지만 행정청의 의사를 법적으로 구속하지는 못한다.

③ 감사기관은 다른 행정기관의 사무나 회계처리를 검사하고 그 적부에 관해 감사하는 기관이다.

④ 자문기관은 행정청의 내부 실·국의 기관으로 행정청의 권한 행사를 보좌한다.

⑤ 집행기관은 채권자의 신청에 의하여 강제집행을 실시할 직무를 갖지 못한다.

77 다음 중 권력분립론에 대한 설명으로 옳지 않은 것은?

① 권력분립론은 모든 제도를 정당화시키는 최고의 헌법원리이다.

② 뢰벤슈타인(Lowenstein)은 권력분립에 대한 비판에서 국가작용을 정책결정, 정책집행, 정책통제로 구분하였다.

③ 로크(Locke)는 최고 권력은 국민에게 있고, 그 아래에 입법권, 입법권 아래에 집행권과 동맹권이 있어야 한다고 주장하였다.

④ 적극적으로 능률을 증진시키기 위한 원리가 아니라, 권력의 남용 또는 권력의 자의적인 행사를 방지하려는 소극적인 권리이다.

⑤ 몽테스키외(Montesquieu)의 권력분립론은 자의적인 권력 혹은 권력의 남용으로부터 개인의 자유와 권리를 보장하는 데 그 목적이 있다.

78 다음 중 국가배상에 대한 설명으로 옳은 것은?

① 공무원은 어떤 경우에도 국가배상청구권을 행사할 수 없다.

② 국가배상법에서 규정하고 있는 손해배상은 손실보상으로도 볼 수 있다.

③ 도로건설을 위해 자신의 토지를 수용당한 개인은 국가배상청구권을 가진다.

④ 공무원이 직무수행 중에 적법하게 타인에게 손해를 입힌 경우 국가가 배상책임을 진다.

⑤ 도로·하천 등의 설치 또는 관리에 하자가 있어 손해를 받은 개인은 국가가 배상책임을 진다.

79 다음 중 자유민주적 기본질서의 원리로 옳지 않은 것은?

① 법치주의
② 권력분립주의
③ 의회민주주의
④ 포괄위임입법주의
⑤ 국민주권주의

80 다음 중 현행 헌법상 정당설립과 활동의 자유에 대한 설명으로 옳지 않은 것은?

① 정당의 설립은 자유이며, 복수정당제는 보장된다.
② 정당은 그 목적, 조직과 활동이 민주적이어야 한다.
③ 정당은 국민의 정치적 의사형성에 참여하는 데 필요한 조직을 가져야 한다.
④ 국가는 법률이 정하는 바에 의하여 정당의 운영에 필요한 자금을 보조할 수 있다.
⑤ 정당의 목적과 활동이 민주적 기본질서에 위배될 때에는 국회는 헌법재판소에 그 해산을 제소할 수 있다.

81 다음 중 근대 입헌주의 헌법에 대한 설명으로 옳은 것은?

① 헌법을 불문화할 필요가 있다.
② 공산주의 국가에도 헌법은 있다.
③ 영국을 제외하고 모든 나라는 헌법을 가지고 있다.
④ 국법과 왕법을 구별하는 근본법 사상에 근거를 둔다.
⑤ 국가라고 하는 법적 단체가 있는 곳에는 헌법이 있다.

82 다음 중 비례대표제에 대한 설명으로 옳지 않은 것은?

① 사표를 방지하여 소수자의 대표를 보장한다.
② 군소정당의 난립이 방지되어 정국의 안정을 가져온다.
③ 득표수와 정당별 당선의원의 비례관계를 합리화시킨다.
④ 그 국가의 정당사정을 고려하여 채택하여야 한다.
⑤ 명부의 형태에 따라 고정명부식, 가변명부식, 자유명부식으로 구분할 수 있다.

83 다음 중 기본권의 효력에 대한 설명으로 옳지 않은 것은?

① 기본권의 효력은 대국가적 효력을 갖는 것이 원칙이다.

② 기본권의 제3자적 효력에서 평등권은 간접 적용된다고 볼 수 있다.

③ 기본권의 사인(私人) 간의 직접적 효력을 헌법이 명문으로 규정한 예로, 근로3권과 언론·출판에 의한 명예 또는 권리침해 금지가 있다.

④ 기본권의 사인 간의 효력은 헌법이 직접적 효력을 규정함이 원칙이나, 예외적으로 간접적 효력을 갖는 경우도 있다.

⑤ 청구권적 기본권이나 사회권적 기본권은 그것이 법률로써 규정되었을 때 국가에 대하여 직접 그 권리를 행사할 수 있다.

84 다음 중 법원(法源)에 대한 설명으로 옳지 않은 것은?

① 법관이 재판을 할 때 있어서 적용하여야 할 기준이다.

② 죄형법정주의에 따라 관습형법은 인정되지 않는다.

③ 대통령령은 헌법에 근거를 두고 있다.

④ 민사에 관하여 법률에 규정이 없으면 관습법에 의하고 관습법이 없으면 조리에 의한다.

⑤ 영미법계 국가에서는 판례의 법원성이 부정된다.

85 다음 중 헌법 제37조 제2항에 의한 기본권의 제한에 대한 설명으로 옳지 않은 것은?

① 국회의 형식적 법률에 의해서만 제한할 수 있다.

② 처분적 법률에 의한 제한은 원칙적으로 금지된다.

③ 국가의 안전보장과 질서유지를 위해서만 제한할 수 있다.

④ 기본권의 본질적 내용은 침해할 수 없다.

⑤ 노동기본권의 제한에 대한 법적 근거를 밝히고 있다.

86 다음 중 법 앞의 평등에 대한 설명으로 옳지 않은 것은?

① 법 앞의 평등은 절대적인 것이 아니고 상대적인 것이다.

② 법의 적용뿐만 아니라 법 내용의 평등까지 요구한다.

③ 독일에서는 자의의 금지를, 미국에서는 합리성을 그 기준으로 들고 있다.

④ 차별금지 사유인 성별, 종교, 사회적 신분 등은 열거적 규정이다.

⑤ 모든 사람은 보통법 아래에서 평등하다는 것이다.

87 다음 중 법체계에 대한 설명으로 옳지 않은 것은?

① 일반적으로 승인된 국제법규는 국내법과 같은 효력을 가진다.

② 대통령의 긴급명령은 법률과 같은 효력을 가진다.

③ 민법이 사법이므로 민사소송법도 사법에 속한다.

④ 민법과 상법은 실체법이다.

⑤ 형사소송법은 절차법이다.

88 다음 인권선언과 관계된 사건들을 시간 순서대로 바르게 나열한 것은?

① 권리청원 → 마그나 카르타 → 미국의 독립선언 → 프랑스의 인권선언

② 마그나 카르타 → 프랑스의 인권선언 → 연방헌법 → 영국의 권리장전

③ 버지니아 권리장전 → 마그나 카르타 → 프랑스의 인권선언 → 영국의 인신보호법

④ 마그나 카르타 → 영국의 권리장전 → 미국의 독립선언 → 프랑스의 인권선언

⑤ 버지니아 권리장전 → 영국의 인신보호법 → 마그나 카르타 → 프랑스의 인권선언

89 다음 중 형사소송법상 공소기각의 판결을 해야 하는 경우로 옳지 않은 것은?

① 피고인에 대하여 재판권이 없는 때

② 친고죄 사건에 대하여 고소의 취소가 있는 때

③ 공소가 취소되었을 때

④ 공소제기의 절차가 법률의 규정에 위반하여 무효일 때

⑤ 공소가 제기된 사건에 대하여 다시 공소가 제기되었을 때

90 다음 중 죄형법정주의의 내용으로 옳지 않은 것은?

① 소급효 금지의 원칙

② 관습형법 금지의 원칙

③ 유추해석 금지의 원칙

④ 상대적 부정기형 금지의 원칙

⑤ 명확성의 원칙

MEMO

PART 4

채용 가이드

블라인드 채용 소개

1. 블라인드 채용이란?

채용 과정에서 편견이 개입되어 불합리한 차별을 야기할 수 있는 출신지, 가족관계, 학력, 외모 등의 편견요인은 제외하고, 직무능력만을 평가하여 인재를 채용하는 방식입니다.

2. 블라인드 채용의 필요성

- 채용의 공정성에 대한 사회적 요구
  - 누구에게나 직무능력만으로 경쟁할 수 있는 균등한 고용기회를 제공해야 하나, 아직도 채용의 공정성에 대한 불신이 존재
  - 채용상 차별금지에 대한 법적 요건이 권고적 성격에서 처벌을 동반한 의무적 성격으로 강화되는 추세
  - 시민의식과 지원자의 권리의식 성숙으로 차별에 대한 법적 대응 가능성 증가
- 우수인재 채용을 통한 기업의 경쟁력 강화 필요
  - 직무능력과 무관한 학벌, 외모 위주의 선발로 우수인재 선발기회 상실 및 기업경쟁력 약화
  - 채용 과정에서 차별 없이 직무능력 중심으로 선발한 우수인재 확보 필요
- 공정한 채용을 통한 사회적 비용 감소 필요
  - 편견에 의한 차별적 채용은 우수인재 선발을 저해하고 외모·학벌 지상주의 등의 심화로 불필요한 사회적 비용 증가
  - 채용에서의 공정성을 높여 사회의 신뢰수준 제고

3. 블라인드 채용의 특징

편견요인을 요구하지 않는 대신 직무능력을 평가합니다.

※ 직무능력중심 채용이란?
기업의 역량기반 채용, NCS기반 능력중심 채용과 같이 직무수행에 필요한 능력과 역량을 평가하여 선발하는 채용방식을 통칭합니다.

4. 블라인드 채용의 평가요소

직무수행에 필요한 지식, 기술, 태도 등을 과학적인 선발기법을 통해 평가합니다.

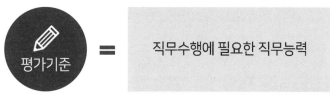

※ 과학적 선발기법이란?
직무분석을 통해 도출된 평가요소를 서류, 필기, 면접 등을 통해 체계적으로 평가하는 방법으로 입사지원서, 자기소개서, 직무수행능력평가, 구조화 면접 등이 해당됩니다.

5. 블라인드 채용 주요 도입 내용

- 입사지원서에 인적사항 요구 금지
  - 인적사항에는 출신지역, 가족관계, 결혼여부, 재산, 취미 및 특기, 종교, 생년월일(연령), 성별, 신장 및 체중, 사진, 전공, 학교명, 학점, 외국어 점수, 추천인 등이 해당
  - 채용 직무를 수행하는 데 있어 반드시 필요하다고 인정될 경우는 제외
    예 특수경비직 채용 시 : 시력, 건강한 신체 요구
    　　연구직 채용 시 : 논문, 학위 요구 등
- 블라인드 면접 실시
  - 면접관에게 응시자의 출신지역, 가족관계, 학교명 등 인적사항 정보 제공 금지
  - 면접관은 응시자의 인적사항에 대한 질문 금지

6. 블라인드 채용 도입의 효과성

- 구성원의 다양성과 창의성이 높아져 기업 경쟁력 강화
  - 편견을 없애고 직무능력 중심으로 선발하므로 다양한 직원 구성 가능
  - 다양한 생각과 의견을 통하여 기업의 창의성이 높아져 기업경쟁력 강화
- 직무에 적합한 인재선발을 통한 이직률 감소 및 만족도 제고
  - 사전에 지원자들에게 구체적이고 상세한 직무요건을 제시함으로써 허수 지원이 낮아지고, 직무에 적합한 지원자 모집 가능
  - 직무에 적합한 인재가 선발되어 직무이해도가 높아져 업무효율 증대 및 만족도 제고
- 채용의 공정성과 기업이미지 제고
  - 블라인드 채용은 사회적 편견을 줄인 선발 방법으로 기업에 대한 사회적 인식 제고
  - 채용과정에서 불합리한 차별을 받지 않고 실력에 의해 공정하게 평가를 받을 것이라는 믿음을 제공하고, 지원자들은 평등한 기회와 공정한 선발과정 경험

CHAPTER 02 서류전형 가이드

01 채용공고문

1. 채용공고문의 변화

기존 채용공고문	변화된 채용공고문
• 취업준비생에게 불충분하고 불친절한 측면 존재 • 모집분야에 대한 명확한 직무관련 정보 및 평가기준 부재 • 해당분야에 지원하기 위한 취업준비생의 무분별한 스펙 쌓기 현상 발생	• NCS 직무분석에 기반한 채용공고를 토대로 채용전형 진행 • 지원자가 입사 후 수행하게 될 업무에 대한 자세한 정보 공지 • 직무수행내용, 직무수행 시 필요한 능력, 관련된 자격, 직업기초능력 제시 • 지원자가 해당 직무에 필요한 스펙만을 준비할 수 있도록 안내
• 모집부문 및 응시자격 • 지원서 접수 • 전형절차 • 채용조건 및 처우 • 기타사항	• 채용절차 • 채용유형별 선발분야 및 예정인원 • 전형방법 • 선발분야별 직무기술서 • 우대사항

2. 지원 유의사항 및 지원요건 확인

채용 직무에 따른 세부사항을 공고문에 명시하여 지원자에게 적격한 지원 기회를 부여함과 동시에 채용과정에서의 공정성과 신뢰성을 확보합니다.

구성	내용	확인사항
모집분야 및 규모	고용형태(인턴 계약직 등), 모집분야, 인원, 근무지역 등	채용직무가 여러 개일 경우 본인이 해당되는 직무의 채용규모 확인
응시자격	기본 자격사항, 지원조건	지원을 위한 최소자격요건을 확인하여 불필요한 지원을 예방
우대조건	법정·특별·자격증 가점	본인의 가점 여부를 검토하여 가점 획득을 위한 사항을 사실대로 기재
근무조건 및 보수	고용형태 및 고용기간, 보수, 근무지	본인이 생각하는 기대수준에 부합하는지 확인하여 불필요한 지원을 예방
시험방법	서류·필기·면접전형 등의 활용방안	전형방법 및 세부 평가기법 등을 확인하여 지원전략 준비
전형일정	접수기간, 각 전형 단계별 심사 및 합격자 발표일 등	본인의 지원 스케줄을 검토하여 차질이 없도록 준비
제출서류	입사지원서(경력·경험기술서 등), 각종 증명서 및 자격증 사본 등	지원요건 부합 여부 및 자격 증빙서류 사전에 준비
유의사항	임용취소 등의 규정	임용취소 관련 법적 또는 기관 내부 규정을 검토하여 해당여부 확인

직무기술서란 직무수행의 내용과 필요한 능력, 관련 자격, 직업기초능력 등을 상세히 기재한 것으로 입사 후 수행하게 될 업무에 대한 정보가 수록되어 있는 자료입니다.

1. 채용분야

설명

NCS 직무분류 체계에 따라 직무에 대한 「대분류 – 중분류 – 소분류 – 세분류」 체계를 확인할 수 있습니다. 채용 직무에 대한 모든 직무기술서를 첨부하게 되며 실제 수행 업무를 기준으로 세부적인 분류정보를 제공합니다.

채용분야	분류체계			
사무행정	대분류	중분류	소분류	세분류
분류코드	02. 경영·회계·사무	03. 재무·회계	01. 재무	01. 예산
				02. 자금
			02. 회계	01. 회계감사
				02. 세무

2. 능력단위

설명

직무분류 체계의 세분류 하위능력단위 중 실질적으로 수행할 업무의 능력만 구체적으로 파악할 수 있습니다.

능력단위	(예산)	03. 연간종합예산수립 05. 확정예산 운영	04. 추정재무제표 작성 06. 예산실적 관리
	(자금)	04. 자금운용	
	(회계감사)	02. 자금관리 05. 회계정보시스템 운용 07. 회계감사	04. 결산관리 06. 재무분석
	(세무)	02. 결산관리 07. 법인세 신고	05. 부가가치세 신고

3. 직무수행내용

설명

세분류 영역의 기본정의를 통해 직무수행내용을 확인할 수 있습니다. 입사 후 수행할 직무내용을 구체적으로 확인할 수 있으며, 이를 통해 입사서류 작성부터 면접까지 직무에 대한 명확한 이해를 바탕으로 자신의 희망직무인지 아닌지, 해당 직무가 자신이 알고 있던 직무가 맞는지 확인할 수 있습니다.

직무수행내용	(예산) 일정 기간 예상되는 수익과 비용을 편성, 집행하며 통제하는 일
	(자금) 자금의 계획 수립, 조달, 운용을 하고 발생 가능한 위험 관리 및 성과평가
	(회계감사) 기업 및 조직 내·외부에 있는 의사결정자들이 효율적인 의사결정을 할 수 있도록 유용한 정보를 제공, 제공된 회계정보의 적정성을 파악하는 일
	(세무) 기업의 활동을 위하여 주어진 세법범위 내에서 조세부담을 최소화시키는 조세전략을 포함하고 정확한 과세소득과 과세표준 및 세액을 산출하여 과세당국에 신고·납부하는 일

4. 직무기술서 예시

태도	(예산) 정확성, 분석적 태도, 논리적 태도, 타 부서와의 협조적 태도, 설득력
	(자금) 분석적 사고력
	(회계 감사) 합리적 태도, 전략적 사고, 정확성, 적극적 협업 태도, 법률준수 태도, 분석적 태도, 신속성, 책임감, 정확한 판단력
	(세무) 규정 준수 의지, 수리적 정확성, 주의 깊은 태도
우대 자격증	공인회계사, 세무사, 컴퓨터활용능력, 변호사, 워드프로세서, 전산회계운용사, 사회조사분석사, 재경관리사, 회계관리 등
직업기초능력	의사소통능력, 문제해결능력, 자원관리능력, 대인관계능력, 정보능력, 조직이해능력

5. 직무기술서 내용별 확인사항

항목	확인사항
모집부문	해당 채용에서 선발하는 부문(분야)명 확인 예 사무행정, 전산, 전기
분류체계	지원하려는 분야의 세부직무군 확인
주요기능 및 역할	지원하려는 기업의 전사적인 기능과 역할, 산업군 확인
능력단위	지원분야의 직무수행에 관련되는 세부업무사항 확인
직무수행내용	지원분야의 직무군에 대한 상세사항 확인
전형방법	지원하려는 기업의 신입사원 선발전형 절차 확인
일반요건	교육사항을 제외한 지원 요건 확인(자격요건, 특수한 경우 연령)
교육요건	교육사항에 대한 지원요건 확인(대졸 / 초대졸 / 고졸 / 전공요건)
필요지식	지원분야의 업무수행을 위해 요구되는 지식 관련 세부항목 확인
필요기술	지원분야의 업무수행을 위해 요구되는 기술 관련 세부항목 확인
직무수행태도	지원분야의 업무수행을 위해 요구되는 태도 관련 세부항목 확인
직업기초능력	지원분야 또는 지원기업의 조직원으로서 근무하기 위해 필요한 일반적인 능력사항 확인

03 입사지원서

1. 입사지원서의 변화

기존지원서		능력중심 채용 입사지원서
직무와 관련 없는 학점, 개인신상, 어학점수, 자격, 수상경력 등을 나열하도록 구성	VS	해당 직무수행에 꼭 필요한 정보들을 제시할 수 있도록 구성

기존지원서		능력중심 채용 입사지원서	
직무기술서		인적사항	성명, 연락처, 지원분야 등 작성 (평가 미반영)
직무수행내용		교육사항	직무지식과 관련된 학교교육 및 직업교육 작성
요구지식 / 기술	→	자격사항	직무관련 국가공인 또는 민간자격 작성
관련 자격증		경력 및 경험사항	조직에 소속되어 일정한 임금을 받거나(경력) 임금 없이(경험) 직무와 관련된 활동 내용 작성
사전직무경험			

2. 교육사항

- 지원분야 직무와 관련된 학교 교육이나 직업교육 혹은 기타교육 등 직무에 대한 지원자의 학습 여부를 평가하기 위한 항목입니다.
- 지원하고자 하는 직무의 학교 전공교육 이외에 직업교육, 기타교육 등을 기입할 수 있기 때문에 전공 제한 없이 직업교육과 기타교육을 이수하여 지원이 가능하도록 기회를 제공합니다.
  (기타교육 : 학교 이외의 기관에서 개인이 이수한 교육과정 중 지원직무와 관련이 있다고 생각되는 교육내용)

구분	교육과정(과목)명	교육내용	과업(능력단위)

3. 자격사항

- 채용공고 및 직무기술서에 제시되어 있는 자격 현황을 토대로 지원자가 해당 직무를 수행하는 데 필요한 능력을 가지고 있는지를 평가하기 위한 항목입니다.
- 채용공고 및 직무기술서에 기재된 직무관련 필수 또는 우대자격 항목을 확인하여 본인이 보유하고 있는 자격사항을 기재합니다.

자격유형	자격증명	발급기관	취득일자	자격증번호

4. 경력 및 경험사항

- 직무와 관련된 경력이나 경험 여부를 표현하도록 하여 직무와 관련한 능력을 갖추었는지를 평가하기 위한 항목입니다.
- 해당 기업에서 직무를 수행함에 있어 필요한 사항만을 기록하게 되어 있기 때문에 직무와 무관한 스펙을 갖추지 않아도 됩니다.
- 경력 : 금전적 보수를 받고 일정기간 동안 일했던 경우
- 경험 : 금전적 보수를 받지 않고 수행한 활동
  ※ 기업에 따라 경력 / 경험 관련 증빙자료 요구 가능

구분	조직명	직위 / 역할	활동기간(년 / 월)	주요과업 / 활동내용

> **Tip**
>
> 입사지원서 작성 방법
> ○ 경력 및 경험사항 작성
> - 직무기술서에 제시된 지식, 기술, 태도와 지원자의 교육사항, 경력(경험)사항, 자격사항과 연계하여 개인의 직무역량에 대해 스스로 판단 가능
> ○ 인적사항 최소화
> - 개인의 인적사항, 학교명, 가족관계 등을 노출하지 않도록 유의
>
> > 부적절한 입사지원서 작성 사례
> > - 학교 이메일을 기입하여 학교명 노출
> > - 거주지 주소에 학교 기숙사 주소를 기입하여 학교명 노출
> > - 자기소개서에 부모님이 재직 중인 기업명, 직위, 직업을 기입하여 가족관계 노출
> > - 자기소개서에 석·박사 과정에 대한 이야기를 언급하여 학력 노출
> > - 동아리 활동에 대한 내용을 학교명과 더불어 언급하여 학교명 노출

1. 자기소개서의 변화

- 기존의 자기소개서는 지원자의 일대기나 관심 분야, 성격의 장·단점 등 개괄적인 사항을 묻는 질문으로 구성되어 지원자가 자신의 직무능력을 제대로 표출하지 못합니다.
- 능력중심 채용의 자기소개서는 직무기술서에 제시된 직업기초능력(또는 직무수행능력)에 대한 지원자의 과거 경험을 기술하게 함으로써 평가 타당도의 확보가 가능합니다.

1. 우리 회사와 해당 지원 직무분야에 지원한 동기에 대해 기술해 주세요.

2. 자신이 경험한 다양한 사회활동에 대해 기술해 주세요.

3. 지원 직무에 대한 전문성을 키우기 위해 받은 교육과 경험 및 경력사항에 대해 기술해 주세요.

4. 인사업무 또는 팀 과제 수행 중 발생한 갈등을 원만하게 해결해 본 경험이 있습니까? 당시 상황에 대한 설명과 갈등의 대상이 되었던 상대방을 설득한 과정 및 방법을 기술해 주세요.

5. 과거에 있었던 일 중 가장 어려웠던(힘들었던) 상황을 고르고, 어떤 방법으로 그 상황을 해결했는지를 기술해 주세요.

PART 4

자기소개서 작성 방법

① 자기소개서 문항이 묻고 있는 평가 역량 추측하기

예시

- 팀 활동을 하면서 갈등 상황 시 상대방의 니즈나 의도를 명확히 파악하고 해결하여 목표 달성에 기여했던 경험에 대해서 작성해 주시기 바랍니다.
- 다른 사람이 생각해내지 못했던 문제점을 찾고 이를 해결한 경험에 대해 작성해 주시기 바랍니다.

② 해당 역량을 보여줄 수 있는 소재 찾기(시간×역량 매트릭스)

예시

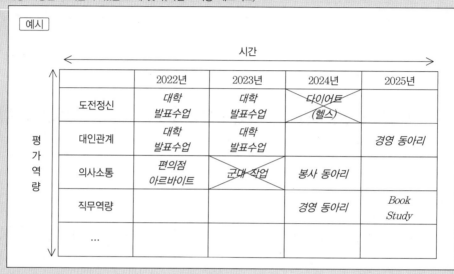

		2022년	2023년	2024년	2025년
	도전정신	대학 발표수업	대학 발표수업	~~다이어트 (헬스)~~	
평가역량	대인관계	대학 발표수업	대학 발표수업		경영 동아리
	의사소통	편의점 아르바이트	~~군대 작업~~	봉사 동아리	
	직무역량			경영 동아리	Book Study
	...				

③ 자기소개서 작성 Skill 익히기

- 두괄식으로 작성하기
- 구체적 사례를 사용하기
- '나'를 중심으로 작성하기
- 직무역량 강조하기
- 경험 사례의 차별성 강조하기

03 인성검사 소개 및 모의테스트

01 인성검사 유형

인성검사는 지원자의 성격특성을 객관적으로 파악하고 그것이 각 기업에서 필요로 하는 인재상과 가치에 부합하는가를 평가하기 위한 검사입니다. 인성검사는 KPDI(한국인재개발진흥원), K-SAD(한국사회적성개 발원), KIRBS(한국행동과학연구소), SHR(에스에이치알) 등의 전문기관을 통해 각 기업의 특성에 맞는 검사 를 선택하여 실시합니다. 대표적인 인성검사의 유형에는 크게 다음과 같은 세 가지가 있으며, 채용 대행업체 에 따라 달라집니다.

1. KPDI 검사

조직적응성과 직무적합성을 알아보기 위한 검사로 인성검사, 인성역량검사, 인적성검사, 직종별 인적성 검사 등의 다양한 검사 도구를 구현합니다. KPDI는 성격을 파악하고 정신건강 상태 등을 측정하고, 직무 검사는 해당 직무를 수행하기 위해 기본적으로 갖추어야 할 인지적 능력을 측정합니다. 역량검사는 특정 직무 역할을 효과적으로 수행하는 데 직접적으로 관련 있는 개인의 행동, 지식, 스킬, 가치관 등을 측정합 니다.

2. KAD(Korea Aptitude Development) 검사

K-SAD(한국사회적성개발원)에서 실시하는 적성검사 프로그램입니다. 개인의 성향, 지적 능력, 기호, 관심, 흥미도를 종합적으로 분석하여 적성에 맞는 업무가 무엇인가 파악하고, 직무수행에 있어서 요구되 는 기초능력과 실무능력을 분석합니다.

3. SHR 직무적성검사

직무수행에 필요한 종합적인 사고 능력을 다양한 적성검사(Paper and Pencil Test)로 평가합니다. SHR 의 모든 직무능력검사는 표준화 검사입니다. 표준화 검사는 표본집단의 점수를 기초로 규준이 만들어진 검사이므로 개인의 점수를 규준에 맞추어 해석 · 비교하는 것이 가능합니다. S(Standardized Tests), H(Hundreds of Version), R(Reliable Norm Data)을 특징으로 하며, 직군 · 직급별 특성과 선발 수준에 맞추어 검사를 적용할 수 있습니다.

인성검사는 특히 면접질문과 관련성이 높습니다. 면접관은 지원자의 인성검사 결과를 토대로 질문을 하기 때문입니다. 일관적이고 이상적인 답변을 하는 것이 가장 좋지만, 실제 시험은 매우 복잡하여 전문가라 해도 일정 성격을 유지하면서 답변을 하는 것이 힘듭니다. 또한, 인성검사에는 라이 스케일(Lie Scale) 설문이 전체 설문 속에 교묘하게 섞여 들어가 있으므로 겉치레적인 답을 하게 되면 회답태도의 허위성이 그대로 드러나게 됩니다. 예를 들어 '거짓말을 한 적이 한 번도 없다.'에 '예'로 답하고, '때로는 거짓말을 하기도 한다.'에 '예'라고 답하여 라이 스케일의 득점이 올라가게 되면 모든 회답의 신빙성이 사라지고 '자신을 돋보이게 하려는 사람'이라는 평가를 받을 수 있으므로 주의해야 합니다. 따라서 모의테스트를 통해 인성검사의 유형과 실제 시험 시 어떻게 문제를 풀어야 하는지 연습해 보고 체크한 부분 중 자신의 단점과 연결되는 부분은 면접에서 질문이 들어왔을 때 어떻게 대처해야 하는지 생각해 보는 것이 좋습니다.

03　　**유의사항**

1. 기업의 인재상을 파악하라!

인성검사를 통해 개인의 성격 특성을 파악하고 그것이 기업의 인재상과 가치에 부합하는지를 평가하는 시험이기 때문에 해당 기업의 인재상을 먼저 파악하고 시험에 임하는 것이 좋습니다. 모의테스트에서 인재상에 맞는 가상의 인물을 설정하고 문제에 답해 보는 것도 많은 도움이 됩니다.

2. 일관성 있는 대답을 하라!

짧은 시간 안에 다양한 질문에 답을 해야 하는데, 그 안에는 중복되는 질문이 여러 번 나옵니다. 이때 앞서 자신이 체크했던 대답을 잘 기억해뒀다가 일관성 있는 답을 하는 것이 중요합니다.

3. 모든 문항에 대답하라!

많은 문제를 짧은 시간 안에 풀려다 보니 다 못 푸는 경우도 종종 생깁니다. 하지만 대답을 누락하거나 끝까지 다 못했을 경우 좋지 않은 결과를 가져올 수도 있으니 최대한 주어진 시간 안에 모든 문항에 답할 수 있도록 해야 합니다.

※ 모의테스트는 질문 및 답변 유형 연습을 위한 것으로 실제 시험과 다를 수 있습니다.
※ 인성검사는 정답이 따로 없는 유형의 검사이므로 결과지를 제공하지 않습니다.

번호	내용	예	아니요
001	나는 솔직한 편이다.	☐	☐
002	나는 리드하는 것을 좋아한다.	☐	☐
003	법을 어겨서 말썽이 된 적이 한 번도 없다.	☐	☐
004	거짓말을 한 번도 한 적이 없다.	☐	☐
005	나는 눈치가 빠르다.	☐	☐
006	나는 일을 주도하기보다는 뒤에서 지원하는 것을 선호한다.	☐	☐
007	앞일은 알 수 없기 때문에 계획은 필요하지 않다.	☐	☐
008	거짓말도 때로는 방편이라고 생각한다.	☐	☐
009	사람이 많은 술자리를 좋아한다.	☐	☐
010	걱정이 지나치게 많다.	☐	☐
011	일을 시작하기 전 재고하는 경향이 있다.	☐	☐
012	불의를 참지 못한다.	☐	☐
013	처음 만나는 사람과도 이야기를 잘 한다.	☐	☐
014	때로는 변화가 두렵다.	☐	☐
015	나는 모든 사람에게 친절하다.	☐	☐
016	힘든 일이 있을 때 술은 위로가 되지 않는다.	☐	☐
017	결정을 빨리 내리지 못해 손해를 본 경험이 있다.	☐	☐
018	기회를 잡을 준비가 되어 있다.	☐	☐
019	때로는 내가 정말 쓸모없는 사람이라고 느낀다.	☐	☐
020	누군가 나를 챙겨주는 것이 좋다.	☐	☐
021	자주 가슴이 답답하다.	☐	☐
022	나는 내가 자랑스럽다.	☐	☐
023	경험이 중요하다고 생각한다.	☐	☐
024	전자기기를 분해하고 다시 조립하는 것을 좋아한다.	☐	☐

025	감시받고 있다는 느낌이 든다.	☐	☐
026	난처한 상황에 놓이면 그 순간을 피하고 싶다.	☐	☐
027	세상엔 믿을 사람이 없다.	☐	☐
028	잘못을 빨리 인정하는 편이다.	☐	☐
029	지도를 보고 길을 잘 찾아간다.	☐	☐
030	귓속말을 하는 사람을 보면 날 비난하고 있는 것 같다.	☐	☐
031	막무가내라는 말을 들을 때가 있다.	☐	☐
032	장래의 일을 생각하면 불안하다.	☐	☐
033	결과보다 과정이 중요하다고 생각한다.	☐	☐
034	운동은 그다지 할 필요가 없다고 생각한다.	☐	☐
035	새로운 일을 시작할 때 좀처럼 한 발을 떼지 못한다.	☐	☐
036	기분 상하는 일이 있더라도 참는 편이다.	☐	☐
037	업무능력은 성과로 평가받아야 한다고 생각한다.	☐	☐
038	머리가 맑지 못하고 무거운 느낌이 든다.	☐	☐
039	가끔 이상한 소리가 들린다.	☐	☐
040	타인이 내게 자주 고민상담을 하는 편이다.	☐	☐

※ 모의테스트는 질문 및 답변 유형 연습을 위한 것으로 실제 시험과 다를 수 있습니다.
※ 인성검사는 정답이 따로 없는 유형의 검사이므로 결과지를 제공하지 않습니다.

※ 이 성격검사의 각 문항에는 서로 다른 행동을 나타내는 네 개의 문장이 제시되어 있습니다. 이 문장들을 비교하여, 자신의 평소 행동과 가장 가까운 문장을 'ㄱ' 열에 표기하고, 가장 먼 문장을 'ㅁ' 열에 표기하십시오.

01 나는 _____

	ㄱ	ㅁ
A. 실용적인 해결책을 찾는다.	☐	☐
B. 다른 사람을 돕는 것을 좋아한다.	☐	☐
C. 세부 사항을 잘 챙긴다.	☐	☐
D. 상대의 주장에서 허점을 잘 찾는다.	☐	☐

02 나는 _____

	ㄱ	ㅁ
A. 매사에 적극적으로 임한다.	☐	☐
B. 즉흥적인 편이다.	☐	☐
C. 관찰력이 있다.	☐	☐
D. 임기응변에 강하다.	☐	☐

03 나는 _____

	ㄱ	ㅁ
A. 무서운 영화를 잘 본다.	☐	☐
B. 조용한 곳이 좋다.	☐	☐
C. 가끔 울고 싶다.	☐	☐
D. 집중력이 좋다.	☐	☐

04 나는 _____

	ㄱ	ㅁ
A. 기계를 조립하는 것을 좋아한다.	☐	☐
B. 집단에서 리드하는 역할을 맡는다.	☐	☐
C. 호기심이 많다.	☐	☐
D. 음악을 듣는 것을 좋아한다.	☐	☐

05 나는 _____

	ㄱ	ㅁ
A. 타인을 늘 배려한다.	☐	☐
B. 감수성이 예민하다.	☐	☐
C. 즐겨하는 운동이 있다.	☐	☐
D. 일을 시작하기 전에 계획을 세운다.	☐	☐

06 나는 _____

	ㄱ	ㅁ
A. 타인에게 설명하는 것을 좋아한다.	☐	☐
B. 여행을 좋아한다.	☐	☐
C. 정적인 것이 좋다.	☐	☐
D. 남을 돕는 것에 보람을 느낀다.	☐	☐

07 나는 _____

	ㄱ	ㅁ
A. 기계를 능숙하게 다룬다.	☐	☐
B. 밤에 잠이 잘 오지 않는다.	☐	☐
C. 한 번 간 길을 잘 기억한다.	☐	☐
D. 불의를 보면 참을 수 없다.	☐	☐

08 나는 _____

	ㄱ	ㅁ
A. 종일 말을 하지 않을 때가 있다.	☐	☐
B. 사람이 많은 곳을 좋아한다.	☐	☐
C. 술을 좋아한다.	☐	☐
D. 휴양지에서 편하게 쉬고 싶다.	☐	☐

09 나는 _____

	ㄱ	ㅁ
A. 뉴스보다는 드라마를 좋아한다.	☐	☐
B. 길을 잘 찾는다.	☐	☐
C. 주말엔 집에서 쉬는 것이 좋다.	☐	☐
D. 아침에 일어나는 것이 힘들다.	☐	☐

10 나는 _____

	ㄱ	ㅁ
A. 이성적이다.	☐	☐
B. 할 일을 종종 미룬다.	☐	☐
C. 어른을 대하는 게 힘들다.	☐	☐
D. 불을 보면 매혹을 느낀다.	☐	☐

11 나는 _____

	ㄱ	ㅁ
A. 상상력이 풍부하다.	☐	☐
B. 예의 바르다는 소리를 자주 듣는다.	☐	☐
C. 사람들 앞에 서면 긴장한다.	☐	☐
D. 친구를 자주 만난다.	☐	☐

12 나는 _____

	ㄱ	ㅁ
A. 나만의 스트레스 해소 방법이 있다.	☐	☐
B. 친구가 많다.	☐	☐
C. 책을 자주 읽는다.	☐	☐
D. 활동적이다.	☐	☐

CHAPTER 04 면접전형 가이드

01 면접유형 파악

1. 면접전형의 변화

기존 면접전형에서는 일상적이고 단편적인 대화나 지원자의 첫인상 및 면접관의 주관적인 판단 등에 의해서 입사 결정 여부를 판단하는 경우가 많았습니다. 이러한 면접전형은 면접 내용의 일관성이 결여되거나 직무 관련 타당성이 부족하였고, 면접에 대한 신뢰도에 영향을 주었습니다.

기존 면접(전통적 면접)		능력중심 채용 면접(구조화 면접)
• 일상적이고 단편적인 대화 • 인상, 외모 등 외부 요소의 영향 • 주관적인 판단에 의존한 총점 부여 ⇩ • 면접 내용의 일관성 결여 • 직무관련 타당성 부족 • 주관적인 채점으로 신뢰도 저하	VS	• 일관성 – 직무관련 역량에 초점을 둔 구체적 질문 목록 – 지원자별 동일 질문 적용 • 구조화 – 면접 진행 및 평가 절차를 일정한 체계에 의해 구성 • 표준화 – 평가 타당도 제고를 위한 평가 Matrix 구성 – 척도에 따라 항목별 채점, 개인 간 비교 • 신뢰성 – 면접진행 매뉴얼에 따라 면접위원 교육 및 실습

2. 능력중심 채용의 면접 유형

① 경험 면접
  • 목적 : 선발하고자 하는 직무 능력이 필요한 과거 경험을 질문합니다.
  • 평가요소 : 직업기초능력과 인성 및 태도적 요소를 평가합니다.

② 상황 면접
  • 목적 : 특정 상황을 제시하고 지원자의 행동을 관찰함으로써 실제 상황의 행동을 예상합니다.
  • 평가요소 : 직업기초능력과 인성 및 태도적 요소를 평가합니다.

③ 발표 면접
  • 목적 : 특정 주제와 관련된 지원자의 발표와 질의응답을 통해 지원자 역량을 평가합니다.
  • 평가요소 : 직무수행능력과 인지적 역량(문제해결능력)을 평가합니다.

④ 토론 면접
  • 목적 : 토의과제에 대한 의견수렴 과정에서 지원자의 역량과 상호작용능력을 평가합니다.
  • 평가요소 : 직무수행능력과 팀워크를 평가합니다.

1. 경험 면접

① 경험 면접의 특징

- 주로 직업기초능력에 관련된 지원자의 과거 경험을 심층 질문하여 검증하는 면접입니다.
- 직무능력과 관련된 과거 경험을 평가하기 위해 심층 질문을 하며, 이 질문은 지원자의 답변에 대하여 '꼬리에 꼬리를 무는 형식'으로 진행됩니다.

- 능력요소, 정의, 심사 기준
  - 평가하고자 하는 능력요소, 정의, 심사기준을 확인하여 면접위원이 해당 능력요소 관련 질문을 제시합니다.
- Opening Question
  - 능력요소에 관련된 과거 경험을 유도하기 위한 시작 질문을 합니다.
- Follow-up Question
  - 지원자의 경험 수준을 구체적으로 검증하기 위한 질문입니다.
  - 경험 수준 검증을 위한 상황(Situation), 임무(Task), 역할 및 노력(Action), 결과(Result) 등으로 질문을 구분합니다.

경험 면접의 형태

[면접관 1] [면접관 2] [면접관 3]

[면접관 1] [면접관 2] [면접관 3]

[지원자]

〈일대다 면접〉

[지원자 1] [지원자 2] [지원자 3]

〈다대다 면접〉

PART 4

② 경험 면접의 구조

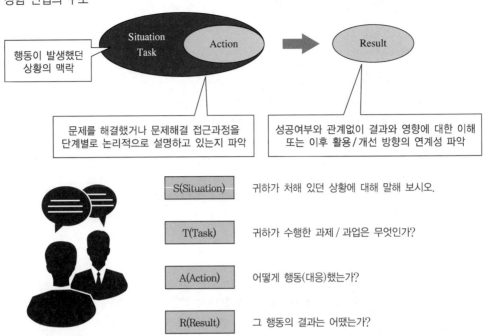

- S(Situation) 귀하가 처해 있던 상황에 대해 말해 보시오.

- T(Task) 귀하가 수행한 과제 / 과업은 무엇인가?

- A(Action) 어떻게 행동(대응)했는가?

- R(Result) 그 행동의 결과는 어땠는가?

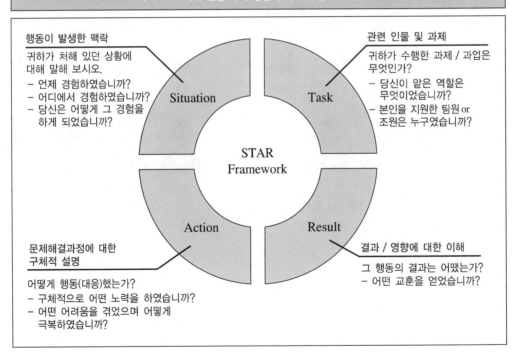

③ 경험 면접 질문 예시(직업윤리)

	시작 질문
1	남들이 신경 쓰지 않는 부분까지 고려하여 절차대로 업무(연구)를 수행하여 성과를 낸 경험을 구체적으로 말해 보시오.
2	조직의 원칙과 절차를 철저히 준수하며 업무(연구)를 수행한 것 중 성과를 향상시킨 경험에 대해 구체적으로 말해 보시오.
3	세부적인 절차와 규칙에 주의를 기울여 실수 없이 업무(연구)를 마무리한 경험을 구체적으로 말해 보시오.
4	조직의 규칙이나 원칙을 고려하여 성실하게 일했던 경험을 구체적으로 말해 보시오.
5	타인의 실수를 바로잡고 원칙과 절차대로 수행하여 성공적으로 업무를 마무리하였던 경험에 대해 말해 보시오.

	후속 질문	
상황 (Situation)	상황	구체적으로 언제, 어디에서 경험한 일인가?
		어떤 상황이었는가?
	조직	어떤 조직에 속해 있었는가?
		그 조직의 특성은 무엇이었는가?
		몇 명으로 구성된 조직이었는가?
	기간	해당 조직에서 얼마나 일했는가?
		해당 업무는 몇 개월 동안 지속되었는가?
	조직규칙	조직의 원칙이나 규칙은 무엇이었는가?
임무 (Task)	과제	과제의 목표는 무엇이었는가?
		과제에 적용되는 조직의 원칙은 무엇이었는가?
		그 규칙을 지켜야 하는 이유는 무엇이었는가?
	역할	당신이 조직에서 맡은 역할은 무엇이었는가?
		과제에서 맡은 역할은 무엇이었는가?
	문제의식	규칙을 지키지 않을 경우 생기는 문제점 / 불편함은 무엇인가?
		해당 규칙이 왜 중요하다고 생각하였는가?
역할 및 노력 (Action)	행동	업무 과정의 어떤 장면에서 규칙을 철저히 준수하였는가?
		어떻게 규정을 적용시켜 업무를 수행하였는가?
		규정은 준수하는 데 어려움은 없었는가?
	노력	그 규칙을 지키기 위해 스스로 어떤 노력을 기울였는가?
		본인의 생각이나 태도에 어떤 변화가 있었는가?
		다른 사람들은 어떤 노력을 기울였는가?
	동료관계	동료들은 규칙을 철저히 준수하고 있었는가?
		팀원들은 해당 규칙에 대해 어떻게 반응하였는가?
		규칙에 대한 태도를 개선하기 위해 어떤 노력을 하였는가?
		팀원들의 태도는 당신에게 어떤 자극을 주었는가?
	업무추진	주어진 업무를 추진하는 데 규칙이 방해되진 않았는가?
		업무수행 과정에서 규정을 어떻게 적용하였는가?
		업무 시 규정을 준수해야 한다고 생각한 이유는 무엇인가?

결과 (Result)	평가	규칙을 어느 정도나 준수하였는가?
		그렇게 준수할 수 있었던 이유는 무엇이었는가?
		업무의 성과는 어느 정도였는가?
		성과에 만족하였는가?
		비슷한 상황이 온다면 어떻게 할 것인가?
	피드백	주변 사람들로부터 어떤 평가를 받았는가?
		그러한 평가에 만족하는가?
		다른 사람에게 본인의 행동이 영향을 주었다고 생각하는가?
	교훈	업무수행 과정에서 중요한 점은 무엇이라고 생각하는가?
		이 경험을 통해 느낀 바는 무엇인가?

2. 상황 면접

① 상황 면접의 특징

직무 관련 상황을 가정하여 제시하고 이에 대한 대응능력을 직무관련성 측면에서 평가하는 면접입니다.

- 상황 면접 과제의 구성은 크게 2가지로 구분
  - 상황 제시(Description) / 문제 제시(Question or Problem)
- 현장의 실제 업무 상황을 반영하여 과제를 제시하므로 직무분석이나 직무전문가 워크숍 등을 거쳐 현장성을 높임
- 문제는 상황에 대한 기본적인 이해능력(이론적 지식)과 함께 실질적 대응이나 변수 고려능력(실천적 능력) 등을 고르게 질문해야 함

상황 면접의 형태

[면접관 1]　[면접관 2]

[연기자 1]　[연기자 2]　　　　　　　　　　[면접관 1]　[면접관 2]

[지원자]　　　　　　　　　　　　　　　[지원자 1]　[지원자 2]　[지원자 3]

〈시뮬레이션〉　　　　　　　　　　　　　　　〈문답형〉

② 상황 면접 예시

	인천공항 여객터미널 내에는 다양한 용도의 시설(사무실, 통신실, 식당, 전산실, 창고 면세점 등)이 설치되어 있습니다.	실제 업무 상황에 기반함
상황 제시	금년에 소방배관의 누수가 잦아 메인 배관을 교체하는 공사를 추진하고 있으며, 당신은 이번 공사의 담당자입니다.	배경 정보
	주간에는 공항 운영이 이루어져 주로 야간에만 배관 교체 공사를 수행하던 중, 시공하는 기능공의 실수로 배관 연결 부위를 잘못 건드려 고압배관의 소화수가 누출되는 사고가 발생하였으며, 이로 인해 인근 시설물에 누수에 의한 피해가 발생하였습니다.	구체적인 문제 상황
문제 제시	일반적인 소방배관의 배관연결(이음)방식과 배관의 이탈(누수)이 발생하는 원인에 대해 설명해 보시오.	문제 상황 해결을 위한 기본 지식 문항
	담당자로서 본 사고를 현장에서 긴급히 처리하는 프로세스를 제시하고, 보수완료 후 사후적 조치가 필요한 부분 및 재발방지 방안에 대해 설명해 보시오.	문제 상황 해결을 위한 추가 대응 문항

3. 발표 면접

① 발표 면접의 특징

- 직무관련 주제에 대한 지원자의 생각을 정리하여 의견을 제시하고, 발표 및 질의응답을 통해 지원자의 직무능력을 평가하는 면접입니다.
- 발표 주제는 직무와 관련된 자료로 제공되며, 일정 시간 후 지원자가 보유한 지식 및 방안에 대한 발표 및 후속 질문을 통해 직무적합성을 평가합니다.

- 주요 평가요소
  - 설득적 말하기 / 발표능력 / 문제해결능력 / 직무관련 전문성
- 이미 언론을 통해 공론화된 시사 이슈보다는 해당 직무분야에 관련된 주제가 발표면접의 과제로 선정되는 경우가 최근 들어 늘어나고 있음
- 짧은 시간 동안 주어진 과제를 빠른 속도로 분석하여 발표문을 작성하고 제한된 시간 안에 면접관에게 효과적인 발표를 진행하는 것이 핵심

발표 면접의 형태

[면접관 1] [면접관 2]   [면접관 1] [면접관 2]

[지원자]   [지원자 1] [지원자 2] [지원자 3]

〈개별 과제 발표〉   〈팀 과제 발표〉

※ 면접관에게 시각적 효과를 사용하여 메시지를 전달하는 쌍방향 커뮤니케이션 방식
※ 심층면접을 보완하기 위한 방안으로 최근 많은 기업에서 적극 도입하는 추세

② 발표 면접 예시

1. 지시문

당신은 현재 A사에서 직원들의 성과평가를 담당하고 있는 팀원이다. 인사팀은 지난주부터 사내 조직문화 관련 인터뷰를 하던 도중 성과평가제도에 관련된 개선 니즈가 제일 많다는 것을 알게 되었다. 이에 팀장님은 인터뷰 결과를 종합하려 성과평가제도 개선 아이디어를 A4용지에 정리하여 신속 보고할 것을 지시하셨다. 당신에게 남은 시간은 1시간이다. 자료를 준비하는 대로 당신은 팀원들이 모인 회의실에서 5분 간 발표할 것이며, 이후 질의응답을 진행할 것이다.

2. 배경자료

〈성과평가제도 개선에 대한 인터뷰〉

최근 A사는 회사 사세의 급성장으로 인해 작년보다 매출이 두 배 성장하였고, 직원 수 또한 두 배로 증가하였다. 회사의 성장은 임금, 복지에 대한 상승 등 긍정적인 영향을 주었으나 업무의 불균형 및 성과보상의 불평등 문제가 발생하였다. 또한 수시로 입사하는 신입직원과 경력직원, 퇴사하는 직원들까지 인원들의 잦은 변동으로 인해 평가해야 할 대상이 변경되어 현재의 성과평가제도로는 공정한 평가가 어려운 상황이다.

[생산부서 김상호]
우리 팀은 지난 1년 동안 생산량이 급증했기 때문에 수십 명의 신규인력이 급하게 채용되었습니다. 이 때문에 저희 팀장님은 신규 입사자들의 이름조차 기억 못할 때가 많이 있습니다. 성과평가를 제대로 하고 있는지 의문이 듭니다.

[마케팅 부서 김흥민]
개인의 성과평가의 취지는 충분히 이해합니다. 그러나 현재 평가는 실적기반이나 정성적인 평가가 많이 포함되어 있어 객관성과 공정성에는 의문이 드는 것이 사실입니다. 이러한 상황에서 평가제도를 재수립하지 않고, 인센티브에 계속 반영한다면, 평가제도에 대한 반감이 커질 것이 분명합니다.

[교육부서 홍경민]
현재 교육부서는 인사팀과 밀접하게 일하고 있습니다. 그럼에도 인사팀에서 실시하는 성과평가제도에 대한 이해가 부족한 것 같습니다.

[기획부서 김경호 차장]
저는 저의 평가자 중 하나가 연구부서의 팀장님인데, 일 년에 몇 번 같이 일하지 않는데 어떻게 저를 평가할 수 있을까요? 특히 연구팀은 저희가 예산을 배정하는데, 저에게는 좋지만….

4. 토론 면접

① 토론 면접의 특징
- 다수의 지원자가 조를 편성해 과제에 대한 토론(토의)을 통해 결론을 도출해 가는 면접입니다.
- 의사소통능력, 팀워크, 종합인성 등의 평가에 용이합니다.

> - 주요 평가요소
>   - 설득적 말하기, 경청능력, 팀워크, 종합인성
> - 의견 대립이 명확한 주제 또는 채용분야의 직무 관련 주요 현안을 주제로 과제 구성
> - 제한된 시간 내 토론을 진행해야 하므로 적극적으로 자신 있게 토론에 임하고 본인의 의견을 개진할 수
>   있어야 함

토론 면접의 형태

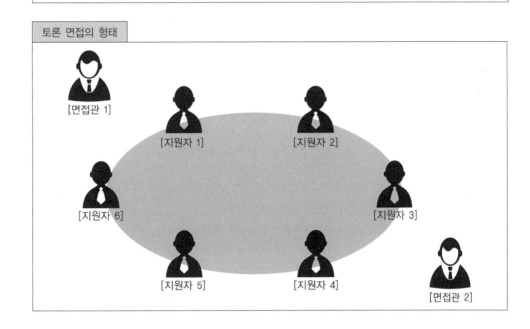

② 토론 면접 예시

고객 불만 고충처리

1. 들어가며

최근 우리 상품에 대한 고객 불만의 증가로 고객고충처리 TF가 만들어졌고 당신은 여기에 지원해 배치받았다. 당신의 업무는 불만을 가진 고객을 만나서 애로사항을 듣고 처리해 주는 일이다. 주된 업무로는 고객의 니즈를 파악해 방향성을 제시해 주고 그 해결책을 마련하는 일이다. 하지만 경우에 따라서 고객의 주관적인 의견으로 인해 제대로 된 방향으로 의사결정을 하지 못할 때가 있다. 이럴 경우 설득이나 논쟁을 해서라도 의견을 관철시키는 것이 좋을지 아니면 고객의 의견대로 진행하는 것이 좋을지 결정해야 할 때가 있다. 만약 당신이라면 이러한 상황에서 어떤 결정을 내릴 것인지 여부를 자유롭게 토론해 보시오.

2. 1분 자유 발언 시 준비사항

- 당신은 의견을 자유롭게 개진할 수 있으며 이에 따른 불이익은 없습니다.
- 토론의 방향성을 이해하고, 내용의 장점과 단점이 무엇인지 문제를 명확히 말해야 합니다.
- 합리적인 근거에 기초하여 개선방안을 명확히 제시해야 합니다.
- 제시한 방안을 실행 시 예상되는 긍정적 · 부정적 영향요인도 동시에 고려할 필요가 있습니다.

3. 토론 시 유의사항

- 토론 주제문과 제공해드린 메모지, 볼펜만 가지고 토론장에 입장할 수 있습니다.
- 사회자의 지정 또는 발표자가 손을 들어 발언권을 획득할 수 있으며, 사회자의 통제에 따릅니다.
- 토론회가 시작되면, 팀의 의견과 논거를 정리하여 1분간의 자유발언을 할 수 있습니다. 순서는 사회자가 지정합니다. 이후에는 자유롭게 상대방에게 질문하거나 답변을 하실 수 있습니다.
- 핸드폰, 서적 등 외부 매체는 사용하실 수 없습니다.
- 논제에 벗어나는 발언이나 지나치게 공격적인 발언을 할 경우, 위에서 제시한 유의사항을 지키지 않을 경우 불이익을 받을 수 있습니다.

1. 면접 Role Play 편성

- 교육생끼리 조를 편성하여 면접관과 지원자 역할을 교대로 진행합니다.
- 지원자 입장과 면접관 입장을 모두 경험해 보면서 면접에 대한 적응력을 높일 수 있습니다.

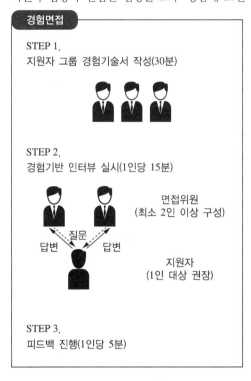

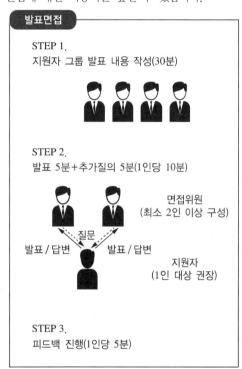

> **Tip**
>
> 면접 준비하기
> 1. 면접 유형 확인 필수
>   - 기업마다 면접 유형이 상이하기 때문에 해당 기업의 면접 유형을 확인하는 것이 좋음
>   - 일반적으로 실무진 면접, 임원 면접 2차례에 거쳐 면접을 실시하는 기업이 많고 실무진 면접과 임원 면접에서 평가요소가 다르기 때문에 유형에 맞는 준비방법이 필요
> 2. 후속 질문에 대한 사전 점검
>   - 블라인드 채용 면접에서는 주요 질문과 함께 후속 질문을 통해 지원자의 직무능력을 판단
>   → STAR 기법을 통한 후속 질문에 미리 대비하는 것이 필요

한국관광공사의 면접전형은 필기전형 합격자를 대상으로, 1차 면접전형과 2차 면접전형으로 나누어 이루어진다. 1차 면접전형은 직무 상황에 대해 발표 및 질의하는 직무능력 면접, 회화 및 독해 능력 등을 평가하는 외국어 면접으로 진행한다. 2차 면접전형은 역량 면접으로 진행하며, 조직 적합성·적응 능력·일반 인성 등을 평가한다.

1. 2024년 기출질문

- 지역관광 활성화를 위한 방안이 무엇인지 말해 보시오.
- 창의적으로 문제를 해결해 본 경험이 있는지, 있다면 어떤 경험인지 말해 보시오.
- 한국관광공사의 주 고객은 누구라고 생각하는지 말해 보시오.
- 갈등 해결 사례에 대해 말해 보시오.
- 가장 관심 있는 사업에 대해 말해 보시오.
- 의사소통으로 문제가 발생했던 경험과 과거로 돌아간다면 어떻게 해결할 것인지 말해 보시오.
- 오사스에 대해 알고 있는지 말해 보시오.
- 공사에서 어떤 점이 위험한지, 어떤 걸 중점적으로 개선할 건지 말해 보시오.

2. 2023년 기출질문

- K-문화와 지역 관광 활성화 방안에 대해 말해 보시오.
- 웰니스(Wellness) 관광에 대해 영어로 설명해 보시오.
- 한국관광공사의 온라인 콘텐츠로 무엇이 좋을지 말해 보시오.
- 최근에 본 한국관광공사의 콘텐츠 중 기억에 남는 것을 말해 보시오.
- 새로운 아이디어를 낸 경험이 있다면 말해 보시오.
- 조직을 변화시킨 경험이 있다면 말해 보시오.
- 한국관광공사의 고객이 누구라고 생각하는지 말해 보시오.
- 본인은 조직에 빠르게 적응하는 편인가? 느리게 적응하는 편인가?
- 불합리한 원칙을 겪은 경험이 있다면 말해 보시오.
- 본인에게 부족하다고 생각하는 역량을 단답형으로 말해 보시오.
- 아시아 태평양 관광협회에 대해 아는 대로 설명해 보시오.
- 비대면 관광의 성장 방안에 대해 말해 보시오.

- 비대면 관광 콘텐츠에 대한 아이디어를 말해 보시오.
- 국내 관광을 활성화하기 위한 방안을 말해 보시오.
- 예상치 못한 상황으로 야근을 하게 된다면 어떻게 할 것인지 말해 보시오.
- 본인의 미래 계획에 대해 말해 보시오.
- 관광과 관련된 업무는 처음인데 잘 적응할 수 있겠는가?
- 갈등을 해결한 경험이 있다면 말해 보시오.
- 업무를 하면서 가장 기억에 남는 손님에 대해 말해 보시오.
- 해외 경험이 있다면 말해 보시오.
- 창의력을 발휘한 경험이 있다면 말해 보시오.
- 본인이 생각하는 갑질이란 무엇인지 말해 보시오.
- 본인을 한 단어로 표현해 보시오.

3. 2022년 기출질문

- 한국 관광의 문제점에 대해 말해 보시오.
- 한국관광공사에서 해 보고 싶은 사업이 있다면 무엇인지 말해 보시오.
- 한국관광공사 사업과 관련해서든 그 외적인 것이든 본인이 괜찮다고 생각하는 관광 콘텐츠가 있는가?
- 코로나 이후 관광 산업은 어떻게 변할지 예상하여 말해 보시오.
- 본인의 성격상 장점과 단점에 대해 말해 보시오.
- 본인의 단점은 무엇이며, 이를 극복하려고 어떠한 노력을 하였는지 말해 보시오.
- 한국관광공사가 하는 일이 무엇인지 설명해 보시오.
- 한국관광공사의 본사와 지사의 역할과 그 차이점에 대해 설명해 보시오.
- 상사의 부당한 지시가 있다면 어떻게 대처할 것인지 말해 보시오.
- 관광과 관련된 직무 경험이 있다면 말해 보시오.
- 현재 한국관광공사에서 진행 중인 사업에는 무엇이 있는지 말해 보시오.

4. 2021년 기출질문

- 코로나로 인한 관광 산업의 위축에 대해 설명하고, 관광 산업의 조기 활성화를 위해 한국관광공사가 할 수 있는 일은 무엇인지 말해 보시오.
- 한국관광공사에 입사해서 관광 산업의 발전을 위해 해 보고 싶은 계획이 있는가?
- 조직생활을 하면서 겪은 갈등 상황과 이를 해결하기 위한 방안에 대해 말해 보시오.
- 사회생활 중 업무 외적인 부분에서 겪은 어려움이 있다면 말해 보시오.
- 본인이 지원한 직무와 맞지 않는 업무를 하게 된다면 어떻게 할 것인지 말해 보시오.
- 한국관광공사에 입사 후 5년 뒤의 본인은 어떠한 모습일지 말해 보시오.
- 본인이 깊이 빠져 있는 분야가 있는가? 그 분야는 한국관광공사에 도움이 될 수 있는지 말해 보시오.
- 팀 프로젝트 활동 시 본인은 리더형인가? 팔로워형인가?
- 한국관광공사의 스마트 관광도시 조성사업에 대해 설명해 보시오.
- 한국관광공사를 알게 된 계기에 대해 말해 보시오.
- 한국관광공사에서 하는 일에는 어떤 것이 있는지 설명해 보시오.
- 한국관광공사에 지원하기 위하여 어떤 노력을 했는지 말해 보시오.
- 한국관광공사의 존재 이유와 가치에 대해 설명해 보시오.
- 평소 다른 사람들이 본인을 어떻게 평가하는지 말해 보시오.
- 만약 회사 동료가 본인에게 일을 미룬다면 어떻게 대처할 것인지 말해 보시오.
- 과중한 업무를 맡게 된다면 어떻게 대처할 것인지 말해 보시오.
- 민원 응대 경험이 있다면 말해 보시오.
- 한국관광공사에 지원하게 된 이유를 말해 보시오.
- 다른 사람에게 추천하고 싶은 여행지와 그 이유에 대해 말해 보시오.
- 트래블버블에 대해 설명해 보시오.
- 한국관광공사 SNS의 장점과 단점에 대해 설명해 보시오.
- 나만의 마케팅 방안에 대해 말해 보시오.
- 한국관광공사의 미흡한 점과 그 해결 방안을 말해 보시오.
- MZ세대의 여행 트렌드에 대해 설명해 보시오.

5. 2020년 기출질문

- 한국관광공사를 알게 된 계기는 무엇인지 말해 보시오.
- 한국관광공사에서 근무하고 싶은 분야는 무엇인지 말해 보시오.
- 본인의 역량과 장점에 대해 말해 보시오.
- 업무를 진행하면서 가장 중요하게 생각하는 것은 무엇인지 말해 보시오.
- 가장 자신 있는 자신의 경력에 대해 말해 보시오.
- 자동차 렌트 사업과 관련하여 한국관광공사 SNS 활용 방안에 대해 말해 보시오.
- 무엇을 계획하여 성공한 경험이 있다면 말해 보시오.
- 한국관광공사에 입사를 준비하면서 했던 대외 활동에 대해 말해 보시오.
- 외국인에게 소개하고 싶은 국내 여행상품에 대해 말해 보시오.
- 한국만이 가지고 있는 차별화된 관광자원은 무엇인지 말해 보시오.
- 동아시아 관광객을 유치하기 위한 방안에 대해 말해 보시오.
- 한국 관광 안내체계의 문제점과 그 보완책에 대해 말해 보시오.
- 관광 산업에 대한 국내외 민간투자 확대 방안에 대해 말해 보시오.
- 남한과 북한이 연계된 관광 산업 활성화 방안에 대해 말해 보시오.
- 입사 후 본인의 업무 비전과 포부에 대해 말해 보시오.
- 한국관광공사 기업이미지 홍보 방안에 대해 말해 보시오.
- 본인이 수행하고 싶은 관광 분야나 사업에 대해 말해 보시오.
- 최근의 한일관계 악화가 한국 관광 산업에 미칠 영향과 한국관광공사가 대비해야 할 것은 무엇인지 말해 보시오.
- 한국관광공사를 모르는 사람에게 한국관광공사를 어떠한 방안으로 설명할 것인지 말해 보시오.
- 여러 가지 업무가 한 번에 겹치면 어떻게 해결할 것인지 말해 보시오.
- 의료 관광은 의료 산업인지 관광 산업인지 정하고, 그 이유에 대해 설명해 보시오.
- 관광의 정의에 대해 설명해 보시오.
- 마케팅의 정의에 대해 설명해 보시오.
- 실제 맡게 될 업무가 예상과 다를 경우 어떻게 할 것인지 말해 보시오.
- 평창 동계 올림픽 시설의 사후 활용 방안에 대해 말해 보시오.
- 한국 관광의 질적 향상을 위해 한국관광공사가 해야 할 일은 무엇인지 말해 보시오.
- MICE의 의미에 대해 설명해 보시오.
- 해외여행 경험과 가장 추천하고 싶은 여행지에 대해 말해 보시오.
  - 여행지가 국내 관광에 비해 더 좋았다면 그 이유에 대해 말해 보시오.
- 우리나라 관광 산업 인프라의 문제점에 대해 말해 보시오.
- 관광 산업을 위한 인프라 설치로 인해 훼손되는 자연에 대한 본인의 견해를 말해 보시오.
- 현 시점에서 한국관광공사의 기회요인과 위기요인에 대해 말해 보시오.
- 외국인 관광객 유치 방안에 대해 말해 보시오.
- 본인이 존경하는 인물과 그 이유에 대해 말해 보시오.
- 한국관광공사에 본인이 기여할 수 있는 것은 무엇인지 말해 보시오.

MEMO

MEMO

S

한국
관광공사

통합기본서

편저 | SDC(Sidae Data Center)

정답 및 해설

기출복원문제부터
대표기출유형 및
모의고사까지

한 권으로
마무리!

D

SDC

SDC는 시대에듀 데이터 센터의 약자로
약 30만 개의 NCS · 적성 문제 데이터를
바탕으로 최신 출제경향을 반영하여
문제를 출제합니다.

시대에듀

Add+

주요 공기업 기출복원문제

끝까지 책임진다! 시대에듀!

QR코드를 통해 도서 출간 이후 발견된 오류나 개정법령, 변경된 시험 정보, 최신기출문제, 도서 업데이트 자료
등이 있는지 확인해 보세요! **시대에듀 합격 스마트 앱**을 통해서도 알려 드리고 있으니 구글 플레이나 앱 스토어
에서 다운받아 사용하세요. 또한, 파본 도서인 경우에는 구입하신 곳에서 교환해 드립니다.

2024년 하반기 NCS 기출복원문제

01	02	03	04	05	06	07	08	09	10	11	12	13	14	15	16	17	18	19	20
④	③	⑤	③	③	③	④	④	③	⑤	③	④	②	①	③	④	⑤	④	③	④
21	22	23	24	25	26	27	28	29	30	31	32	33	34	35	36	37	38	39	40
⑤	③	②	⑤	⑤	③	③	③	①	①	③	①	②	①	④	③	④	④	④	③
41	42	43	44	45	46	47	48	49	50										
②	③	⑤	③	①	④	④	⑤	②	②										

01
정답 ④

쉼이란 대화 도중에 잠시 침묵하는 것을 말한다. 쉼을 사용하는 대표적인 경우는 다음과 같다.
• 이야기의 전이 시(흐름을 바꾸거나 다른 주제로 넘어갈 때)
• 양해, 동조, 반문의 경우
• 생략, 암시, 반성의 경우
• 여운을 남길 때
위와 같은 목적으로 쉼을 활용함으로써 논리성, 감정 제고, 동질감 등을 확보할 수 있다.
반면, 연단공포증은 면접이나 발표 등 청중 앞에서 이야기할 때 가슴이 두근거리고, 입술이 타고, 식은땀이 나고, 얼굴이 달아오르는 생리적인 현상으로, 쉼과는 관련이 없다. 연단공포증은 90% 이상의 사람들이 호소하는 불안이므로 극복하기 위해서는 연단공포증에 대한 걱정을 떨쳐내고 이러한 심리현상을 잘 통제하여 의사 표현하는 것을 연습해야 한다.

02
정답 ③

미국의 심리학자인 도널드 키슬러는 대인관계 의사소통 방식을 체크리스트로 평가하여 8가지 유형으로 구분하였다. 이 중 친화형은 따뜻하고 배려심이 깊으며, 타인과의 관계를 중시하는 유형이다. 또한 협동적이고 조화로운 성격으로, 자기희생적인 경향이 강하다.

키슬러의 대인관계 의사소통 유형
• 지배형 : 자신감이 있고 지도력이 있으나 논쟁적이고 독단이 강하여 대인 갈등을 겪을 수 있으므로 타인의 의견을 경청하고 수용하는 자세가 필요하다.
• 실리형 : 이해관계에 예민하고 성취 지향적으로 경쟁적인 데다 자기중심적이어서 타인의 입장을 배려하고 관심을 갖는 자세가 필요하다.
• 냉담형 : 이성적인 의지력이 강하고 타인의 감정에 무관심하며 피상적인 대인관계를 유지하므로 타인의 감정 상태에 관심을 가지고 긍정적인 감정을 표현하는 것이 필요하다.
• 고립형 : 혼자 있는 것을 선호하고 사회적 상황을 회피하며 지나치게 자신의 감정을 억제하므로 대인관계의 중요성을 인식하고 타인에 대한 비현실적인 두려움의 근원을 성찰하는 것이 필요하다.
• 복종형 : 수동적이고 의존적이며 자신감이 없으므로 적극적인 자기표현과 주장이 필요하다.
• 순박형 : 단순하고 솔직하며 자기주관이 부족하므로 자기주장을 하는 노력이 필요하다.
• 친화형 : 따뜻하고 인정이 많고 자기희생적이나 타인의 요구를 거절하지 못하므로 타인과의 정서적인 거리를 유지하는 노력이 필요하다.
• 사교형 : 외향적이고 인정하는 욕구가 강하며, 타인에 대한 관심이 많아서 간섭하는 경향이 있고 흥분을 잘 하므로 심리적 안정과 지나친 인정욕구에 대한 성찰이 필요하다.

03

철도사고는 달리는 도중에도 발생할 수 있으므로 먼저 인터폰을 통해 승무원에게 사고를 알리고, 열차가 멈춘 후에 안내방송에 따라 비상핸들이나 비상콕크를 돌려 문을 열고 탈출해야 한다. 만일 화재가 발생했을 경우에는 승무원에게 사고를 알리고 곧바로 119에도 신고를 해야 한다.

[오답분석]
① 침착함을 잃고 패닉에 빠지게 되면, 적절한 행동요령에 따라 대피하기 어렵다. 따라서 사고현장에서 대피할 때는 승무원의 안내에 따라 질서 있게 대피해야 한다.
② 화재사고 발생 시 승객들은 여유가 있을 경우 전동차 양 끝에 비치된 소화기로 초기 진화를 시도해야 한다.
③ 역이 아닌 곳에서 열차가 멈췄을 경우 감전의 위험이 있으므로 반드시 승무원의 안내에 따라 반대편 선로의 열차 진입에 유의하며 대피 유도등을 따라 침착하게 비상구로 대피해야 한다.
④ 전동차에서 대피할 때는 부상자, 노약자, 임산부 등 탈출이 어려운 사람부터 먼저 대피할 수 있도록 배려하고 도와주어야 한다.

04

하향식 읽기 모형은 독자의 배경지식을 바탕으로 글의 맥락을 먼저 파악하는 읽기 전략이다. ③의 경우 제품 설명서를 통해 세부 기능과 버튼별 용도를 파악하고 기계를 작동시켰으므로 상향식 읽기를 수행한 사례이다. 제품 설명서를 하향식으로 읽는다면 제품 설명서를 읽기 전 제품을 보고 배경지식을 바탕으로 어떤 기능이 있는지 예측하고, 해당 기능을 수행하는 세부 방법을 제품 설명서를 통해 찾아봐야 한다.

[오답분석]
① 회의의 주제에 대한 배경지식을 가지고 회의 안건을 예상한 후 회의 자료를 파악하였으므로 하향식 읽기 모형에 해당한다.
② 헤드라인을 먼저 읽어 배경지식을 바탕으로 전체적인 내용을 파악하고 상세 내용을 읽었으므로 하향식 읽기 모형에 해당한다.
④ 요리에 대한 경험과 지식을 바탕으로 요리 과정을 파악하였으므로 하향식 읽기 모형에 해당한다.
⑤ 해당 분야에 대한 기본적인 지식을 바탕으로 서문이나 목차를 통해 책의 전체적인 흐름을 파악하였으므로 하향식 읽기 모형에 해당한다.

05

농도가 15%인 소금물 200g의 소금의 양은 $200 \times \frac{15}{100} = 30$g이고, 농도가 20%인 소금물 300g의 소금의 양은 $300 \times \frac{20}{100} = 60$g이다. 따라서 두 소금물을 섞었을 때의 농도는 $\frac{30+60}{200+300} \times 100 = \frac{90}{500} \times 100 = 18\%$이다.

06

동성끼리 인접하지 않는 경우는 남직원과 여직원이 번갈아 앉는 경우뿐이다. 이때 여직원 D의 자리를 기준으로 남직원 B가 옆에 앉는 경우를 다음과 같이 나눌 수 있다.
• 첫 번째, 여섯 번째 자리에 여직원 D가 앉는 경우
  남직원 B가 여직원 D 옆에 앉는 경우는 1가지뿐으로, 남은 자리에 남직원, 여직원이 번갈아 앉아 경우의 수는 $2 \times 1 \times 2! \times 2! = 8$가지이다.
• 두 번째, 세 번째, 네 번째, 다섯 번째 자리에 여직원 D가 앉는 경우
  각 경우에 대하여 남직원 B가 여직원 D 옆에 앉는 경우는 2가지이다. 남은 자리에 남직원, 여직원이 번갈아 앉으므로 경우의 수는 $4 \times 2 \times 2! \times 2! = 32$가지이다.
따라서 구하고자 하는 경우의 수는 $8 + 32 = 40$가지이다.

07

정답 ④

제시된 수열은 홀수 항일 때 +12, +24, +48, …이고, 짝수 항일 때 +20인 수열이다.
따라서 빈칸에 들어갈 수는 13+48=61이다.

08

정답 ④

2022년에 중학교에서 고등학교로 진학한 학생의 비율은 99.7%이고, 2023년에 중학교에서 고등학교로 진학한 학생의 비율은 99.6%이다. 따라서 진학한 비율이 감소하였으므로 중학교에서 고등학교로 진학하지 않은 학생의 비율은 증가하였음을 알 수 있다.

오답분석

① 중학교의 취학률이 가장 낮은 해는 97.1%인 2020년이다. 이는 97% 이상이므로 중학교의 취학률은 매년 97% 이상이다.
② 매년 초등학교의 취학률이 가장 높다.
③ 고등교육기관의 취학률은 2020년 이후로 계속해서 70% 이상을 기록하였다.
⑤ 고등교육기관의 취학률이 가장 낮은 해는 2016년이고, 고등학교의 상급학교 진학률이 가장 낮은 해 또한 2016년이다.

09

정답 ③

오답분석

① B기업의 매출액이 가장 많은 때는 2024년 3월이지만, 그래프에서는 2024년 4월의 매출액이 가장 많은 것으로 나타났다.
② 2024년 2월에는 A기업의 매출이 더 많지만, 그래프에서는 B기업이 더 많은 것으로 나타났다.
④ A기업의 매출액이 가장 적은 때는 2024년 4월이지만, 그래프에서는 2024년 3월의 매출액이 가장 적은 것으로 나타났다.
⑤ A기업과 B기업의 매출액의 차이가 가장 큰 때는 2024년 1월이지만, 그래프에서는 2024년 5월과 6월의 매출액 차이가 더 큰 것으로 나타났다.

10

정답 ⑤

스마트 팜 관련 정부 사업 참여 경험은 K사의 강점요인이다. 또한 정부의 적극적인 지원은 스마트 팜 시장 성장에 따른 기회요인이다. 따라서 스마트 팜 관련 정부 사업 참여 경험을 바탕으로 정부의 적극적인 지원을 확보하는 것은 내부의 강점을 통해 외부의 기회요인을 극대화하는 SO전략에 해당한다.

오답분석

①·②·③·④ 외부의 기회를 이용하여 내부의 약점을 보완하는 WO전략에 해당한다.

11

정답 ③

A~F 모두 문맥을 무시하고 일부 문구에만 집착하여 뜻을 해석하고 있으므로 '과대해석의 오류'를 범하고 있다. 과대해석의 오류는 전체적인 상황이나 맥락을 고려하지 않고 특정 단어나 문장에만 집착하여 의미를 해석하는 오류로, 글의 의미를 지나치게 확대하거나 축소하여 생각하고, 문자 그대로의 의미에만 너무 집착하여 다른 가능성이나 해석을 배제하게 되는 논리적 오류이다.

오답분석

① 무지의 오류 : '신은 존재하지 않는다가 증명되지 않았으므로 신은 존재한다.'처럼 증명되지 않았다고 해서 그 반대의 주장이 참이라고 생각하는 오류이다.
② 연역법의 오류 : '조류는 날 수 있다. 펭귄은 조류이다. 따라서 펭귄은 날 수 있다.'처럼 잘못된 삼단논법에 의해 발생하는 논리적 오류이다.
④ 허수아비 공격의 오류 : '저 사람은 과거에 거짓말을 한 적이 있으니 이번에 일어난 사기 사건의 범인이다.'처럼 개별적 인과관계를 입증하지 않고 전혀 상관없는 별개의 논리를 만들어 공격하는 논리적 오류이다.
⑤ 권위나 인신공격에 의존한 논증 : '제정신을 가진 사람이면 그런 주장을 할 수가 없다.'처럼 상대방의 주장 대신 인격을 공격하거나, '최고 권위자인 A교수도 이런 말을 했습니다.'처럼 자신의 논리적인 약점을 권위자를 통해 덮으려는 논리적 오류이다.

12

A∼E열차의 운행시간 단위를 시간 단위로, 평균 속력의 단위를 시간당 운행거리로 통일하여 정리하면 다음과 같다.

구분	운행시간	평균 속력	운행거리
A열차	900분=15시간	50m/s=(50×60×60)m/h=180km/h	15×180=2,700km
B열차	10시간 30분=10.5시간	150km/h	10.5×150=1,575km
C열차	8시간	55m/s=(55×60×60)m/h=198km/h	8×198=1,584km
D열차	720분=12시간	2.5km/min=(2.5×60)km/h=150km/h	12×150=1,800km
E열차	10시간	2.7km/min=(2.7×60)m/h=162km/h	10×162=1,620km

따라서 C열차의 운행거리는 네 번째로 길다.

13

K대학교 기숙사 운영위원회는 단순히 '기숙사에 문제가 있다.'라는 큰 문제에서 벗어나 식사, 시설, 통신환경이라는 세 가지 주요 문제를 파악하고 문제별로 다시 세분화하여 더욱 구체적으로 인과관계 및 구조를 파악하여 분석하고 있다. 따라서 제시문에서 나타난 문제해결 절차는 '문제 도출'이다.

> **문제해결 절차 5단계**
> 1. 문제 인식 : 해결해야 할 전체 문제를 파악하여 우선순위를 정하고 선정 문제에 대한 목표를 명확히 하는 단계
> 2. 문제 도출 : 선정된 문제를 분석하여 해결해야 할 것이 무엇인지를 명확히 하는 단계로, 현상에 대한 문제를 분해하여 인과관계 및 구조를 파악하는 단계
> 3. 원인 분석 : 파악된 핵심 문제에 대한 분석을 통해 근본 원인을 도출해 내는 단계
> 4. 해결안 개발 : 문제로부터 도출된 근본 원인을 효과적으로 해결할 수 있는 최적의 해결 방안을 수립하는 단계
> 5. 실행 및 평가 : 해결안 개발을 통해 만들어진 실행 계획을 실제 상황에 적용하는 단계로, 해결안을 통해 문제의 원인들을 제거해 나가는 단계

14

공공사업을 위해 투입된 세금을 본래의 목적에 사용하지 않고 무단으로 다른 곳에 쓴 상황이므로 '예정되어 있는 곳에 쓰지 아니하고 다른 데로 돌려서 씀'을 의미하는 '전용(轉用)'이 가장 적절한 단어이다.

[오답분석]
② 남용(濫用) : 일정한 기준이나 한도를 넘어서 함부로 씀
③ 적용(適用) : 알맞게 이용하거나 맞추어 씀
④ 활용(活用) : 도구나 물건 따위를 충분히 잘 이용함
⑤ 준용(遵用) : 그대로 좇아서 씀

15

시조새는 비대칭형 깃털을 가진 최초의 동물로, 현대의 날 수 있는 조류처럼 바람을 맞는 곳의 깃털은 짧고, 뒤쪽은 긴 형태로 이루어졌으며, 이와 같은 비대칭형 깃털이 양력을 제공하여 짧은 거리의 활강을 가능하게 하였다. 따라서 비행을 하기 위한 시조새의 신체 조건은 날개의 깃털이 비대칭 구조로 형성되어 있는 것이다.

[오답분석]
① 제시문에서 언급하지 않은 내용이다.
②·④ 세 개의 갈고리 발톱과 척추뼈가 꼬리까지 이어지는 구조는 공룡의 특징을 보여주는 신체 조건이다.
⑤ 시조새는 현대 조류처럼 가슴뼈가 비행에 최적화된 형태로 발달되지 않았다고 언급하고 있다.

16

정답 ④

제시문은 서양의학에 중요한 영향을 준 히포크라테스와 갈레노스에 대해 소개하고 있다. 히포크라테스는 자연적 관찰을 통해 의사를 과학적인 기반 위의 직업으로 만들었으며, 히포크라테스 선서와 같이 전문직업으로써의 윤리적 기준을 마련한 서양의학의 상징이라고 소개하고 있으며, 갈레노스는 실제 해부와 임상 실험을 통해 의학 이론을 증명하고 방대한 저술을 남겨 후대 의학 발전에 큰 영향을 주었음을 설명하고 있다. 따라서 '히포크라테스와 갈레노스가 서양의학에 끼친 영향과 중요성'이 제시문의 주제이다.

오답분석
① 갈레노스의 의사로서의 이력은 언급하고 있지만, 생애에 대해 구체적으로 밝히는 글은 아니다.
② 갈레노스가 해부와 실험을 통해 의학 이론을 증명하였음을 설명할 뿐이며, 해부학의 발전 과정에 대해 설명하는 글은 아니다.
③ 히포크라테스 선서는 히포크라테스가 서양의학에 남긴 중요한 윤리적 기준이지만, 이를 중심으로 설명하는 글은 아니다.
⑤ 히포크라테스와 갈레노스 모두 4체액설과 같은 부분에서는 현대 의학과는 거리가 있었음을 밝히고 있다.

17

정답 ⑤

'비상구'는 '화재나 지진 따위의 갑작스러운 사고가 일어날 때에 급히 대피할 수 있도록 특별히 마련한 출입구'이다. 따라서 이와 가장 비슷한 단어는 '갇힌 곳에서 빠져나가거나 도망하여 나갈 수 있는 출구'를 의미하는 '탈출구'이다.

오답분석
① 진입로 : 들어가는 길
② 출입구 : 나갔다가 들어왔다가 하는 어귀나 문
③ 돌파구 : 가로막은 것을 쳐서 깨뜨려 통과할 수 있도록 뚫은 통로나 목
④ 여울목 : 여울물(강이나 바다 따위의 바닥이 얕거나 폭이 좁아 물살이 세게 흐르는 곳의 물)이 턱진 곳

18

정답 ④

A열차의 속력을 V_a, B열차의 속력을 V_b라 하고, 터널의 길이를 l, 열차의 전체 길이를 x라 하자.

A열차가 터널을 진입하고 빠져나오는 데 걸린 시간은 $\dfrac{l+x}{V_a}=14$초이다. B열차가 A열차보다 5초 늦게 진입하고 5초 빠르게 빠져나왔으므로 터널을 진입하고 빠져나오는 데 걸린 시간은 $14-5-5=4$초이다. 그러므로 $\dfrac{l+x}{V_b}=4$초이다.

같은 거리를 A열차는 14초, B열차는 4초가 걸렸으므로 B열차는 A열차보다 3.5배 빠르다.

19

정답 ③

A팀은 5일마다, B팀은 4일마다 회의실을 사용하므로 두 팀이 회의실을 사용하고자 하는 날은 20일마다 겹친다. 첫 번째 겹친 날에 A팀이 먼저 사용했으므로 20일 동안 A팀이 회의실을 사용한 횟수는 4회이다. 두 번째 겹친 날에는 B팀이 사용하므로 40일 동안 A팀이 회의실을 사용한 횟수는 7회이고, 세 번째로 겹친 날에는 A팀이 회의실을 사용하므로 60일 동안 A팀은 회의실을 11회 사용하였다. 이를 표로 정리하면 다음과 같다.

겹친 횟수	첫 번째	두 번째	세 번째	네 번째	다섯 번째	…	$(n-1)$번째	n번째
회의실 사용 팀	A팀	B팀	A팀	B팀	A팀	…	A팀	B팀
A팀의 회의실 사용 횟수	4회	7회	11회	14회	18회	…		

겹친 날을 기준으로 A팀은 9회, B팀은 8회를 사용하였으므로 다음으로는 B팀이 회의실을 사용할 순서이다. 이때, B팀이 m번째로 회의실을 사용할 순서라면 A팀이 이때까지 회의실을 사용한 횟수는 $7m$회이다. 따라서 B팀이 겹친 날을 기준으로 회의실을 8회까지 사용하였고, 9번째로 사용할 순서이므로 이때까지 A팀이 회의실을 사용한 횟수는 최대 $7\times9=63$회이다.

20
정답 ④

마지막 조건에 따라 광물 B는 인회석이고, 광물 B로 광물 C를 긁었을 때 긁힘 자국이 생기므로 광물 C는 인회석보다 무른 광물이다. 한편, 광물 A로 광물 C를 긁었을 때 긁힘 자국이 생기므로 광물 A는 광물 C보다 단단하고, 광물 A로 광물 B를 긁었을 때 긁힘 자국이 생기지 않으므로 광물 A는 광물 B보다는 무른 광물이다. 따라서 가장 단단한 광물은 B이며, 그다음으로 A, C 순으로 단단하다.

[오답분석]
① 광물 C는 인회석보다 무른 광물이므로 석영이 아니다.
② 광물 A는 인회석보다 무른 광물이지만, 방해석인지는 확인할 수 없다.
③ 가장 무른 광물은 C이다.
⑤ 광물 B는 인회석이므로 모스 굳기 단계는 5단계이다.

21
정답 ⑤

J공사의 지점 근무 인원이 71명이므로 가용 인원수가 부족한 B오피스는 제외된다. 또한, 시설 조건에서 스튜디오와 회의실이 필요하다고 했으므로 스튜디오가 없는 D오피스도 제외된다. 나머지 A, C, E오피스는 모두 교통 조건을 충족하므로 임대비용만 비교하면 된다. A, C, E오피스의 5년 임대비용은 다음과 같다.
• A오피스 : 600만×71×5＝213,000만 원 → 21억 3천만 원
• C오피스 : 3,600만×12×5＝216,000만 원 → 21억 6천만 원
• E오피스 : (3,800만×12×0.9)×5＝205,200만 원 → 20억 5천 2백만 원
따라서 사무실 이전 조건을 바탕으로 가장 저렴한 공유 오피스인 E오피스로 이전할 것이다.

22
정답 ③

에너지바우처를 신청하기 위해서는 소득기준과 세대원 특성기준을 모두 충족해야 한다. C는 생계급여 수급자이므로 소득기준을 충족하고, 65세 이상이므로 세대원 특성기준도 충족한다. 그러나 C의 경우 보장시설인 양로시설에 거주하는 보장시설 수급자이므로 지원 제외 대상이다. 따라서 C는 에너지바우처를 신청할 수 없다.

[오답분석]
① A의 경우 의료급여 수급자이므로 소득기준을 충족하고, 7세 이하의 영유아가 있으므로 세대원 특성기준도 충족한다. 따라서 에너지바우처를 신청할 수 있다.
② B의 경우 교육급여 수급자이므로 소득기준을 충족하고, 한부모가족이므로 세대원 특성기준도 충족한다. 또한 4인 이상 세대에 해당하므로 바우처 지원금액은 716,300원으로 70만 원 이상이다.
④ 동절기 에너지바우처 지원방법은 요금차감과 실물카드 2가지 방법이 있다. 이 중 D의 경우 연탄보일러를 이용하고 있으므로 실물카드를 받아 연탄을 직접 결제하는 방식으로 지원받아야 한다.
⑤ E의 경우 생계급여 수급자이므로 소득기준을 충족하고, 희귀질환을 앓고 있는 어머니가 세대원으로 있으므로 세대원 특성기준도 충족한다. 또한 2인 세대에 해당하므로 하절기 바우처 지원금액인 73,800원이 지원된다. 이때, 하절기는 전기요금 고지서에서 요금을 자동으로 차감해 주므로 전기비에서 73,800원이 차감될 것이다.

23
정답 ②

A가족과 B가족 모두 소득기준과 세대원 특성기준이 에너지바우처 신청기준을 충족한다. A가족의 경우 5명이므로 총 716,300원을 지원받을 수 있다. 그러나 이미 연탄쿠폰을 발급받았으므로 동절기 에너지바우처는 지원받을 수 없다. 따라서 하절기 지원금액인 117,000원을 지원받는다. B가족의 경우 2명이므로 총 422,500원을 지원받을 수 있으며, 지역난방을 이용 중이므로 하절기와 동절기 모두 요금차감의 방식으로 지원받는다. 따라서 두 가족의 에너지바우처 지원 금액은 117,000＋422,500＝539,500원이다.

24

제시된 프로그램은 'result'의 초기 값을 0으로 정의한 후 'result' 값이 2를 초과할 때까지 하위 명령을 실행하는 프로그램이다. 이때 'result' 값을 1 증가시킨 후 그 값을 출력하고, 다시 1을 빼므로 0 → 1 → 1 출력 → 0 → 1 → 1 출력 → 0 → 1 → 1 출력 → ⋯ 과정을 무한히 반복하게 된다. 따라서 1이 무한히 출력된다.

25

ROUND 함수는 인수를 지정한 자릿수로 반올림한 값을 구하는 함수로, 「=ROUND(인수,자릿수)」로 표현한다. 이때 자릿수는 다음과 같이 나타낸다.

만의 자리	천의 자리	백의 자리	십의 자리	일의 자리	소수점 첫째 자리	소수점 둘째 자리	소수점 셋째 자리
-4	-3	-2	-1	0	1	2	3

따라서 「=ROUND(D2, -1)」는 [D2] 셀에 입력된 117.3365의 값을 십의 자리로 반올림하여 나타내므로, 출력되는 값은 120이다.

26

제시문은 ADHD의 원인과 치료 방법에 대한 글이다. 첫 번째 문단에서는 ADHD가 유전적 원인에 의해 발생한다고 설명하고, 두 번째 문단에서는 환경적 원인에 의해 발생한다고 설명하고 있다. 이를 종합하면 ADHD가 다양한 원인이 복합적으로 작용하는 질환임을 알 수 있다. 또한 빈칸 뒤에서도 다양한 원인에 부합하는 맞춤형 치료와 환경 조성이 필요하다고 하였으므로 빈칸에 들어갈 내용으로 가장 적절한 것은 ③이다.

27

~율/률의 앞 글자가 'ㄱ' 받침을 가지고 있으므로 '출석률'이 옳은 표기이다.

> **~율과 ~률의 구별**
> • ~율 : 앞 글자의 받침이 없거나 받침이 'ㄴ'인 경우 → 비율, 환율, 백분율
> • ~률 : 앞 글자의 받침이 있는 경우(단, 'ㄴ' 받침 제외) → 능률, 출석률, 이직률, 합격률

28

남성 합격자 수와 여성 합격자 수의 비율이 2 : 3이므로 여성 합격자는 48명이다.
남성 불합격자 수와 여성 불합격자 수를 모두 a명이라고 하면 다음과 같이 정리할 수 있다.

(단위 : 명)

구분	합격자	불합격자	전체 지원자
남성	$2b=32$	a	$a+2b$
여성	$3b=48$	a	$a+3b$

남성 전체 지원자 수는 $(a+32)$명이고, 여성 전체 지원자 수는 $(a+48)$명이다.
$(a+32) : (a+48)=6 : 7$
→ $6\times(a+48)=7\times(a+32)$
→ $a=(48\times6)-(32\times7)$
∴ $a=64$
따라서 전체 지원자 수는 $2a+5b=(64\times2)+(16\times5)=128+80=208$명이다.

29

A씨는 2023년에는 9개월 동안 K공사에 근무하였다. (건강보험료)=(보수월액)×(건강보험료율)이고, 2023년 1월 1일 이후 (장기요양

보험료)=(건강보험료)×$\dfrac{(장기요양보험료율)}{(건강보험료율)}$ 이므로 (장기요양보험료)=(보수월액)×(건강보험료율)×$\dfrac{(장기요양보험료율)}{(건강보험료율)}$ 이다.

그러므로 (보수월액)=$\dfrac{(장기요양보험료)}{(장기요양보험료율)}$ 이다.

따라서 A씨의 2023년 장기요양보험료는 35,120원이므로 보수월액은 $\dfrac{35,120}{0.9082\%}=\dfrac{35,120}{0.9082}\times100≒3,866,990$원이다.

30

'가명처리'란 개인정보의 일부를 삭제하거나 일부 또는 전부를 대체하는 등의 방법으로 추가 정보가 없이는 특정 개인을 알아볼 수 없도록 처리하는 것을 말한다(개인정보보호법 제2조 제1의2호).

오답분석

② 개인정보보호법 제2조 제3호
③ 개인정보보호법 제2조 제1호 가목
④ 개인정보보호법 제2조 제2호

31

「=COUNTIF(범위,조건)」 함수는 조건을 만족하는 범위 내 인수의 개수를 셈하는 함수이다. 이때, 열 전체에 적용하려면 해당 범위에서 숫자를 제외하면 된다. 따라서 B열에서 값이 100 이하인 셀의 개수를 구하는 함수는 「=COUNTIF(B:B, "<=100")」 이다.

32

• 초등학생의 한 달 용돈의 합계는 B열부터 E열까지 같은 행에 있는 금액의 합이다. 따라서 (A)에 들어갈 함수는 「=SUM(B2:E2)」이다.
• 한 달 용돈이 150,000원 이상인 학생 수는 [F2] 셀부터 [F7] 셀까지 금액이 150,000원 이상인 셀의 개수로 구할 수 있다. 따라서 (B)에 들어갈 함수는 「=COUNTIF(F2:F7, ">=150,000")」이다.

33

빅데이터 분석을 기획하고자 할 때는 먼저 범위를 설정한 다음 프로젝트를 정의해야 한다. 그 후에 수행 계획을 수립하고 위험 계획을 수립해야 한다.

34

㉠ 짜깁기 : 기존의 글이나 영화 따위를 편집하여 하나의 완성품으로 만드는 일
㉡ 뒤처지다 : 어떤 수준이나 대열에 들지 못하고 뒤로 처지거나 남게 되다.

오답분석

• 짜집기 : 짜깁기의 비표준어형
• 뒤쳐지다 : 물건이 뒤집혀서 젖혀지다.

35

공문서에서 날짜를 작성할 때 날짜 다음에 괄호를 사용할 경우에는 마침표를 찍지 않아야 한다.

> **공문서 작성 시 유의사항**
> - 한 장에 담아내는 것이 원칙이다.
> - 마지막엔 반드시 '끝'자로 마무리한다.
> - 날짜 다음에 괄호를 사용할 경우에는 마침표를 찍지 않는다.
> - 복잡한 내용은 항목별로 구분한다('-다음-', 또는 '-아래-').
> - 대외문서이며 장기간 보관되는 문서이므로 정확하게 기술한다.

36

영서가 1시간 동안 빚을 수 있는 만두의 수를 x개, 어머니가 1시간 동안 빚을 수 있는 만두의 수를 y개라 할 때 다음 식이 성립한다.

$\frac{2}{3}(x+y)=60 \cdots \bigcirc$

$y=x+10 \cdots \bigcirc\bigcirc$

$\bigcirc \times \frac{3}{2}$ 에 $\bigcirc\bigcirc$을 대입하면

$x+(x+10)=90$

$\rightarrow 2x=80$

$\therefore x=40$

따라서 영서는 혼자서 1시간 동안 40개의 만두를 빚을 수 있다.

37

- 1,000 이상 10,000 미만
  맨 앞과 맨 뒤의 수가 같은 경우는 1~9의 수가 올 수 있으므로 9가지이고, 각각의 경우에 따라 두 번째 수와 네 번째 수로 0~9의 수가 올 수 있으므로 경우의 수는 10가지이다. 그러므로 모든 네 자리 대칭수의 개수는 9×10=90개이다.
- 10,000 이상 50,000 미만
  맨 앞과 맨 뒤의 수가 같은 경우는 1, 2, 3, 4의 수가 올 수 있으므로 4가지이고, 각각의 경우에 따라 두 번째 수와 네 번째 수로 0~9의 수가 올 수 있으므로 경우의 수는 10가지, 그 각각의 경우에 따라 세 번째에 올 수 있는 수 또한 0~9의 수가 올 수 있으므로 경우의 수는 10가지이다. 그러므로 10,000~50,000 사이의 대칭수의 개수는 4×10×10=400개이다.

따라서 1,000 이상 50,000 미만의 모든 대칭수의 개수는 90+400=490개이다.

38

어떤 자연수의 모든 자릿수의 합이 3의 배수일 때, 그 자연수는 3의 배수이다. 그러므로 2+5+□의 값이 3의 배수일 때, 25□는 3의 배수이다. 2+5=7이므로, 7+□의 값이 3의 배수가 되도록 하는 □의 값은 2, 5, 8이다.

따라서 가능한 모든 수의 합은 2+5+8=15이다.

39

정답 ④

바이올린(V), 호른(H), 오보에(O), 플루트(F) 중 첫 번째 조건에 따라 호른과 바이올린을 묶었을 때 가능한 경우는 3!=6가지로 다음과 같다.

- (HV) − O − F
- (HV) − F − O
- F − (HV) − O
- O − (HV) − F
- F − O − (HV)
- O − F − (HV)

이때 두 번째 조건에 따라 오보에는 플루트 바로 왼쪽에 위치하지 않으므로 (HV) − O − F, O − F − (HV) 2가지는 제외된다.
따라서 왼쪽에서 두 번째 칸에는 바이올린, 호른, 오보에만 위치할 수 있으므로 플루트는 배치할 수 없다.

40

정답 ③

사회적 기업은 수익 창출을 통해 자립적인 운영을 추구하고, 사회적 문제 해결과 경제적 성장을 동시에 달성하려는 특징을 가진 기업 모델로, 영리 조직에 해당한다.

> **영리 조직과 비영리 조직**
> - 영리 조직 : 이윤 추구를 주된 목적으로 하는 집단으로, 일반적인 사기업이 해당된다.
> - 비영리 조직 : 사회적 가치 실현을 위해 공익을 추구하는 집단으로 자선단체, 의료기관, 교육기관, 비정부기구(NGO) 등이 해당된다.

41

정답 ②

(영업이익률)$=\dfrac{(영업이익)}{(매출액)}\times100$이고, 영업이익을 구하기 위해서는 매출총이익을 먼저 계산해야 한다. 따라서 2022년 4분기의 매출총이익은 $60-80=-20$십억 원이고, 영업이익은 $-20-7=-27$십억 원이므로 영업이익률은 $-\dfrac{27}{60}\times100=-45\%$이다.

42

정답 ③

5km/h의 속력으로 움직이는 무빙워크로 이동하는 데 36초가 걸렸으므로 무빙워크의 거리를 $x$km라고 하면 다음과 같다.

$x=36\times\dfrac{5}{3,600}=0.05$km

무빙워크 위에서 시간당 4km의 속력으로 걸을 때의 속력은 $5+4=9$km/h이므로 무빙워크를 걸어서 이동하는 데 걸리는 시간은 $\dfrac{0.05}{9}$시간이다. 1시간은 3,600초이므로 이를 초 단위로 변경하면 $\dfrac{0.05}{9}\times3,600=20$초이다.

따라서 무빙워크 위에서 같은 방향으로 걸어 이동할 때 걸리는 시간은 20초이다.

43

정답 ⑤

제시된 순서도는 result 값이 6을 초과할 때까지 2씩 증가하고, result 값이 6을 초과하면 그 값을 출력하는 순서도이다.
따라서 result 값이 5일 때 2를 더하여 5+2=7이 되어 6을 초과하므로 출력되는 값은 7이다.

44

정답 ③

방문 사유 → 파손 관련(NO) → 침수 관련(NO) → 데이터 복구 관련(YES) → ◎ 출력 → STOP
따라서 출력되는 도형은 ◎이다.

45

정답 ①

상품코드의 맨 앞 자릿수가 '9'이므로 2 ~ 7번째 자릿수의 이진코드 변환 규칙은 'ABBABA'를 따른다. 이를 변환하면 다음과 같다.

3	8	7	6	5	5
A	B	B	A	B	A
0111101	0001001	0010001	0101111	0111001	0110001

따라서 주어진 수를 이진코드로 바르게 변환한 것은 ①이다.

46

정답 ④

안전 스위치를 누르는 동안에만 스팀이 나온다고 하였으므로 안전 스위치를 누르는 등의 외부 입력이 없다면 스팀은 발생하지 않는다.

오답분석

① 기본형 청소구로 카펫를 청소하면 청소 효율이 떨어질 뿐이며, 카펫 청소는 가능하다고 언급되어 있다.
② 스팀 청소 완료 후 충분히 식지 않은 상태에서 통을 분리하면 뜨거운 물이 새어 나와 화상의 위험이 있다고 언급되어 있다.
③ 기본형 청소구의 돌출부를 누른 상태에서 잡아당기면 좁은 흡입구를 꺼낼 수 있다고 언급되어 있다.
⑤ 스팀 청소구의 물통에 물을 채우는 작업, 걸레판에 걸레를 부착하는 작업 모두 반드시 전원을 분리한 상태에서 진행해야 한다고 언급되어 있다.

47

정답 ④

바닥에 물이 남는다면 스팀 청소구를 좌우로 자주 기울이지 않도록 주의하거나 젖은 걸레를 교체해야 한다.

48

정답 ⑤

팀 목표를 달성하도록 팀원을 격려하는 환경을 조성하기 위해서는 동료의 피드백이 필요하다. 긍정이든 부정이든 피드백이 없다면 팀원들은 개선을 이루거나 탁월한 성과를 내고자 하는 노력을 게을리하게 된다.

동료의 피드백을 장려하는 4단계
1. 간단하고 분명한 목표와 우선순위를 설정하라.
2. 행동과 수행을 관찰하라.
3. 즉각적인 피드백을 제공하라.
4. 뛰어난 수행성과에 대해 인정하라.

49

정답 ②

업무적으로 내적 동기를 유발하기 위해서는 업무 관련 교육을 꾸준히 하여야 한다.

내적 동기를 유발하는 방법
- 긍정적 강화법 활용하기
- 새로운 도전의 기회 부여하기
- 창의적인 문제해결법 찾기
- 자신의 역할과 행동에 책임감 갖기
- 팀원들을 지도 및 격려하기
- 변화를 두려워하지 않기
- 지속적인 교육 실시하기

50

정답 ②

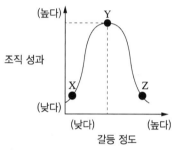

갈등 정도와 조직 성과에 대한 그래프에서 갈등이 X점 수준일 때에는 조직 내부의 의욕이 상실되고 환경의 변화에 대한 적응력도 떨어져 조직 성과가 낮아진다. 갈등이 Y점 수준일 때에는 갈등의 순기능이 작용하여 조직 내부에 생동감이 넘치고 변화 지향적이며 문제해결능력이 발휘되어 조직 성과가 높아진다. 반면, 갈등이 Z점 수준일 때에는 오히려 갈등의 역기능이 작용하여 조직 내부에 혼란과 분열이 발생하고 조직 구성원들이 비협조적이 되어 조직 성과는 낮아지게 된다.

01   경영

01	02	03	04	05	06	07	08	09	10	11	12	13	14	15	16	17	18	19	20
③	⑤	④	③	⑤	④	③	③	①	①	④	②	①	③	④	①	④	③	③	④
21	22	23	24	25															
④	③	③	④	④															

01
정답 ③

테일러의 과학적 관리법은 하루 작업량을 과학적으로 설정하고 과업 수행에 따른 임금을 차별적으로 설정하는 차별적 성과급제를 시행한다.

오답분석
①·② 시간연구와 동작연구를 통해 표준 노동량을 정하고 해당 노동량에 따라 임금을 지급하여 생산성을 향상시킨다.
④ 각 과업을 전문화하여 관리한다.
⑤ 근로자가 노동을 하는 데 필요한 최적의 작업조건을 유지한다.

02
정답 ⑤

기능목록제도는 종업원별로 기능보유색인을 작성하여 데이터베이스에 저장하여 인적자원관리 및 경력개발에 활용하는 제도이며, 근로자의 직무능력 평가에 있어 필요한 정보를 파악하기 위해 개인능력평가표를 활용한다.

오답분석
① 자기신고제도 : 근로자에게 본인의 직무내용, 능력수준, 취득자격 등에 대한 정보를 직접 자기신고서에 작성하여 신고하게 하는 제도이다.
② 직능자격제도 : 직무능력을 자격에 따라 등급화하고 해당 자격을 취득하는 경우 직위를 부여하는 제도이다.
③ 평가센터제도 : 근로자의 직무능력을 객관적으로 발굴 및 육성하기 위한 제도이다.
④ 직무순환제도 : 담당직무를 주기적으로 교체함으로써 직무 전반에 대한 이해도를 높이는 제도이다.

03
정답 ④

데이터베이스 마케팅(DB 마케팅)은 고객별로 맞춤화된 서비스를 제공하기 위해 정보 기술을 이용하여 고객의 정보를 데이터베이스로 구축하여 관리하는 마케팅 전략이다. 이를 위해 고객의 성향, 이력 등 관련 정보가 필요하므로 기업과 고객 간 양방향 의사소통을 통해 1 : 1 관계를 구축하게 된다.

04
정답 ③

공정성 이론에 따르면 공정성 유형은 크게 절차적 공정성, 상호작용적 공정성, 분배적 공정성으로 나누어진다.
• 절차적 공정성 : 과정통제, 접근성, 반응속도, 유연성, 적정성
• 상호작용적 공정성 : 정직성, 노력, 감정이입
• 분배적 공정성 : 형평성, 공평성

05
정답 ⑤

e-비즈니스 기업은 비용절감 등을 통해 더 낮은 가격으로 우수한 품질의 상품 및 서비스를 제공할 수 있다는 장점이 있다.

06
정답 ④

조직시민행동은 조직 구성원의 내재적 만족으로 인해 촉발되므로 구성원에 대한 처우가 합리적일수록 자발적으로 일어난다.

07
정답 ③

협상을 통해 공동의 이익을 확대(Win – Win)하는 것은 통합적 협상의 특징이다.

> **분배적 협상과 통합적 협상의 비교**
> • 분배적 협상
> – 고정된 자원을 대상으로 합리적인 분배를 위해 진행하는 협상이다.
> – 한정된 자원량으로 인해 제로섬 원칙이 적용되어 갈등이 발생할 가능성이 많다.
> – 당사자 간 이익 확보를 목적으로 하며, 협상 참여자 간 관계는 단기적인 성격을 나타낸다.
> • 통합적 협상
> – 당사자 간 이해관계를 조율하여 더 큰 이익을 추구하기 위해 진행하는 협상이다.
> – 협상을 통해 확보할 수 있는 자원량이 변동될 수 있어 갈등보다는 문제해결을 위해 노력한다.
> – 협상 참여자의 이해관계, 우선순위 등이 달라 장기적인 관계를 가지고 통합적인 문제해결을 추구한다.

08
정답 ③

워크 샘플링법은 전체 작업과정에서 무작위로 많은 관찰을 실시하여 직무활동에 대한 정보를 얻는 방법으로, 여러 직무활동을 동시에 기록하기 때문에 전체 직무의 모습을 파악할 수 있다.

[오답분석]
① 관찰법 : 조사자가 직접 조사대상과 생활하면서 관찰을 통해 자료를 수집하는 방법이다.
② 면접법 : 조사자가 조사대상과 직접 대화를 통해 자료를 수집하는 방법이다.
④ 질문지법 : 설문지로 조사내용을 작성하고 자료를 수집하는 방법이다.
⑤ 연구법 : 기록물, 통계자료 등을 토대로 자료를 수집하는 방법이다.

09
정답 ①

가구, 가전제품 등은 선매품에 해당한다. 전문품에는 명품제품, 자동차, 아파트 등이 해당한다.

10

정답 ①

연속생산은 동일제품을 대량생산하기 때문에 규모의 경제가 적용되어 여러 가지 제품을 소량생산하는 단속생산에 비해 단위당 생산원가가 낮다.

오답분석

② 연속생산의 경우, 표준화된 상품을 대량으로 생산함에 따라 운반에 따른 자동화 비율이 매우 높고, 속도가 빨라 운반비용이 적게 소요된다.

③ · ④ 제품의 수요가 다양하거나 제품의 수명이 짧은 경우 단속생산 방식이 적합하다.

⑤ 연속생산은 작업자의 숙련도와 관계없이 작업에 참여가 가능하다.

11

정답 ④

ELS는 주가연계증권으로, 사전에 정해진 조건에 따라 수익률이 결정되며 만기가 있다.

오답분석

① 주가연계펀드(ELF)에 대한 설명이다.

② 주가연계파생결합사채(ELB)에 대한 설명이다.

③ 주가지수연동예금(ELD)에 대한 설명이다.

⑤ 주가연계신탁(ELT)에 대한 설명이다.

12

정답 ②

브룸은 동기 부여에 대해 기대이론을 적용하여 기대감, 수단성, 유의성을 통해 구성원의 직무에 대한 동기 부여를 결정한다고 주장하였다.

오답분석

① 로크의 목표설정이론에 대한 설명이다.

③ 매슬로의 욕구 5단계이론에 대한 설명이다.

④ 맥그리거의 XY이론에 대한 설명이다.

⑤ 허즈버그의 2요인이론에 대한 설명이다.

13

정답 ①

시장세분화 단계에서는 시장을 기준에 따라 세분화하고, 각 세분시장의 고객 프로필을 개발하여 차별화된 마케팅을 실행한다.

오답분석

② · ③ 표적시장 선정 단계에서는 각 세분시장의 매력도를 평가하여 표적시장을 선정한다.

④ 포지셔닝 단계에서는 각각의 시장에 대응하는 포지셔닝을 개발하고 전달한다.

⑤ 재포지셔닝 단계에서는 자사와 경쟁사의 경쟁위치를 분석하여 포지셔닝을 조정한다.

14

정답 ③

수익이 많고 안정적이어서 현상을 유지하는 것이 필요한 사업은 현금젖소(Cash Cow)이다. 스타(Star)는 성장률과 시장 점유율이 모두 높아 추가적인 자금흐름을 통해 성장시킬 필요가 있는 사업을 의미한다.

> **BCG 매트릭스의 영역**
> • 물음표(Question) : 성장률은 높으나 점유율이 낮아 수익이 적고 현금흐름이 마이너스인 사업이다.
> • 스타(Star) : 성장률과 시장 점유율이 모두 높아 수익이 많고, 더 많은 투자를 통해 수익을 증대하는 사업이다.
> • 현금젖소(Cash Cow) : 성장률은 낮으나 점유율이 높아 안정적인 수익이 확보되는 사업으로, 투자 금액이 유지·보수 차원에서 머물게 되어 자금 투입보다 자금 산출이 많다.
> • 개(Dog) : 성장률과 시장 점유율이 모두 낮아 수익이 적거나 마이너스인 사업이다.

15

정답 ④

변혁적 리더십에서 구성원의 성과 측정뿐만 아니라 구성원들을 리더로 얼마나 육성했는지도 중요한 평가 요소라 할 수 있다.

16

정답 ①

감정적 치유는 서번트 리더십의 구성요소에 해당한다.

> **변혁적 리더십의 구성요소**
> • 카리스마 : 변혁적 리더십의 가장 핵심적인 구성요소로, 명확한 비전을 제시하고 집합적인 행동을 위해 동기를 부여하며, 환경 변화에 민감하게 반응하는 일련의 과정을 의미한다.
> • 영감적 동기화 : 구성원에게 영감을 주고 격려를 통해 동기를 부여하는 것을 의미한다.
> • 지적 자극 : 구성원들이 기존 조직의 가치관, 신념, 기대 등에 대해 끊임없이 의문을 가지도록 지원하는 것을 의미한다.
> • 개별 배려 : 구성원을 개별적으로 관리하며, 개인적인 욕구, 관심 등을 파악하여 만족시키고자 하는 것을 의미한다.

17

정답 ④

매트릭스 조직은 기존의 기능별 조직구조 상태를 유지하면서 특정한 프로젝트를 수행할 때는 다른 부서의 인력과도 함께 일하는 조직설계 방식으로, 서로 다른 부서 구성원이 함께 일하면서 효율적인 자원 사용과 브레인스토밍을 통한 창의적인 대안 도출도 가능하다.

오답분석
① 매트릭스 조직은 조직 목표와 외부 환경 간 발생하는 갈등이 내재하여 갈등과 혼란을 초래할 수 있다.
② 복수의 상급자를 상대해야 하므로 역할에 대한 갈등 등으로 구성원이 심한 스트레스에 노출될 수 있다.
③ 힘의 균형이 치우치게 되면 조직의 구성이 깨지기 때문에 경영자의 개입 등으로 힘의 균형을 유지하기 위한 노력이 필요하다.

18

가치사슬(Value Chain)은 기업의 경쟁적 지위를 파악하고 이를 향상할 수 있는 지점을 찾기 위해 사용하는 모형으로, 고객에게 가치를 제공함에 있어서 부가가치 창출에 직·간접적으로 관련된 일련의 활동·기능·프로세스의 연계를 뜻한다. 가치사슬의 각 단계에서 가치를 높이는 활동을 어떻게 수행할 것인지, 비즈니스 과정이 어떻게 개선될 수 있는지를 조사·분석하여야 한다.

가치사슬 분석의 효과
• 프로세스 혁신 : 생산, 물류, 서비스 등 기업의 전반적 경영활동을 혁신할 수 있다.
• 원가 절감 : 낭비요소를 사전에 파악하여 제거함으로써 원가를 절감할 수 있다.
• 품질 향상 : 기술개발 등을 통해 더욱 양질의 제품을 생산할 수 있다.
• 기간 단축 : 조달, 물류, CS 등을 분석하여 고객에게 제품을 더욱 빠르게 납품할 수 있다.

19

• (당기순이익)＝(총수익)−(총비용)＝35억−20억＝15억 원
• (기초자본)＝(기말자본)−(당기순이익)＝65억−15억＝50억 원
• (기초부채)＝(기초자산)−(기초자본)＝100억−50억＝50억 원

20

상위에 있는 욕구를 충족시키지 못하면 하위에 있는 욕구는 더욱 크게 증가하여 하위욕구를 충족시키기 위해 훨씬 더 많은 노력이 필요하게 된다.

오답분석
① 심리학자 앨더퍼가 인간의 욕구에 대해 매슬로의 욕구 5단계설을 발전시켜 주장한 이론이다.
②·③ 존재욕구를 기본적 욕구로 정의하며, 관계욕구, 성장욕구로 계층화하였다.

21

사업 다각화는 무리하게 추진할 경우 수익성에 악영향을 줄 수 있다는 단점이 있다.

오답분석
① 지속적인 성장을 추구하여 미래 유망산업에 참여하고, 구성원에게 더 많은 기회를 줄 수 있다.
② 기업이 한 가지 사업만 영위하는 데 따르는 위험에 대비할 수 있다.
③ 보유자원 중 남는 자원을 활용하여 범위의 경제를 실현할 수 있다.

22

종단분석은 시간과 비용의 제약으로 인해 표본 규모가 작을수록 좋으며, 횡단분석은 집단의 특성 또는 차이를 분석해야 하므로 표본이 일정 규모 이상일수록 정확하다.

23

채권이자율이 시장이자율보다 높아지면 채권가격은 액면가보다 높은 가격에 거래된다. 단, 만기에 가까워질수록 채권가격이 하락하여 가격위험에 노출된다.

오답분석
①·②·④ 채권이자율이 시장이자율보다 낮은 할인채에 대한 설명이다.

24

물음표(Question Mark) 사업은 신규 사업 또는 현재 시장점유율은 낮으나, 향후 성장 가능성이 높은 사업이다. 기업 경영 결과에 따라 개(Dog) 사업 또는 스타(Star) 사업으로 바뀔 수 있다.

[오답분석]
① 스타(Star) 사업 : 성장 가능성과 시장점유율이 모두 높아서 계속 투자가 필요한 유망 사업이다.
② 현금젖소(Cash Cow) 사업 : 높은 시장점유율로 현금창출은 양호하나, 성장 가능성은 낮은 사업이다.
③ 개(Dog) 사업 : 성장 가능성과 시장점유율이 모두 낮아 철수가 필요한 사업이다.

25

테일러의 과학적 관리법에서는 작업에 사용하는 도구 등을 표준화하여 관리 비용을 낮추고 효율성을 높이는 것을 추구한다.

[오답분석]
① 과학적 관리법의 특징 중 동기부여에 대한 설명이다.
② 과학적 관리법의 특징 중 표준화에 대한 설명이다.
③ 과학적 관리법의 특징 중 통제에 대한 설명이다.

02 경제

01	02	03	04	05	06	07	08	09	10	11	12	13	14	15					
⑤	②	①	④	⑤	①	④	③	③	③	④	③	①	③	②					

01

가격탄력성이 1보다 크면 탄력적이라고 할 수 있다.

[오답분석]
①・② 수요의 가격탄력성은 가격의 변화에 따른 수요의 변화를 의미하는 것으로, 분모는 상품 가격의 변화량을 상품 가격으로 나눈 값이고, 분자는 수요량의 변화량을 수요량으로 나눈 값이다.
③ 대체재가 많을수록 해당 상품 가격 변동에 따른 수요의 변화는 더 크게 반응하게 된다.

02

GDP 디플레이터는 명목 GDP를 실질 GDP로 나누어 물가상승 수준을 예측할 수 있는 물가지수로, 국내에서 생산된 모든 재화와 서비스 가격을 반영한다. 따라서 GDP 디플레이터를 구하는 계산식은 (명목 GDP)÷(실질 GDP)×100이다.

03

한계소비성향은 소비의 증가분을 소득의 증가분으로 나눈 값으로, 소득이 1,000만 원 늘었을 때 현재 소비자들의 한계소비성향이 0.7이므로 소비는 700만 원이 늘었다고 할 수 있다. 따라서 소비의 변화폭은 700이다.

04

정답 ④

㉠ 환율이 상승하면 제품을 수입하기 위해 더 많은 원화를 필요로 하고, 이에 따라 수입이 감소하게 되므로 순수출이 증가한다.
㉡ 국내이자율이 높아지면 국내자산 투자수익률이 좋아져 해외로부터 자본유입이 확대되고, 이에 따라 환율은 하락한다.
㉢ 국내물가가 상승하면 상대적으로 가격이 저렴한 수입품에 대한 수요가 늘어나 환율은 상승한다.

05

정답 ⑤

독점적 경쟁시장은 광고, 서비스 등 비가격경쟁이 가격경쟁보다 더 활발히 진행된다.

06

정답 ①

케인스학파는 경기침체 시 정부가 적극적으로 개입하여 총수요의 증대를 이끌어야 한다고 주장하였다.

오답분석
② 고전학파의 거시경제론에 대한 설명이다.
③ 케인스학파의 거시경제론에 대한 설명이다.
④ 고전학파의 이분법에 대한 설명이다.
⑤ 케인스학파의 화폐중립성에 대한 설명이다.

07

정답 ④

오답분석
① 매몰비용의 오류 : 이미 투입한 비용과 노력 때문에 경제성이 없는 사업을 지속하여 손실을 키우는 것을 의미한다.
② 감각적 소비 : 제품을 구입할 때, 품질, 가격, 기능보다 디자인, 색상, 패션 등을 중시하는 소비 패턴을 의미힌다.
③ 보이지 않는 손 : 개인의 사적 영리활동이 사회 전체의 공적 이익을 증진시키는 것을 의미한다.
⑤ 희소성 : 사람들의 욕망에 비해 그 욕망을 충족시켜 주는 재화나 서비스가 부족한 현상을 의미한다.

08

정답 ③

• (실업률)＝(실업자)÷(경제활동인구)×100
• (경제활동인구)＝(취업자)＋(실업자)
∴ $5,000÷(20,000＋5,000)×100＝20\%$

09

정답 ③

(한계비용)＝(총비용 변화분)÷(생산량 변화분)
• 생산량이 50일 때 총비용 : 16(평균비용)×50(생산량)＝800
• 생산량이 100일 때 총비용 : 15(평균비용)×100(생산량)＝1,500
따라서 한계비용은 $700÷50＝14$이다.

10

정답 ③

• A국 : 노트북 1대를 생산할 때 A국이 B국보다 기회비용이 더 적으므로 A국은 노트북 생산에 비교우위가 있다.
• B국 : TV 1대를 생산할 때 B국이 A국보다 기회비용이 더 적으므로 B국은 TV 생산에 비교우위가 있다.

구분	노트북 1대	TV 1대
A국	TV 0.75	노트북 1.33
B국	TV 1.25	노트북 0.8

11

정답 ④

다이내믹 프라이싱의 단점은 소비자 후생이 감소해 소비자의 만족도가 낮아진다는 것이다. 이로 인해 기업이 소비자의 불만에 직면할 수 있다는 리스크가 발생한다.

12

정답 ③

ⓒ 빅맥 지수는 동질적으로 판매되는 상품의 가치는 동일하다는 가정에서 나라별 화폐로 해당 제품의 가격을 평가하여 구매력을 비교하는 것이다.
ⓒ 맥도날드의 대표적 햄버거인 빅맥 가격을 기준으로 한 이유는 전 세계에서 가장 동질적으로 판매되고 있기 때문이며, 이처럼 품질, 크기, 재료가 같은 물건이 세계 여러 나라에서 팔릴 때 나라별 물가를 비교하기 수월하다.

오답분석

㉠ 빅맥 지수는 영국 경제지인 이코노미스트에서 최초로 고안하였다.
㉣ 빅맥 지수에 사용하는 빅맥 가격은 제품 가격만 반영하고 서비스 가격은 포함하지 않기 때문에 나라별 환율에 대한 상대적 구매력 평가 외에 다른 목적으로 사용하기에는 측정값이 정확하지 않다.

13

정답 ①

확장적 통화정책은 국민소득을 증가시켜 이에 따른 보험료 인상 등 세수확대 요인으로 작용한다.

오답분석

② 이자율이 하락하고, 소비 및 투자가 증가한다.
③·④ 긴축적 통화정책이 미치는 영향이다.

14

정답 ③

토지, 설비 등이 부족하면 한계 생산가치가 떨어지기 때문에 노동자를 많이 고용하는 게 오히려 손해이다. 따라서 노동 수요곡선은 왼쪽으로 이동한다.

오답분석

① 노동 수요는 재화에 대한 수요가 아닌 재화를 생산하기 위해 파생되는 수요이다.
② 상품 가격이 상승하면 기업은 더 많은 제품을 생산하기 위해 노동자를 더 많이 고용한다.
④ 노동에 대한 인식이 긍정적으로 변화하면 노동시장에 더 많은 노동력이 공급된다.

15

정답 ②

S씨가 최선의 선택을 하려면 순편익이 가장 높은 운동을 골라야 한다.
• 헬스 : (순편익)=5만-3만=2만 원
• 수영 : (순편익)=7만-2만=5만 원
• 자전거 : (순편익)=8만-5만=3만 원
• 달리기 : (순편익)=4만-3만=1만 원
따라서 S씨가 할 수 있는 최선의 선택은 순편익이 가장 높은 수영이다.

01	02	03	04	05												
④	①	③	⑤	②												

01

정답 ④

근로자참여 및 협력증진에 관한 법은 집단적 노사관계법으로, 노동조합과 사용자단체 간의 노사관계를 규율한 법이다. 노동조합 및 노동관계조정법, 근로자참여 및 협력증진에 관한 법, 노동위원회법, 교원의 노동조합설립 및 운영 등에 관한 법률, 공무원직장협의회법 등이 이에 해당한다.

나머지는 근로자와 사용자의 근로계약을 체결하는 관계에 대해 규율한 법으로, 개별적 근로관계법이라고 한다. 근로기준법, 최저임금법, 산업안전보건법, 직업안정법, 남녀고용평등법, 선원법, 산업재해보상보험법, 고용보험법 등이 이에 해당한다.

02

정답 ①

용익물권은 타인의 토지나 건물 등 부동산의 사용가치를 지배하는 제한물권으로, 민법상 지상권, 지역권, 전세권이 이에 속한다.

용익물권의 종류
- 지상권 : 타인의 토지에 건물이나 수목 등을 설치하여 사용하는 물권
- 지역권 : 타인의 토지를 자기 토지의 편익을 위하여 이용하는 물권
- 전세권 : 전세금을 지급하고 타인의 토지 또는 건물을 사용・수익하는 물권

03

정답 ③

- 선고유예 : 형의 선고유예를 받은 날로부터 2년이 경과한 때에는 면소된 것으로 간주한다(형법 제60조).
- 집행유예 : 양형의 조건을 참작하여 그 정상에 참작할 만한 사유가 있는 때에는 1년 이상 5년 이하의 기간 형의 집행을 유예할 수 있다(형법 제62조 제1항).

04

정답 ⑤

몰수의 대상(형법 제48조 제1항)
1. 범죄행위에 제공하였거나 제공하려고 한 물건
2. 범죄행위로 인하여 생겼거나 취득한 물건
3. 제1호 또는 제2호의 대가로 취득한 물건

05

정답 ②

상법상 법원에는 상사제정법(상법전, 상사특별법령, 상사조약), 상관습법, 판례, 상사자치법(회사의 정관, 이사회 규칙), 보통거래약관, 조리 등이 있다. 조례는 해당되지 않는다.

PART 1
직업기초능력평가

CHAPTER

의사소통능력

대표기출유형 01 | 기출응용문제

01
정답 ①

1909년에 출토된 구석기 유물 중 하나이다.

오답분석
② 팔은 눈에 띄지 않을 만큼 작다.
③ 모델에 대해서는 밝혀진 것이 없다.
④ 빌렌도르프 지역에서 발견되었다.

02
정답 ①

아이들이 따뜻한 구들에 누워 자는 것이 습관이 되어 사지의 활동량이 적어 발육이 늦어진 것이지 체온을 높였기 때문에 발육이 늦어진 것은 아니다.

03
정답 ④

세 번째 문단에서 '상품에 응용된 과학 기술이 복잡해지고 첨단화되면서 상품 정보에 대한 소비자의 정확한 이해도 기대하기 어려워졌다.'는 내용을 통해 확인할 수 있다.

04
정답 ③

제시문에서 레비스트로스는 신화 자체의 사유 방식이나 특성을 특정 시대의 것으로 한정하는 오류를 범하고 있다고 언급하였다. 과거 신화시대에 생겨난 신화적 사유는 신화가 재현되고 재생되는 한 여전히 시간과 공간을 뛰어 넘어 현재화되고 있다.

대표기출유형 02 | 기출응용문제

01
정답 ④

제시문은 동영상 압축 기술 중 하나인 허프만 코딩 방식의 과정을 예를 들어서 설명하고 있다. 따라서 글의 주제로 '허프만 코딩 방식의 과정'이 가장 적절하다.

오답분석
① 데이터의 표현 방법은 언급되지 않았다.
②·③ 해당 내용이 제시문에 언급되었지만 부분적인 내용이므로 글의 주제로 적절하지 않다.

02

제시문은 우유니 사막의 위치와 형성, 특징 등 우유니 사막의 자연지리적 특징에 대한 글이다.

03

제시문에서는 우리 민족과 함께해온 김치의 역사를 비롯하여 김치의 특징과 다양성 등을 함께 이야기하고 있으며, 복합 산업으로 발전하면서 규모가 성장하고 있는 김치 산업에 대해서도 이야기하고 있다. 따라서 글 전체의 내용을 아우를 수 있는 글의 제목으로 가장 적절한 것은 ④이다.

오답분석

① 첫 번째 문단이나 두 번째 문단의 소제목은 될 수 있으나, 글 전체 내용을 나타내는 제목으로는 적절하지 않다.
② 마지막 문단에서 김치 산업에 대한 내용을 언급하고 있지만, 이는 현재 김치 산업의 시장 규모에 대한 내용일 뿐이므로 산업의 활성화 방안과는 거리가 멀다.

04

제시문에서는 중소기업의 기술 보호를 위한 선제적 노력의 방법으로 특허등록과 기술 유출 방지, 기술 보호 역량에 대해 설명하고 있으므로 글의 제목으로 '중소기업 기술 보호의 방안'이 가장 적절하다.

오답분석

② 핵심기술에 대한 특허등록은 기술 보호를 위한 방법 중 하나이므로 글 전체 내용을 나타내는 제목으로 적절하지 않다.
③ 비교분석에 관한 내용은 찾아 볼 수 없다.
④ 기술분쟁 사례는 언급하고 있지 않다.

대표기출유형 03 기출응용문제

01

제시문에서 감정선이 직선에 가까우면 솔직하고 감정 표현에 직설적이며, 곡선에 가까울수록 성격이 부드럽고 여성스럽다고 하였으므로 ④는 적절하지 않은 추론이다.

오답분석

① 월구가 발달하면 예술가의 기질이 많다고 하였으므로 적절한 추론이다.
② 두뇌선이 직선형이면 의사나 과학자 등 이공 계열과 맞다.
③ 수성구가 발달하면 사업적 기질이 풍부하다고 한다.

02

도킨스에 따르면 인간 개체는 유전자라는 진정한 주체의 매체에 지나지 않게 된다. 이러한 생각에는 살아가고 있는 구체적 생명체를 경시하게 되는 논리가 잠재되어 있다. 따라서 무엇이 진정한 주체인가에 대한 물음이 필자의 문제 제기로 적절하다.

03

문명인들은 빠른 교통수단을 가지고 있지만 그 교통수단을 위한 부가적인 행위들로 인하여 많은 시간을 소모하게 된다. 이는 문명인들의 이동 속도를 미개인들의 이동 속도와 비교했을 때 큰 차이가 나지 않는 이유이다.

04

배심원들이 의견을 바꾸어 나간 것은 다른 배심원들의 동조에 영향을 미쳤던 만장일치 여부에 따른 결정에서 끝까지 손을 들지 않은 한 명의 배심원으로 인해 동조의 정도가 급격히 약화되었기 때문이다. 특정 정보를 제공하는 사람의 권위와 그에 대한 신뢰도가 높을 때 동조 현상이 강하게 나타날 수 있지만, 처음에 유죄라고 생각했던 배심원들은 반대한 배심원의 권위에 따라 동조한 것이 아니라 타당한 증거에 따라 의견을 바꾼 것으로 볼 수 있다.

오답분석

① 자신의 판단에 대한 확신이 들지 않을수록 동조 현상이 강하게 나타난다고 하였으므로 배심원들은 소년이 살인범이라는 확신이 없었을 것이다.
② 사람들은 집단으로부터 소외되지 않기 위해 동조를 하게 된다고 하였으므로 배심원들은 집단으로부터 소외되지 않기 위해 손을 들었을 것이다.
③ 지지자 집단의 규모가 클수록 지지를 이끌어내는 데 효과적으로 작용한다고 하였으므로 대다수의 배심원이 손을 들었기 때문에 나머지 배심원들도 뒤늦게 손을 들 수 있었을 것이다.

대표기출유형 04 | 기출응용문제

01

제시문은 오브제의 정의와 변화 과정에 대한 글이다. 마지막 문단의 빈칸 앞에서는 예술가의 선택에 의해 기성품 그 본연의 모습으로 예술작품이 되는 오브제를, 빈칸 이후에는 나아가 진정성과 상징성이 제거된 팝아트에서의 오브제 기법에 대하여 서술하고 있다. 따라서 빈칸에는 예술가의 선택에 의해 기성품 본연의 모습으로 오브제가 되는 ④의 사례가 오는 것이 가장 적절하다.

02

첫 번째 빈칸에는 문장의 서술어가 '때문이다'로 되어 있으므로 빈칸에는 이와 호응하는 '왜냐하면'이 와야 한다. 다음으로 두 번째 빈칸에는 문장의 내용이 앞 문장과 상반되는 내용이 아닌, 앞 문장을 부연하는 내용이므로 병렬 기능의 접속 부사 '그리고'가 들어가야 한다. 마지막으로 세 번째 빈칸은 내용상 결론에 해당하므로 '그러므로'가 적절하다.

03

오래된 물건은 실용성으로 따질 수 없는 가치를 지니고 있지만, 그 가치가 보편성을 지닌 것은 아니다. 사람들의 손때가 묻은 오래된 물건들은 보편적이라기보다는 개별적이고 특수한 가치를 지니고 있다고 할 수 있다.

04

도로명주소는 위치정보체계 도입을 위하여 도로에는 도로명을, 건물에는 건물번호를 부여하는 도로방식에 의한 주소체계로 국가교통, 우편배달 및 생활편의시설 등의 위치정보 확인에 활용되고 있다. 따라서 ③은 도로명주소의 활용 분야와 거리가 멀다.

대표기출유형 05   기출응용문제

01

정답   ①

중요한 내용을 두괄식으로 작성함으로써 보고받은 자가 해당 문서를 신속하게 이해하고 의사결정을 하는 데 도움을 주는 것이 중요하다.

02

정답   ②

8번의 '우 도로명주소' 항목에 따르면 우편번호를 먼저 기재한 다음, 행정기관이 위치한 도로명 및 건물번호 등을 기재해야 한다.

오답분석
① 7번 항목에 따르면 시행일과 접수일란에 기재하는 연월일은 각각 마침표(.)를 찍어 숫자로 기재하여야 한다.
③ 11번 항목에 따르면 전자우편주소는 행정기관에서 공무원에게 부여한 것을 기재하여야 한다.
④ 6번 항목에 따르면 직위가 있는 경우에는 직위를 쓰고, 직위가 없는 경우에는 직급을 온전하게 써야 한다.

03

정답   ②

'-로써'는 어떤 일의 수단이나 도구를 나타내는 격조사이며, '-로서'는 지위나 신분 또는 자격을 나타내는 격조사이다. 서비스 이용자의 증가가 오투오 서비스 운영 업체에 많은 수익을 내도록 한 수단이 되므로 ⓒ에는 '증가함으로써'가 적절하다.

대표기출유형 06   기출응용문제

01

정답   ③

㉠ 연임 : 원래 정해진 임기를 다 마친 뒤에 다시 계속하여 그 직위에 머무름
㉡ 부과 : 세금이나 부담금 따위를 매기어 부담하게 함
㉢ 임차 : 돈을 내고 남의 물건을 빌려 씀

오답분석
• 역임 : 여러 직위를 두루 거쳐 지냄
• 부여 : 사람에게 권리・명예・임무 따위를 지니도록 해 주거나 사물이나 일에 가치・의의 따위를 붙임
• 임대 : 돈을 받고 자기의 물건을 남에게 빌려줌

02

정답   ④

'찌개 따위를 끓이거나 설렁탕 따위를 담을 때 쓰는 그릇'을 뜻하는 어휘는 '뚝배기'이다.

오답분석
① '손가락 따위로 어떤 방향이나 대상을 집어서 보이거나 말하거나 알리다.'의 의미를 가진 어휘는 '가리키다'이다.
② '사람들의 관심이나 주의가 집중되는 사물의 중심 부분'의 의미를 가진 어휘는 '초점'이다.
③ '액체 따위를 끓여서 진하게 만들다, 약재 따위에 물을 부어 우러나도록 끓이다.'의 의미를 가진 어휘는 '달이다'이다.

03

정답 ④

'내'가 일부 시간적·공간적 범위를 나타내는 명사와 함께 쓰여, 일정한 범위의 안을 의미할 때는 의존 명사이므로 띄어 쓴다.

오답분석

① 짓는데 → 짓는 데
② 김철수군은 → 김철수 군은
③ 해결할 게 → 해결할게

대표기출유형 07 — 기출응용문제

01

정답 ④

제시문에서는 중국발 위험이 커짐에 따라 수출 시장의 변화가 필요하고, 이를 위해 정부는 신흥국과의 꾸준한 협력을 추진해야한다고 주장한다. 따라서 제시문과 관련 있는 한자성어로는 '우공이 산을 옮긴다.'라는 뜻으로, 어떤 일이든 끊임없이 노력하면반드시 이루어짐을 의미하는 '우공이산(愚公移山)'이 가장 적절하다.

오답분석

① 안빈낙도(安貧樂道) : '가난한 생활을 하면서도 편안한 마음으로 도를 즐겨 지킴'을 이르는 말이다.
② 호가호위(狐假虎威) : '여우가 호랑이의 위세를 빌려 호기를 부린다.'라는 뜻으로, 남의 권세를 빌려 위세를 부리는 모습'을 이르는 말이다.
③ 각주구검(刻舟求劍) : '칼이 빠진 자리를 배에 새겨 찾는다.'라는 뜻으로, 어리석고 미련해서 융통성이 없다는 의미이다.

02

정답 ②

제시문은 모든 일에는 지켜야 할 질서와 차례가 있음에도 불구하고 이를 무시한 채 무엇이든지 빠르게 처리하려는 한국의 '빨리빨리'문화에 대해 설명하고 있다. 따라서 이와 관련 있는 속담으로는 '일의 순서도 모르고 성급하게 덤빔'을 의미하는 '우물에 가 숭늉찾는다.'가 가장 적절하다.

오답분석

① 모양이나 형편이 서로 비슷하고 인연이 있는 것끼리 서로 잘 어울리고, 사정을 보아주며, 감싸주기 쉬움을 비유적으로 이르는 말이다.
③ 한마디 말을 듣고도 여러 가지 사실을 미루어 알아낼 정도로 매우 총기가 있다는 말이다.
④ 작은 힘이라도 꾸준히 계속하면 큰일을 이룰 수 있음을 비유적으로 이르는 말이다.

02 수리능력

대표기출유형 01   기출응용문제

01

작년 기획팀 팀원 전체 나이의 합은 $20 \times 35 = 700$세였다. 여기서 65세 팀원 A와 55세 팀원 B가 퇴직하였으므로 두 직원을 제외한 팀원 전체 나이의 합은 $700 - (65 + 55) = 580$세이다. 이때, 새로 입사한 직원 C의 나이를 c세라고 하면 다음과 같은 식이 성립한다.

$$\frac{580 + c}{19} = 32$$

$\rightarrow 580 + c = 608$

$\therefore c = 28$

따라서 직원 C의 나이는 28세이다.

02

구간단속구간의 제한 속도를 $x$km/h라고 할 때, 시간에 대한 방정식을 세우면 다음과 같다.

$$\frac{390 - 30}{80} + \frac{30}{x} = 5$$

$\rightarrow 4.5 + \frac{30}{x} = 5$

$\rightarrow \frac{30}{x} = 0.5$

$\therefore x = 60$

따라서 구간단속구간의 제한 속도는 60km/h이다.

03

500g의 설탕물에 녹아있는 설탕의 양을 xg이라고 하자.

3%의 설탕물 200g에 들어있는 설탕의 양은 $\frac{3}{100} \times 200 = 6$g이다.

$$\frac{x + 6}{500 + 200} \times 100 = 7$$

$\rightarrow x + 6 = 49$

$\therefore x = 43$

따라서 처음 500g의 설탕물에 녹아있는 설탕의 양은 43g이다.

04

정답 ③

감의 개수를 x개라고 하자. 사과는 $(20-x)$개이므로 다음과 같은 식이 성립한다.

$400x+700\times(20-x)\leq 10,000$

$\rightarrow 14,000-300x\leq 10,000$

$\therefore x\geq \dfrac{40}{3}=13.333\cdots$

따라서 10,000원으로 총 20개의 과일을 사려면 감은 최소 14개를 사야 한다.

05

정답 ②

• 국내 여행을 선호하는 남학생 수 : $30-16=14$명
• 국내 여행을 선호하는 여학생 수 : $20-14=6$명

따라서 국내 여행을 선호하는 학생 수는 $14+6=20$명이므로 구하는 확률은 $\dfrac{14}{20}=\dfrac{7}{10}$ 이다.

06

정답 ④

K공사에서 출장지까지의 거리를 $x$km라 하자.

이때 K공사에서 휴게소까지의 거리는 $\dfrac{4}{10}x=\dfrac{2}{5}x$km, 휴게소에서 출장지까지의 거리는 $\left(1-\dfrac{2}{5}\right)x=\dfrac{3}{5}x$km이다.

$\left(\dfrac{2}{5}x\times\dfrac{1}{75}\right)+\dfrac{30}{60}+\left(\dfrac{3}{5}x\times\dfrac{1}{75+25}\right)=\dfrac{200}{60}$

$\rightarrow \dfrac{2}{375}x+\dfrac{3}{500}x=\dfrac{17}{6}$

$\rightarrow 8x+9x=4,250$

$\therefore x=250$

따라서 K공사에서 출장지까지의 거리는 250km이다.

07

정답 ④

먼저 시간을 최소화하기 위해서는 기계를 이용한 포장과 손으로 포장하는 작업을 함께 병행해야 한다. 100개 제품을 포장하는 데 손으로 하는 포장은 300분이 걸리고 기계로 하는 포장은 200분에 휴식 50분을 더해 250분이 걸린다. 300분과 250분의 최소공배수 1,500분을 기준으로 계산하면 손의 경우 500개, 기계의 경우 600개를 만들 수 있다. 그러므로 1,500분 동안 1,100개를 만들 수 있다. 손은 6분에 2개를 포장하고 기계는 3개를 포장하므로 6분에 5개를 포장할 수 있고, 100개를 포장하는 데는 120분이 걸린다.

따라서 총 1,620분이 걸리므로 $1,620\div 60=27$시간이 걸린다.

08

정답 ④

음료를 포장해 가는 고객의 수를 n명이라고 하면 카페 내에서 이용하는 고객의 수는 $(100-n)$명이다. 포장을 하는 고객은 6,400원의 수익을 주지만 카페 내에서 이용하는 고객은 서비스 비용인 1,500원을 제외한 4,900원의 수익을 준다.

즉, 고객에 대한 수익은 $6,400n+4,900(100-n)\rightarrow 1,500n+490,000$이고,

가게 유지 비용에 대한 손익은 $1,500n+490,000-535,000\rightarrow 1,500n-45,000$이다.

이 값이 0보다 커야 수익이 발생하므로

$1,500n-45,000>0$

$\rightarrow 1,500n>45,000$

$\therefore n>30$

따라서 최소 31명이 음료 포장을 이용해야 수익이 발생하게 된다.

09

정답 ④

340km를 100km/h로 달리면 3.4시간이 걸린다. 휴게소에서 쉰 시간 30분(0.5시간)을 더해 원래 예정에는 3.9시간 뒤에 서울 고속터미널에 도착해야 한다. 하지만 도착 예정시간보다 2시간 늦게 도착했으므로 실제 걸린 시간은 5.9시간이 되고, 휴게소에서 예정인 30분보다 6분(0.1시간)을 더 쉬었으니 쉬는 시간을 제외한 버스의 이동 시간은 5.3시간이다.
따라서 실제 경언이가 탄 버스의 평균 속도는 $340 \div 5.3 = 64$km/h이다.

대표기출유형 02   기출응용문제

01

정답 ④

주어진 수열은 -2, $\times 2$, -3, $\times 3$, -4, $\times 4$ …인 규칙으로 이루어진 수열이다.
따라서 (   )=$35 \times 4 = 140$이다.

02

정답 ③

주어진 수열은 앞의 항에 $(\times 3 + 1)$을 적용하는 수열이다.
따라서 (   )=$121 \times 3 + 1 = 364$이다.

03

정답 ①

주어진 수열은 홀수 항에는 2를 곱하고 짝수 항에는 3을 곱하는 수열이다.
따라서 (   )=$4 \times 2 = 8$이다.

대표기출유형 03   기출응용문제

01

정답 ④

세차 가격이 무료가 되는 주유량은 다음과 같다.
• A의 경우 : $1,550a \geq 50,000$원 → $a \geq 32.2$이므로 33L부터 세차 가격이 무료이다.
• B의 경우 : $1,500b \geq 70,000$원 → $b \geq 46.6$이므로 47L부터 세차 가격이 무료이다.
주유량에 따른 주유와 세차에 드는 비용은 다음과 같다.

(단위 : 원)

구분	32L 이하	33L 이상 46L 이하	47L 이상
A주유소	$1,550a + 3,000$	$1,550a$	$1,550a$
B주유소	$1,500a + 3,000$	$1,500a + 3,000$	$1,500a$

주유량이 32L 이하와 47L 이상일 때, A주유소와 B주유소의 세차 가격 포함유무가 동일하므로 이때는 리터당 주유 가격이 낮은 B주유소가 더 저렴하다.
따라서 A주유소에서 33L 이상 46L 이하를 주유할 때 B주유소보다 더 저렴하다.

02

50대 해외·국내여행 평균 횟수는 매년 1.2회씩 증가하는 것을 알 수 있다.
따라서 빈칸에 들어갈 수치는 31.2+1.2=32.4이다.

03

정확한 값을 계산하기보다 우선 자료에서 해결 실마리를 찾아, 적절하지 않은 선택지를 제거하는 방식으로 접근하는 것이 좋다.
먼저 효과성을 기준으로 살펴보면, 1순위인 C부서의 효과성은 3,000÷1,500=2이고, 2순위인 B부서의 효과성은 1,500÷1,000=1.5이다. 따라서 3순위 A부서의 효과성은 1.5보다 낮아야 한다는 것을 알 수 있다. 그러므로 A부서의 목표량 (가)는 500÷(가)<1.5 → (가)>333.3…으로 적어도 333보다는 커야 한다. 따라서 (가)가 300인 ①은 제외된다.
효율성을 기준으로 살펴보면, 2순위인 A부서의 효율성은 500÷(200+50)=2이다. 따라서 1순위인 B부서의 효율성은 2보다 커야 한다는 것을 알 수 있다. 그러므로 B부서의 인건비 (나)는 1,500÷[(나)+200]>2 → (나)<550으로 적어도 550보다는 작아야 한다. 따라서 (나)가 800인 ②는 제외된다.
남은 것은 ③과 ④인데, 먼저 ③부터 대입해 보면 C부서의 효율성이 3,000÷(1,200+300)=2로 2순위인 A부서의 효율성과 같다.
따라서 (가)~(라)에 들어갈 수치로 옳은 것은 ④이다.

04

- 1인 1일 사용량에서 영업용 사용량이 차지하는 비중 : $\frac{80}{282} \times 100 = 28.37\%$

- 1인 1일 가정용 사용량의 하위 두 항목이 차지하는 비중 : $\frac{20+13}{180} \times 100 = 18.33\%$

05

2024년 방송산업 종사자 수는 모두 32,443명이다. 2024년 추세에서는 지상파(지상파DMB 포함)만 언급하고 있으므로 다른 분야의 인원은 고정되어 있다. 지상파 방송사(지상파DMB 포함)는 전년보다 301명이 늘어났으므로 2023년 방송산업 종사자 수는 32,443-301=32,142명이다.

대표기출유형 04 기출응용문제

01

7월과 9월에는 COD가 DO보다 많았다.

오답분석

① 8월의 수온은 29℃로 측정 기간 중 가장 높다.
③ 7월의 BOD의 양은 2.2mg/L이고, 12월 BOD의 양은 1.4mg/L이다. 7월 대비 12월 소양강댐의 BOD 증감률은 (1.4-2.2)÷2.2×100 = -36.36%이다.
　따라서 7월 대비 12월 소양강댐의 BOD 감소율은 30% 이상이다.
④ DO는 4월에 가장 많았고, 9월에 가장 적었다. 이때의 차는 12.1-6.4=5.7mg/L이다.

02

㉠·㉢ 주어진 제시된 자료를 통해 확인할 수 있다.

㉣ TV홈쇼핑 판매수수료율 순위 자료를 보면 여행패키지의 판매수수료율은 8.4%이다. 반면, 백화점 판매수수료율 순위 자료에 여행패키지 판매수수료율이 제시되지 않았지만 상위 5위와 하위 5위의 판매수수료율을 통해 여행패키지 판매수수료율은 20.8% 보다 크고 31.1%보다 낮다는 것을 추론할 수 있다. 즉, 8.4×2=16.8<20.8이므로 여행패키지 상품군의 판매수수료율은 백화점이 TV홈쇼핑의 2배 이상이라는 설명은 옳다.

오답분석

㉡ 백화점 판매수수료율 순위 자료를 보면 여성정장과 모피의 판매수수료율은 각각 31.7%, 31.1%이다. 반면, TV홈쇼핑 판매수수료율 순위 자료에는 여성정장과 모피의 판매수수료율이 제시되지 않았다. 상위 5위와 하위 5위의 판매수수료율을 통해 제시되지 않은 상품군의 판매수수료율은 28.7%보다 높고 36.8%보다 낮은 것을 추측할 수 있다. 즉, TV홈쇼핑의 여성정장과 모피의 판매수수료율이 백화점보다 높은지 낮은지 판단할 수 없다.

03

ㄴ. 2021년 대비 2024년 모든 분야의 침해사고 건수는 감소하였으나, 50%p 이상 줄어든 것은 스팸릴레이 한 분야이다.

ㄹ. 기타 해킹 분야의 2024년 침해사고 건수는 2022년 대비 증가했으므로 옳지 않은 설명이다.

오답분석

ㄱ. 단순침입시도 분야의 침해사고는 매년 스팸릴레이 분야의 침해사고 건수의 두 배 이상인 것을 확인할 수 있다.

ㄷ. 2023년 홈페이지 변조 분야의 침해사고 건수가 차지하는 비중은 $\frac{5,216}{16,135} \times 100 ≒ 32.3\%$로, 35% 이하이다.

04

2020년과 2024년에는 출생아 수와 사망자 수의 차이가 20만 명이 되지 않으므로 매년 총 인구가 20만 명 이상씩 증가한다고 볼 수 없다.

05

2023년의 50대 선물환거래 금액은 1,980억×0.306=605.88억 원이며, 2024년은 2,084억×0.297=618.948억 원이다. 따라서 2023년 대비 2024년의 50대 선물환거래 금액 증가량은 618.948-605.88=13.068억 원이므로 13억 원 이상이다.

오답분석

① 2023~2024년의 전년 대비 10대의 선물환거래 금액 비율 증감 추이는 '증가 – 감소'이고, 20대는 '증가 – 증가'이다.

③ 2022~2024년의 40대 선물환거래 금액은 다음과 같다.
- 2022년 : 1,920억×0.347=666.24억 원
- 2023년 : 1,980억×0.295=584.1억 원
- 2024년 : 2,084억×0.281=585.604억 원
따라서 2024년의 40대 선물환거래 금액은 전년 대비 증가했으므로 40대의 선물환거래 금액은 지속적으로 감소하고 있지 않다.

④ 2024년의 10~40대 선물환거래 금액 총비율은 2.5+13+26.7+28.1=70.3%로, 2023년의 50대 비율의 2.5배인 30.6%× 2.5=76.5%보다 낮다.

대표기출유형 01 기출응용문제

01
정답 ②

A대리와 E대리의 진술이 서로 모순이므로, 둘 중 1명은 거짓을 말하고 있다.
ⅰ) A대리의 진술이 거짓인 경우
　A대리의 말이 거짓이라면 B사원의 말도 거짓이 되고, D사원의 말도 거짓이 되므로 모순이다.
ⅱ) A대리의 진술이 진실인 경우
　A대리, B사원, D사원의 말이 진실이 되고, C사원과 E대리의 말이 거짓이 된다.
진실
• A대리 : A대리・E대리 출근, 결근 사유 모름
• B사원 : C사원 출근, A대리 진술은 진실
• D사원 : B사원 진술은 진실
거짓
• C사원 : D사원 결근 거짓 → D사원 출근
• E대리 : D사원 결근, D사원이 A대리한테 결근 사유 전함 거짓 → D사원 출근, A대리는 결근 사유 듣지 못함
따라서 B사원이 출근하지 않았다.

02
정답 ①

첫 번째・마지막 조건을 이용하면 '미국 – 일본 – 캐나다' 순으로 여행한 사람의 수가 많음을 알 수 있다. 두 번째 조건에 의해 일본을 여행한 사람은 미국 또는 캐나다 여행을 했다.
따라서 일본을 여행했지만 미국을 여행하지 않은 사람은 캐나다 여행을 했고, 세 번째 조건에 의해 중국을 여행하지 않았다.

오답분석
② 미국을 여행한 사람이 가장 많지만 일본과 중국을 여행한 사람을 합한 수보다 많은지는 알 수 없다.
③・④ 주어진 조건만으로는 알 수 없다.

03
정답 ④

마지막 조건에 따라 C항공사는 제일 앞번호인 1번 부스에 위치하며, 세 번째 조건에 따라 G면세점과 H면세점은 양 끝에 위치한다. 이때 네 번째 조건에서 H면세점 반대편에는 E여행사가 위치한다고 하였으므로 5번 부스에는 H면세점이 올 수 없다. 그러므로 5번 부스에는 G면세점이 위치한다. 또한 첫 번째 조건에 따라 같은 종류의 업체는 같은 라인에 위치할 수 없으므로 H면세점은 G면세점과 다른 라인인 4번 부스에 위치하고, 4번 부스 반대편인 8번 부스에는 E여행사가, 4번 부스 바로 옆인 3번 부스에는 F여행사가 위치한다. 나머지 조건에 따라 부스의 위치를 정리하면 다음과 같다.
ⅰ) 경우 1

C항공사	A호텔	F여행사	H면세점
복도			
G면세점	B호텔	D항공사	E여행사

ⅱ) 경우 2

C항공사	B호텔	F여행사	H면세점
복도			
G면세점	A호텔	D항공사	E여행사

따라서 'D항공사는 E여행사와 나란히 위치하고 있다.'는 항상 참이다.

04

각 팀은 3명, 4명으로 각각 구성된다. A, B는 D와 함께 소속되어야 하므로 양 팀의 구성이 가능한 경우는 다음과 같다.
ⅰ) A, B, D, F / C, E, G
ⅱ) A, B, D, G / C, E, F
따라서 이 2가지 구성에 해당하지 않는 것은 ④이다.

05

을과 무의 진술이 모순되므로 둘 중 1명은 참, 다른 1명은 거짓을 말한다. 여기서 을의 진술이 참일 경우 무뿐만 아니라 갑의 진술도 거짓이 되어 2명이 거짓을 진술한 것이 되므로 문제의 조건에 위배된다. 그러므로 을의 진술이 거짓, 무의 진술이 참이다. 따라서 A강좌는 을이, B와 C강좌는 갑과 정이, D강좌는 무가 담당하고, 병은 강좌를 담당하지 않는다.

06

먼저 갑의 진술을 기준으로 경우의 수를 나누어 보면 다음과 같다.
ⅰ) A의 근무지는 광주이다(○), D의 근무지는 서울이다(×).
　병의 진술을 먼저 살펴보면, A의 근무지가 광주라는 것이 이미 고정되어 있으므로 앞 문장인 'C의 근무지는 광주이다.'는 거짓이 된다. 따라서 뒤 문장인 'D의 근무지는 부산이다.'가 참이 되어야 한다. 다음으로 을의 진술을 살펴보면, 앞 문장인 'B의 근무지는 광주이다.'는 거짓이며 뒤 문장인 'C의 근무지는 세종이다.'가 참이 되어야 한다. 이를 정리하면 다음과 같다.

A	B	C	D
광주	서울	세종	부산

ⅱ) A의 근무지는 광주이다(×), D의 근무지는 서울이다(○).
　병의 진술을 먼저 살펴보면, 뒤 문장인 'D의 근무지는 부산이다.'는 거짓이 되며, 앞 문장인 'C의 근무지는 광주이다.'는 참이 된다. 다음으로 을의 진술을 살펴보면 앞 문장인 'B의 근무지는 광주이다.'가 거짓이 되므로, 뒤 문장인 'C의 근무지는 세종이다.'는 참이 되어야 한다. 그러나 이미 C의 근무지는 광주로 확정되어 있기 때문에 모순이 발생한다. 따라서 ⅱ)의 경우는 성립하지 않는다.

A	B	C	D
		광주 세종(모순)	서울

따라서 보기에서 반드시 참인 것은 ㄱ, ㄴ, ㄷ이다.

대표기출유형 02　기출응용문제

01

• (가) : 외부의 기회를 활용하면서 내부의 강점을 더욱 강화시키는 SO전략에 해당한다.
• (나) : 외부의 기회를 활용하여 내부의 약점을 보완하는 WO전략에 해당한다.
• (다) : 외부의 위협을 회피하며 내부의 강점을 적극 활용하는 ST전략에 해당한다.
• (라) : 외부의 위협을 회피하고 내부의 약점을 보완하는 WT전략에 해당한다.
따라서 바르게 나열한 것은 ③이다.

02

②

ㄱ. 기술개발을 통해 연비를 개선하는 것은 막대한 R&D 역량이라는 강점으로 휘발유의 부족 및 가격의 급등이라는 위협을 회피하거나 최소화하는 전략에 해당하므로 적절하다.

ㄹ. 생산설비에 막대한 투자를 했기 때문에 차량모델 변경의 어려움이라는 약점이 있는데, 레저용 차량 전반에 대한 수요 침체 및 다른 회사들과의 경쟁이 심화되고 있으므로 생산량 감축을 고려할 수 있다.

ㅁ. 생산 공장을 한 곳만 가지고 있다는 약점이 있지만 새로운 해외시장이 출현하고 있는 기회를 살려서 국내 다른 지역이나 해외에 공장들을 분산 설립할 수 있을 것이다.

ㅂ. 막대한 R&D 역량이라는 강점을 이용하여 휘발유의 부족 및 가격의 급등이라는 위협을 회피하거나 최소화하기 위해 경유용 레저 차량 생산을 고려할 수 있다.

오답분석

ㄴ. 소형 레저용 차량에 대한 수요 증대라는 기회 상황에서 대형 레저용 차량을 생산하는 것은 적절하지 않은 전략이다.

ㄷ. 차량모델 변경의 어려움이라는 약점을 보완하는 전략도 아니고, 소형 또는 저가형 레저용 차량에 대한 선호가 증가하는 기회에 대응하는 전략도 아니다. 또한, 차량 안전 기준의 강화 같은 규제 강화는 기회 요인이 아니라 위협 요인이다.

ㅅ. 기회는 새로운 해외시장의 출현인데 내수 확대에 집중하는 것은 기회를 살리는 전략이 아니다.

03

정답 ②

국내 금융기관에 대한 SWOT 분석 결과는 다음과 같다.

강점(Strength)	약점(Weakness)
• 높은 국내 시장 지배력 • 우수한 자산건전성 • 뛰어난 위기관리 역량	• 은행과 이자수익에 편중된 수익구조 • 취약한 해외 비즈니스와 글로벌 경쟁력
기회(Opportunity)	위협(Threat)
• 해외 금융시장 진출 확대 • 기술 발달에 따른 핀테크의 등장 • IT 인프라를 활용한 새로운 수익 창출	• 새로운 금융 서비스의 등장 • 글로벌 금융기관과의 경쟁 심화

㉠ SO전략은 강점을 살려 기회를 포착하는 전략으로, 강점인 국내 시장 점유율을 기반으로 핀테크 사업에 진출하려는 ㉠은 적절한 SO전략으로 볼 수 있다.

㉢ ST전략은 강점을 살려 위협을 회피하는 전략으로, 강점인 우수한 자산건전성을 강조하여 글로벌 금융기관과의 경쟁에서 우위를 차지하려는 ㉢은 적절한 ST전략으로 볼 수 있다.

오답분석

㉡ WO전략은 약점을 보완하여 기회를 포착하는 전략이다. 그러나 위기관리 역량은 국내 금융기관이 지니고 있는 강점에 해당하므로 WO전략으로 적절하지 않다.

㉣ 해외 비즈니스 역량을 강화하여 해외 금융시장에 진출하는 것은 약점을 보완하여 기회를 포착하는 WO전략에 해당한다.

대표기출유형 03 | 기출응용문제

01

정답 ④

을・정・무 조합은 정이 운전을 하고 을이 차장이며, 부상 중인 사람이 없기 때문에 17시에 도착하므로 정의 당직 근무에도 문제가 없다. 따라서 가능한 조합이다.

① 갑·을·병 : 갑이 부상인 상태이므로 B지사에 17시 30분에 도착하는데, 을이 17시 15분에 계약업체 면담을 진행해야 하므로 가능하지 않은 조합이다.

② 갑·병·정 : 갑이 부상인 상태이므로 B지사에 17시 30분에 도착하는데, 정이 17시 10분부터 당직 근무가 예정되어 있으므로 가능하지 않은 조합이다.

③ 을·병·무 : '1종 보통'을 소지하고 있는 사람이 없으므로 가능하지 않은 조합이다.

02

정답 ③

제시된 직원 투표 결과를 정리하면 다음과 같다.

(단위 : 표)

여행상품	1인당 비용(원)	총무팀	영업팀	개발팀	홍보팀	공장1	공장2	합계
A	500,000	2	1	2	0	15	6	26
B	750,000	1	2	1	1	20	5	30
C	600,000	3	1	0	1	10	4	19
D	1,000,000	3	4	2	1	30	10	50
E	850,000	1	2	0	2	5	5	15
합계		10	10	5	5	80	30	140

㉠ 가장 인기 높은 여행상품은 D이다. 그러나 공장1의 고려사항은 회사에 손해를 줄 수 있으므로, 2박 3일 여행상품이 아닌 1박 2일 여행상품 중 가장 인기 있는 B가 선택된다.
따라서 750,000×140=105,000,000원이 필요하므로 옳다.

㉢ 공장1의 A, B 투표 결과가 바뀐다면 여행상품 A, B의 투표 수가 각각 31, 25표가 되어 선택되는 여행상품이 A로 변경된다.

㉡ 가장 인기 높은 여행상품은 D이므로 옳지 않다.

03

정답 ②

주어진 자료를 표로 정리하면 다음과 같다.

선택		B여행팀	
		관광지에 간다	관광지에 가지 않는다
A여행팀	관광지에 간다	(10, 15)	(15, 10)
	관광지에 가지 않는다	(25, 20)	(35, 15)

• A여행팀의 최대효용

 - B여행팀이 관광지에 가는 경우 : A여행팀이 관광지에 가지 않을 때 25의 최대효용을 얻는다.

 - B여행팀이 관광지에 가지 않는 경우 : A여행팀이 관광지에 가지 않을 때 35의 최대효용을 얻는다.

 따라서 A여행팀은 B여행팀의 선택에 상관없이 관광지에 가지 않아야 효용이 발생하며, 이때의 최대효용은 35이다.

• B여행팀의 최대효용

 - A여행팀이 관광지에 가는 경우 : B여행팀이 관광지에 갈 때 15의 최대효용을 얻는다.

 - A여행팀이 관광지에 가지 않는 경우 : B여행팀이 관광지에 갈 때 20의 최대효용을 얻는다.

 따라서 B여행팀은 A여행팀의 선택에 상관없이 관광지에 가야 효용이 발생하며, 이때의 최대효용은 20이다.

이를 종합하면 A여행팀은 관광지에 가지 않을 때, B여행팀은 관광지에 갈 때 효용이 극대화되고, 총효용은 25+20=45이다.

04

B안의 가중치는 전문성인데 전문성 면에서 자원봉사제도는 (−)이므로 적절하지 않은 내용이다.

[오답분석]
① 비용저렴성을 달성하려면 (+)를 보이는 자원봉사제도가 가장 유리하다.
② B안에 가중치를 적용할 경우 전문성에 가중치를 적용하므로 (+)를 보이는 유급법률구조제도가 가장 적절하며, A안에 가중치를 적용할 경우 유급법률구조제도가 가장 적절하다. 따라서 어떤 것을 적용하더라도 결과는 같다.
④ A안에 가중치를 적용할 경우 접근용이성과 전문성에 가중치를 적용하므로 두 정책목표 모두에서 (+)를 보이는 유급법률구조제도가 가장 적절하다.

05

정답 ①

T주임이 이동할 거리는 총 12+18=30km이다. T주임이 렌트한 H차량은 연비가 10km/L이며 1L 단위로 주유가 가능하므로 3L를 주유하여야 한다. H차량의 연료인 가솔린은 리터당 1.4달러이므로 총 유류비는 3L×1.4달러=4.2달러이다.

06

정답 ④

T주임이 시속 60km로 이동하는 구간은 18+25=43km이다. 또한 시속 40km로 이동하는 구간은 12km이다. 그러므로 첫 번째 구간의 소요 시간은 $\frac{43\text{km}}{60\text{km/h}}$=43분이며, 두 번째 구간의 소요 시간은 $\frac{12\text{km}}{40\text{km/h}}$=18분이다.

따라서 총 이동시간은 43+18=61분, 즉 1시간 1분이다.

대표기출유형 04 　기출응용문제

01

정답 ③

보유 전세버스 현황에서 소형버스(RT)는 RT−25−KOR−18−0803, RT−16−DEU−23−1501, RT−25−DEU−12−0904, RT−23−KOR−07−0628, RT−16−USA−09−0712로 총 5대이며, 이 중 독일에서 생산된 것은 2대이다. 따라서 이는 소형버스 전체의 40%를 차지하므로 ③은 옳지 않다.

02

정답 ④

알파벳 순서에 따라 숫자로 변환하면 다음과 같다.

a	b	c	d	e	f	g	h	i
1	2	3	4	5	6	7	8	9
j	k	l	m	n	o	p	q	r
10	11	12	13	14	15	16	17	18
s	t	u	v	w	x	y	z	−
19	20	21	22	23	24	25	26	−

'intellectual'의 품번을 규칙에 따라 정리하면 다음과 같다.

- 1단계 : 9, 14, 20, 5, 12, 12, 5, 3, 20, 21, 1, 12
- 2단계 : $9+14+20+5+12+12+5+3+20+21+1+12=134$
- 3단계 : $|(14+20+12+12+3+20+12)-(9+5+5+21+1)|=|93-41|=52$
- 4단계 : $(134+52)÷4+134=46.5+134=180.5$
- 5단계 : 180.5를 소수점 첫째 자리에서 버림하면 180이다.

따라서 제품의 품번은 180이다.

03

정답 ③

가장 먼저 살펴볼 것은 '3번 전구'인데, 이에 대해 언급된 사람은 A와 C 두 사람이다. 먼저 C는 3번 전구를 그대로 둔다고 하였고, A는 이 전구가 켜져 있다면 전구를 끄고, 꺼진 상태라면 그대로 둔다고 하였다. 그리고 B는 3번 전구에 대해 어떠한 행동도 취하지 않는다. 즉 3번 전구에 영향을 미치는 사람은 A뿐이며 이를 통해 3번 전구는 A, B, C가 방에 출입한 순서와 무관하게 최종적으로 꺼지게 된다는 것을 알 수 있다.

그렇다면 나머지 1, 2, 4, 5, 6이 최종적으로 꺼지게 되는 순서를 찾으면 된다. C의 단서에 이 5개의 전구가 모두 꺼지는 상황이 언급되어 있으므로, C를 가장 마지막에 놓고 A-B-C와 B-A-C를 판단해 보면 다음과 같다.

먼저 A-B-C의 순서로 판단해 보면, 다음과 같은 결과를 얻게 되어 답이 되지 않음을 알 수 있다.

전구 번호	1	2	3	4	5	6
상태	○	○	○	×	×	×
A	○	○	×	×	×	×
B	○	×	×	○	×	○
C	○	×	×	×	×	×

다음으로 B-A-C의 순서로 판단해 보면, 다음과 같은 결과를 얻게 되므로 ③이 답이 됨을 알 수 있다.

전구 번호	1	2	3	4	5	6
상태	○	○	○	×	×	×
B	○	×	○	○	×	○
A	○	×	×	○	×	×
C	×	×	×	×	×	×

04

정답 ④

발행형태가 4로 전집이기 때문에 한 권으로만 출판된 것이 아님을 알 수 있다.

[오답분석]
① 국가번호가 05(미국)로 미국에서 출판되었다.
② 서명식별번호가 1011로 1011번째 발행되었다. 441은 발행자 번호로 이 책을 발행한 출판사의 발행자번호가 441이라는 것을 의미한다.
③ 발행자번호는 441로 세 자리로 이루어져 있다.

대표기출유형 01 기출응용문제

01

정답 ②

ⅰ) K기사가 거쳐야 할 경로는 'A도시 → E도시 → C도시 → A도시'이다. A도시에서 E도시로 바로 갈 수 없으므로 다른 도시를
거쳐야 하고, 이때 가장 짧은 시간 내에 A도시에서 E도시로 갈 수 있는 경로는 B도시를 경유하는 것이다.
따라서 K기사의 운송경로는 'A도시 → B도시 → E도시 → C도시 → A도시'이며, 이동시간은 1.0＋0.5＋2.5＋0.5＝
4.5시간이다.

ⅱ) P기사는 A도시에서 출발하여 모든 도시를 한 번씩 거친 뒤 다시 A도시로 돌아와야 한다. 해당 조건이 성립하는 운송경로의
경우는 다음과 같다.
  • A도시 → B도시 → D도시 → E도시 → C도시 → A도시
    − 이동시간 : 1.0＋1.0＋0.5＋2.5＋0.5＝5.5시간
  • A도시 → C도시 → B도시 → E도시 → D도시 → A도시
    − 이동시간 : 0.5＋2.0＋0.5＋0.5＋1.5＝5시간
따라서 P기사가 운행할 최소 이동시간은 5시간이다.

02

정답 ③

자동차 부품 생산조건에 따라 반자동라인과 자동라인의 시간당 부품 생산량을 구하면 다음과 같다.

• 반자동라인 : 4시간에 300개의 부품을 생산하므로, 8시간에 300개×2＝600개의 부품을 생산한다. 하지만 8시간마다 2시간씩

  생산을 중단하므로, 8＋2＝10시간에 600개의 부품을 생산하는 것과 같다. 따라서 시간당 부품 생산량은 $\frac{600개}{10시간}$＝60개이다.

  이때 반자동라인에서 생산된 부품의 20%는 불량이므로, 시간당 정상 부품 생산량은 60개×(1−0.2)＝48개이다.

• 자동라인 : 3시간에 400개의 부품을 생산하므로, 9시간에 400개×3＝1,200개의 부품을 생산한다. 하지만 9시간마다 3시간씩

  생산을 중단하므로, 9＋3＝12시간에 1,200개의 부품을 생산하는 것과 같다. 따라서 시간당 부품 생산량은 $\frac{1,200개}{12시간}$＝100개이다.

  이때 자동라인에서 생산된 부품의 10%는 불량이므로, 시간당 정상 부품 생산량은 100개×(1−0.1)＝90개이다.

따라서 반자동라인과 자동라인에서 시간당 생산하는 정상 부품의 생산량은 48＋90＝138개이므로, 34,500개를 생산하는 데

$\frac{34,500개}{138개/h}$＝250시간이 소요되었다.

03

정답 ④

팀원들의 모든 스케줄이 비어 있는 시간대인 16:00 ~ 17:00가 가장 적절하다.

04

정답 ④

10월 20 ~ 21일은 주중이며, 출장 혹은 연수 일정이 없고, 부서 이동 전에 해당되므로 김대리가 경기본부의 전기 점검을 수행할
수 있는 일정이다.

① 10월 6 ~ 7일 : 김대리의 연수 기간이므로 전기 점검을 진행할 수 없다.
② 10월 11 ~ 12일 : 주말인 11일을 포함하고 있다.
③ 10월 14 ~ 15일 : 15일은 목요일로, 김대리가 경인건설본부로 출장을 가는 날짜이다.

대표기출유형 02 기출응용문제

01
정답 ④

• 6월 8일
  출장지는 I시이므로 출장수당은 10,000원이고, 교통비는 20,000원이다. 그러나 관용차량을 사용했으므로 교통비에서 10,000원이 차감된다. 즉, 6월 8일의 출장여비는 10,000+(20,000−10,000)=20,000원이다.
• 6월 16일
  출장지는 S시이므로 출장수당은 20,000원이고, 교통비는 30,000원이다. 그러나 출장 시작 시각이 14시이므로 10,000원이 차감된다. 즉, 6월 16일의 출장여비는 (20,000−10,000)+30,000=40,000원이다.
• 6월 19일
  출장지는 B시이므로 출장비는 20,000원이고, 교통비는 30,000원이다. 이때, 업무추진비를 사용했으므로 10,000원이 차감된다. 즉, 6월 19일의 출장여비는 (20,000−10,000)+30,000=40,000원이다.
따라서 A사원이 6월 출장여비로 받을 수 있는 총액은 20,000+40,000+40,000=100,000원이다.

02
정답 ③

각 문화생활에 신청한 직원의 수와 정원을 비교하면 다음과 같다.

(단위 : 명)

구분	연극 '지하철 1호선'	영화 '파과'	음악회 '차이코프스키'	미술관 '마네 · 모네'
신청인원	14	26	13	4
정원	20	30	10	30

음악회의 신청인원이 정원 3명을 초과하여 다시 신청을 해야 한다. 자료에서 정원이 초과된 인원은 1인당 금액이 비싼 문화생활 순으로 남은 정원을 채운다고 했으므로 그 순서는 '음악회 − 연극 − 미술관 − 영화'이다. 그러므로 3명은 정원이 남은 연극을 신청하게 되어 연극의 신청 인원은 14+3=17명이 된다. 문화생활 정보의 기타 사항을 보면 연극과 영화는 할인 조건에 해당되므로 할인 적용을 받는다.
따라서 이번 달 문화생활 티켓 구매에 필요한 예산은 (17×20,000×0.85)+(26×12,000×0.5)+(10×50,000)+(4×13,000)=997,000원이다.

03
정답 ②

8:20에 터미널에 도착하여 A회사 AM 9:00 항로 2 여객선을 선택하면, 오전 중에 가장 저렴한 비용으로 섬에 들어갈 수 있다.

04
정답 ④

• A씨 부부의 왕복 비용 : (59,800×2)×2=239,200원
• 만 6세 아들의 왕복 비용 : (59,800×0.5)×2=59,800원
• 만 3세 딸의 왕복 비용 : 59,800×0.25=14,950원
따라서 A씨 가족이 지불한 교통비는 239,200+59,800+14,950=313,950원이다.

01

인쇄할 홍보 자료는 총 20×10=200부이며, 200×30=6,000페이지이다. 이를 활용하여 업체당 인쇄 비용을 구하면 다음과 같다.

구분	페이지 인쇄 비용	유광 표지 비용	제본 비용	할인을 적용한 총비용
A	6,000×50=30만 원	200×500=10만 원	200×1,500=30만 원	30+10+30=70만 원
B	6,000×70=42만 원	200×300=6만 원	200×1,300=26만 원	42+6+26=74만 원
C	6,000×70=42만 원	200×500=10만 원	200×1,000=20만 원	42+10+20=72만 원 → 200부 중 100부 5% 할인 → (할인 안 한 100부 비용)+(할인한 100부 비용) =36+(36×0.95)=70만 2,000원
D	6,000×60=36만 원	200×300=6만 원	200×1,000=20만 원	36+6+20=62만 원

따라서 가장 저렴한 비용으로 인쇄할 수 있는 업체는 D인쇄소이다.

02

사진별로 개수에 따른 총 용량을 구하면 다음과 같다.
• 반명함 : 150×8,000=1,200,000KB(1,200MB)
• 신분증 : 180×6,000=1,080,000KB(1,080MB)
• 여권 : 200×7,500=1,500,000KB(1,500MB)
• 단체사진 : 250×5,000=1,250,000KB(1,250MB)
모든 사진의 총용량을 더하면 1,200+1,080+1,500+1,250=5,030MB이다.
따라서 5,030MB는 5.030GB이므로, 필요한 USB 최소 용량은 5GB이다.

03

두 번째 조건에서 총구매 금액이 30만 원 이상이면 총금액에서 5%를 할인해 주므로 한 벌당 가격이 300,000÷50=6,000원 이상인 품목은 할인 적용이 들어간다. 업체별 품목 금액을 보면 모든 품목이 6,000원 이상이므로 5% 할인 적용 대상이다. 따라서 모든 품목에 할인이 적용되어 정가로 비교가 가능하다. 마지막 조건에서 차순위 품목이 1순위 품목보다 총금액이 20% 이상 저렴한 경우 차순위를 선택한다고 했으므로 한 벌당 가격으로 계산하면 1순위인 카라 티셔츠의 20% 할인된 가격은 8,000×0.8=6,400원이다.
따라서 정가가 6,400원 이하인 품목은 A업체의 티셔츠이므로 S지사장은 1순위인 카라 티셔츠보다 2순위인 A업체의 티셔츠를 구입할 것이다.

04

어떤 컴퓨터를 구매하더라도 각각 사는 것보다 세트로 사는 것이 한 세트[(모니터)+(본체)]당 약 5만 원에서 10만 원 정도 이득이다. 하지만 세트 혜택이 아닌 다른 혜택에 해당하는 조건에서는 비용을 비교해 봐야 한다. 컴퓨터별 구매 비용을 계산하면 다음과 같다.
• A컴퓨터 : 80만 원×15대=1,200만 원
• B컴퓨터 : (75만 원×15대)−100만 원=1,025만 원
• C컴퓨터 : (20만 원×10대)+(20만 원×0.85×5대)+(60만 원×15대)=1,185만 원 또는 70만 원×15대=1,050만 원
• D컴퓨터 : 66만 원×15대=990만 원
따라서 D컴퓨터만 예산 범위인 1,000만 원 내에서 구매할 수 있으므로 조건을 만족하는 컴퓨터는 D컴퓨터이다.

대표기출유형 04 기출응용문제

01

인맥을 활용하면 각종 정보와 정보의 소스를 주변 사람으로부터 획득할 수 있다. 또한, '나' 자신의 인간관계나 생활에 대해서 알수 있으며, 이로 인해 자신의 인생에 탄력을 불어넣을 수 있다. 그리고 주변 사람들의 참신한 아이디어를 통해 자신만의 사업을 시작할 수도 있다. 따라서 A사원의 메모는 모두 옳은 내용이다.

02

C대리의 업무평가 점수는 직전연도인 2024년의 업무평가 점수인 89점에서 지각 1회에 따른 5점, 결근 1회에 따른 10점을 제한 74점이다. 따라서 승진 대상에 포함되지 못하므로 그대로 대리일 것이다.

[오답분석]

① A사원은 근속연수가 4년 미만이므로 승진대상이 아니다.
② B주임은 출산휴가 35일을 제외하면 근속연수가 4년 미만이므로 승진대상이 아니다.
④ 승진대상에 대한 자료를 보았을 때 대리가 될 수 없다.

03

제시된 근무지 이동 규정과 신청 내용에 따라 상황을 정리하면 다음과 같다.
• A는 1년 차 근무를 마친 직원이므로 우선 반영되어 자신이 신청한 종로로 이동하게 된다.
• B는 E와 함께 영등포를 신청하였으나, B의 전년도 평가점수가 더 높아 B가 영등포로 이동한다.
• 3년 차에 지방 지역인 제주에서 근무한 E는 A가 이동할 종로와 B가 이동할 영등포를 제외한 수도권 지역인 여의도로 이동하게 된다.
• D는 자신이 2년 연속 근무한 적 있는 수도권 지역으로 이동이 불가능하므로, 지방 지역인 광주, 제주, 대구 중 한 곳으로 이동하게 된다.
• 이때, C는 자신이 근무하였던 대구로 이동하지 못하므로, D가 광주로 이동한다면 C는 제주로, D가 대구로 이동한다면 C는 광주혹은 제주로 이동한다.
• 1년 차 신입은 전년도 평가 점수를 100으로 보므로 신청한 근무지에서 근무할 수 있다. 따라서 1년 차에 대구에서 근무한 A는입사 시 대구를 1년 차 근무지로 신청하였을 것임을 알 수 있다.
이를 표로 정리하면 다음과 같다.

직원	1년 차 근무지	2년 차 근무지	3년 차 근무지	이동지역	전년도 평가
A	대구	–	–	종로	–
B	여의도	광주	–	영등포	92점
C	종로	대구	여의도	제주 / 광주	88점
D	영등포	종로	–	광주 / 제주 / 대구	91점
E	광주	영등포	제주	여의도	89점

근무지 이동 규정에 따라 2번 이상 같은 지역을 신청할 수 없고 D는 1년 차와 2년 차에 서울 지역에서 근무하였으므로 3년 차에는지방으로 가야 한다. 따라서 D는 신청지로 배정받지 못할 것이다.

MEMO

PART 2

직무능력평가

CHAPTER

경영 적중예상문제

01	02	03	04	05	06	07	08	09	10	11	12	13	14	15	16	17	18	19	20
④	④	③	②	①	③	③	①	①	①	②	④	②	③	②	①	②	④	②	①

01
정답 ④

대리인 문제는 회사의 주주와 실제 경영인 서로 달라 발생하는 문제이다. 이를 해결하는 방법으로는 우선 정보 비대칭을 줄이는 방법이 있다. 회계정보 공시를 강화하거나 기업 정보의 투명성을 높이는 것이다. 적대적 M&A 시장을 활성화시킨다든지 채권단 등과 같은 자본시장의 제도적 장치를 이용해 경영진의 도덕적 해이를 방지하는 방법도 있다. 또 견제 대신 당근을 활용할 수도 있다. 대표적인 것이 스톡옵션이다. 스톡옵션은 주주와 경영자의 이해를 서로 일치시키는 일종의 성과급과 같다. 하지만 분산된 주주들은 경영진을 엄격하게 감독할 유인을 갖지 못한다.
다수의 소액주주에 주식이 분산되는 것보다는 일정한도 내의 주식을 소유하는 대주주가 존재하는 경우 대리인 문제가 해결될 수 있다.

02
정답 ④

오답분석

① GE - 맥킨지 매트릭스는 사업경쟁력 정도와 산업의 매력도를 통해 전략을 수립한다.
② BCG 매트릭스에서 '별'은 높은 시장성장률과 높은 시장점유율로 많은 수익을 내고 있음을 나타낸다.
③ BCG 매트릭스는 사업 기회를 분석한다.
⑤ GE - 맥킨지 매트릭스의 원의 크기는 각 사업 단위가 진출한 산업의 크기를, 원 안에 진하게 표시된 부분의 크기는 각 사업 단위의 산업 내 시장점유율을 나타낸다.

03
정답 ③

제시된 설명은 컨조인트 분석(Conjoint Analysis)에 해당한다.

04
정답 ②

페이욜의 경영활동

• 기술적 활동 : 생산, 제조, 가공
• 상업적 활동 : 구매, 판매, 교환
• 재무적 활동 : 자본의 조달과 운용
• 보호적 활동 : 재화와 종업원의 보호
• 회계적 활동 : 재산목록, 대차대조표, 원가, 통계 등
• 관리적 활동 : 계획, 조직, 명령, 조정, 통제

05

기준금리 인하는 자산가격의 상승을 유도한다.

[오답분석]

ⓒ 천연가스 가격이 오르면 대체재인 원유를 찾는 소비자가 늘어나게 되어 공급이 늘어나므로 공급곡선은 오른쪽으로 이동한다.
ⓒ 초과공급에 대한 설명이다.
ⓔ CD금리는 CD(양도성예금증서)가 유통시장에서 거래될 때 적용받는 이자율이다.
ⓜ 기준금리는 2016년까지 연 12회였으나, 2017년부터 연 8회로 변경되었다.

06

직무특성모형은 핵크만과 올드햄(Hackman & Oldham)에 의해 제시된 이론으로 현대적 직무설계의 이론적 지침이 되고 있다.

직무특성모형의 핵심직무차원
- 기술의 다양성
- 과업의 정체성
- 과업의 중요성
- 자율성
- 피드백

07

[오답분석]

① CRM(Customer Relationship Management) : 고객관계관리라고 하며, 기업이 고객의 정보를 축적 및 관리하여 필요한 서비스를 제공할 수 있도록 하는 것이다.
② DSS(Decision Support System) : 의사결정지원시스템이라고 하며, ERP를 통해서 수집된 자료를 요약・분석・가공하여 경영관리자의 의사결정을 지원하는 시스템이다.
④ KMS(Knowledge Management System) : 지식관리시스템이라고 하며, 기업 내 흩어져 있는 지적 자산을 활용할 수 있는 형태로 변환하여 관리 및 공유할 수 있도록 하는 시스템이다.
⑤ SCM(Supply Chain Management) : 공급망관리라고 하며, 공급망 전체를 하나의 통합된 개체로 보고 이를 최적화하고자 하는 경영 방식이다.

08

중간관리자는 최고관리층인 톱 매니지먼트와 일반종업원을 직접 감독하는 로어 매니지먼트의 중간에 위치하는 보통 부장・과장급이 이에 해당한다. 이들의 임무는 최고 경영층에 의해 지시된 목표, 방침, 계획을 받아 보다 집행적인 목표를 정함과 동시에 세부적인 계획을 작성하여 실행되도록 지휘・통솔하는 것이다.

09

종래의 리더십은 리더의 역할이 어떻게 하면 부하를 목표에 공헌하도록 통제하는 데 중점을 두고 있지만, 변형적 리더십은 부하를 조직 내부・외부의 변화에 대해 적응력을 높여주고 적응해 나가도록 지원하는 데 중점을 두고 있으며, 리더십이 조직구성원의 태도나 가정들이 변화하도록 중요한 영향을 주고 조직의 목적이나 이념에 헌신하게 하는 과정으로 본다.

10

기대이론(Expectancy Theory)이란 구성원 개인의 동기부여의 강도를 성과에 대한 기대와 성과의 유의성에 의해 설명함으로써 동기유발을 위한 동기요인들의 상호작용에 관심을 둔 이론이다.

브룸(V. Vroom)의 기대이론에 의하면 동기부여(Motivation)는 기대(Expectancy) · 수단성(Instrumentality) · 유의성(Valence)의 3요소에 영향을 받는다. 이때, 유의성은 특정 보상에 대해 갖는 선호의 강도, 수단성은 성과달성에 따라 주어지리라고 믿는 보상의 정도이고, 기대는 어떤 활동이 특정 결과를 가져오리라고 믿는 가능성을 말한다. 따라서 '(동기부여의 강도)=(기대감)×(수단성)×(유의성)'으로 나타낼 수 있다.

11

정답 ②

오답분석

① 지주회사 : 다른 회사의 주식을 소유함으로써 사업 활동을 지배하는 것을 주된 사업으로 하는 회사이다.

③ 컨글로머리트 : 복합기업, 다종기업이라고도 하며, 서로 업종이 다른 이종기업 간의 결합에 의한 기업형태이다.

④ 콘체른 : 법률적으로 독립하고 있는 몇 개의 기업이 출자 등의 자본적 연휴를 기초로 하는 지배 · 종속 관계에 의해 형성되는 기업결합체이다.

⑤ 트러스트 : 동일산업 부문에서의 자본의 결합을 축으로 한 독점적 기업결합이다.

12

정답 ④

오답분석

① 목표관리법 : 전통적인 충동관리나 상사 위주의 지식적 관리가 아닌 공동목표를 설정 · 이행 · 평가하는 전 과정에서 아랫사람의 능력을 인정하고 그들과 공동노력을 함으로써 개인목표와 조직목표 사이, 상부목표와 하부목표 사이에 일관성이 있도록 하는 관리방법이다.

② 서열법 : 피평정자의 근무 성적을 서로 비교해서 그들 간의 서열을 정하여 평정하는 방법이다.

③ 중요사건기술법 : 피평정자의 근무실적에 큰 영향을 주는 중요 사건들을 평정자로 하여금 기술하게 하거나 주요 사건들에 대한 설명구를 미리 만들고 평정자로 하여금 해당되는 사건에 표시하게 하는 평정방법이다.

⑤ 평정척도법 : 관찰하려는 행동에 대해 어떤 질적 특성의 차이를 몇 단계로 구분하여 판단하는 방법이다.

13

정답 ②

고관여 제품은 높은 수준의 지각된 위험을 수반한다.

14

정답 ③

초기고가전략은 가격 변화에 둔감한 경우, 즉 수요의 가격탄력성이 작은 경우에 채택해야 한다.

15

정답 ②

맥그리거(D. McGregor)의 X – Y이론

- X이론 : 명령 통제에 대한 전통적 견해이며 낡은 인간관이다.
  - 인간은 선천적으로 일을 싫어하며 가능한 한 일을 하지 않고 지냈으면 한다.
  - 기업 내의 목표 달성을 위해서는 통제 · 명령 · 상벌이 필요하다.
  - 종업원은 대체로 평범하며, 자발적으로 책임을 지기보다는 명령받기를 좋아하고 안전제일주의의 사고 · 행동을 취한다.
- Y이론 : 인간의 행동에 대한 여러 사회과학의 성과를 토대로 한 것이다.
  - 종업원들은 자발적으로 일할 마음을 가지게 된다.
  - 개개인의 목표와 기업목표의 결합을 꾀할 수 있다.
  - 일의 능률을 향상시킬 수 있다.

16

제시된 자료의 기회비용을 계산해 보면 다음과 같다.

구분	컴퓨터 1대 생산에 따른 기회비용	TV 1대 생산에 따른 기회비용
A국가	TV : 2.5(=20÷8)	컴퓨터 : 0.4(=8÷20)
B국가	TV : 5(=10÷2)	컴퓨터 : 0.2(=2÷10)

컴퓨터 1대 생산에 따른 기회비용이 A국가(2.5)가 B국가(5)보다 낮으므로 비교우위에 있다고 할 수 있다.

17

기업의 지배권을 가진 소유경영자가 전문경영자에 비해 상대적으로 더 강력한 리더십을 발휘할 수 있다. 주식회사의 대형화와 복잡화에 따라 조직의 경영을 위한 전문 지식과 기술을 가진 전문경영자를 고용하여 기업의 운영을 전담시키게 된다. 전문경영자의 장점으로는 합리적 의사결정의 가능, 기업문화와 조직 혁신에 유리, 지배구조의 투명성 등이 있다. 단점으로는 책임에 대한 한계, 느린 의사결정, 단기적인 이익에 집착, 대리인 문제의 발생 등이 있다.

18

합병의 동기에는 시너지효과가설, 저평가설, 경영자주의가설, 대리이론 등이 있다. 시너지효과가설이란 합병 전 각 개별기업 가치의 단순 합보다 합병 후 기업가치가 더 커지는 시너지효과를 얻기 위한 합병의 동기를 의미한다. 시너지효과에는 영업시너지와 재무시너지가 있는데, 영업시너지란 합병에 따라 현금흐름이 증가하여 기업가치가 증대되는 것을 의미하며, 재무시너지는 합병에 따라 자본비용이 감소하여 기업가치가 증대되는 효과를 의미한다.

19

테일러시스템은 표준작업량을 산출하여 노동 의욕을 고취시키기 위해 차별적인 성과급제도를 채택한 관리 방식이다.

20

조직 의사결정은 제약된 합리성 혹은 제한된 합리성에 기초하게 된다고 주장한 사람은 사이먼(H. Simon)이다.

01	02	03	04	05	06	07	08	09	10	11	12	13	14	15	16	17	18	19	20
①	⑤	④	④	①	③	③	③	④	③	③	②	①	①	③	②	⑤	①	④	⑤

01
정답 ①

$100만\times(1+0.05)^2=1,102,500$원이므로 명목이자율은 10.25%이다.

실질이자율은 명목이자율에서 물가상승률을 뺀 값이므로 $10.25-\left(\dfrac{53-50}{50}\times100\right)=10.25-6=4.25\%$이다.

02
정답 ⑤

기회비용의 계산은 명시적 비용+암묵적 비용이다. 민정이가 영화를 선택함으로써 두 시간 동안 아르바이트를 하지 못했으므로 암묵적 비용은 $7,000\times2=14,000$원이고, 영화를 보기 위해 직접적으로 들인 명시적 비용은 $10,000$원이다.

따라서 기회비용은 $14,000+10,000=24,000$원이다.

03
정답 ④

GDP 디플레이터는 명목 GDP와 실질 GDP 간의 비율로서 국민경제 전체의 물가 압력을 측정하는 지수로 사용되며, 통화량 목표설정에 있어서도 기준 물가상승률로 사용된다.

04
정답 ④

효용이 극대화가 되는 지점은 무차별곡선과 예산선이 접하는 지점이다. 그러므로 무차별곡선의 기울기인 한계대체율과 예산선의 기울기 값이 같을 때 효용이 극대화된다. 따라서 $MRS_{xy}=\dfrac{MU_x}{MU_y}=\dfrac{P_x}{P_y}$이고, $MU_x=600$, $P_x=200$, $P_y=300$이므로, $MU_y=900$이 되고, 한계효용이 9000이 될 때까지 Y를 소비하므로, Y의 소비량은 4개가 된다.

05
정답 ①

- 시장수요함수 $Q_d=10,000\times(12-2P)$
- 시장공급함수 $Q_s=1,000\times(20P)$

따라서 균형가격과 균형수급량은 $120,000-20,000P=20,000P$이므로 $P=3$이 되고, $Q=60,000$이다.

06
정답 ③

생산물 가격이 하락할수록 생산요소의 수요는 감소하므로 노동수요곡선이 좌측으로 이동하면서 새로운 균형에서는 임금과 고용량이 모두 감소한다.

07

정답 ③

오답분석

마. 어떤 정책을 실시할 때 정책 실행 시차가 부재한다면 정부정책이 보다 효과적이 될 가능성이 높다.

08

정답 ③

- 변동 전 균형가격은 $4P+P=600$이므로 균형가격 P는 120이다.
- 변동 전 균형거래량은 $4\times120=480$이고, 변동 후 균형가격은 $4P+P=400$이므로 균형가격 P는 80이다. 따라서 변동 후 균형거래량은 $4\times80=320$이다.

09

정답 ④

명목임금은 150만 원 인상되었으므로 10%가 증가했지만, 인플레이션율 12%를 고려한 실질임금은 $12-10=2\%$ 감소하였다.

10

정답 ③

$$(\text{실업률})=\frac{(\text{실업자 수})}{(\text{경제활동인구})}\times100=\frac{(\text{실업자 수})}{(\text{취업자 수})+(\text{실업자 수})}\times100$$

ㄴ. 실업자가 비경제활동인구로 전환되면 분자와 분모 모두 작아지게 되는데 이때 분자의 감소율이 더 크므로 실업률은 하락한다.
ㄷ. 비경제활동인구가 취업자로 전환되면 분모가 커지게 되므로 실업률은 하락한다.

오답분석

ㄱ. 취업자가 비경제활동인구로 전환되면 분모가 작아지므로 실업률은 상승한다.
ㄹ. 비경제활동인구가 실업자로 전환되면 분자와 분모 모두 커지게 되는데 이때 분자의 상승률이 더 크므로 실업률은 상승한다.

11

정답 ③

총수요의 구성요인으로서 투자에는 새로운 생산설비와 건축물에 대한 지출, 상품재고의 증가, 신축주택의 구입 등이 포함되지만 기업의 부동산 매입은 GDP 증가에 기여하지 않으므로 포함되지 않는다.

12

정답 ②

오답분석

ㄴ. 평균비용곡선이 상승할 때, 한계비용곡선은 평균비용곡선 위에 있다.
ㄹ. 총가변비용곡선을 총고정비용만큼 상방으로 이동시키면 총비용곡선이 도출되므로 총가변비용곡선의 기울기와 총비용곡선의 기울기는 같다.

13

정답 ①

$$EOQ=\sqrt{\frac{2\times(\text{수요량})\times(\text{주문비})}{(\text{재고유지비용})}}$$

$(\text{재고유지비용})=(\text{단위당 단가})\times(\text{재고유지비율})=10\times0.4=4$

$[\text{K전자의 경제적 주문량}(EOQ)]=\sqrt{\dfrac{2\times20\times10}{4}}=10$

14

조세부담의 귀착

$$\frac{(\text{수요의 가격탄력성})}{(\text{공급의 가격탄력성})} = \frac{(\text{생산자 부담})}{(\text{소비자 부담})}$$

수요의 가격탄력성이 0이므로 생산자 부담은 0이고 모두 소비자 부담이 된다.

15

정답 ③

독점적 경쟁시장에서는 제품의 차별화가 클수록 수요의 가격탄력성은 작아져서 서로 다른 가격의 수준을 이루게 된다.

16

정답 ②

기업이 이윤을 극대화하기 위해서는 한계생산물가치와 임금이 같아질 때까지 고용량을 증가시켜야 한다. 한계생산물은 노동 1단위를 추가로 투입해서 얻는 생산물의 증가분이므로 5이고 임금과 같아지기 위해서는 5×(한계생산물가치)=20,000원이 되어야 하므로 한계생산물가치는 4,000원이다. 완전경쟁에서 이윤 극대화의 조건은 한계수입생산과 한계요소비용, 즉 한계수입과 한계비용이 같아야 하므로 한계비용도 4,000원이 된다.

17

정답 ⑤

슈타켈버그(Stackelberg) 모형에서는 두 기업 중 하나 또는 둘 모두가 '생산량'에 대해 추종자가 아닌 선도자의 역할을 한다.

18

정답 ①

완전경쟁기업은 가격과 한계비용이 같아지는($P=MC$) 점에서 생산하므로, 주어진 비용함수를 미분하여 한계비용을 구하면 $MC=10q$이다. 시장전체의 단기공급곡선은 개별기업의 공급곡선을 수평으로 합한 것이므로 시장 전체의 단기공급곡선은 $P=\frac{1}{10}Q$로 도출된다. 이제 시장수요함수와 공급함수를 연립해서 계산하면 $350-60P=10P$이므로 $P=5$이다.

19

정답 ④

실업률이란 일할 능력과 취업 의사가 있는 사람 가운데 실업자가 차지하는 비율로서 실업자를 경제활동인구로 나누어 계산한다. 단, 만 15세 이상 생산가능인구 중 학생, 주부, 환자 등은 경제활동인구에서 제외된다. 호준이 여동생은 가정주부이고 남동생은 대학생이기 때문에 비경제활동이므로 호준이 가족의 경제활동인구는 아버지, 어머니, 호준이 총 3명이다. 이 중 호준이와 어머니가 실업자이므로 호준이 가족의 실업률은 $67\%\left(≒\frac{2}{3}\times100\right)$이다.

20

정답 ⑤

제시된 그림 속 수요곡선의 방정식은 $P=-Q+100$이다. 예를 들면, 가격이 100원이면 X재의 수요량은 0이고, 가격이 30원이면 X재의 수요량은 70이다. 수요곡선이 우하향의 직선인 경우 수요곡선상의 우하방으로 이동할수록 수요의 가격탄력성이 점점 작아진다. 그러므로 수요곡선상의 모든 점에서 수요의 가격탄력성이 다르게 나타난다. X재는 정상재이므로 소득이 증가하면 수요곡선이 오른쪽으로 이동한다. 한편, X재와 대체관계에 있는 Y재의 가격이 오르면 X재의 수요가 증가하므로 X재의 수요곡선은 오른쪽으로 이동한다. 수요의 가격탄력성이 1일 경우는 수요곡선상의 중점이므로 이때의 X재 가격은 50원이다. 독점기업은 항상 수요의 가격탄력성보다 큰 구간에서 재화를 생산하므로 독점기업이 설정하는 가격은 50원 이상이다.

회계 적중예상문제

01	02	03	04	05	06	07	08	09	10	11	12	13	14	15	16	17	18	19	20
④	④	③	①	③	③	③	④	⑤	④	③	①	⑤	⑤	⑤	②	⑤	②	③	④

01
정답 ④

금리가 하락하는 경우, 경기가 불황에 빠져 기업과 가계의 장기채권 발행 및 투자가 감소한다고 판단할 수 있다.

오답분석

① 단기채 금리는 정책금리 변화를 반영하며, 장기채 금리는 경기 상황을 반영한다.
②·③ 장기채는 환금성이 낮아 그만큼 유동성 프리미엄이 붙기 때문에 금리가 그만큼 높다.
⑤ 장기채 금리가 낮아지고 단기채 금리가 높아져서 금리가 역전되면 이는 경기 침체 우려를 나타낸다고 볼 수 있다.

02
정답 ④

재고자산의 매입원가는 매입가격에 수입관세와 제세금, 매입운임, 하역료, 완제품, 원재료 및 용역의 취득과정에 직접 관련된 기타 원가를 가산한 금액이다. 매입할인, 리베이트 및 기타 유사한 항목은 매입원가를 결정할 때 차감한다.

03
정답 ③

기업은 유상증자를 통해 자금조달을 단행한다. 이때 주주가 가지게 되는, 주식을 살 수 있는 권리를 신주인수권이라고 한다. 보통 신주를 인수할 수 있는 가격은 기존 주식 가격보다 저렴하며 신주인수권은 비싼 주식을 싸게 살 수 있는 권리이므로 경제적 가치가 발생하고 그 가치를 가격으로 하여 거래를 할 수 있다.

$$신주인수권가치 = \frac{기업전체가치}{총발행주식수} = \frac{(기존발행주식수 \times 주가) + (유상증자발행주식수 \times 유상증자발행주가)}{(기존발행주식수 + 유상증자발행주식수)}$$

따라서 신주인수권의 가치는 $\frac{(10,000 \times 1,000) + (1,000 \times 800)}{11,000} \fallingdotseq 982$원이다.

04
정답 ①

• 차 : 현금 30,000,000원 증가 → 자산의 증가
• 대 : 장기부채(임차보증금) 30,000,000원 증가 → 부채의 증가

05
정답 ③

ㄴ. 가수금은 이미 현금으로 받았으나 아직 계정과목이나 금액 등을 확정할 수 없어 일시적으로 처리하는 부채계정으로 기말 재무상태표에는 그 내용을 나타내는 적절한 계정으로 대체하여 표시해야 한다.
ㄷ. 당좌차월은 당좌예금잔액을 초과하여 수표를 발행하면 발생하는 것으로 기말 재무상태표에는 단기차입금 계정으로 표기한다.

06

영업활동으로 인한 현금흐름	500,000원
매출채권(순액) 증가	+50,000
재고자산 감소	−40,000
미수임대료의 증가	+20,000
매입채무의 감소	+20,000
유형자산처분손실	−30,000
당기순이익	520,000원

07

주식을 할인발행하더라도 총자본은 증가한다.

[오답분석]

① 당기순손실이 발생하면 이익잉여금을 감소시키게 되므로 자본이 감소한다.
② 중간배당(현금배당)을 실시하면 이익잉여금을 감소시키게 되므로 자본이 감소한다.
④ 자기주식은 자본조정 차감항목이므로 자기주식을 취득하는 경우 자본이 감소한다.
⑤ 매도가능금융자산의 평가에 따른 손실(100,000원)이 발생하였으므로 자본이 감소한다.

08

발생주의 원칙은 실제 현금이 들어오거나 나가지 않았어도 거래가 발생했다면 비용과 수익을 인식하여야 한다는 것이다.

[오답분석]

①・②・③・⑤ 손익계산서는 기업회계 기준서에서 규정하고 있는 재무제표 작성과 표시 기준에 따라 작성하여야 한다.

09

검증가능성은 둘 이상의 회계담당자가 동일한 경제적 사건에 대하여 동일한 측정방법으로 각각 독립적으로 측정하더라도 각각 유사한 측정치에 도달하게 되는 속성을 말한다. 즉, 검증가능성은 정보가 나타내고자 하는 경제적 현상을 충실히 표현하는지를 정보이용자가 확인하는 데 도움을 주는 보강적 질적 특성이다.

재무정보의 질적 특성

근본적 질적 특성	• 목적적합성	• 충실한 표현
보강적 질적 특성	• 비교가능성 • 적시성	• 검증가능성 • 이해가능성

10

현금과부족계정은 알 수 없는 이유로 장부상의 현금 잔액과 실제 현금 잔액이 맞지 않는 경우에 설정하는 임시 계정으로서, 장부상 현금잔액을 실제 보유금액으로 일치시키고 재무제표에는 실제 회계처리하지 않는다. 다만, 원인이 밝혀지면 해당 계정으로 대체를 하고 원인을 알 수 없는 경우 당기손익으로 대체하여 소멸시킨다.

11

정답 ③

화폐의 시간가치 영향이 중요한 경우 충당부채는 의무를 이행하기 위하여 예상되는 지출액의 현재가치로 평가한다. 또한 할인율은 부채의 특유한 위험과 화폐의 시간가치에 대한 현행 시장의 평가를 반영한 세전 이율이다. 이 할인율에는 미래현금흐름을 추정할 때 고려한 위험을 반영하지 아니한다.

12

정답 ①

일부 부채는 상당한 정도의 추정을 해야만 측정이 가능할 수 있다. 이러한 부채를 충당부채라고도 한다.

오답분석

② 일반목적재무보고서는 보고기업의 가치를 보여주기 위해 고안된 것이 아니지만, 현재 및 잠재적 투자자, 대여자 및 기타 채권자가 보고기업의 가치를 추정하는 데 도움이 되는 정보를 제공한다.

③ 자산 측정기준으로서의 역사적 원가는 현행원가와 비교하여 신뢰성이 더 높다. 신뢰성 있는 정보란 그 정보에 중요한 오류나 편의가 없고, 그 정보가 나타내고자 하거나 나타낼 것이 합리적으로 기대되는 대상을 충실하게 표현하고 있다고 정보이용자가 믿을 수 있는 정보를 말한다.

④ 보고기업의 경제적 자원과 청구권의 변동은 그 기업의 재무성과, 채무상품 또는 지분상품의 발행과 같은 그 밖의 사건 또는 거래에서 발생한다.

⑤ 기업은 그 경영활동을 청산하거나 중요하게 축소할 의도나 필요성을 갖고 있지 않다는 가정을 적용한다. 만약 이러한 의도나 필요성이 있다면 재무제표는 계속기업을 가정한 기준과는 다른 기준을 적용하여 작성하는 것이 타당할 수 있으며, 이때 적용한 기준은 별도로 공시하여야 한다.

13

정답 ⑤

기업어음은 자금조달이 간소한 반면, 투자자에게 회사채에 비해 상대적으로 높은 금리를 지급한다.

오답분석

① 기업어음은 발행을 위해서 이사회의 결의가 필요 없으나, 회사채는 이사회의 결의가 필요하다.

② 기업어음은 수요예측이 필요 없으나, 회사채는 수요예측을 필수적으로 해야 한다.

③ 기업어음은 어음법의 적용을 받고, 회사채는 자본시장법의 적용을 받는다.

④ 기업어음의 변제순위는 회사채 변제순위보다 후순위이다.

14

정답 ⑤

영업활동 현금흐름은 직접법 또는 간접법 중 하나의 방법으로 보고할 수 있다. 직접법이란 총현금유입과 총현금유출을 주요 항목별로 구분하여 표시하는 방법을 말한다. 직접법은 간접법에서 파악할 수 없는 정보를 제공하고 미래현금흐름을 추정하는 데 보다 유용한 정보를 제공하기 때문에 한국채택국제회계기준에서는 직접법을 사용할 것을 권장하고 있다.

오답분석

① 당기순이익의 조정을 통해 영업활동 현금흐름을 계산하는 방법은 간접법이다.

② 일반적으로 법인세로 납부한 현금은 영업활동으로 인한 현금유출에 포함된다.

③ 단기매매목적으로 보유하는 유가증권의 취득과 판매에 따른 현금흐름은 영업활동으로 분류한다.

④ 영업을 통해 획득한 현금에서 영업을 위해 지출한 현금을 차감하는 방식으로 영업활동 현금흐름을 계산하는 방법은 직접법이다.

15

정답 ⑤

내용연수가 비한정인 무형자산의 내용연수를 유한 내용연수로 변경하는 것은 회계추정의 변경으로 회계처리한다.

회계정책의 변경과 회계추정의 변경

구분	개념	적용 예
회계정책의 변경	재무제표의 작성과 보고에 적용되던 회계정책을 다른 회계정책으로 바꾸는 것을 말한다. 회계정책이란 기업이 재무보고의 목적으로 선택한 기업회계기준과 그 적용방법을 말한다.	• 한국채택국제회계기준에서 회계정책의 변경을 요구하는 경우 • 회계정책의 변경을 반영한 재무제표가 거래, 기타 사건 또는 상황이 재무상태, 재무성과 또는 현금흐름에 미치는 영향에 대하여 신뢰성 있고 더 목적적합한 정보를 제공하는 경우
회계추정의 변경	회계에서는 미래 사건의 불확실성의 경제적 사건을 추정하여 그 추정치를 재무제표에 보고하여야 할 경우가 많은데 이를 회계추정의 변경이라고 한다.	• 대손 • 재고자산 진부화 • 금융자산이나 금융부채의 공정가치 • 감가상각자산의 내용연수 또는 감가상각자산에 내재된 미래경제적 효익의 기대소비행태 • 품질보증의무

16

정답 ②

원가동인의 변동에 의하여 활동원가가 변화하는가에 따라 활동원가는 고정원가와 변동원가로 구분된다. 고정원가는 고정제조간접비와 같이 원가동인의 변화에도 불구하고 변화하지 않는 원가이며, 변동원가는 원가동인의 변화에 따라 비례적으로 변화하는 원가로 직접재료비, 직접노무비 등이 해당된다. 일반적으로 활동기준원가계산에서는 전통적인 고정원가, 변동원가의 2원가 분류체계 대신 단위기준, 배치기준, 제품기준, 설비기준 4원가 분류체계를 이용한다.

> **활동기준원가계산**
> 기업에서 수행되고 있는 활동(Activity)을 기준으로 자원, 활동, 제품 / 서비스의 소모관계를 자원과 활동, 활동과 원가대상 간의 상호 인과관계를 분석하여 원가를 배부함으로써 원가대상의 정확한 원가와 성과를 측정하는 새로운 원가계산방법이다.

17

정답 ⑤

[오답분석]
① 재무상태표는 일정 시점에 있어서 기업의 재무상태인 자산, 부채 및 자본에 대한 정보를 제공한다.
② 현금흐름표는 당해 회계기간의 현금의 유입과 유출 내용을 적정하게 표시하는 보고서이다.
③ 재무제표는 재무상태표, 손익계산서, 현금흐름표, 자본변동표로 구성한다.
④ 포괄손익계산서는 일정 기간 동안 기업의 경영성과를 나타낸다.

18

정답 ②

차입금 상환을 면제받는 것은 부채의 감소에 해당한다.

> **부채의 감소**
> • 차입금 상환을 면제받다.
> • 차입금을 자본금으로 전환하다.
> • 차입금을 갚다.

19

정답 ③

$$
\begin{aligned}
\text{(당기총포괄이익)} &= \text{(기말자본)} - \text{(기초자본)} - \text{(유상증자)} \\
&= [\text{(기말자산)} - \text{(기말부채)}] - [\text{(기초자산)} - \text{(기초부채)}] - \text{(유상증자)} \\
&= (7,500,000 - 3,000,000) - (5,500,000 - 3,000,000) - 500,000 \\
&= 4,500,000 - 2,500,000 - 500,000 \\
&= 1,500,000원
\end{aligned}
$$

20

정답 ④

제품보증에 따라 부채가 발생하는 경우와 같이 자산의 인식을 수반하지 않는 부채가 발생하는 경우에는 포괄손익계산서에 비용을 동시에 인식한다.

CHAPTER 04 법 적중예상문제

01	02	03	04	05	06	07	08	09	10	11	12	13	14	15	16	17	18	19	20
④	⑤	⑤	④	②	③	⑤	①	①	②	③	①	①	①	①	③	④	④	③	③

01

정답 ④

법무부장관은 제1항에 따라 특별사면, 특정한 자에 대한 감형 및 복권을 상신할 때에는 제10조의2에 따른 사면심사위원회의 심사를 거쳐야 한다. 사면심사위원회는 위원장 1명을 포함한 9명의 위원으로 구성한다(사면법 제10조 제1항, 제10조의2 제2항).

오답분석

① 대통령의 긴급명령·긴급재정경제처분 및 명령 또는 계엄과 그 해제는 국무회의의 심의를 거쳐야 한다(헌법 제89조 제5호).
② 국무회의는 구성원 과반수의 출석으로 개의(開議)하고, 출석구성원 3분의 2 이상의 찬성으로 의결한다(국무회의 규정 제6조 제1항).
③ 국무총리는 중앙행정기관의 장의 명령이나 처분이 위법 또는 부당하다고 인정될 경우에는 대통령의 승인을 받아 이를 중지 또는 취소할 수 있다(정부조직법 제18조 제2항).
⑤ 대통령은 내우·외환·천재·지변 또는 중대한 재정·경제상의 위기에 있어서 국가의 안전보장 또는 공공의 안녕질서를 유지하기 위하여 긴급한 조치가 필요하고 국회의 집회를 기다릴 여유가 없을 때에 한하여 최소한으로 필요한 재정·경제상의 처분을 하거나 이에 관하여 법률의 효력을 가지는 명령을 발할 수 있다(헌법 제76조 제1항).

02

정답 ⑤

항소를 함에는 항소장을 원심법원에 제출하여야 한다(형사소송법 제359조).

오답분석

① 형사소송법 제358조
② 형사소송법 제338조 제1항
③ 형사소송법 제342조
④ 상소는 미확정 재판에 대하여 상급법원에 구체적 재판을 구하는 불복신청제도로, 상소의 종류에는 항소·상고·항고(법원의 결정에 대한 상소)가 있다.

03

정답 ⑤

공무원은 국민 전체에 대한 봉사자로서 국민에 대해서 책임을 진다. 따라서 공무원은 특정 정당에 대한 봉사자여서는 안 되며, 근로3권이 제약된다.

04

정답 ④

법은 권리에 대응하는 의무가 있는 반면(양면적), 도덕은 의무에 대응하는 권리가 없다(일면적).

05

정답 ②

민법은 인간이 사회생활을 영위함에 있어 상호 간에 지켜야 할 법을 의미하는 것으로, 사법(私法) 중 일반적으로 적용되는 일반사법이다.

06

정답 ③

법률용어로서의 선의(善意)는 어떤 사실을 알지 못하는 것을 의미하며, 악의(惡意)는 어떤 사실을 알고 있는 것을 뜻한다.

오답분석

① 문리해석과 논리해석은 학리해석의 범주에 속한다.
②·④ 추정(推定)은 불명확한 사실을 일단 인정하는 것으로 정하여 법률효과를 발생시키되 나중에 반증이 있을 경우 그 효과를 발생시키지 않는 것을 말한다. 간주(看做)는 '간주한다＝본다＝의제한다'로 쓰이며, 추정과는 달리 나중에 반증이 나타나도 이미 발생된 효과를 뒤집을 수 없는 것을 말한다. 예를 들어 어음법 제29조 제1항에서 '말소는 어음의 반환 전에 한 것으로 추정한다.'라는 규정이 있는데, 만약 어음의 반환 이후에 말소했다는 증거가 나오면 어음의 반환 전에 했던 것은 없었던 걸로 하고, 어음의 반환 이후에 한 것으로 인정한다. 그러나 만약 '말소는 어음의 반환 전에 한 것으로 본다.'라고 했다면 나중에 반환 후에 했다는 증거를 제시해도 그 효력이 뒤집어지지 않는다. 즉, 원래의 판정과 마찬가지로 어음의 반환 전에 한 것으로 한다.
⑤ 유추해석에 대한 설명이다.

07

정답 ⑤

민법은 속인주의 내지 대인고권의 효과로 거주지 여하를 막론하고 모든 한국인에게 적용된다.

08

정답 ①

간주(의제)는 추정과 달리 반증만으로 번복이 불가능하고 취소절차를 거쳐야만 그 효과를 전복시킬 수 있다. 따라서 사실의 확정에 있어서 간주는 그 효력이 추정보다 강하다고 할 수 있다.

오답분석

② '~한 것으로 본다.'라고 규정하고 있으면 이는 간주규정이다.
③ 실종선고를 받은 자는 전조의 기간이 만료한 때에 사망한 것으로 본다(민법 제28조).
④ 추정에 대한 설명이다.
⑤ 간주에 대한 설명이다.

09

정답 ①

실종선고를 받아도 당사자가 존속한다면 그의 권리능력은 소멸되지 않는다. 실종선고기간이 만료한 때 사망한 것으로 간주된다(민법 제28조).

10

정답 ②

피성년후견인의 법정대리인인 성년후견인은 피성년후견인의 재산상 법률행위에 대한 대리권과 취소권 등을 갖지만 원칙적으로 동의권은 인정되지 않는다. 따라서 피성년후견인이 법정대리인의 동의를 얻어서 한 재산상 법률행위는 무효이다.

오답분석

③ 민법 제6조
④ 민법 제17조 제1항
⑤ 민법 제13조 제1항

11

상업등기부의 종류에는 상호등기부, 미성년자등기부, 법정대리인등기부, 지배인등기부, 합자조합등기부, 합명회사등기부, 합자회사등기부, 유한책임회사등기부, 주식회사등기부, 유한회사등기부, 외국회사등기부 11종이 있다(상업등기법 제11조 제1항).

12

회사가 가진 자기주식은 의결권이 없다(상법 제369조 제2항).

[오답분석]
② 상법 제312조
③ 상법 제292조
④ 상법 제293조
⑤ 상법 제289조 제1항 제7호

13

행정행위(처분)의 부관이란 행정행위의 일반적인 효과를 제한하기 위하여 주된 의사표시에 붙여진 종된 의사표시로, 행정처분에 대하여 부가할 수 있다. 부관의 종류에는 조건, 기한, 부담 등이 있다.
• 조건 : 행정행위의 효력의 발생 또는 소멸을 발생이 불확실한 장래의 사실에 의존하게 하는 행정청의 의사표시로, 조건 성취에 의하여 당연히 효력을 발생하게 하는 정지조건과 당연히 그 효력을 상실하게 하는 해제조건이 있다.
• 기한 : 행정행위의 효력의 발생 또는 소멸을 발생이 장래에 도래할 것이 확실한 사실에 의존하게 하는 행정청의 의사표시로, 기한의 도래로 행정행위가 당연히 효력을 발생하는 시기와 당연히 효력을 상실하는 종기가 있다.
• 부담 : 행정행위의 주된 의사표시에 부가하여 그 상대방에게 작위・부작위・급부・수인의무를 명하는 행정청의 의사표시로, 특허・허가 등의 수익적 행정행위에 붙여지는 것이 보통이다.
• 철회권의 유보 : 행정행위의 주된 의사표시에 부수하여, 장래 일정한 사유가 있는 경우에 그 행정행위를 철회할 수 있는 권리를 유보하는 행정청의 의사표시이다(숙박업 허가를 하면서 윤락행위를 하면 허가를 취소한다는 경우).

14

기판력은 확정된 재판의 판단 내용이 소송당사자와 후소법원을 구속하고, 이와 모순되는 주장・판단을 부적법으로 하는 소송법상의 효력이므로, 행정행위의 특징과는 관련 없다.

15

헌법 제130조 제3항의 내용이다.

[오답분석]
② 헌법개정은 국회 재적의원 과반수 또는 대통령의 발의로 제안된다(헌법 제128조 제1항).
③ 개정은 가능하나 그 헌법개정 제안 당시의 대통령에 대하여는 효력이 없다(헌법 제128조 제2항).
④ 국회는 헌법개정안이 공고된 날로부터 60일 이내에 의결하여야 한다(헌법 제130조 제1항).
⑤ 헌법개정안에 대한 국회의결은 재적의원 3분의 2 이상의 찬성을 얻어야 한다(헌법 제130조 제1항).

16

일반적으로 도급인과 수급인 사이에는 지휘・감독의 관계가 없으므로 도급인은 수급인이나 수급인의 피용자의 불법행위에 대하여 사용자로서의 배상책임이 없는 것이지만, 도급인이 수급인에 대하여 특정한 행위를 지휘하거나 특정한 사업을 도급시키는 경우와 같은 이른바 노무도급의 경우에는 비록 도급인이라고 하더라도 사용자로서의 배상책임이 있다(대판 2005.11.10., 선고 2004다37676).

17

정답 ④

헌법전문의 법적 효력에 대해서는 학설대립으로 논란의 여지가 있어 전문이 본문과 같은 법적 성질을 '당연히' 내포한다고 단정지을 수는 없다.

18

정답 ④

자유민주적 기본질서의 내용에 기본적 인권의 존중, 권력분립주의, 법치주의, 사법권의 독립은 포함되지만, 계엄선포 및 긴급명령권, 복수정당제는 포함되지 않는다.

19

정답 ③

정당방위는 위법한 침해에 대한 방어행위이므로 상대방은 이에 대해 정당방위를 할 수 없으나 긴급피난은 할 수 있다.

오답분석

① 정당행위는 위법성이 조각된다(형법 제20조).
② 자구행위는 이미 침해된 청구권을 보전하기 위한 사후적 긴급행위이다.
④ 긴급피난은 위법한 침해일 것을 요하지 않으므로 긴급피난에 대해서는 긴급피난을 할 수 있다.
⑤ 처분할 수 있는 자의 승낙에 의하여 그 법익을 훼손한 행위는 위법성이 조각된다(형법 제24조).

20

정답 ③

재단법인의 기부행위나 사단법인의 정관은 반드시 서면으로 작성하여야 한다.

사단법인과 재단법인의 비교

구분	사단법인	재단법인
구성	2인 이상의 사원	일정한 목적에 바쳐진 재산
의사결정	사원총회	정관으로 정한 목적(설립자의 의도)
정관변경	총사원 3분의 2 이상의 동의 요(要)	원칙적으로 금지

PART 3

최종점검 모의고사

01 직업기초능력평가

01	02	03	04	05	06	07	08	09	10	11	12	13	14	15	16	17	18	19	20
④	③	①	④	③	④	②	③	④	②	④	②	④	②	②	①	④	③	②	①
21	22	23	24	25	26	27	28	29	30	31	32	33	34	35	36	37	38	39	40
②	①	④	④	④	③	②	④	④	②	①	④	③	②	④	③	③	①	④	④
41	42	43	44	45	46	47	48	49	50										
①	④	③	④	③	④	④	④	④	④										

01 한자성어 정답 ④

'절차탁마(切磋琢磨)'는 '옥이나 돌을 갈고 닦아서 빛을 낸다.'라는 뜻으로, 학문이나 인격을 갈고 닦음을 이르는 한자성어이다.

오답분석

① 각골통한(刻骨痛恨) : '뼈에 새겨 놓을 만큼 잊을 수 없고 고통스러운 원한'을 이르는 말이다.
② 교아절치(咬牙切齒) : '어금니를 악물고 이를 갈면서 몹시 분해 함'을 이르는 말이다.
③ 비분강개(悲憤慷慨) : '의롭지 못한 일이나 잘못되어 가는 세태가 슬프고 분하여 마음이 북받침'을 일컫는 말이다.

02 글의 주제 정답 ③

제시문에서 '최고의 진리는 언어 이전, 혹은 언어 이후의 무언(無言)의 진리이다.', '동양 사상의 정수(精髓)는 말로써 말이 필요 없는 경지'라고 한 부분을 보았을 때 '동양 사상은 언어적 지식을 초월하는 진리를 추구한다.'가 글의 주제로 가장 적절하다.

03 맞춤법 정답 ①

오답분석

② '~문학을 즐길 예술적 본능을 지닌다.'의 주어가 생략되었다.
③ '그는'이 중복되었다.
④ '~시작되었다.'의 주어가 생략되었다.

04 문서 수정

㉣은 '조사했더니, … 하였습니다.'가 되어야 호응이 자연스럽다. 그런데 '탐구 계획도 정해 놓았습니다.'라고 하고 있으므로 ㉣은 '조사했으므로'가 아닌 '조사했으며'로 수정하는 것이 적절하다.

오답분석
① ㉠은 선발 이후 자신이 어떻게 할 것인지를 밝히고 있다. 따라서 제시문의 제목과 어울리지 않으므로 삭제한다.
② ㉡은 잉카 문명에 대한 관심이 처음 생긴 계기를 말하고 있다. 이는 첫 번째 문단보다는 두 번째 문단과 잘 어울린다. 따라서 문단 내의 통일성을 위해 ㉡을 두 번째 문단으로 옮기는 것이 적절하다.
③ ㉢에서 '매력'은 '사람의 마음을 사로잡아 끄는 힘'이라는 뜻이고, '매료'는 '사람의 마음을 완전히 사로잡아 홀리게 함'이라는 뜻이다. 따라서 ㉢은 의미가 중복된 표현이므로 수정하는 것이 적절하다.

05 문단 나열

샌드위치를 소개하는 (다) 문단이 가장 먼저 오는 것이 적절하며, 그 다음으로 샌드위치 이름의 유래를 소개하는 (나) 문단이 적절하다. 그 뒤를 이어 샌드위치 백작에 대한 평가가 엇갈림을 설명하는 (가) 문단이, 마지막으로는 이러한 엇갈린 평가를 구체적으로 설명하는 (라) 문단이 오는 것이 적절하다.

06 빈칸 삽입

음식 이름의 주인공인 샌드위치 백작은 일부에서는 유능한 정치인·군인이었던 인물로 평가되는 반면, 다른 한편에서는 무능한 도박꾼으로 평가되고 있는 것을 볼 때 ④가 빈칸에 들어갈 내용으로 가장 적절하다.

07 어휘

제시문의 '뽑다'는 '박힌 것을 잡아당기어 빼내다.'라는 의미로 쓰였다. 따라서 이와 같은 의미로 사용된 것은 ②이다.

오답분석
① 무엇에 들인 돈이나 밑천 따위를 도로 거두어들이다.
③ 속에 들어 있는 기체나 액체를 밖으로 나오게 하다.
④ 여럿 가운데에서 골라내다.

08 속담

제시문의 밑줄 친 부분, 즉 '여성에 대한 부정적인 고정관념'과 관련 있는 속담이 아닌 것은 ③이다. '미꾸라지 한 마리가 온 물을 흐린다.'는 '한 사람이 저지른 악행 탓에 그 사람의 속한 단체나 가족 자체의 이미지를 수치스럽게 만든다.'라는 뜻이다.

오답분석
① '날이 샜다고 울어야 할 수탉이 제구실을 못하고 대신 암탉이 울면 집안이 망한다.'라는 뜻으로, 가정에서 아내가 남편을 제쳐 놓고 떠들고 간섭하면 집안일이 잘 안 된다는 말이다.
② 여자의 운명은 남편에게 매인 것이나 다름없다는 말이다.
④ 여자는 집 안에서 살림이나 하고 사는 것이 가장 행복한 것임을 비유적으로 이르는 말이다.

09 문서 내용 이해

제시문은 방송의 발달이 문화에 끼치는 영향과 방송의 위상 변화를 방송의 기술적·산업적 성격을 바탕으로 서술하고 나서 방송 매체에 대한 비판 정신을 가져야 함을 주장하고 있다. 논의 과정에서 구체적 사례를 들고, 전문가의 견해를 인용하고는 있으나, 친숙한 대상에 빗대어 유추하고 있는 것은 아니다.

10　내용 추론　　　　　　　　　　　　　　　　　　　　　　　　　정답　②

제시문은 방송 메커니즘의 양면성에 대해 언급하고 나서 21세기 대중문화가 생산적이고 유익한 것이 되고 안 되고는 우리가 매스 미디어의 내용에 어떤 가치를 담아내느냐에 달려 있다고 강조하고 있다. 이는 결국 대중문화에 큰 영향력을 미치는 매스 미디어에 대해 비판 정신을 갖추어야 함을 강조한 것으로 볼 수 있다.

11　문서 내용 이해　　　　　　　　　　　　　　　　　　　　　　　정답　④

제시문에 따르면 최근 수면장애 환자의 급격한 증가를 통해 한국인의 수면의 질이 낮아지고 있음을 알 수 있다. 현재 한국인의 짧은 수면시간도 문제지만, 수면의 질 저하도 심각한 문제가 되고 있다.

오답분석

① 네 번째 문단을 통해 수면장애 환자는 여성이 42만 7,000명으로 29만 1,000명의 남성보다 1.5배 정도 더 많다는 것을 알수 있다.
② 다른 국가에 비해 근무 시간이 많아 수면시간이 짧은 것일 뿐, 수면시간이 근무 시간보다 짧은지는 알 수 없다.
③ 마지막 문단을 통해 40·50대 중·장년층 수면장애 환자는 전체의 36.6%로 가장 큰 비중을 차지하는 것을 알 수 있다.

12　문서 내용 이해　　　　　　　　　　　　　　　　　　　　　　　정답　②

4차 산업혁명이란 제조업과 IT기술 등 기존의 산업을 융합하여 새로운 산업을 탄생시키는 변화를 의미하므로 ②가 가장 적절하다.

오답분석

①·④ 1차 산업혁명에 해당한다.
③ 2차 산업혁명에 해당한다.

13　빈칸 삽입　　　　　　　　　　　　　　　　　　　　　　　　　정답　④

보기에서 클라우스 슈밥은 4차 산업혁명을 '전 세계의 사회, 산업, 문화적 르네상스를 불러올 과학 기술의 대전환기'로 표현하였다. 이는 (라)의 앞 문단에서 이야기하는 4차 산업혁명이 빠른 속도로 전 산업 분야에 걸쳐 전체 경제·사회 체제에 변화를 가져올 것으로 전망되기 때문이다. 즉, 보기의 '이 같은 이유'는 (라) 앞 문단의 전체 내용을 의미한다. 따라서 보기가 들어갈 위치로 (라)가 가장 적절하다.

14　자료 이해　　　　　　　　　　　　　　　　　　　　　　　　　정답　②

영업원 및 판매 관련직의 취업률은 $\left(\dfrac{733}{3,083}\right)\times100\fallingdotseq23.8\%$로 25% 이하이다.

오답분석

① 법률·경찰·소방·교도 관련직과 미용·숙박·여행·오락·스포츠 관련직이 해당한다.
③ 금융보험 관련직이 해당한다.
④ 구직 대비 취업률은 기계 관련직이 $\left(\dfrac{345}{1,110}\right)\times100\fallingdotseq31.1\%$로 가장 높다.

15　자료 이해　　　　　　　　　　　　　　　　　　　　　　　　　정답　②

ㄱ. 2,141×1.3≒2,783<2,925이므로 옳다.
ㄷ. 2025년 4월 미국인 제주도 관광객 수는 2,056명으로 2024년 4월 홍콩인 제주도 관광객 수의 35%인 6,066×0.35≒2,123명 보다 적다.

ㄴ. 제시된 자료는 2025년 4월의 전년 대비 증감률에 대한 것이므로, 제시된 자료만으로는 2025년 3월과 4월을 비교할 수 없다.
ㄹ. 기타를 제외한 2025년 4월 제주도 관광객이 전년 동월 대비 25%p 이상 감소한 아시아 국가는 홍콩, 싱가포르, 말레이시아, 인도네시아 4개국이다.

16 자료 계산 정답 ①

관광객 수가 가장 많은 국가는 B국이며, 가장 적은 국가는 E국이다.
따라서 두 국가의 관광객 수 차이는 $50-20=30$만 명이다.

17 자료 계산 정답 ④

A~E국 중 2024년 동안 관광객 수가 같은 국가는 40만 명인 C, D국이다.
따라서 두 국가의 관광객들의 평균 여행일수의 합은 $4+3=7$일이다.

18 수열 규칙 정답 ③

주어진 수열은 앞의 항에 -16, $+15$, -14, $+13$, -12, …를 더하는 수열이다.
따라서 ( )$=250+15=265$이다.

19 수열 규칙 정답 ②

주어진 수열은 n을 자연수라고 할 때, n항의 값이 $(n+10)\times(n+11)$인 수열이다.
따라서 ( )$=(6+10)\times(6+11)=16\times17=272$이다.

20 응용 수리 정답 ①

나영이와 현지가 같이 간 거리는 $150\times30=4,500$m이고, 집에서 공원까지의 거리는 $150\times50=7,500$m이다. 나영이가 집에 가는 데 걸린 시간은 $4,500\div300=15$분이고, 다시 공원까지 가는 데 걸린 시간은 $7,500\div300=25$분이다.
따라서 둘이 헤어진 후 현지가 공원에 도착하기까지 걸린 시간은 20분이고, 나영이가 걸린 시간은 40분이므로 나영이는 현지가 도착하고 20분 후에 공원에 도착한다.

21 응용 수리 정답 ②

• 내일 비가 오고 모레 비가 안 올 확률 : $\dfrac{1}{5}\times\dfrac{2}{3}=\dfrac{2}{15}$

• 내일 비가 안 오고 모레 비가 안 올 확률 : $\dfrac{4}{5}\times\dfrac{7}{8}=\dfrac{7}{10}$

$\therefore \dfrac{2}{15}+\dfrac{7}{10}=\dfrac{5}{6}$

22 응용 수리

정답 ①

(각기둥의 부피)＝(밑면적의 넓이)×(높이)이고 현재 액체는 삼각기둥 모양이다.

따라서 액체의 부피는 $\left(\frac{1}{2}\times2\times5\right)\times3=15\text{cm}^3$이다.

23 자료 이해

정답 ④

2023년 7월부터 2022년 12월까지 17개월간 매출액은 $1{,}520-510=1{,}010$만 원 감소했다.

따라서 $\frac{1{,}010}{17}\fallingdotseq59.4$이므로 매달 60만 원씩 감소하였다.

오답분석

①·② K국 여행자가 감소하는 2023년 7월 이후 매출이 줄어들고 있으므로 옳다.
③ 여행자 수 그래프가 거의 평행하게 변화하므로 옳다.

24 자료 계산

정답 ④

$(5{,}946+6{,}735+131+2{,}313+11)-(5{,}850+5{,}476+126+1{,}755+10)=15{,}136-13{,}217=1{,}919$개소

25 자료 계산

정답 ④

- 초등학교 : $\frac{5{,}654-5{,}526}{5{,}526}\times100\fallingdotseq2.32\%$p
- 유치원 : $\frac{2{,}781-2{,}602}{2{,}602}\times100\fallingdotseq6.88\%$p
- 특수학교 : $\frac{107-93}{93}\times100\fallingdotseq15.05\%$p
- 보육시설 : $\frac{1{,}042-778}{778}\times100\fallingdotseq33.93\%$p

따라서 2021년 전년 대비 보육시설의 증가율이 가장 크다.

26 자료 이해

정답 ③

2024년의 어린이보호구역 수의 합계는 $5{,}946+6{,}735+131+2{,}313+11=15{,}136$개소이고, 2019년 어린이보호구역 수의 합계는 $5{,}365+2{,}369+76+619+5=8{,}434$개소이므로 2024년 어린이보호구역 수는 2019년보다 $15{,}136-8{,}434=6{,}702$개소 증가했다.

오답분석

① 2019년 어린이보호구역 수의 합계는 8,434개소이다.
② 초등학교 어린이보호구역 수는 해마다 계속해서 증가하고 있다.
④ 2024년에 어린이보호구역으로 지정된 특수학교 수는 131개소로, 2023년과 동일하다.

27 SWOT 분석

정답 ②

ㄱ. 회사가 가지고 있는 신속한 제품 개발 시스템의 강점을 활용하여 새로운 해외시장의 소비자 기호를 반영한 제품을 개발하는 것은 강점을 통해 기회를 포착하는 SO전략에 해당한다.
ㄷ. 공격적 마케팅을 펼치고 있는 해외 저가 제품과 달리 오히려 회사가 가지고 있는 차별화된 제조 기술을 활용하여 고급화 전략을 추구하는 것은 강점으로 위협을 회피하는 ST전략에 해당한다.

ㄴ. 저임금을 활용한 개발도상국과의 경쟁 심화와 해외 저가 제품의 공격적 마케팅을 고려하면 국내에 화장품 생산 공장을 추가로 건설하는 것은 적절한 전략으로 볼 수 없다. 약점을 보완하여 위협을 회피하는 전략을 활용하기 위해서는 오히려 저임금의 개발도상국에 공장을 건설하여 가격 경쟁력을 확보하는 것이 더 적절하다.

ㄹ. 낮은 브랜드 인지도가 약점이기는 하나, 해외시장에서의 한국 제품에 대한 선호가 증가하고 있는 점을 고려하면 현지 기업의 브랜드로 제품을 출시하는 것은 적절한 전략으로 볼 수 없다. 약점을 보완하여 기회를 포착하는 전략을 활용하기 위해서는 오히려 한국 제품임을 강조하는 홍보 전략을 세우는 것이 더 적절하다.

28 명제 추론
정답 ④

제시된 조건에 따라 사무실 위치를 정리하면 다음과 같다.

구분	2층	3층	4층	5층
경우 1	부장	B과장	대리	A부장
경우 2	B과장	대리	부장	A부장
경우 3	B과장	부장	대리	A부장

따라서 A는 대리가 아니고, B가 과장이므로 A는 부장의 직급을 가진다.

오답분석

① A부장 외의 또 다른 부장은 2층, 3층 또는 4층에 근무한다.
② 대리는 3층 또는 4층에 근무한다.
③ B는 2층 또는 3층에 근무한다.

29 명제 추론
정답 ④

먼저 다섯 번째 조건에 따르면 A는 가장 낮은 층인 101호, 102호 중 하나를 배정받는데, 세 번째 조건에 따라 왼쪽 방을 배정받으므로 101호를 배정받는다. 그리고 세 번째·일곱 번째 조건에 의해 G는 D와 같은 층에서 왼쪽 방을 이용해야 하므로, 배정 가능한 방이 2개인 5층을 배정받는다. 그러므로 G는 501호, D는 503호를 배정받는다. 그러면 세 번째 조건에 따라 C는 남은 왼쪽 방인 401호를 배정받게 된다.

또한 여섯 번째 조건에 의해 F는 오른쪽 방을 배정받아야 하며, 네 번째 조건에 따르면 B는 F보다 높은 층을 배정받아야 하므로, 303호는 B가, 203호는 F가 배정받는다.

위의 내용을 정리하면 다음과 같다.

	왼쪽	가운데	오른쪽
5층	501 – G		503 – D
4층	401 – C		
3층			303 – B
2층		202	203 – F
1층	101 – A	102	

남은 인원인 E와 H는 102호와 202호에 배정받는다. 그러나 제시된 조건만으로는 이 중 어느 방을 각각 배정받을지는 확정지을 수 없으므로, E는 H보다 높은 층을 배정받을 수도 아닐 수도 있다. 따라서 옳지 않은 설명은 ④이다.

30 SWOT 분석

정답 ②

ㄱ. 소비자의 낮은 신뢰도는 K항공사가 겪고 있는 문제에 해당하므로 내부환경인 약점 요인에 해당한다.

ㄷ. 해외 여행객의 증가는 항공사가 성장할 수 있는 기회가 되므로 외부환경에서 비롯되는 기회 요인에 해당한다.

오답분석

ㄴ. 안전 품질 기준에 대한 인증 획득은 기업이 가진 경영자원에 해당하므로 내부환경인 강점 요인에 해당한다.

ㄹ. 항공사에 대한 소비자의 기대치가 상승한다는 것은 그만큼 항공사가 만족시켜야 할 요건들이 많아진다는 것을 의미하므로 외부환경에서 비롯되는 위협 요인에 해당한다.

31 명제 추론

정답 ①

주어진 조건을 표로 정리하면 다음과 같다.

구분	제주도	일본	대만
정주		게스트하우스	
경순			호텔
민경	게스트하우스		

따라서 민경이는 제주도로 여행을 가고, 게스트하우스에서 숙박한다.

32 명제 추론

정답 ④

주어진 조건을 표로 정리하면 다음과 같다.

구분	2022년	2023년	2024년
A	영국	네덜란드	독일
B	네덜란드	독일	프랑스
C	프랑스	영국	네덜란드
D	독일	프랑스	영국

따라서 2024년에 네덜란드에서 가이드를 한 C는 첫 번째 조건에 의해 2025년은 독일에서 가이드를 할 것이다.

오답분석

① 2023년에 A와 2022년에 B는 네덜란드에서 가이드를 하였으므로 옳지 않다.

② 2024년에 B는 프랑스에서 가이드를 하였다.

③ 2022 ~ 2024년에 A는 영국, 네덜란드, 독일에서 가이드를 하였고, D는 독일, 프랑스, 영국에서 가이드를 하였으므로 옳지 않다.

33 명제 추론

정답 ③

B가 위촉되지 않는다면 첫 번째 조건의 대우에 의해 A는 위촉되지 않는다. A가 위촉되지 않으므로 두 번째 조건에 의해 D가 위촉된다. D가 위촉되므로 마지막 조건에 의해 F도 위촉된다. 세 번째 조건과 네 번째 조건의 대우에 의해 C나 E 중 1명이 위촉된다. 따라서 B가 위촉되지 않는다고 할 때, 위촉되는 사람은 모두 3명이다.

34 규칙 적용

정답 ②

발급방식상 뒤 네 자리는 아이디가 아닌 개인정보와 관련이 있다. 따라서 아이디를 구하기 위해서는 뒤 네 자리를 제외한 문자를 통해 구해야 한다.
• 'HW688'에서 방식 1의 역순을 적용하면 HW688 → hw688
• 'hw688'에서 방식 2의 역순을 적용하면 hw688 → hwaii
따라서 직원 A의 아이디는 'hwaii'임을 알 수 있다.

35 규칙 적용

정답 ④

1. 아이디의 알파벳 자음 대문자는 소문자로, 알파벳 자음 소문자는 대문자로 치환한다.
   JAsmIN → jASMIn
2. 아이디의 알파벳 중 모음 A, E, I, O, U, a, e, i, o, u를 각각 1, 2, 3, 4, 5, 6, 7, 8, 9, 0으로 치환한다.
   jASMIn → j1SM3n
3 · 4. 1과 2의 내용 뒤에 덧붙여 본인 성명 중 앞 두 자리와 본인 생일 중 일자를 덧붙여 입력한다.
   j1SM3n → j1SM3n김리01

36 규칙 적용

정답 ③

발급방식상 알파벳 모음만 숫자로 치환되므로 홀수가 몇 개인지 구하기 위해서는 전체를 치환하는 것보다 모음만 치환하는 것이 효율적이다.
제시된 문장에서 모음을 정리하면 IE i oo O o e IE이다.
이어서 방식 2를 적용하면 IE i oo O o e IE → 32 8 99 4 9 7 32이다.
따라서 홀수는 모두 6개이다.

37 자료 해석

정답 ③

주어진 조건에 따라 각 여행지의 항목별 점수를 계산하면 다음과 같다.

(단위 : 점)

구분	접근점수	입지점수	숙소점수	날씨점수	최종점수
A여행지	15	15	15	20	65
B여행지	20	12	15	15	62
C여행지	30	12	20	5	67
D여행지	15	15	15	5	50

따라서 최종점수가 가장 높은 C여행지로 여행을 떠날 것이다.

38 자료 해석

변경된 조건에 따라 각 여행지의 항목별 점수를 계산하면 다음과 같다.

(단위 : 점)

구분	접근점수	입지점수	숙소점수	날씨점수	최종점수
A여행지	27	15	18	20	80
B여행지	27	12	18	15	72
C여행지	30	12	20	5	67
D여행지	21	15	18	5	59

따라서 최종점수가 가장 높은 A여행지로 여행을 떠날 것이다.

39 시간 계획
정답 ④

공정별 순서는 $\begin{matrix} A \to B \\ D \to E \end{matrix} \searrow C \to F$이고, C공정을 시작하기 전에 B공정과 E공정이 선행되어야 하는데 B공정까지 끝나려면 4시간이 소요되고 E공정까지 끝나려면 3시간이 소요된다. 선행공정이 완료되어야 이후 작업을 할 수 있으므로, C공정을 진행하기 위해서는 최소 4시간이 걸린다.

따라서 완제품은 F공정이 완료된 후 생산되므로 첫 번째 완제품 생산의 소요 시간은 9시간이다.

40 비용 계산
정답 ④

10잔 이상의 음료 또는 디저트를 구매하면 음료 2잔을 무료로 제공받을 수 있다. 커피를 못 마시는 두 사람을 위해 NON – COFFEE 종류 중 4,500원 이하의 가격인 그린티라테 두 잔을 무료로 제공받고 나머지 10명 중 4명은 가장 저렴한 아메리카노를 주문하면 3,500×4＝14,000원이다. 이때 2인에 1개씩 음료에 곁들일 디저트를 주문한다고 했으므로 나머지 6명은 베이글과 아메리카노 세트를 시키고 10% 할인을 받으면 7,000×0.9×6＝37,800원이다.

따라서 총금액은 14,000＋37,800＝51,800원이므로 메뉴를 주문한 후 남는 돈은 240,000－51,800＝188,200원이다.

41 인원 선발
정답 ①

ⓛ, ⓒ, ②에 의해 의사소통능력과 대인관계능력을 지닌 사람은 오직 병뿐이라는 사실을 알 수 있다. 또한 ⑩에 의해 병이 이해능력도 가지고 있음을 알 수 있다. 이처럼 병은 4가지 자질 중에 3가지를 갖추고 있으므로 K사의 신입사원으로 채용될 수 있다. 신입사원으로 채용되기 위해서는 적어도 3가지 자질이 필요한데, 4가지 자질 중 의사소통능력과 대인관계능력은 병만 지닌 자질임이 확인되었으므로 나머지 갑, 을, 정은 채용될 수 없다. 따라서 신입사원으로 채용될 수 있는 최대 인원은 병 1명이다.

42 시간 계획
정답 ④

• A씨가 인천공항에 도착한 현지 날짜 및 시각

독일 시각   11월 2일 19시 30분
소요 시간   ＋12시간 20분
시차   ＋8시간
          ＝11월 3일 15시 50분

인천공항에 도착한 시각은 한국시각으로 11월 3일 15시 50분이고, A씨는 3시간 40분 뒤에 일본으로 가는 비행기를 타야 한다. 비행 출발 시각 1시간 전에는 공항에 도착해야 하므로, 참여 가능한 환승 투어 코스는 소요 시간이 두 시간 이내인 엔터테인먼트, 인천시티, 해안관광이며, A씨의 인천공항 도착 시각과 환승 투어 코스가 바르게 짝지어진 것은 ④이다.

43   시간 계획

정답 ③

임유리 직원은 첫째 주 일요일 6시간, 넷째 주 토요일 5시간으로 월 최대 10시간 미만인 당직 규정을 어긋나므로 당직 일정을 수정해야 한다.

오답분석

① 유지선 : 첫째 주 토요일 4시간+셋째 주 일요일 3시간=7시간
② 이준혁 : 첫째 주 일요일 3시간+셋째 주 일요일 5시간=8시간
④ 서유진 : 첫째 주 일요일 3시간+넷째 주 토요일 6시간=9시간

44   시간 계획

정답 ④

선택지에 따른 교통편을 이용할 때, K기업 본사에 도착하는 시간은 다음과 같다.
① 버스 - 택시 : 9시 5분 ~ 10시 5분(버스) → 10시 5분 ~ 10시 35분(택시)
② 지하철 - 버스 : 9시 10분 ~ 9시 55분(지하철) → 10시 20분 ~ 10시 45분(버스)
③ 자가용 - 지하철 : 9시 ~ 10시 20분(자가용) → 10시 50분 ~ 11시 5분(지하철)
④ 지하철 - 택시 : 9시 10분 ~ 9시 55분(지하철) → 9시 55분 ~ 10시 25분(택시)
따라서 ④에 따라 지하철을 타고 고속터미널로 간 다음 택시를 타는 것이 N은행 본사에 가장 빨리 도착하는 방법이다.

45   비용 계산

정답 ③

상별로 수상 인원을 고려하여 상패 및 물품별 총수량과 비용을 계산하면 다음과 같다.

상패 혹은 물품	총수량(개)	개당 비용(원)	총비용(원)
금 도금 상패	7	49,500(10% 할인)	7×49,500=346,500
은 도금 상패	5	42,000	42,000×4(1개 무료)=168,000
동 상패	2	35,000	35,000×2=70,000
식기 세트	5	450,000	5×450,000=2,250,000
신형 노트북	1	1,500,000	1×1,500,000=1,500,000
태블릿 PC	6	600,000	6×600,000=3,600,000
만년필	8	100,000	8×100,000=800,000
안마의자	4	1,700,000	4×1700,000=6,800,000
합계	−	−	15,534,500

따라서 총상품구입비용은 15,534,500원이다.

46 인원 선발
정답 ④

성과급 기준표를 토대로 A ~ D교사에 대한 성과급 배점을 정리하면 다음과 같다.

구분	주당 수업시간	수업 공개 유무	담임 유무	업무 곤란도	호봉	합계
A교사	14점	–	10점	20점	30점	74점
B교사	20점	–	5점	20점	30점	75점
C교사	18점	5점	5점	30점	20점	78점
D교사	14점	10점	10점	30점	15점	79점

따라서 D교사가 가장 높은 배점을 받게 된다.

47 비용 계산
정답 ④

제품군별 지급해야 할 보관료는 다음과 같다.
• A제품군 : 300억×0.01=3억 원
• B제품군 : 2,000CUBIC×20,000=4천만 원
• C제품군 : 500톤×80,000=4천만 원
따라서 K기업이 보관료로 지급해야 할 총금액은 3억+4천만+4천만=3억 8천만 원이다.

48 품목 확정
정답 ④

 i) 사용목적이 '사업 운영'인 경우에 지출할 수 있다고 하였으므로 '인형탈' 품목에 사업비 지출이 허용된다.
ii) 품목당 단가가 10만 원 이하로 사용목적이 '서비스 제공'인 경우에 지출할 수 있다고 하였으므로 '블라인드' 품목에 사업비 지출이 허용된다.
iii) 사용연한이 1년 이내인 경우에 지출할 수 있다고 하였으므로 '프로그램 대여' 품목에 사업비 지출이 허용된다.

49 인원 선발 　　　　　　　　　　　　　　　　　　　　　　　　　　　　　　정답 ④

제시된 조건을 정리하면 다음과 같다.

- 최소비용으로 가능한 많은 인원 채용
- 급여는 희망임금으로 지급
- 6개월 이상 근무하되, 주말 근무시간은 협의 가능
- 지원자들은 주말 이틀 중 하루만 출근하길 원함
- 하루 1회 출근만 가능

근무시간	토요일	일요일
11:00 ~ 12:00	최지홍(7,000원) 3시간	박소다(7,500원) 3시간
12:00 ~ 13:00		
13:00 ~ 14:00		
14:00 ~ 15:00		
15:00 ~ 16:00		우병지(7,000원) 3시간
16:00 ~ 17:00		
17:00 ~ 18:00		
18:00 ~ 19:00	한승희(7,500원) 2시간	
19:00 ~ 20:00		
20:00 ~ 21:00		김래원(8,000원) 2시간
21:00 ~ 22:00		

따라서 위 조건을 모두 고려하여 근무스케줄을 작성하면 총 5명의 직원을 채용할 수 있다. 이때 김병우 지원자의 경우에는 희망근무 기간이 4개월이므로 채용하지 못한다.

50 품목 확정 　　　　　　　　　　　　　　　　　　　　　　　　　　　　　　정답 ④

완성품 납품 수량은 총 100개이다. 완성품 1개당 부품 A는 10개가 필요하므로 총 1,000개가 필요하고, B는 300개, C는 500개가 필요하다. 그런데 A는 500개, B는 120개, C는 250개의 재고를 가지고 있으므로, 모자라는 나머지 부품, 즉 각각 500개, 180개, 250개를 주문해야 한다.

| 01 | 경영

51	52	53	54	55	56	57	58	59	60	61	62	63	64	65	66	67	68	69	70
①	⑤	②	⑤	③	①	⑤	③	①	⑤	①	②	④	①	②	⑤	④	②	⑤	⑤
71	72	73	74	75	76	77	78	79	80	81	82	83	84	85	86	87	88	89	90
⑤	④	①	②	⑤	②	①	②	⑤	①	⑤	⑤	⑤	⑤	②	②	①	①	①	⑤

51

정답 ①

콜옵션은 가격이 오를 때 거래하는 것이고, 풋옵션은 가격이 내릴 때 거래하는 것이다.

풋옵션

미래 특정 시기에 미리 정한 가격으로 팔 수 있는 권리이다. 즉, 콜옵션은 저렴한 가격에 기초자산을 구입하는 것이라면, 풋옵션은 비싼 가격에 기초자산을 판다는 것을 의미한다.

52

정답 ⑤

판촉물 제공, 협동광고 제공 등의 방법을 사용하는 중간상 판매촉진과 할인쿠폰, 샘플, 리베이트 등의 방법을 사용하는 소비자 판매촉진으로 분류된다.

53

정답 ②

제품 –시장 매트릭스

구분	기존제품	신제품
기존시장	시장침투 전략	신제품개발 전략
신시장	시장개발 전략	다각화 전략

54

정답 ⑤

공식적 커뮤니케이션의 장·단점

장점	단점
• 의사나 정보가 정확하다. • 권위관계를 유지·향상시킬 수 있다. • 전달자·피전달자의 책임소재가 명확하다. • 전달통로가 체계적이며 편리하다.	• 조직 내의 의사소통을 완전히 충족시키지 못한다. • 인간의 다양한 내면을 충족시키지 못한다. • 인간 관계적 욕구를 충족시키지 못한다. • 조직을 경직화·엄격화·정태화한다. • 비융통적·획일적 조직을 형성한다.

55

정답 ③

노동자 한 명을 더 고용했을 때 추가적으로 발생하는 수입인 한계생산가치는 요소의 한계생산에 산출물의 시장가격을 곱하여 구한다. 4번째 노동자의 한계생산가치는 70켤레×1만=70만 원이 되어 임금보다 크므로 고용을 하는 것이 기업에게 유리하다. 그러나 5번째 노동자의 한계생산가치는 60켤레×1만=60만 원이 되어 임금보다 작으므로 고용하지 말아야 한다.

56

MBO의 실행절차 중 목표에 대한 합의는 가장 중요한 단계이다. 평가자와 피평가자가 합의를 도출하여 목표가 확정되는 과정이기 때문이다. 이러한 과정에서 드러커(Drucker)는 로크(Locke)의 좋은 목표의 조건을 발전시켜 SMART 기법을 개발하였다. 목표는 커다란 범위에서 추상적이기보다 최대한 상세하고 구체적이어야 한다.

SMART 기법
- Specific : 목표는 최대한 상세하고 구체적이어야 한다.
- Measurable : 목표는 그 결괏값이 측정 가능해야 한다.
- Achievable : 목표는 적당히 도전적이어야 한다(로크는 성공 확률이 $0.5 \sim 0.75\%$일 때 가장 높은 동기가 부여된다).
- Result-Oriented : 목표는 결과지향적이어야 한다.
- Time-Bound : 목표는 통상 6개월에서 1년 내에 달성이 가능해야 한다.

57

정답 ⑤

보기에 제시된 방법 모두 불공정성 해소방법에 해당한다.

애덤스의 공정성이론 중 불공정성 해소방법
- 투입의 변경 : 직무에 투입하는 시간, 노력, 기술, 경험 등을 줄인다.
- 산출의 변경 : 임금인상이나 작업조건의 개선 등을 요구한다.
- 준거대상의 변경 : 자신과 비교대상이 되는 인물, 집단 등을 비슷한 수준의 대상으로 변경한다.
- 현장 또는 조직으로부터의 이탈 : 직무환경에 불평등을 느낀 사람은 직무를 전환하거나 조직을 이탈한다.

58

정답 ③

BPR은 품질, 비용, 속도, 서비스와 같은 업무성과의 과감한 개선을 목표로 한다.

비즈니스 프로세스 리엔지니어링(BPR)
마이클 해머에 의해 제창된 기법으로, 기존의 업무방식을 근본적으로 재고려하여 과격하게 비즈니스 시스템 전체를 재구성하는 것이다. 프로세스를 근본 단위로부터 업무, 조직, 기업문화까지 전 부분에 대하여 대폭적으로 성과를 향상시키는 것을 말한다.

59

정답 ①

시장지향적 마케팅이란 고객지향적 마케팅의 장점을 포함하면서 그 한계점을 극복하기 위한 포괄적 마케팅을 말하며, 기업이 최종 고객들과 원활한 교환을 통하여 최상의 가치를 제공하기 위해 기업 내외의 모든 구성요소들 간 상호 작용을 관리하는 총체적 노력이 수반되기도 한다. 그에 따른 노력으로 외부사업이나 이익 기회들을 확인해 다양한 시장 구성요소들이 완만하게 상호작용하도록 관리하며, 외부시장의 기회에 대해 적시하고 정확하게 대응한다. 때에 따라 기존 사업시장을 포기하고 전혀 다른 사업 부분으로 진출하기도 한다.

60

정답 ⑤

복수 브랜드 전략은 동일한 제품 범주에서 시장을 세분화하여 소비자들의 기대와 욕구의 동질성을 파악한 후, 세분 시장마다 별도의 개별 브랜드를 도입하는 것이다. 대표적으로 농심 신라면, 농심 너구리, 농심 짜파게티 등을 예시로 들 수 있다.
⑤는 혼합 브랜드 전략(Mixed Brand Strategy)에 대한 설명이다.

61

정답 ①

측정도구를 구성하는 측정지표(측정문항) 간 일관성은 신뢰도를 의미한다. 내용 타당성이란 처치와 결과 사이의 관찰된 관계로부터 도달하게 된 인과적 결론의 적합성 정도를 말한다.

62

정답 ②

라인 확장(Line Extension)이란 기존 상품을 개선한 신상품에 기존의 상표를 적용하는 브랜드 확장의 유형이다. 라인 확장은 적은 마케팅 비용으로 매출과 수익성 모두 손쉽게 높일 수 있고, 제품의 타겟이 아닌 소비자층을 타겟팅함으로써 소비자층을 확대할 수 있다는 장점이 있다. 하지만 무분별한 라인 확장은 브랜드 이미지가 약해지는 희석효과나 신제품이 기존제품 시장에 침범하는 자기잠식효과를 유발하는 등 역효과를 일으킬 수도 있기 때문에 주의해야 한다.

63

정답 ④

재고부족 현상이 발생하게 되면 EOQ 모형을 적용하기 어렵다. 하지만 실제 상황에서는 갑작스러운 수요 상승으로 인한 재고부족이 나타날 수 있고, 이러한 단점으로 인해 실제로는 추가적으로 여러 가지 요소들을 함께 고려해야 EOQ 모형을 적절하게 사용할 수 있다. 따라서 EOQ 모형을 사용하기 위해서는 재고부족 현상은 발생하지 않고, 주문 시 정확한 리드타임이 적용된다는 것을 가정으로 계산한다.

64

정답 ①

적시생산시스템(JIT; Just In Time)은 무재고 생산방식 또는 도요타 생산방식이라고도 하며, 필요한 것을 필요한 양만큼 필요한 때에 만드는 생산방식으로 설명된다. 재고가 생산의 비능률을 유발하는 원인이기 때문에 이를 없애야 한다는 사고방식에 의해 생겨난 기법이다. 고품질, 저원가, 다양화를 목표로 한 철저한 낭비제거 사상을 수주로부터 생산, 납품에 이르기까지 적용하는 것으로, 풀(Pull) 시스템을 도입하고 있다.

65

정답 ②

㉠ 고전학파는 금리가 통화량 변동과 아무 관계없이 생산성 변동, 소비절약과 같은 실물요인에 의해서만 영향을 받는다고 주장했다.
㉢ 케인스는 유동성선호설을 근거로 화폐수요에 의해 이자율이 결정된다고 주장했다.

[오답분석]

㉡ 통화량의 변동이 장기적으로 물가수준의 변동만을 가져온다고 주장하는 것은 고전학파 이론이다.
㉣ 대부자금의 공급을 결정하는 요인으로 실물부분의 저축과 통화공급의 증감분을 주장하였다.

66

정답 ⑤

• 연구개발에 착수해야 하는지의 결정
  연구개발 후 예상되는 기대수익은 $0.7 \times 2,500$만$=1,750$만 달러로 초기 연구개발비 200만 달러보다 훨씬 많기 때문에 투자를 하는 것이 유리하다.
• 특허를 외부에 팔아야 할지의 결정
  1,000만 달러를 추가 투자해 얻을 수 있는 기대수익은 $(0.25 \times 5,500$만$)+(0.55 \times 3,300$만$)+(0.20 \times 1,500$만$)=3,490$만 달러이고, 추가 투자비용 1,000만 달러를 빼면 2,490만 달러를 얻을 수 있다. 이는 기술료를 받고 특허를 팔 경우에 얻을 수 있는 수익 2,500만 달러보다 적다(이미 투자한 연구개발비 200만 달러는 이 단계에서 매몰비용이므로 무시).
따라서 상품화하는 방안보다 기술료를 받고, 특허를 외부에 판매하는 것이 옳은 선택이다.

67

정답 ④

원가우위전략은 경쟁사보다 저렴한 원가로 경쟁하며 동일한 품질의 제품을 경쟁사보다 낮은 가격에 생산 및 유통한다는 점에 집중되어 있다. 디자인, 브랜드 충성도 또는 성능 등으로 우위를 점하는 전략은 차별화 전략이다.

68

정답 ②

제도화 이론은 조직이 생존하기 위해서는 이해관계자들로부터 정당성을 획득하는 것이 중요하다고 주장한다. 즉, 환경에서 어떤 조직의 존재가 정당하다고 인정될 때에만 조직이 성공할 수 있다는 것이다. 또한 다른 조직을 모방하려는 모방적 힘이나 규제와 같은 강압적 힘 등이 작용하기 때문에 유사한 산업에 속한 조직들이 서로 간에 유사한 시스템을 구축한다고 본다.

오답분석
① 대리인 이론 : 기업과 관련된 이해관계자들의 문제는 기업 내의 계약 관계에 의하여 이루어진다는 이론이다.
③ 자원의존 이론 : 자원을 획득하고 유지할 수 있는 능력을 조직생존의 핵심요인으로 보는 이론이다.
④ 전략적 선택 이론 : 조직구조는 재량을 지닌 관리자들의 전략적 선택에 의해 결정된다는 이론이다.
⑤ 조직군 생태학 이론 : 환경에 따른 조직들의 형태와 그 존재 및 소멸 이유를 설명하는 이론이다.

69

정답 ⑤

무형성, 비분리성, 소멸성, 변동성 모두 서비스의 특성이다.

서비스의 특성
• 무형적이며 재판매가 불가능하다.
• 소유는 일반적으로 이전되지 않으며 저장할 수 없다.
• 생산과 소비를 동시에 하며 같은 장소에서 발생한다.
• 운송할 수 없으며 구매자가 직접 생산에 참가한다.
• 대부분 직접적인 접촉이 요구되며 생산과 판매는 기능적으로 분리될 수 없다.

70

정답 ⑤

통제범위란 관리자 대 작업자의 비율을 뜻한다. 스텝으로부터의 업무상 조언과 지원의 횟수는 통제의 범위와는 직접적 관련이 없다.

통제범위(Span of Control)
권한계층(Hierarchy of Authority)과 동일하며, 관리자가 직접 관리·감독하는 부하의 수를 말한다. 통제범위가 좁으면 조직계층이 높아지고, 통제범위가 넓으면 조직계층이 낮아져 조직이 수평적으로 변한다.

71

정답 ⑤

A팀장은 평소 팀원들과 돈독한 관계를 맺으며 충성심과 존경을 바탕으로 부하들로부터 헌신과 동일화, 내재화를 이끌어내고 있으므로 준거적 권력의 사례에 해당한다.

준거적 권력(Reference Power)
개인적인 매력과 존경심 등을 바탕으로 한 준거적 권력은 부하들로부터 헌신과 동일화, 내재화를 지속적으로 이끌어낼 수 있는 가장 훌륭한 권력의 원천이 된다. 자신이 알고 있는 지식이나 기술 노하우 등은 업무가 바뀌거나 환경이 바뀌면 그 가치가 없어질 수도 있지만, 개인적 특성은 상황에 따라 변하거나 사라지는 성질이 아니다. 따라서 장기적이고 지속적으로 부하나 주위 사람들에게 영향력을 행사하고 싶다면 준거적 권력이 전문적 권력보다 더 바람직하다.

72

정답 ④

샤인(Schein)의 경력 닻 모형
- 닻Ⅰ : 관리역량 – 복잡한 경영 문제를 인지, 분석하고 해결하는 능력
- 닻Ⅱ : 전문역량 – 직무의 내용에 관심, 도전적 업무, 자율성, 전문화된 영역 선호
- 닻Ⅲ : 안전지향 – 직업안정과 및 고용안정 욕구, 조직가치와 규범에 순응, 보수·작업조건·복리후생 등 외재적 요인에 관심
- 닻Ⅳ : 사업가적 창의성 지향 – 신규조직·서비스 등 창의성 중시, 창조욕구, 새로운 도전
- 닻Ⅴ : 자율지향 – 규칙에 얽매인 조직보다 자유로운 계약직·파트타임 선호, 성과에 의한 보상 선호

73

정답 ①

자존적 편견이란 자신의 성공에 대해서는 능력이나 성격 등과 같은 내적인 요소에 귀인하고, 자신의 실패에 대해서는 상황이나 외적인 요소에 귀인하는 것을 말한다.

오답분석
② 후광 효과 : 한 사람의 두드러진 특성이 그 사람의 다른 특성을 평가하는 데 영향을 미치는 것을 말한다.
③ 투사 : 자신의 불만이나 불안을 해소하기 위해 그 원인을 다른 사람에게 뒤집어씌우는 심리적 현상이다.
④ 통제의 환상 : 사람들이 그들 자신을 통제할 수 있다고 믿는 경향 혹은 외부환경을 자신이 원하는 방향으로 이끌어갈 수 있다고 믿는 심리적 상태를 말한다.
⑤ 대비 효과 : 대상을 객관적으로 보지 않고 다른 대상과의 비교를 통해 평가하는 것을 말한다.

74

정답 ②

대량생산·대량유통으로 규모의 경제를 실현하여 비용절감을 하는 전략은 비차별화 전략으로, 단일제품으로 단일화된 세분시장을 공략하는 집중화 전략과는 반대되는 전략이다.

75

정답 ⑤

판매 촉진에 대응하는 것은 커뮤니케이션이다.

4P와 4C의 비교

4P	4C
기업 관점	소비자 관점
제품	고객 솔루션
유통	편의성
판매 촉진	커뮤니케이션
가격	고객 부담 비용

76

정답 ②

단순 지수평활법 공식
$Ft = Ft-1 + a[(At-1)-(Ft-1)] = a \times (At-1) + (1-a) \times (Ft-1)$
[Ft=차기 예측치, $(Ft-1)$=당기 예측치, $(At-1)$=당기 실적치]
- 2월 예측치 : $220+0.1 \times (240-220) = 222$만 원
- 3월 예측치 : $222+0.1 \times (250-222) = 224.8$만 원
- 4월 예측치 : $224.8+0.1 \times (230-224.8) = 225.32 ≒ 225.3$만 원
- 5월 예측치 : $225.3+0.1 \times (220-225.3) = 224.77 ≒ 224.8$만 원
- 6월 예측치 : $224.8+0.1 \times (210-224.8) = 223.32 ≒ 223.3$만 원
따라서 6월 매출액 예측치는 223.3만 원이다.

77

침투가격전략은 기업이 신제품을 출시할 때 처음에는 경쟁제품보다 낮은 가격을 제시한 후 점차적으로 가격을 올리는 전략이다. 이는 수요탄력성이 클 때, 규모의 경제가 가능할 때, 원가 경쟁력이 있을 때, 가격 민감도가 높을 때, 낮은 가격으로 잠재경쟁자들의 진입을 막거나 후발 주자가 기존 경쟁제품으로부터 저가 정책으로 고객을 가져오고 시장점유율을 확보할 수 있을 때 적절하다.

78

생산시스템 측면에서 신제품 개발 프로세스는 다음과 같은 순서로 진행된다.
아이디어 창출 → 제품선정 → 예비설계 → 설계의 평가 및 개선 → 제품원형 개발 및 시험마케팅 → 최종설계

79

최소납기일우선법은 주문받은 작업 가운데서 가장 납기일이 빠른 작업을 최우선 순서로 정하는 방법으로 단순하지만 주문의 긴급도, 작업지연을 고려하지 않기 때문에 합리성이 부족한 방법이다. 따라서 5가지 주문작업 중 납기일이 가장 빠른 E를 최우선으로 시작한다.

80

데이터 웨어하우스란 정보(Data)와 창고(Warehouse)를 합성한 말로, 여러 개로 분산 운영되는 데이터베이스 시스템들을 효율적으로 통합하여 조정·관리하며 효율적인 의사결정 정보를 제공하는 것을 의미한다.

81

주어진 매트릭스에서 시장 지위를 유지하며 집중 투자를 고려해야 하는 위치는 사업의 강점과 시장의 매력도가 높은 프리미엄이다. 프리미엄에서는 성장을 위하여 투자를 적극적으로 하며, 사업 다각화 전략과 글로벌 시장 진출 고려 또한 너무 미래지향적인 전략보다는 적정선에서 타협을 하는 단기적 수익을 수용하는 전략이 필요하다.

G-E 맥킨지 매트릭스

3×3 형태의 매트릭스이다. Y축 시장의 매력도에 영향을 끼치는 요인은 시장 크기, 시장성장률, 시장수익성, 가격, 경쟁 강도, 산업평균 수익률, 리스크, 진입장벽 등이 있으며, X축 사업의 강점에 영향을 끼치는 요인은 자사의 역량, 브랜드 자산, 시장점유율, 고객충성도, 유통 강점, 생산 능력 등이 있다.

82

마이클 포터(Michael Porter)의 산업구조 분석모델은 산업에 참여하는 주체를 기존기업(산업 내 경쟁자), 잠재적 진입자(신규 진입자), 대체재, 공급자, 구매자로 나누고 이들 간의 경쟁 우위에 따라 기업 등의 수익률이 결정되는 것으로 본다.

오답분석

① 정부의 규제 완화 : 정부의 규제 완화는 시장 진입장벽이 낮아지게 만들며, 신규 진입자의 위협으로 볼 수 있다.
② 고객의 충성도 : 고객의 충성도 정도에 따라 진입자의 위협도가 달라진다.
③ 공급업체의 규모 : 공급업체의 규모에 따라 공급자의 교섭력에 영향을 준다.
④ 가격의 탄력성 : 소비자들은 가격에 민감할 수도, 둔감할 수도 있기에 구매자 교섭력에 영향을 준다.

83

⑤

분석 결과에 따라 초기 기업 목적과 시작 단계에서의 평가수정이 가능하다는 것이 앤소프 의사결정의 장점이다.

앤소프의 의사결정 유형

전략적 의사결정	운영적 의사결정	관리적 의사결정
• 기업의 목표 목적을 설정하고 그에 따른 각 사업에 효율적인 자원 배분을 전략화한다. • 비일상적이며 일회적인 의사결정이다.	• 기업 현장에서 일어나는 생산 판매 등 구체적인 행위에 대한 의사결정이다. • 일상적이면서 반복적인 의사결정이다.	• 결정된 목표와 전략을 가장 효과적으로 달성하기 위한 활동들과 관련되어 있다. • 전략적 의사결정과 운영적 의사결정의 중간 지점이다.

84

정답 ⑤

GE 매트릭스는 기업이 그리드에서의 위치에 따라 제품 라인이나 비즈니스 유닛을 전략적으로 선택하는 데 사용하는 다중 요인 포트폴리오 매트릭스라고도 부른다.

85

정답 ②

• (ㄱ) 집약적 유통 : 가능한 많은 중간상들에게 자사의 제품을 취급하도록 하는 것이다.
• (ㄴ) 전속적 유통 : 일정 지역 내에서의 독점판매권을 중간상에게 부여하는 방식이다.
• (ㄷ) 선택적 유통 : 집약적 유통과 전속적 유통의 중간 형태이다.

86

정답 ②

허즈버그(Herzberg)는 직무만족에 영향을 주는 요인을 동기요인(Motivator)으로, 직무불만족에 영향을 주는 요인을 위생요인 (Hygiene Factor)으로 분류했다. 동기요인에는 성취, 인정, 책임소재, 업무의 질 등이 있으며, 위생요인에는 회사의 정책, 작업조건, 동료직원과의 관계, 임금, 지위 등이 있다. 그리고 인간이 자신의 일에 만족감을 느끼지 못하게 되면 위생요인에 관심을 기울이게 되고, 이에 만족하지 못할 경우에는 일의 능률이 크게 저하된다고 주장했다.

87

정답 ①

스캔런 플랜은 보너스 산정방식에 따라 3가지로 분류된다. 단일비율 스캔런 플랜은 노동비용과 제품생산액의 산출 과정에서 제품의 종류와 관계없이 전체 공장의 실적을 보너스 산출에 반영한다. 분할비율 스캔런 플랜은 노동비용과 제품생산액을 산출할 때 제품별로 가중치를 둔다. 그리고 다중비용 스캔런 플랜은 노동비용뿐만 아니라 재료비와 간접비의 합을 제품생산액으로 나눈 수치를 기본비율로 사용한다. 이러한 모든 공식에는 재료 및 에너지 등을 포함하여 계산한다.

[오답분석]

③ 러커 플랜(Rucker Plan) : 러커(Rucker)는 스캔론 플랜에서의 보너스 산정 비율은 생산액에 있어서 재료 및 에너지 등 경기 변동에 민감한 요소가 포함되어 있어, 종업원의 노동과 관계없는 경기 변동에 따라 비효율적인 수치 변화가 발생할 수 있는 문제점이 있다고 제시하였다. 노동비용을 판매액에서 재료 및 에너지, 간접비용을 제외한 부가가치로 나누는 것을 공식으로 하였다.

②・④ 임프로쉐어 플랜(Improshare Plan) : 회계처리 방식이 아닌 산업공학의 기법을 사용하여 생산단위당 표준노동시간을 기준으로 노동생산성 및 비용 등을 산정하여 조직의 효율성을 보다 직접적으로 측정, 집단성과급제들 중 가장 효율성을 추구한다.

⑤ 커스터마이즈드 플랜(Customized Plan) : 집단성과배분제도를 각 기업의 환경과 상황에 맞게 수정하여 사용하는 방식이다. 커스터마이즈드 플랜은 성과측정의 기준으로서 노동비용이나 생산비용, 생산 이외에도 품질향상, 소비자 만족도 등 각 기업이 중요성을 부여하는 부분에 초점을 둔 새로운 지표를 사용한다. 성과를 측정하는 항목으로 제품의 품질, 납기준수실적, 생산비용의 절감, 산업 안전 등 여러 요소를 정하고, 분기별로 각 사업부서의 성과를 측정하고 성과가 목표를 초과하는 경우에 그 부서의 모든 사원들이 보너스를 지급받는 제도이다.

88

정답 ①

직무현장훈련(OJT; On-the Job Training)이란 업무와 훈련을 겸하는 교육훈련 방법을 의미한다. 실습장 훈련, 인턴사원, 경영 게임법 등은 직장외훈련(OJT; Off-the Job Training)에 해당한다.

89

정답 ①

사업부 조직의 단점은 연구개발, 회계, 판매, 구매 등의 활동이 중복되기 때문에 공통비가 증대된다는 것이다.

90

정답 ⑤

측정도구와 관계없이 측정상황에 따라 발생하는 오차는 비체계적 오차이다. 비체계적 오차가 적다는 것은 신뢰성이 높다고 볼 수 있다.

PART 3

| 02 | 경제

51	52	53	54	55	56	57	58	59	60	61	62	63	64	65	66	67	68	69	70
④	②	⑤	②	②	④	③	③	⑤	②	②	③	②	①	④	②	②	③	③	④

71	72	73	74	75	76	77	78	79	80	81	82	83	84	85	86	87	88	89	90
②	⑤	④	⑤	②	④	①	④	③	⑤	⑤	⑤	④	⑤	②	①	②	④	①	①

51
정답 ④

ⓒ 의무발행업종이 현금영수증을 발급하지 않은 경우 미발급금액의 20%(2019년 1월 1일 이후)의 가산세를 부과한다.
ⓔ 현금영수증 자진발급 기한은 현금을 받은 날부터 5일 이내이다.

[오답분석]

⊙ 최종 소비자에게는 현금(소득공제)을, 사업자에게는 현금(지출증빙)을 표기한다.
ⓒ 의무발행업종 사업자는 건당 거래금 10만 원 이상인 재화 또는 용역을 공급하고 그 대금을 현금으로 받은 경우 현금영수증가맹점 가입 여부와 관계없이 의무적으로 현금영수증을 발급해야 한다.

52
정답 ②

표에 제시된 'A국 통화로 표시한 B국 통화 1단위의 가치'란 A국 통화의 명목환율을 의미한다.

명목환율을 e, 실질환율을 ε, 외국 물가를 P_f, 국내 물가를 P라고 할 때, 실질환율은 $\varepsilon = \dfrac{e \times P_f}{P}$ 로 표현된다.

이것을 각 항목의 변화율에 대한 식으로 바꾸면, $\dfrac{\Delta \varepsilon}{\varepsilon} = \dfrac{\Delta e}{e} + \dfrac{\Delta P_f}{P_f} - \dfrac{\Delta P}{P}$ 이 된다.

제시된 자료에서 명목환율은 15%, A국(자국) 물가지수는 7%, B국(외국) 물가지수는 3% 증가하였으므로, 앞의 식에 대입하면 실질환율(ε)의 변화율은 15+3−7=11%(상승)이다. 실질환율이 상승하면 수출품의 가격이 하락하게 되므로 수출량은 증가한다.

53
정답 ⑤

중고차 시장에서 차량의 성능을 알지 못하는 구매자들이 평균적인 품질을 기준으로 가격을 지불하려고 할 경우 좋은 차를 가진 판매자는 차를 팔 수 없거나, 굳이 팔려고 하면 자기 차의 품질에 해당하는 가격보다 더 낮은 가격을 받을 수밖에 없다. 따라서 정보를 많이 갖고 있는 사람이 정보를 덜 가진 사람에 비해 항상 피해 규모가 작은 것은 아니다.

54
정답 ②

ㄱ. 이부가격제에 대한 기본적인 개념 설명이다.
ㄷ. 소비자잉여에서 사용료를 제한 부분에서 가입비를 부과할 수 있으므로, 사용료를 아예 부과하지 않는다면 소비자잉여는 독점기 업이 부과할 수 있는 가입비의 한도액이 된다.

[오답분석]

ㄴ. 적은 수량을 소비하더라도 가입비는 동일하게 지급하므로 적은 수량을 소비할수록 소비자의 평균지불가격이 높아진다.
ㄹ. 자연독점하에서 기업이 평균비용 가격설정으로 인한 손실을 보전하기 위해 선택하는 것이 아니라, 종량요금이 얼마이든 소비자 잉여를 가입비로 흡수할 수 있으므로 1차 가격차별과 근접한 방식으로 독점기업의 이윤을 늘리기 위해 선택한다.

55

정답 ②

ⅰ) P_e가 3에서 5로 증가할 때 총수요곡선은 그대로이고 총공급곡선은 왼쪽으로 이동하므로 균형소득수준(ㄱ)은 하락하고 균형물가수준(ㄴ)은 상승함을 알 수 있다.

ⅱ) $P_e = 3$을 직접 대입해서 풀 경우 $Y = 1.5$, $P = 2.5$가 도출되며, $P_e = 5$를 대입해서 풀 경우 $Y = 0.5$, $P = 3.5$가 도출되므로 동일한 결론을 얻을 수 있다.

56

정답 ④

벤담, 제임스 밀, 존 스튜어트 밀 등이 대표적인 학자인 공리주의는 최대 다수의 최대 행복을 목적으로 한다. 따라서 공리주의에 따르면 구성원들의 소득 합이 가장 많아서 효용이 가장 큰 대안을 선택해야 하므로 A안(13억 원), B안(8억 원), C안(12억 원) 중 A안을 선택한다. 반면 롤스는 최소 수혜자의 최대 행복을 목적으로 하기 때문에 전체 효용이 아니라 최소 수혜자가 얼마만큼 효용을 얻는지 살펴야 한다. A안은 구성원 2가 0원을, B안은 구성원 3이 1억 원을, C안은 구성원 1이 3억 원을 얻으므로 최소 수혜자가 가장 많은 행복을 얻을 수 있는 C안이 가장 바람직한 선택이다. 결론적으로 공리주의를 따르면 A안, 롤스를 따르면 C안을 선택하는 것이 바람직하다.

57

정답 ③

불확실한 상황에서 지혜의 재산의 기대수익과 기대효용을 계산해 보면 각각 다음과 같다.

$$E(X) = \left(\frac{3}{10} \times 400 \right) + \left(\frac{7}{10} \times 900 \right) = 120 + 630 = 750$$

$$E(U) = \left(\frac{3}{10} \times \sqrt{400} \right) + \left(\frac{7}{10} \times \sqrt{900} \right) = 6 + 21 = 27$$

재산의 크기가 900만 원이고 재산의 기대수익이 750만 원이므로 기대손실액(Pl)은 150만 원($= 0.3 \times 500$만)이다. 이제 불확실한 상황에서와 동일한 효용을 얻을 수 있는 확실한 현금의 크기인 확실성등가(CE)를 구하면 $\sqrt{CE} = 27$이므로 $CE = 729$만 원임을 알 수 있다.

지혜의 위험프리미엄(π)은 기대수익에서 확실성등가(CE)를 뺀 21만 원이다.

따라서 지혜가 지불할 용의가 있는 최대 보험료는 기대손실액(Pl)과 위험프리미엄(π)을 합한 171만 원이다.

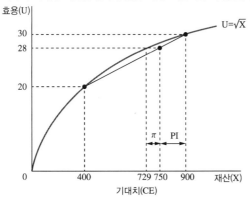

58

정답 ③

리디노미네이션(Redenomination)은 어떤 유가증권 또는 화폐의 액면가를 다시 지정하는 화폐개혁의 일환이다. 우리나라에서는 지금까지 1953년과 1962년 두 차례 리디노미네이션이 단행된 바 있다.

[오답분석]

① 디커플링(Decoupling) : 한 나라 또는 특정 국가의 경제가 인접한 다른 국가나 보편적인 세계경제의 흐름과는 달리 독자적인 움직임과 경제흐름을 보이는 현상을 뜻한다.
② 리니언시(Leniency) : 흔히 자진신고자감면제도, 담합자진신고자 감면제라고 부르기도 하며, 담합 사실을 처음 신고한 업체에는 과징금 전부를 면제해 주고, 2순위 신고자에게는 절반을 면제해줘 담합행위를 한 기업들이 스스로 신고하게끔 만드는 제도를 뜻한다.
④ 스태그플레이션(Stagflation) : 스태그네이션(stagnation)과 인플레이션(inflation)을 합성한 신조어로 경기 불황 속에서 물가 상승이 동시에 발생하고 있는 상태를 말한다.
⑤ 양적완화 : 중앙은행의 정책으로 금리 인하를 통한 경기부양 효과가 한계에 봉착했을 때 중앙은행이 국채매입 등을 통해 유동성을 시중에 직접 푸는 정책을 뜻한다.

59

정답 ⑤

A의 소득이 10,000원, X재와 Y재에 대한 총지출액이 10,000원, X재 가격이 1,000원이고 극대화되는 소비량이 $X=6$, $Y=10$이라고 하면 Y재의 가격은 400원이 된다.
예산선의 기본식은 다음과 같다.

$M=P_X \times X + P_Y \times Y$

$Y = -\dfrac{P_X}{P_Y}X + \dfrac{M}{P_Y}$

위 식에 문제에서 주어진 수치들을 대입하면, 아래와 같은 제약식을 얻을 수 있다.

$Y = -\dfrac{1,000}{400}X + \dfrac{10,000}{400}$

$\rightarrow Y = -2.5X + 25$

균형에서 예산선과 무차별곡선이 접하므로 무차별곡선의 기울기(MRS_{XY})와 예산선의 기울기$\left(\dfrac{P_X}{P_Y}\right)$는 같다. 따라서 문제에서 구하는 한계대체율은 예산선의 기울기의 절대값인 2.5이다.

60

정답 ②

보조금이 지급되어 공급곡선이 $S_1 \rightarrow S_2$로 이동하면, 재화의 시장가격이 $P_1 \rightarrow P_2$로 낮아지므로 소비자잉여는 (d+e)만큼 증가한다. 보조금 지급 이후의 시장가격은 P_2이나 생산자는 공급곡선 S_1과 S_2의 수직거리에 해당하는 단위당 보조금을 지급받으므로 생산자가 실제로 받는 가격은 P_3이다. 보조금 지급으로 인해 생산자가 받는 가격이 $P_1 \rightarrow P_3$로 상승하면 생산자잉여는 (a+b)만큼 증가한다. 한편, 단위당 보조금의 크기가 공급곡선 S_1과 S_2의 수직거리이고, 보조금 지급 이후의 거래량은 Q_2이므로 정부가 지급한 보조금의 크기는 (a+b+c+d+e+f)이다. 정부가 지급한 보조금 중에서 소비자와 생산자에게 귀속되지 않은 부분인 (c+f)가 보조금 지급에 따른 사회적 후생손실에 해당한다.

61

나. 코즈의 정리에 의하면 외부성이 존재하는 경우 재산권이 명확하게 설정되면 이해관계 당사자 간의 협상을 통해 파레토 효율을 달성할 수 있다.

다. 공공재는 배제가 불가능하여 생산비를 내지 않은 개인도 소비할 수 있으므로 공공재 공급을 사기업에 맡기면 생산이 전혀 이루어지지 않을 수 있다.

62

A는 비경제활동인구를 나타낸다. 이는 일할 능력은 있지만 일할 의사가 없거나, 아예 일할 능력이 없는 사람들을 의미한다. 가정주부, 학생, 취업준비자, 고령자, 심신장애자, 실망노동자 등이 비경제활동인구에 해당한다.

B는 취업자를 나타낸다. 수입을 목적으로 1주일에 1시간 이상 일을 하는 사람, 가족이 경영하는 사업체에서 일하는 사람, 일시적으로 휴직하는 사람 등이 취업자에 해당한다.

63

거시경제학을 위시하여 미시경제학, 경제사, 경제통계학에 큰 기여를 한 밀턴 프리드먼(Milton Friedman)에 대해 설명하고 있다.

① 로버트 솔로(Robert Solow) : 미국의 경제학자로 경제성장이론에 대한 연구로 1987년 노벨경제학상을 수상했다.

③ 소스타인 베블런(Thorstein Veblen) : 미국의 경제학자로 그의 저서 『유한계급론』(1899)을 통해 과시적 소비 문제를 지적했다.

④ 앵거스 디턴(Angus Deaton) : 미국의 경제학자로 소득의 불평등에 관한 연구로 2015년 노벨경제학상을 수상했다.

⑤ 폴 A.새뮤얼슨(Paul Anthony Samuelson) : 미국의 경제학자로 신고전학파의 미시적 시장균형 이론과 케인스의 거시경제이론을 접목시켜 '신고전파 종합이론'이라는 새로운 학문체계를 완성했다.

64

비교우위는 같은 상품을 다른 나라에 비해 더 적은 기회비용으로 생산할 수 있는 능력을 말하며, 절대우위는 더 적은 양의 생산요소를 투입해 생산할 수 있는 능력을 말한다. 실제 두 국가 간의 교역은 절대우위에 의해 이루어지기도 하지만 사실상 비교우위에 의해 교역이 유발되는 경우가 더 많다. 절대우위 또는 비교우위가 있는 상품 생산에 특화하면 두 나라 모두 경제의 총 생산량과 소비자 잉여는 증가한다. 한편, 절대우위는 모든 재화에 대하여 가질 수 있지만 비교우위는 모든 재화에 대해 가질 수 없다. 즉, 절대우위에 있어도 비교열위에 놓일 수 있고, 절대열위에 있어도 비교우위에 놓일 수 있다.

65

금리는 수익률에 따라 필요한 곳에 합리적으로 자금이 배분되어 자금시장의 효율성을 제고하는 역할을 한다(자원배분 기능).

① 금리는 소득을 현재 소비할지 미래에 소비할지 결정하는 대가로 작용한다.

②·③·⑤ 경기가 과열되면 금리 인상을 통해 시중자금 수급을 줄일 수 있고, 경기가 침체되면 금리 인하를 통해 시중자금 수급을 늘려 경기를 부양할 수 있다.

66

정답 ②

정부가 확장적 재정정책을 시행하더라도 고전학파 모형에서는 국민소득이 변하지는 않는다. 하지만 확장적 재정정책을 실시하면 실질이자율이 상승하므로 민간투자와 민간소비가 감소하게 된다.

67

정답 ②

다. 종현이가 통신비(X재)에 항상 소득의 $\frac{1}{5}$ 을 지출한다면 $P_X \times X = \frac{1}{5} M$이 성립한다($X$=통신 수요량, P_X=통신요금, M= 소득). 즉, X재의 수요함수는 $\frac{0.2M}{P_X}$(X : 상승)이므로 X재의 수요곡선은 직각쌍곡선이다. 수요곡선이 직각쌍곡선이면 수요의 가격탄력성은 항상 1이고, X재 수요의 소득탄력성도 1이다. 따라서 통신요금이 10% 상승하면, 종현이의 통신 수요량은 10% 하락한다.

오답분석

가. 종현이는 소득이나 통신요금에 관계없이 소득의 5분의 1을 통신비로 지출하므로 소득이 증가하면 통신비의 지출도 증가한다.
나. 통신비(X재)의 수요곡선은 우하향하는 직선이 아니라 직각쌍곡선의 형태이다.
라. 기펜재는 가격이 오르면 오히려 수요가 늘어나는 재화이다. 종현이의 통신비는 소득의 5분의 1로 일정하므로 가격이 오르면 반드시 수요량이 줄어든다. 따라서 통신비(X재)는 정상재이다.

68

정답 ③

오답분석

① 독점기업은 단기에 초과이윤을 얻을 수도 있지만 손실을 볼 수도 있다.
② 독점기업이 생산하는 재화에 단위당 T원의 물품세를 부과하면 한계비용이 T원 높아지므로 한계비용곡선이 T원만큼 상방으로 이동한다. 한계비용곡선이 상방으로 이동하면 독점기업의 생산량은 감소하고, 가격은 상승한다. 조세부과로 재화가격이 상승하면 소비자잉여가 감소하고 생산자잉여도 함께 감소한다. 물품세가 부과되어 생산량이 감소하면 자원배분이 비효율적으로 되므로 사회 전체의 총잉여도 감소한다.
④ 독점기업의 가격차별은 사회적 후생을 증가시키지 않는다.
⑤ 독점기업의 경우 시장은 때때로 효율적인 결과를 스스로 도출하지 못하므로 정부 개입이 필요하다.

69

정답 ③

인플레이션이 발생하면 실질적인 조세부담이 커지게 된다. 그리고 피셔효과의 '(명목이자율)=(실질이자율)+(예상인플레이션율)' 이라는 관계식에 의해 인플레이션 발생으로 인한 예상인플레이션율 상승으로 명목이자율도 비례적으로 상승하게 된다. 명목소득이 불변일 때 인플레이션이 발생하면 실질소득은 감소한다. 또한 실질임금이 불변일 때 인플레이션이 발생하면 명목임금은 물가상승율에 비례하여 증가한다.

70

정답 ④

오답분석

① 새고전학파는 경기안정화를 위한 정부개입이 불필요하다고 보는 반면, 새케인스학파는 정부개입이 필요하다고 주장한다.
② 새고전학파는 가격변수가 신축적으로 조정된다고 보는 반면, 새케인스학파는 가격변수가 단기에는 경직적이라고 본다.
③ 새고전학파와 새케인스학파 모두 합리적 기대를 전제로 경기변동이론을 전개한다.
⑤ 새고전학파는 경기변동을 완전고용의 국민소득수준 자체가 변하면서 발생하는 현상으로 보는 반면, 새케인스학파는 완전고용의 국민소득수준에서 이탈하면서 발생하는 현상으로 본다.

71

정답 ②

공공재란 재화와 서비스에 대한 비용을 지불하지 않더라도 모든 사람이 공동으로 이용할 수 있는 재화 또는 서비스를 말한다. 공공재는 비경합성과 비배제성을 동시에 가지고 있으며, 공공재의 비배제성 성질에 따르면 재화와 서비스에 대한 비용을 지불하지 않더라도 공공재의 이익을 얻을 수 있는 '무임승차의 문제'가 발생한다. 한편, 공공재라도 민간이 생산, 공급할 수 있다.

72

정답 ⑤

일반적인 폐쇄경제 모형에서 정부저축은 이자율의 함수로 표현되지 않는다. 이자율이 하락할 경우 투자가 증가하지만 $S_P + S_G = I$ 에 따르면 민간저축이 증가한 상태에서 정부저축이 증가했는지 감소했는지를 단정하기 어렵다.

73

정답 ④

자본투입을 늘리고 노동투입을 줄일 경우 생산성도 높아지고 비용도 줄어들기 때문에 동일한 양의 최종생산물을 산출하면서도 비용을 줄일 수 있다.

74

정답 ⑤

총수요의 변동으로 경기변동이 발생하면 경기와 물가는 같은 방향으로 움직이므로 경기 순응적이 된다.

75

정답 ②

- 수요곡선 : $2P = -Q + 100 \rightarrow P = -\dfrac{1}{2}Q + 50$

- 공급곡선 : $3P = Q + 20 \rightarrow P = \dfrac{1}{3}Q + \dfrac{20}{3}$

$-\dfrac{1}{2}Q + 50 = \dfrac{1}{3}Q + \dfrac{20}{3}$

$\rightarrow \dfrac{5}{6}Q = \dfrac{130}{3}$

$\therefore Q = 52, \ P = 24$

그러므로 물품세 부과 전 균형가격 $P = 24$, 균형생산량 $Q = 52$이다.
공급자에게 1대당 10의 물품세를 부과하였으므로 다음 식이 성립한다.

$P = \dfrac{1}{3}Q + \dfrac{50}{3}$

$-\dfrac{1}{2}Q + 50 = \dfrac{1}{3}Q + \dfrac{50}{3}$

$\rightarrow \dfrac{5}{6}Q = \dfrac{100}{3}$

$\therefore Q = 40$

조세부과 후 생산량이 40이므로, $Q = 40$을 수요곡선에 대입하면 조세부과 후의 균형가격 $P = 30$이다.
이와 같이 조세가 부과되면 균형가격은 상승(24 → 30)하고, 균형생산량은 감소(52 → 40)함을 알 수 있으며, 소비자가 실제로 지불하는 가격이 6만큼 상승하고 있으므로 10의 물품세 중 소비자 부담은 6, 공급자 부담은 4임을 알 수 있다.
이때 공급자가 부담하는 총조세부담액은 (거래량)×(단위당조세액)=40×4=160이 된다.

76

절대우위는 다른 생산자에 비해 더 적은 생산요소를 투입해 같은 상품을 생산할 수 있는 능력이고 비교우위는 다른 생산자보다 더 적은 기회비용으로 생산할 수 있는 능력이다. A사는 B사보다 모터, 펌프 모두 시간당 최대 생산량이 많으므로 모터, 펌프 모두에 절대우위가 있다. 반면, A사의 펌프 생산 기회비용은 모터 1개지만 B사의 펌프 생산 기회비용은 모터 $\frac{2}{3}$개다. 따라서 B사는 펌프 생산에 비교우위가 있다.

77

산업 내 무역이론의 발생 원인으로는 규모의 경제, 독점적 경쟁 등이 있다. 리카도의 비교우위론과 헥셔 – 올린 정리, 요소가격균등화 정리는 모두 산업 간 무역을 설명하는 이론이며, 레온티에프의 역설은 헥셔 – 올린 정리와 정반대되는 레온티에프의 실증분석을 의미한다.

78

담배 수요의 가격탄력성이 단위탄력적이라는 것은 가격의 변화율에 따라 수요량도 반대 방향의 같은 수치로 변화한다는 것을 의미한다. 예를 들어 가격이 1% 상승하면 수요량은 1%로 감소하는 것이다. 문제의 경우 담배수요량을 10% 줄이려고 할 때 담배수요의 가격탄력성이 단위탄력적이면 담배의 가격을 10% 올리면 될 것이다. 따라서 담배 가격은 4,500원이므로 담배가격의 인상분은 4,500원의 10%인 450원이 된다.

79

소득증가비율보다 X재 구입량의 증가율이 더 작으므로 X재는 필수재이다.

80

밀 가격이 하락하기 전에 정부가 가격통제정책(가격상한제)을 통해 밀가루 가격을 통제한다면 공급자는 자신이 원하는 가격을 받을 수 없어 공급량이 줄어든다. 반면, 소비자는 원래의 균형가격보다 싸기 때문에 수요량을 늘리게 된다. 따라서 $Q_1 \sim Q_2$만큼의 밀가루에 대한 초과수요가 존재한다.

오답분석

① 가격상한제의 예로는 분양가 상한제, 임대료 상한제 등이 있다. 최저임금제는 가격하한제의 예이다.
② 밀 가격이 하락한 후에는 통제가격이 균형가격보다 높기 때문에 암시장이 나타나기 어렵다.
③ 밀 가격이 하락한 후에는 밀가루 시장의 균형거래량은 Q_2와 Q_3 사이에서 결정된다.
④ 밀 가격이 하락하면 밀가루는 가격상한제 가격보다 아래인 수요곡선(D)과 새로운 공급곡선(S_1)이 만나는 곳에서 결정된다.

81

오답분석

① (10분위분배율)$=\dfrac{\text{(최하위 40\% 소득계층의 소득)}}{\text{(최상위 20\% 소득계층의 소득)}}=\dfrac{12\%}{(100-52)\%}=\dfrac{1}{4}$

② 지니계수는 면적 A를 삼각형 OCP 면적(A+B)으로 나눈 값이다. 즉, $\dfrac{\text{A 면적}}{\triangle \text{OCP 면적}}=\dfrac{\text{A}}{\text{A+B}}$의 값이 지니계수이다.

③ 중산층 붕괴 시 A의 면적은 증가하고, B의 면적은 감소한다.
④ 미국의 서브프라임모기지 사태는 로렌츠곡선을 대각선에서 멀리 이동시킨다.

82

ㄷ. 요리를 위해 분식점에 판매된 고추장은 최종재인 떡볶이를 만드는 재료로 쓰이는 중간재이므로 GDP 측정 시 포함되지 않는다.

ㅁ. 토지가격 상승에 따른 자본이득은 아무런 생산과정이 없기 때문에 토지가 매매되기 전까지는 GDP에 포함되지 않는다.

83

정답 ④

독점시장의 시장가격은 완전경쟁시장의 가격보다 높게 형성되므로 소비자잉여는 줄어든다.

84

정답 ⑤

IS-LM 모형은 이자율과 국민소득과의 관계를 분석하는 경제모형이다. 이 모형은 물가가 고정되어 있다는 한계점을 가지고 있긴 하나, 여전히 유용한 경제모형으로 활용되고 있다. IS곡선은 생산물시장의 균형을 달성하는 이자율과 국민소득을 나타내며, LM곡선은 화폐시장의 균형을 달성하는 이자율과 국민소득을 나타낸다. IS-LM 모형에서 균형이 $Y=25$, $r=2.5$이고, 현재 $Y=30$, $r=2.5$이므로, 현재 상태가 IS곡선 상방에 있어 상품시장에서 초과공급, LM곡선 하방에 있어 화폐시장에서 초과수요이다.

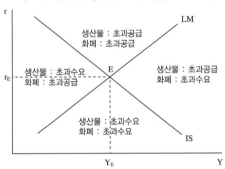

85

정답 ②

시장구조가 완전경쟁이라고 하더라도 불완전경쟁, 외부성, 공공재 등 시장실패 요인이 존재한다면 파레토 효율적인 자원배분이 이루어지지 않는다.

86

정답 ①

중첩임금계약은 명목임금이 경직적인 이유를 설명한다. 케인스학파는 화폐에 대한 착각현상으로 임금의 경직성이 나타난다고 설명하며, 새케인스학파는 노동자가 합리적인 기대를 가지나 현실적으로는 메뉴비용 등의 존재로 임금 경직성이 발생한다고 설명한다.

87

굴절수요곡선

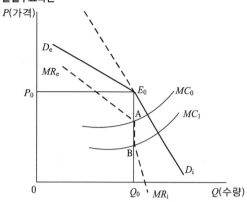

어떤 과점기업의 생산물 가격이 P_0라고 가정한다면 그보다 가격을 인상하여도 다른 기업은 가격을 유지할 것이며, 이 과점기업에 대한 수요곡선은 P_0점보다 위에서는 매우 탄력적이다. 그러나 이 기업이 가격을 내리면 다른 기업도 따라서 가격을 내릴 것이므로 P_0점보다 아래의 수요곡선은 비탄력적으로 될 것이다. 따라서 수요곡선은 P_0점에서 굴절하고, 굴절수요곡선($D_e D_i$)에서 도출되는 한계수입곡선($MR_e MR_i$)은 불연속이 된다.

88

희생비율이란 인플레이션율을 1% 낮추기 위해 감수해야 하는 GDP 감소율을 말한다. 필립스곡선의 기울기가 매우 가파르다면 인플레이션율을 낮추더라도 실업률은 별로 상승하지 않으므로 GDP 감소율이 작아진다. 극단적으로 필립스곡선이 수직선이라면 인플레이션율을 낮추더라도 실업률은 전혀 상승하지 않으므로 GDP 감소율은 0이 되어 희생비율도 0이 된다. 그러므로 필립스곡선의 기울기가 가파를수록 희생비율은 작아진다.

> **오쿤의 법칙(Okun's Law)**
> • 미국의 경제학자 오쿤이 발견한 현상으로 실업률과 GDP의 관계를 나타낸다.
> • 경기회복기에는 고용의 증가속도보다 국민총생산의 증가속도가 더 크고, 불황기에는 고용의 감소속도보다 국민총생산의 감소속도가 더 큰 법칙을 말한다.

89

ㄱ. 마찰적 실업 : 직장을 옮기는 과정에서 일시적으로 실업상태에 놓이는 것을 의미하며, 자발적 실업으로서 완전고용상태에서도 발생한다.
ㄴ. 오쿤의 법칙 : 한 나라의 산출량과 실업 간에 경험적으로 관찰되는 안정적인 음(-)의 상관관계를 의미한다.
ㄷ. 이력 현상 : 경기 침체로 인해 한번 높아진 실업률이 일정 기간이 지난 이후에 경기가 회복되더라도 낮아지지 않고 계속 일정한 수준을 유지하는 현상을 의미한다.
ㄹ. 경기적 실업 : 경기 침체로 유효수요가 부족하여 발생하는 실업을 의미한다.

90

소규모 경제에서 자본이동과 무역이 완전히 자유롭고 변동환율제도를 채택한다면 확대재정정책이 실시되더라도 국민소득은 불변이고, 이자율의 상승으로 K국 통화는 강세가 된다.

| 03 | 회계

51	52	53	54	55	56	57	58	59	60	61	62	63	64	65	66	67	68	69	70
③	③	③	①	③	③	①	③	③	①	⑤	①	③	③	③	②	③	③	④	⑤

71	72	73	74	75	76	77	78	79	80	81	82	83	84	85	86	87	88	89	90
⑤	④	④	④	②	①	⑤	②	①	①	⑤	⑤	①	①	②	②	③	③	①	⑤

51

정답 ③

• 연수합계법

연도	계산과정	감가상각비	감가상각누계액	장부금액
2021. 12. 31	$(10,000-0)\times\frac{4}{10}$	4,000원	4,000원	6,000원
2022. 12. 31	$(10,000-0)\times\frac{3}{10}$	3,000원	7,000원	3,000원
2023. 12. 31	$(10,000-0)\times\frac{2}{10}$	2,000원	9,000원	1,000원
2024. 12. 31	$(10,000-0)\times\frac{1}{10}$	1,000원	10,000원	0원

• 연수합계 : 4+3+2+1=10년

• 감가상각누계액의 계산 : [(취득원가)−(잔존가치)]$\times\dfrac{(잔존연수합계)}{(연수합계)}$

2022년 감가상각비는 (−)3,000원이고, 2022년에 장부금액(3,000원)을 4,000원에 처분하였으므로 (+)1,000원의 이익이 있다. 따라서 동 유형자산의 감가상각비와 처분손익이 2022년 당기순이익에 미치는 영향의 합계는 (−)2,000원이다.

52

정답 ③

예대금리차는 은행연합회에서 소비자포털을 통해 공시한다.

오답분석
② 은행은 예대금리 차이가 크면 클수록 이익이지만, 지나치게 차이가 나면 언론, 국민여론 등 불만을 제기할 소지가 그만큼 커진다.
④ 전액기준 예대금리차는 한국은행의 금융기관 가중평균금리와 동일하게 산정되며, 요구불예금, 마이너스통장대출 등도 포함된다.
⑤ 시중에 유동성이 풍부해지면 은행에서는 예금금리를 낮추고 대출금리는 고정시켜 예대금리 차이를 높일 수 있다.

53

정답 ③

배당금 수령액은 수익이기 때문에 당기손익으로 계상한다.

54

정답 ①

오답분석
②·③ 재무활동에 해당한다.
④·⑤ 영업활동에 해당한다.

55

정답 ③

조업도차이는 조업도의 통제가 잘못되어 발생한 것이지, 고정제조간접원가 자체의 통제가 잘못되어 발생한 것은 아니다.

56

정답 ③

2024년 5월 1일	(차)	자기주식	7,000	(대)	현금	7,000
2024년 10월 1일	(차)	자본금	2,500	(대)	자기주식	3,500
		주식발행초과금	500			
		감자차손	500			

따라서 자기주식에 대하여 원가법을 적용하여 회계처리하면 2024년 10월 1일 감자차손이 500원 발생한다는 것을 알 수 있다.

57

정답 ①

- (매출원가)=(매출액)×[1−(매출총이익률)]=400,000×(1−0.2)=320,000원
- (기말재고)=(기초재고)+(매입액)−(매출원가)=100,000+600,000−320,000=380,000원
- (소실재고자산)=(기말재고)−(재고자산)=380,000−110,000=270,000원

58

정답 ③

내용연수가 유한한 무형자산의 잔존가치는 원칙적으로는 0이지만, 내용연수 종료 시점에 제3자가 자산을 구입하기로 한 약정이 있거나, 무형자산의 활성시장이 있는 경우에는 잔존가치가 0이 아니다. 즉, 무형자산의 잔존가치가 0이 아닌 경우가 있으므로 옳은 내용이다.

오답분석
① 무형자산에 대한 손상차손은 인식한다.
② 내용연수가 한정인(유한한) 무형자산의 상각대상금액은 내용연수 동안 체계적인 방법으로 배분하여야 한다.
④ 내용연수가 비한정인 무형자산은 정액법에 따라 상각하지 아니한다.
⑤ 무형자산의 인식 후의 측정은 회계정책으로 원가모형이나 재평가모형을 선택할 수 있다.

59

정답 ③

$$(\text{자기자본이익률})=\frac{(\text{당기순이익})}{(\text{자본총액})}\times100$$

$$\frac{240,000}{1,300,000+400,000}\times100=14.1176≒14\%$$

60

정답 ①

(현금 및 현금성자산)=30,000+1,000+2,000=33,000원

61

정답 ⑤

영구계정(실재계정)은 자산, 부채, 자본계정이다. 이자비용은 비용으로서 임시계정에 해당한다.

62

정답 ①

• 계정분석

	2023년 충당부채		
지출액	14,000원	기초	0원
기말	4,000원	설정액	18,000원

	2024년 충당부채		
지출액	6,000원	기초	4,000원
기말	0원	설정액	2,000원

• (2023년 손익계산서상의 설정액)=600,000×0.03=18,000원
• (2년간 실제보증 지출액)=14,000+6,000=20,000원
• (2024년 보증비용 추가설정액)=6,000−4,000=2,000원

63

정답 ③

(1) 반품가능성 예측 불가능한 재고자산은 원가로 계상(10,000−8,500=1,500원)
(2) 도착지 인도조건의 운송 중인 상품은 기말재고자산금액에 포함되는 것이 맞음
(3) 수탁상품은 전액 감액대상(6,500원)
(4) 시송품은 원가로 계상(4,000−3,500=500원)
따라서 감액할 재고자산금액은 1,500+6,500+500=8,500원이다.

64

정답 ③

$$(\text{매출채권회전율})=\frac{(\text{매출액})}{(\text{평균매출채권잔액})}=\frac{2,000,000}{(120,000+280,000)\div2}=\frac{2,000,000}{400,000\div2}=\frac{2,000,000}{200,000}=10회$$

매출채권회전율이 10회이므로 365일을 10회로 나누면 1회전하는 데 소요되는 기간은 36.5일이다.

65

정답 ③

만기보유 채무증권은 상각기간 동안 당기손익으로 평가손익을 처리하는 상각 후 원가법으로 평가한다.

[오답분석]
①·②·④·⑤ 공정가치법으로 평가손익을 처리한다.

66

②

고저점법이란 조업도(생산량, 판매량, 노동시간, 기계작업시간, 기계수리시간 등)의 최고점과 최저점으로 원가함수 $y=ax+b$를 추정하여 회계정보를 분석하는 방법이다.

이 문제에서 x는 생산량의 변화, y는 원가의 변화량을 나타내며, a는 변동비율, b는 고정비를 나타낸다.

$y=ax+b$에서 변동비율 a는 함수의 기울기이므로 다음과 같이 구한다.

$$[변동비율\ a(기울기)]=\frac{(y의\ 변화량)}{(x의\ 변화량)}=\frac{(800,000-600,000)}{(300-200)}=2,000원$$

고정비 b는 a에 2,000, x와 y에 각각 (300, 800,000) 또는 (200, 600,000)을 대입해 구한다.

[고정비(b)]$=800,000-(300\times20,000)=200,000원$

총고정제조원가 10% 증가 → 고정비 10% 증가 → $b=220,000$

생산량 400단위 가정 시 → x에 400 대입

y(총원가)$=(2,000\times400)+220,000=1,020,000원$

67

③

부채는 과거의 거래나 사건의 결과로 현재 기업실체가 부담하고 있고(현재의무), 미래에 자원의 유출 또는 사용이 예상되는 의무이다.

68

③

㉠ 계속기록법(Perpetual Inventory System) : 상품을 구입할 때마다 상품계정에 기록하며 상품을 판매하는 경우에 판매시점마다 매출액만큼을 수익으로 기록하고 동시에 상품원가를 매출원가로 기록하는 방법이다.

㉡ 실지재고조사법(Periodic Inventory System) : 기말실사를 통해 기말재고수량을 파악하고 판매가능수량[(기초재고수량)+(당기매입수량)]에서 실사를 통해 파악된 기말재고수량을 차감하여 매출수량을 결정하는 방법이다.

69

④

대여금은 자금을 빌려준 경우 발생하는 채권으로 자산에 해당하고, 차입금은 자금을 빌린 경우 발생하는 확정된 채무로 부채에 해당한다. 따라서 채권에 들어갈 계정과목은 차입금이 아닌 대여금이다.

70

⑤

• 12월 1일 매출 : 할부판매 시 전액 매출로 계상하므로 200개×100=20,000원
• 12월 17일 매출 : 100개×100=10,000원
• 12월 28일 매출 : 위탁상품으로 수탁자가 보관 중인 상품은 매출로 인식하지 않는다.
• 12월 30일 매출 : 도착지 인도 조건으로 아직 도착하지 않은 상품은 매출로 인식하지 않는다.

∴ (매출액)=20,000+10,000=30,000원

96 · 한국관광공사

71

정답 ⑤

증권시장선은 효율적 자산뿐 아니라 비효율적 자산에 대해서도 체계적 위험(베타)과 기대수익률의 선형관계를 설명할 수 있다. 따라서 비효율적 자산도 증권시장선상에 위치한다.

오답분석

① CAPM에 의하면 $E(R_i)=R_f+[E(R_m)-R_f]\beta_i$이고 시장포트폴리오의 베타는 1이다. 따라서 $5+(12-5)\times1=12\%$이므로 주식 A의 기대수익률은 $5+(12-5)\times2=19\%$이다.

② 개별자산의 베타는 양수일 수도, 0일 수도, 음수일 수도 있다.

③ · ④ 자본시장선은 효율적 자산의 총위험과 기대수익률의 선형관계를 설명한다. 따라서 효율적 자산은 모두 자본시장선상에 위치하고, 비효율적 자산은 자본시장선 아래에 위치한다.

72

정답 ④

선수금, 미지급법인세, 소득세예수금은 비금융부채이나, 차입금과 미지급비용은 금융부채이다.

73

정답 ④

유동자산은 정상영업주기 및 보고기간 후 12개월 이내에 실현될 것으로 예상하는 자산이다.

74

정답 ④

오답분석

가. 재무상태표상에 자산과 부채를 표시할 때는 유동자산과 비유동자산, 유동부채와 비유동부채로 구분하지 않고 유동성 순서에 따라 표시하는 방법도 있다.

다. 비용의 성격에 대한 정보가 미래현금흐름을 예측하는 데 유용하기 때문에 비용별 포괄손익계산서를 사용하는 경우에는 성격별 분류에 따른 정보를 추가로 공시하여야 한다.

라. 포괄손익계산서와 재무상태표를 연결시키는 역할을 하는 것은 총포괄이익이다.

75

정답 ②

(공헌이익)=(가격)-(변동비용)=5,000-2,000=3,000원

$(공헌이익률)=\dfrac{(공헌이익)}{(가격)}=\dfrac{3,000}{5,000}=0.6$

76

정답 ①

자기자본이익률(ROE)은 당기순이익을 자기자본으로 나누고 100을 곱하여 % 단위로 나타낼 수 있다.

재무비율 분석은 재무제표를 활용하여 기업의 재무상태와 경영성과를 진단하는 것으로 안정성, 수익성, 성장성 지표 등이 있다. 안정성 지표는 부채를 상환할 수 있는 능력을 나타내며, 유동비율[(유동자산)÷(유동부채)], 부채비율[(부채)÷(자기자본)], 이자보상비율[(영업이익)÷(지급이자)] 등이 해당한다. 유동비율과 이자보상비율은 높을수록, 부채비율은 낮을수록 재무상태가 건실한 것으로 판단한다. 성장성 지표에는 매출액증가율, 영업이익증가율 등이 있으며, 매출액순이익률[(순이익)÷(매출액)], 자기자본이익률 등은 수익성 지표이다.

$[자기자본이익률(ROE)]=\dfrac{(당기순이익)}{(자기자본)}\times100$

$\therefore$ (자기자본이익률)$=\dfrac{150}{300}\times100=50\%$

77

정답 ⑤

NPV곡선이란 가로축을 자본비용, 세로축을 NPV로 하여 자본비용의 변화에 따른 투자안 NPV의 변화를 도시한 것이다. 상호배타적인 두 투자안의 NPV곡선이 교차하는 지점의 수익률을 피셔수익률이라고 한다. 피셔수익률보다 자본비용이 낮은 경우, 즉 NPV곡선의 교차점 좌측에서는 NPV법과 IRR법의 의사결정이 불일치하게 된다.

오답분석

① NPV법은 가치가산의 원리가 성립하는데, 이는 여러 투자안 전체의 NPV는 각각의 투자안 NPV의 합과 같다는 의미이다. IRR은 수익률로 표현되므로 가치가산의 원리가 성립하지 않는다.
② IRR법은 미래에도 계속 내부수익률로 재투자를 가정하는데, 이는 과도하게 낙관적인 가정이라는 단점이 존재한다.
③ 상호배타적인 두 투자안의 경우, 피셔수익률보다 자본비용이 크다면 NPV법과 IRR법의 의사결정이 일치한다.
④ IRR법은 수익률로 표현되므로 투자자가 이해하기 쉽다는 장점이 있다.

78

정답 ②

(매출총이익)=(순매출액)-(매출원가)
- 순매출액 : 500,000-5,000-20,000=475,000원
- 매출원가 : 100,000+200,000-5,000-5,000-110,000=180,000원
- 매출총이익 : 475,000-180,000=295,000원

79

정답 ①

- 2023년 감가상각비 : 100,000원×30%=30,000원
- 2024년 감가상각비 : (100,000원-30,000원)×30%=21,000원

80

정답 ①

실지재고조사법은 총평균법을 적용한다.
(총평균단가)=(10,000원+22,000원+12,000원)÷(1,000개+2,000개+1,000개)=11원
따라서 매출원가는 11원×1,500개=16,500원이다.

81

정답 ⑤

- (유동비율)$=\dfrac{(유동자산)}{(유동부채)}\times100$

- (당좌비율)$=\dfrac{(당좌자산)}{(유동부채)}\times100=\dfrac{[(유동자산)-(재고자산)]}{(유동부채)}\times100$

문제에서 유동부채가 불변인 상태에서 유동자산만 감소하면 유동비율이 감소하고, 유동자산이 증가하거나 재고자산이 감소하면 당좌비율이 증가한다. 따라서 재고자산 판매를 통해 현금을 조기 확보하고 재고자산을 줄이는 경우 유동비율은 불변이고, 당좌비율은 증가한다.

82

정답 ⑤

공정가치모형은 최초 측정 시 원가로 기록한 후 감가상각을 하지 않고, 회계연도 말에 공정가치로 평가하여 평가손익을 '당기손익'에 반영하는 방법이다. 따라서 투자부동산에 대해 공정가치모형을 적용할 경우 공정가치 변동으로 발생하는 손익은 발생한 기간의 당기손익에 반영한다.

83

부채 대리비용은 채권자와 주주의 이해상충관계에서 발생하며, 부채 대리비용은 부채비율이 높을수록 커진다.

[오답분석]

② 위임자는 기업 운영을 위임한 투자자 등을 의미하고, 대리인은 권한을 위임받아 기업을 경영하는 경영자를 의미한다. 대리인은 위임자에 비해 기업 운영에 대한 정보를 더 많이 얻게 되어 정보비대칭 상황이 발생한다.

③ 대리비용이론에 따르면 최적 자본구조가 존재하는데, 이는 전체 대리비용의 합이 최소화되는 지점을 의미한다.

④ 자기자본 대리비용은 외부주주와 소유경영자(내부주주)의 이해상충관계에서 발생한다. 지분이 분산되어 있어서 외부주주의 지분율이 높을수록 자기자본 대리비용은 커진다.

⑤ 기업의 자금조달의 원천인 자기자본과 부채 각각에서 대리비용이 발생할 수 있다.

84

관련 범위 내에서 조업도가 0이라도 일정액이 발생하는 원가를 혼합원가라 한다.

[오답분석]

② 관련 범위 내에서 생산량이 감소하면 단위당 고정원가는 증가한다.

③ 관련 범위 내에서 생산량이 증가하면 단위당 변동원가는 변함이 없다.

④ 기회원가는 현재 기업이 보유하고 있는 자원을 둘 이상의 선택가능한 대체안에 사용할 수 있는 경우, 최선의 안을 선택함으로써 포기된 대체안으로부터 얻을 수 있었던 효익을 의미하며, 의사결정 시 고려할 수 있다.

⑤ 통제가능원가란 특정 관리자의 통제범위 내에 있는 원가를 말한다.

85

상장기업은 의무적으로 한국채택국제회계기준에 의거하여 재무제표를 작성하여야 하지만 비상장기업은 선택적 사항이다.

86

수선충당부채 및 퇴직급여부채는 비유동부채에 해당한다.

유동부채와 비유동부채

유동부채	비유동부채
• 매입채무	• 장기차입금
• 미지급비용	• 사채
• 단기차입금	• 수선충당부채
• 선수금	• 장기매입채무
• 미지급금	• 장기미지급금
• 유동성장기부채 등	• 퇴직급여부채

87

수정전시산표는 결산 이전의 오류를 검증하는 절차로 '필수적' 절차가 아니라 '선택적' 절차에 해당한다.

88

정답 ③

- (매출원가)$=\dfrac{(당기매출액)}{[1+(원가에\ 대한\ 이익률)]}=\dfrac{6,000}{1+0.2}=5,000원$
- (기말재고액)=(기초재고액)+(당기매입액)-(매출원가)=2,200+4,300-5,000=1,500원

89

정답 ①

오답분석

② 유형자산을 재평가할 때, 그 자산의 장부금액을 재평가금액으로 조정한다.

③ 자본에 계상된 재평가잉금은 자산이 제거될 때 전액 이익잉여금으로 대체한다.

④ 재평가가 단기간에 수행되며 계속적으로 갱신된다면, 동일한 분류에 속하는 자산이라 하더라도 순차적으로 재평가할 수 있다.

⑤ 자산의 장부금액이 재평가로 인하여 감소된 경우에 그 감소액은 당기손익으로 인식한다. 그러나 그 자산에 대한 재평가잉여금의 잔액이 있다면 그 금액을 한도로 재평가감소액을 기타포괄손익으로 인식한다.

90

정답 ⑤

단기매매금융자산의 취득과 직접 관련되는 거래원가는 최초 인식하는 공정가치에 가산하지 않고, 당기비용으로 처리한다.

|04| 법

51	52	53	54	55	56	57	58	59	60	61	62	63	64	65	66	67	68	69	70
①	④	②	⑤	②	①	④	⑤	②	④	⑤	⑤	①	③	③	②	⑤	③	①	③

71	72	73	74	75	76	77	78	79	80	81	82	83	84	85	86	87	88	89	90
①	①	③	⑤	④	③	①	⑤	④	⑤	④	②	④	⑤	③	④	③	④	③	④

PART 3

51
정답 ①

사회적 신분·재산·납세·교육·신앙·인종·성별 등에 차별을 두지 않고 원칙적으로 모든 성년자에게 선거권을 부여하는 제도를 보통선거의 원칙이라고 한다.

52
정답 ④

헌법 제111조 제1항 제4호

[오답분석]
①·② 헌법재판소 재판관의 임기는 6년으로 하며, 법률이 정하는 바에 의하여 연임할 수 있다(헌법 제112조 제1항).
③ 헌법 제5장 법원에 대한 부분에서 '재판의 전심절차로서 행정심판을 할 수 있다(헌법 제107조 제3항)'라고 규정하고 있다.
⑤ 헌법재판소에서 법률의 위헌결정, 탄핵의 결정, 정당해산의 결정 또는 헌법소원에 대한 인용결정을 할 때에는 재판장 6인 이상의 찬성이 있어야 한다(헌법 제113조 제1항).

53
정답 ②

다른 사람이 하는 일정한 행위를 승인해야 할 의무는 수인의무이다.

[오답분석]
① 작위의무 : 적극적으로 일정한 행위를 하여야 할 의무이다.
③ 간접의무 : 통상의 의무와 달리 그 불이행의 경우에도 일정한 불이익을 받기는 하지만, 다른 법률상의 제재가 따르지 않는 것으로 보험계약에서의 통지의무가 그 대표적인 예이다.
④ 권리반사 또는 반사적 효과(이익) : 법이 일정한 사실을 금지하거나 명하고 있는 결과, 어떤 사람이 저절로 받게 되는 이익으로서 그 이익을 누리는 사람에게 법적인 힘이 부여된 것은 아니기 때문에 타인이 그 이익의 향유를 방해하더라도 그것의 법적보호를 청구하지 못함을 특징으로 한다.
⑤ 평화의무 : 노동협약의 당사자들이 노동협약의 유효기간 중에는 협약사항의 변경을 목적으로 하는 쟁의를 하지 않는 의무이다.

54
정답 ⑤

[오답분석]
① 고유법과 계수법은 법이 생성된 근거에 따른 구분이다.
② 강행법과 임의법은 당사자 의사의 상관성 여부에 따른 구분이다.
③ 실체법과 절차법은 법이 규정하는 내용상의 구분이다.
④ 공법과 사법은 법이 규율하는 생활관계에 따라 분류하는 것으로 대륙법계의 특징에 해당한다.

최종점검 모의고사 · 101

55

자유권은 주관적·구체적 권리로서의 성격이, 생존권(생활권)은 객관적·추상적 권리로서의 성격이 강하다.

자유권적 기본권과 생존권적 기본권의 비교

구분	자유권적 기본권	생존권적 기본권
이념적 기초	• 개인주의적·자유주의적 세계관 • 시민적 법치국가를 전제	• 단체주의적·사회정의의 세계관 • 사회적 복지국가를 전제
법적 성격	• 소극적·방어적 권리 • 전국가적·초국가적인 자연권 • 구체적 권리·포괄적 권리	• 적극적 권리 • 국가 내적인 실정권 • 추상적 권리·개별적 권리
주체	• 자연인(원칙), 법인(예외) • 인간의 권리	• 자연인 • 국민의 권리
내용 및 효력	• 국가권력의 개입이나 간섭 배제 • 모든 국가권력 구속, 재판규범성이 강함 • 제3자적 효력(원칙)	• 국가적 급부나 배려 요구 • 입법조치문제, 재판규범성이 약함 • 제3자적 효력(예외)
법률 유보	• 권리제한적 법률유보	• 권리형성적 법률유보
제한 기준	• 주로 안전보장·질서 유지에 의한 제한 • 소극적 목적	• 주로 공공복리에 의한 제한 • 적극적 목적

56

사법은 개인 상호 간의 권리·의무관계를 규율하는 법으로 민법, 상법, 회사법, 어음법, 수표법 등이 있으며, 실체법은 권리·의무의 실체, 즉 권리나 의무의 발생·변경·소멸 등을 규율하는 법으로 헌법, 민법, 형법, 상법 등이 이에 해당한다. 부동산등기법은 절차법으로 공법에 해당한다는 보는 것이 다수의 견해이나, 사법에 해당한다는 소수 견해도 있다. 따라서 ①은 사법에 해당하는지 여부와 관련하여 견해 대립이 있으나 부동산등기법은 절차법이므로 옳지 않다.

57

을(乙)은 의무이행심판 청구를 통하여 관할행정청의 거부처분에 대해 불복의사를 제기할 수 있다. 의무이행심판이란 당사자의 신청에 대한 행정청의 위법 또는 부당한 거부처분이나 부작위에 대하여 일정한 처분을 하도록 하는 행정심판을 말한다(행정심판법 제5조 제3호).

58

공법과 사법의 구별기준에 대한 학설

이익설(목적설)	관계되는 법익에 따른 분류로 공익보호를 목적으로 하는 것을 공법, 사익보호를 목적으로 하는 것을 사법으로 본다.
주체설	법률관계의 주체에 따른 분류기준을 구하여 국가 또는 공공단체 상호 간, 국가·공공단체와 개인 간의 관계를 규율하는 것을 공법, 개인 상호 간의 관계를 규율하는 것을 사법으로 본다.
성질설(법률관계설)	법이 규율하는 법률관계에 대한 불평등 여부에 따른 분류기준으로 불평등관계(권력·수직관계)를 규율하는 것을 공법, 평등관계(비권력·대등·수평관계)를 규율하는 것을 사법으로 본다.
생활관계설	사람의 생활관계를 표준으로 삼아 국민으로서의 생활관계를 규율하는 것을 공법, 국가와 직접적 관계가 없는 사인 간의 생활관계를 규율하는 것을 사법으로 본다.
통치관계설	법이 통치권의 발동에 대한 것이냐 아니냐에 따라 국가통치권의 발동에 대한 것을 공법, 그렇지 않은 것을 사법으로 본다.
귀속설(신주체설)	행정주체에 대해서만 권리·권한·의무를 부여하는 것을 공법, 모든 권리주체에 권리·의무를 부여하는 것을 사법으로 본다.

59

형법에서는 유추해석과 확대해석을 동일한 것으로 보아 금지하며(죄형법정주의의 원칙), 피고인에게 유리한 유추해석만 가능하다고 본다.

60

사회법은 자본주의의 문제점(사회적 약자 보호)을 합리적으로 해결하기 위해 근래에 등장한 법으로, 사법 영역에 공법적 요소를 가미하는 제3의 법영역으로 형성되었으며 법의 사회화·사법의 공법화 경향을 띤다.

61

사원총회는 정관으로 이사 또는 기타 임원에게 위임한 사항 외의 법인사무 전반에 관하여 결의한다. 사단법인의 이사는 매년 1회 이상 통상총회를 소집하여야 하며, 임시총회는 총사원의 5분의 1 이상의 청구로 이사가 소집한다(민법 제68조 ~ 제70조).

62

이사가 없거나 결원이 있는 경우에 이로 인하여 손해가 생길 염려 있는 때에는 법원은 이해관계인이나 검사의 청구에 의하여 임시이사를 선임하여야 한다(민법 제63조).

오답분석

① 민법 제66조
② 민법 제61조
③ 민법 제81조
④ 민법 제62조

63

혼인과 같은 신분행위는 미성년자 단독으로 할 수 없다. 만약, 미성년자가 법정대리인의 동의 없이 법률행위를 하였다면, 이는 취소(소급무효) 또는 추인(정상적 효력 발생)의 사유에 해당된다. 취소는 미성년자 본인과 법정대리인 둘 다 가능하나 추인은 법정대리인만 가능하다.

64

법정과실은 반드시 물건의 사용대가로서 받는 금전 기타의 물건이어야 하므로 사용에 제공되는 것이 물건이 아닌 근로의 임금·특허권의 사용료, 사용대가가 아닌 매매의 대금·교환의 대가, 받는 것이 물건이 아닌 공작물의 임대료청구권 등은 법정과실이 아니다.

오답분석

①·② 법정과실에 해당한다.
④·⑤ 천연과실에 해당한다.

65

해제조건이 있는 법률행위는 조건이 성취한 때로부터 그 효력을 잃고, 정지조건이 있는 법률행위는 조건이 성취한 때로부터 그 효력이 생긴다(민법 제147조).

오답분석

① 민법 제149조
② 민법 제151조 제1항
④ 정지조건 법률행위란 장래의 불확실한 사실의 발생에 효력의 발생 여부가 결정되는 법률행위이므로 옳은 설명이다.
⑤ 민법 제151조 제2항

66
정답 ②

의사표시의 효력발생시기에 관하여 우리 민법은 도달주의를 원칙으로 하고(민법 제111조 제1항), 격지자 간의 계약의 승낙 등 특별한 경우에 한하여 예외적으로 발신주의를 취하고 있다.

67
정답 ⑤

의사표시자가 그 통지를 발송한 후 사망하거나 제한능력자가 되어도 의사표시의 효력에 영향을 미치지 아니한다(민법 제111조 제2항).

68
정답 ③

법규범은 자유의지가 작용하는 자유법칙으로 당위의 법칙이다.

69
정답 ①

모든 자연인은 권리능력의 주체가 될 수 있다. 그러나 건전한 판단력을 갖지 못한 자의 행위는 유효하지 못하다. 단독으로 유효한 법률행위를 할 수 있는 자를 행위능력자라고 부르고 이러한 능력이 없는 자를 제한능력자라 한다. 행위능력이 없으면 원칙적으로 취소 사유가 된다.

70
정답 ③

무효란 그 행위가 성립하던 당초부터 당연히 법률효과가 발생하지 못하는 것이다. 비진의 표시(심리유보), 통정허위표시, 강행법규에 반하는 법률행위 등이 그 예이다.

71
정답 ①

회사의 자본금은 상법에서 달리 규정한 경우 외에는 발행주식의 액면총액으로 한다(상법 제451조 제1항).

[오답분석]
② 상법 제329조 제1항·제3항
③ 상법 제331조
④ 상법 제335조 제3항 반대해석
⑤ 상법 제333조 제2항

72
정답 ①

사장단이 아닌 총 사원의 동의 또는 결의가 있어야 한다.

> **회사의 해산원인(상법 제227조)**
> 회사는 다음의 사유로 인하여 해산한다.
> 1. 존립기간의 만료 기타 정관으로 정한 사유의 발생
> 2. 총사원의 동의
> 3. 사원이 1인으로 된 때
> 4. 합병
> 5. 파산
> 6. 법원의 명령 또는 판결

73

주식회사의 지배인 선임은 이사회의 결의로 해야 한다.

회사별 지배인 선임방법

합명회사	총사원 과반수의 결의(업무집행사원이 있는 경우에도, 상법 제203조)
합자회사	무한책임사원 과반수의 결의(업무집행사원이 있는 경우에도, 상법 제274조)
주식회사	이사회 결의(상법 제393조 제1항)
유한회사	이사 과반수 결의 또는 사원총회의 보통결의(상법 제564조 제1항·제2항)
유한책임회사	정관 또는 총사원의 동의(상법 제287조의19 제2항·제3항)

74

지방자치단체는 법령의 범위 안에서 그 사무에 관하여 조례를 제정할 수 있다(지방자치법 제28조).

오답분석

① 헌법 제117조 제2항
② 지방자치법 제108조
③ 지방자치법 제37조
④ 지방자치법 제107조

75

유효한 행정행위가 존재하는 이상 모든 국가기관은 그 존재를 존중하고 스스로의 판단에 대한 기초로 삼아야 한다는 것은 구성요건적 효력이다.

공정력		비록 행정행위에 하자가 있는 경우에도 그 하자가 중대하고 명백하여 당연무효인 경우를 제외하고는, 권한 있는 기관에 의해 취소될 때까지는 일응 적법 또는 유효한 것으로 보아 누구든지(상대방은 물론 제3의 국가기관도) 그 효력을 부인하지 못하는 효력이다.
구속력		행정행위가 그 내용에 따라 관계행정청, 상대방 및 관계인에 대하여 일정한 법적 효과를 발생하는 힘으로, 모든 행정행위에 당연히 인정되는 실체법적 효력이다.
존속력	불가쟁력 (형식적)	행정행위에 대한 쟁송제기기간이 경과하거나 쟁송수단을 다 거친 경우에는 상대방 또는 이해관계인은 더 이상 그 행정행위의 효력을 다툴 수 없게 되는 효력이다.
	불가변력 (실질적)	일정한 경우 행정행위를 발한 행정청 자신도 행정행위의 하자 등을 이유로 직권으로 취소·변경·철회할 수 없는 제한을 받게 되는 효력이다.

76

오답분석

① 독임제 행정청이 원칙적인 형태이고, 지자체의 경우 지자체장이 행정청에 해당한다.
② 의결기관은 의사결정에만 그친다는 점에서 외부에 표시할 권한을 가지는 행정관청과 다르고, 행정관청을 구속한다는 점에서 단순한 자문적 의사의 제공에 그치는 자문기관과 다르다.
④ 자문기관은 행정기관의 자문에 응하여 행정기관에 전문적인 의견을 제공하거나, 자문을 구하는 사항에 관하여 심의·조정·협의하는 등 행정기관의 의사결정에 도움을 주는 행정기관을 말한다.
⑤ 집행기관은 의결기관 또는 의사기관에 대하여 그 의결 또는 의사결정을 집행하는 기관이나 행정기관이며, 채권자의 신청에 의하여 강제집행을 실시할 직무를 가진 국가기관이다.

77

①

모든 제도를 정당화시키는 최고의 헌법원리는 국민주권의 원리이다.

78

정답 ⑤

도로·하천 등의 설치 또는 관리의 하자로 인한 손해에 대하여는 국가 또는 지방자치단체는 국가배상법 제5조의 영조물책임을 진다.

오답분석

① 공무원도 국가배상법 제2조나 제5조의 요건을 갖추면 국가배상청구권을 행사할 수 있다. 다만, 군인·군무원·경찰공무원 또는 예비군대원의 경우에는 일정한 제한이 있다.
② 국가배상법에서 규정하고 있는 손해배상은 불법행위로 인한 것이므로 적법행위로 인하여 발생하는 손실을 보상하는 손실보상과는 구별해야 한다.
③ 도로건설을 위해 토지를 수용당한 경우에는 위법한 국가작용이 아니라 적법한 국가작용이므로 개인은 손실보상청구권을 갖는다.
④ 공무원이 직무수행 중에 적법하게 타인에게 손해를 입힌 경우 국가는 배상책임이 없다.

79

정답 ④

자유민주적 기본질서는 모든 폭력적 지배와 자의적 지배, 즉 반국가단체의 일인독재 내지 일당독재를 배제하고 다수의 의사에 의한 국민의 자치·자유·평등의 기본원칙에 의한 법치주의적 통치질서이다. 구체적으로는 기본적 인권의 존중, 권력분립, 의회제도, 복수정당제도, 선거제도, 사유재산과 시장경제를 골간으로 한 경제질서 및 사법권의 독립 등이 있다. 그러므로 법치주의에 위배되는 포괄위임입법주의는 자유민주적 기본질서의 원리와 거리가 멀다.

80

정답 ⑤

정당의 목적이나 활동이 민주적 기본질서에 위배될 때 '정부'는 헌법재판소에 그 해산을 제소할 수 있고, 정당은 헌법재판소의 심판에 의하여 해산된다(헌법 제8조 제4항).

오답분석

① 헌법 제8조 제1항
②·③ 헌법 제8조 제2항
④ 헌법 제8조 제3항

81

정답 ④

근대 입헌주의 헌법은 국법과 왕법을 구별하는 근본법(국법) 사상에 근거를 두고, 국가권력의 조직과 작용에 대한 사항을 정함과 동시에 국가권력의 행사를 제한하여 국민의 자유와 권리 보장을 이념으로 하고 있다.

82

정답 ②

비례대표제는 각 정당에게 그 득표수에 비례하여 의석을 배분하는 대표제로 군소정당의 난립을 가져와 정국의 불안을 가져온다.

83

정답 ④

기본권의 제3자적 효력에 관하여 간접적용설(공서양속설)은 기본권 보장에 대한 헌법 조항을 사인관계에 직접 적용하지 않고, 사법의 일반규정의 해석을 통하여 간접적으로 적용하자는 설로 오늘날의 지배적 학설이다.

84

정답 ⑤

영미법계 국가에서는 선례구속의 원칙에 따라 판례의 법원성이 인정된다.

85

정답 ③

기본권은 국가안전보장, 질서유지 또는 공공복리라고 하는 세 가지 목적을 위하여 필요한 경우에 한하여 그 제한이 가능하며 제한하는 경우에도 자유와 권리의 본질적인 내용은 침해할 수 없다(헌법 제37조 제2항).

86

정답 ④

헌법 제11조 제1항은 차별금지 사유로 성별·종교·사회적 신분만을 열거하고 있고 모든 사유라는 표현이 없어 그것이 제한적 열거규정이냐 예시규정이냐의 문제가 제기된다. 열거규정은 헌법에 규정된 열거 사유 이외의 사안(인종, 지역, 학력, 연령, 정치적 신념 등)은 차별이 가능하다고 보는 것이고, 예시규정은 자의적이거나 불합리한 것이면 허용되지 아니한다고 보는 것이다. 우리 학설과 판례의 입장은 예시규정을 따르고 있다.

87

정답 ③

민사·형사소송법은 절차법으로서 공법에 해당한다.

88

정답 ④

마그나 카르타(1215년) → 영국의 권리장전(1689년) → 미국의 독립선언(1776년) → 프랑스의 인권선언(1789년)

89

정답 ③

'공소가 취소되었을 때'는 공소기각의 결정을 해야 하는 경우이다(형사소송법 제328조).

공소기각 판결과 공소기각 결정의 사유

공소기각의 판결(형사소송법 제327조)	공소기각의 결정(형사소송법 제328조)
1. 피고인에 대하여 재판권이 없는 때 2. 공소제기의 절차가 법률의 규정에 위반하여 무효일 때 3. 공소가 제기된 사건에 대하여 다시 공소가 제기되었을 때 4. 공소취소와 재기소를 위반하여 공소가 제기되었을 때 5. 고소가 있어야 공소를 제기할 수 있는 사건에서 고소가 취소되었을 때 6. 피해자의 명시한 의사에 반하여 죄를 논할 수 없는 사건에 대하여 처벌을 원하지 아니하는 의사표시가 있거나 처벌을 원하는 의사표시를 철회하였을 때	1. 공소가 취소되었을 때 2. 피고인이 사망하거나 피고인인 법인이 존속하지 아니하게 되었을 때 3. 동일사건과 수개의 소송계속 또는 관할의 경합의 규정에 의하여 재판할 수 없는 때 4. 공소장에 기재된 사실이 진실하다 하더라도 범죄가 될 만한 사실이 포함되지 아니하는 때

90

정답 ④

절대적 부정기형은 형기를 전혀 정하지 않고 선고하는 형이며, 이는 죄형법정주의에 명백히 위배되므로 금지된다. 반면 상대적 부정기형은 형기의 상한을 정하여 선고하는 것으로, 우리나라의 경우 소년법 제60조(부정기형)에서 확인할 수 있다.

MEMO

한국관광공사 필기전형 답안카드

문번	1	2	3	4		문번	1	2	3	4		문번	1	2	3	4		문번	1	2	3	4	5		문번	1	2	3	4	5
1	①	②	③	④		21	①	②	③	④		41	①	②	③	④		51	①	②	③	④	⑤		71	①	②	③	④	⑤
2	①	②	③	④		22	①	②	③	④		42	①	②	③	④		52	①	②	③	④	⑤		72	①	②	③	④	⑤
3	①	②	③	④		23	①	②	③	④		43	①	②	③	④		53	①	②	③	④	⑤		73	①	②	③	④	⑤
4	①	②	③	④		24	①	②	③	④		44	①	②	③	④		54	①	②	③	④	⑤		74	①	②	③	④	⑤
5	①	②	③	④		25	①	②	③	④		45	①	②	③	④		55	①	②	③	④	⑤		75	①	②	③	④	⑤
6	①	②	③	④		26	①	②	③	④		46	①	②	③	④		56	①	②	③	④	⑤		76	①	②	③	④	⑤
7	①	②	③	④		27	①	②	③	④		47	①	②	③	④		57	①	②	③	④	⑤		77	①	②	③	④	⑤
8	①	②	③	④		28	①	②	③	④		48	①	②	③	④		58	①	②	③	④	⑤		78	①	②	③	④	⑤
9	①	②	③	④		29	①	②	③	④		49	①	②	③	④		59	①	②	③	④	⑤		79	①	②	③	④	⑤
10	①	②	③	④		30	①	②	③	④		50	①	②	③	④		60	①	②	③	④	⑤		80	①	②	③	④	⑤
11	①	②	③	④		31	①	②	③	④								61	①	②	③	④	⑤		81	①	②	③	④	⑤
12	①	②	③	④		32	①	②	③	④								62	①	②	③	④	⑤		82	①	②	③	④	⑤
13	①	②	③	④		33	①	②	③	④								63	①	②	③	④	⑤		83	①	②	③	④	⑤
14	①	②	③	④		34	①	②	③	④								64	①	②	③	④	⑤		84	①	②	③	④	⑤
15	①	②	③	④		35	①	②	③	④								65	①	②	③	④	⑤		85	①	②	③	④	⑤
16	①	②	③	④		36	①	②	③	④								66	①	②	③	④	⑤		86	①	②	③	④	⑤
17	①	②	③	④		37	①	②	③	④								67	①	②	③	④	⑤		87	①	②	③	④	⑤
18	①	②	③	④		38	①	②	③	④								68	①	②	③	④	⑤		88	①	②	③	④	⑤
19	①	②	③	④		39	①	②	③	④								69	①	②	③	④	⑤		89	①	②	③	④	⑤
20	①	②	③	④		40	①	②	③	④								70	①	②	③	④	⑤		90	①	②	③	④	⑤

한국관광공사 필기전형 답안카드

※ 본 답안지는 마킹연습용 모의 답안지입니다.

성 명

지원 분야

문제지 형별기재란

A
B

형 ( )

수 험 번 호

감독위원 확인

인

문번	1	2	3	4	5	문번	1	2	3	4	5	문번	1	2	3	4	문번	1	2	3	4	5	문번	1	2	3	4	5
1	①	②	③	④		21	①	②	③	④		41	①	②	③	④	51	①	②	③	④	⑤	71	①	②	③	④	⑤
2	①	②	③	④		22	①	②	③	④		42	①	②	③	④	52	①	②	③	④	⑤	72	①	②	③	④	⑤
3	①	②	③	④		23	①	②	③	④		43	①	②	③	④	53	①	②	③	④	⑤	73	①	②	③	④	⑤
4	①	②	③	④		24	①	②	③	④		44	①	②	③	④	54	①	②	③	④	⑤	74	①	②	③	④	⑤
5	①	②	③	④		25	①	②	③	④		45	①	②	③	④	55	①	②	③	④	⑤	75	①	②	③	④	⑤
6	①	②	③	④		26	①	②	③	④		46	①	②	③	④	56	①	②	③	④	⑤	76	①	②	③	④	⑤
7	①	②	③	④		27	①	②	③	④		47	①	②	③	④	57	①	②	③	④	⑤	77	①	②	③	④	⑤
8	①	②	③	④		28	①	②	③	④		48	①	②	③	④	58	①	②	③	④	⑤	78	①	②	③	④	⑤
9	①	②	③	④		29	①	②	③	④		49	①	②	③	④	59	①	②	③	④	⑤	79	①	②	③	④	⑤
10	①	②	③	④		30	①	②	③	④		50	①	②	③	④	60	①	②	③	④	⑤	80	①	②	③	④	⑤
11	①	②	③	④		31	①	②	③	④							61	①	②	③	④	⑤	81	①	②	③	④	⑤
12	①	②	③	④		32	①	②	③	④							62	①	②	③	④	⑤	82	①	②	③	④	⑤
13	①	②	③	④		33	①	②	③	④							63	①	②	③	④	⑤	83	①	②	③	④	⑤
14	①	②	③	④		34	①	②	③	④							64	①	②	③	④	⑤	84	①	②	③	④	⑤
15	①	②	③	④		35	①	②	③	④							65	①	②	③	④	⑤	85	①	②	③	④	⑤
16	①	②	③	④		36	①	②	③	④							66	①	②	③	④	⑤	86	①	②	③	④	⑤
17	①	②	③	④		37	①	②	③	④							67	①	②	③	④	⑤	87	①	②	③	④	⑤
18	①	②	③	④		38	①	②	③	④							68	①	②	③	④	⑤	88	①	②	③	④	⑤
19	①	②	③	④		39	①	②	③	④							69	①	②	③	④	⑤	89	①	②	③	④	⑤
20	①	②	③	④		40	①	②	③	④							70	①	②	③	④	⑤	90	①	②	③	④	⑤

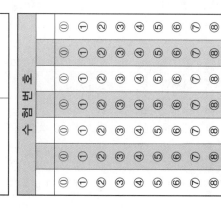

시대에듀 한국관광공사 통합기본서

개정3판1쇄 발행	2025년 06월 20일 (인쇄 2025년 05월 14일)
초 판 발 행	2022년 04월 20일 (인쇄 2022년 03월 22일)
발 행 인	박영일
책 임 편 집	이해욱
편 저	SDC(Sidae Data Center)
편 집 진 행	여연주 · 윤지원
표지디자인	하연주
편집디자인	유가영 · 장성복
발 행 처	(주)시대고시기획
출 판 등 록	제10-1521호
주 소	서울시 마포구 큰우물로 75 [도화동 538 성지 B/D] 9F
전 화	1600-3600
팩 스	02-701-8823
홈 페 이 지	www.sdedu.co.kr
I S B N	979-11-383-9345-4 (13320)
정 가	24,000원